Sammlung Metzler
Band 204

AF771829

Liliane Weissberg

Edgar Allan Poe

J. B. Metzlersche Verlagsbuchhandlung
Stuttgart

Die Deutsche Bibliothek – CIP-Einheitsaufnahme

Weissberg, Liliane:
Edgar Allan Poe / Liliane Weissberg.
– Stuttgart : Metzler, 1991
(Sammlung Metzler; Bd. 204)
ISBN 978-3-476-10204-1
NE: GT

ISSN 0058-3667
ISBN 978-3-476-10204-1
ISBN 978-3-476-03909-5 (eBook)
DOI 10.1007/978-3-476-03909-5

SM 204

Dieses Werk einschließlich aller seiner Teile ist urheberrechtlich geschützt. Jede Verwertung außerhalb der engen Grenzen des Urheberrechtsgesetzes ist ohne Zustimmung des Verlages unzulässig und strafbar. Das gilt insbesondere für Vervielfältigungen, Übersetzungen, Mikroverfilmungen und die Einspeicherung und Verarbeitung in elektronischen Systemen.

© 1991 Springer-Verlag GmbH Deutschland
Ursprünglich erschienen bei J. B. Metzlersche Verlagsbuchhandlung
und Carl Ernst Poeschel Verlag GmbH in Stuttgart 1991

Vorbemerkung

Der vorliegende Band soll eine Einführung in das Werk Edgar Allan Poes geben, die auf den spezifisch amerikanischen Kontext seiner Schriften hinweist, aber auch auf Poes Mittlerstellung zwischen europäischer Romantik und Moderne. Poe erscheint hierbei als ein exemplarischer Autor der amerikanischen Romantik, aber ich möchte gleichzeitig auch das Besondere seines Werkes betonen, das es gerade für den französischen Leser so attraktiv machte.

Die bibliographischen Hinweise sind, falls nicht im Text selbst auf einen bestimmten spezifischen Titel hingewiesen wird, allgemein gehalten und finden sich entweder am Ende der einzelnen Unterkapitel oder am Ende der Kapitel selbst. Bei den meisten Büchern habe ich das Datum des Erstdrucks erwähnt; in einigen Fällen sind spätere Auflagen und Nachdrucke erhältlich. Wissenschaftliche Arbeiten, die einzelne Erzählungen oder Gedichte Poes behandeln, sind in den Bibliographien angeführt, die ich im »Materialien«-Kapitel angegeben habe.

Die bibliographische Zitatform entspricht den Richtlinien der »Sammlung Metzler«; um die bibliographische Suche zu erleichtern, habe ich im Text selbst neben dem Autornamen jeweils auch ein Titelstichwort angeführt. Folgt dem Stichwort ein Kolon und eine Kapitelreferenz, so ist die bibliographische Eintragung im angegebenen Kapitel zu finden. Für Zeitschriftentitel, die wiederholt genannt werden, habe ich die gebräuchliche Abkürzung eingesetzt und im Verzeichnis vermerkt.

Einige englische Begriffe wie ›fancy‹ oder ›imagination‹ habe ich im original belassen, da ihre Übersetzung ins Deutsche nur unzureichend wäre. Ihr Sinn geht aus dem Diskussionskontext hervor.

Harry Levin las freundlicherweise die erste Version des Manuskripts. Michael Winship half mir, die Liste der Poeschen Buchpublikationen zu überprüfen. Ich bedanke mich ebenfalls bei Sarah Gallup für Ihre Hilfe bei der Erstellung des Typoskripts der Bibliographie und bei Karen Wojciechowski für Ihre Hilfe bei der Materialbeschaffung. Silke Weineck gilt mein Dank für das Korrekturlesen. Die erste Fassung des vorliegenden Textes hatte den traurigen Ruhm, das längste Manuskript zu sein, das jemals für einen »Sammlung Metzler«-Band eingereicht wurde. Mein allergrößter Dank gilt daher Uwe Schweikert für seinen Beistand und sein geduldiges Warten auf die gekürzte Fassung.

Philadelphia, Oktober 1990

Inhalt

Abkürzungen

ABC	American Book Collector
AL	American Literature
AmMoM	N.Y. American Monthly Magazine
AN&Q	American Notes & Queries
ArQ	Arizona Quarterly
AQ	American Quarterly
AR	American Review
ATQ	American Transcendental Quarterly
AWM	Alexander's Weekly Messenger
AWR	American (Whig) Review
BAM	Baltimore American Museum
BB	Bulletin of Bibliography
BF	Boston Flag of Our Union
BGM	Burton's Gentleman's Magazine
BJ	Broadway Journal
Bkm	N.Y. Bookman
BPLQ	Boston Public Library Quarterly
CI	Critical Inquiry
CL	Comparative Literature
CLGM	Columbia Ladies' and Gentlemen's Magazine
CLS	Comparative Literature Studies
CS	Columbia Spy
Delta ES	Delta English Studies
DR	Democratic Review
EA	Etudes Anglaises
GLB	Godey's Ladies' Book
GM	Graham's Magazine
HJ	Home Journal
Ind	Independent
JA	Jahrbuch für Amerikastudien
JEGP	Journal of English and Germanic Philology
Lipp	Lippincott's
MFS	Modern Fiction Studies
MinnR	Minnesota Review
MissQ	Mississippi Quarterly
MLN	MLN (Modern Language Notes)
MP	Modern Philology
NAR	North American Review
NCF	Nineteenth-Century Fiction
NMQR	New Mexico Quarterly Review
NS	Die Neuen Sprachen

NYEM	New York Evening Mirror
NYWM	New York Weekly Mirror
NYTr	New York Tribune
N&Q	Notes and Queries
P	Pioneer
PDN	Philadelphia Dollar Newspaper
PMLA	Publications of the Modern Language Association
PN	Poe Newsletter
PPL	Philadelphia Public Ledger
PSC	Philadelphia Saturday Courier
PSChr	Philadelphia Saturday Chronicle
PSt	Poe Studies
RLC	Revue de littérature comparée
RLV	Revue des langues vivantes (Brüssel)
RomN	Romance Notes
SAQ	South Atlantic Quarterly
Scrib	Scribner's
SLC	Snowden's Ladies' Companion
SLM	Southern Literary Messenger
SR	Sewanee Review
SSF	Studies in Short Fiction
SUM	Sartain's Union Magazine
TSL	Texas Studies in Literature
TSLL	Texas Studies in Literature and Language
UTSE	University of Texas Studies in English
VQR	Virginia Quarterly Review
YBLG	Yankee and Boston Literary Gazette
YFS	Yale French Studies

ATMP	»Al Aaraaf, Tamerlane and Minor Poems«
TGA	»Tales of the Grotesque and Arabesque«
TOP	»Tamerlane and Other Poems«
»Works«	»Collected Works of E.A. Poe«, hrsg. v. T.O. Mabbott [6.4.1.]

1. Geschichte

1.1. Ein Land etabliert sich

Die erste Hälfte des 19. Jahrhunderts war für das junge Amerika von Fragen des Selbstverständnisses gekennzeichnet: Welcher Entwicklung sollte ein Staatenbund nach seiner Unabhängigkeitserklärung folgen; welche Vorteile und welche Möglichkeiten besaß er?

Amerika versprach ein neues demokratisches Modell und wollte ein fortschrittliches *Earthly Paradise* europäischer Sicht darstellen. Dies konnte es nur, wie es schien, als agrarisches Land. Die ersten Präsidenten, Unterzeichner der Unabhängigkeitserklärung, vertraten – mit Ausnahme von John Adams – das agrarische Ideal bereits durch ihre eigene Herkunft. Washington, Jefferson, Madison waren Grund- und Sklavenbesitzer, die über Zeit für die Politik verfügten und stellten es in eine ›aristokratische Tradition‹. Niemand formulierte das agrarische Ideal deutlicher als Jefferson, der erste republikanische Präsident, der 1801 sein eigenes Programm vorlegte. Er idealisierte den unabhängigen Farmer, von dem er sich die Erfüllung der geforderten Gleichheit versprach, und wandte sich gegen eine politische Elite. Die Politiker, die Jefferson in die neue Regierung berief, waren aber alles andere als politisch unerfahren. Schon seine »Notes on Virginia« [1785] zeigten jedoch das Bewußtsein einer Krise in der Verwirklichung des ländlichen Modells. Handel und Schiffahrt hatten längst an Bedeutung gewonnen. Trotz des Primats der Landwirtschaft formulierte Jefferson daher ›vier Säulen unseres Wohlstandes‹ und zählte dabei auch das Handwerk hinzu.

Jeffersons Einstellung Europa gegenüber war klar: Amerika sollte ein Asyl der bedrängten Menschheit sein. Praktisch bedeutete dies, daß die Aufenthaltsbedingung für den Erhalt der amerikanischen Staatsbürgerschaft nach der Auflösung des *Alien Act* 1801 von 14 auf fünf Jahre herabgesetzt wurde. Das Land öffnete sich europäischen Einwanderern. Die 83 Millionen Dollar Schulden, die Jefferson bei Amtsantritt erwarteten, hoffte er durch öffentliche Landverkäufe und Einfuhrsteuern zu tilgen. Der Etat für die Armee sollte eingeschränkt werden. Die Ausbildung der Offiziere aber hatte Priorität. 1802 bewirkte Jefferson die Einrichtung der United States Academy in West Point, der die Militärreform 1808 folgte. Zur Verteidigung des Landes sollten Küstenbefestigungen und Kanonenboote genügen; größere Schiffe wurden verkauft. Der Handel schien einen dauernden Frieden mit Europa zu garantieren, denn Europa brauchte die Nahrungsmittel und Rohstoffe Amerikas, das fabrizierte Güter dafür eintauschte. So erhielt die ›ideale Republik‹ durch Jefferson das Bild eines aufgeklärten, friedfertigen Staates, der dem Wunschbild seines Virginia glich. Die Union wuchs schnell: 1792 kam Kentucky und 1796 Tennessee als Staaten hinzu, 1803 Ohio. Aber die Hoffnung im Westen lockte auch die Spekulanten zu den Auktionen, und die von der Regierung festgesetzten Landpreise waren bereits häufig illusionär. Während Siedler nach Westen zogen und der Staatenbund sich vergrößerte, waren sich Föderalisten und Republikaner darüberhinaus immer noch nicht einig: Sollte Amerika als eine zentrale Macht strukturiert sein, oder sollte die Exekutive auf die einzelnen Staaten verteilt werden?

Jeffersons Entscheidung, das Militär und besonders die Marine einzuschränken, rächte sich schon bald. Bis zum endgültigen Frieden im Jahre 1816 kämpfte die Flotte gegen die Piraten der Nordafrika-Küste, die den Handel behinderten. Aber auch die Feindseligkeiten zwischen England und Frankreich forderten amerikanische Opfer. Beide Länder beschuldigten amerikanische Kaufleute, im Wirtschaftskrieg mit der anderen Macht zu kooperieren. Nach mehreren Zwischenfällen wuchs in Amerika die Kriegsstimmung. Ein am 22. Dezember 1807 vom Kongreß verabschiedetes Handelsembargo scheiterte am Protest der Schiffsbesitzer, die nicht auf den profitablen, wenn auch riskanten Handel mit England verzichten mochten. Erneut wuchs die Angst vor einer Sezession. Jefferson nahm als letzte entscheidende Amtshandlung 1809 das Embargo zurück.

James Madison, unter Jefferson Staatssekretär, erneuerte als nächster Präsident die Handelsbeziehungen mit England. Am 10. Juni 1809 verließen als Folge des *Nonintercourse Act* zum erstenmal wieder Hunderte von Schiffen Amerika. Erneute Spannungen führten jedoch zu einem Wechsel von Restriktionen und deren Zurücknahme, bis der Senat am 18. Juni, vor allem mit Unterstützung der Südstaaten, der Kriegserklärung an England zustimmte. Aber der Krieg verwies nicht nur auf die Hoffnung auf einen zukünftigen Seehandel, sondern auch auf die Hoffnung, durch einen Krieg gegen die Briten auf amerikanischem Boden

Land hinzuzugewinnen. Die Kriegsschauplätze waren vor allem Kanada und West Florida, das sich in den Händen des englischen Alliierten Spanien befand. Die nächste Präsidentenwahl sollte sich bereits für Madison entscheiden.

Bereits im November 1811 beschloß Madison eine Verstärkung der Marine. Die amerikanischen Schiffe hatten gegen die englische Seemacht kaum eine Chance. Henry Poe, Edgars Bruder, fuhr 1827 wahrscheinlich auf einem der wenigen von den Engländern erbeuteten Schiffen, der USS Macedonian, zur See. Die Bürger weigerten sich allgemein, die Grenzen zu überschreiten; nur wenige meldeten sich überhaupt zum Militär. Einige Siege jedoch waren von symbolischer Bedeutung: Schlachten, die von General Captain Oliver Perry auf den großen Seen geführt wurden, oder solche gegen die Indianer am Horseshoe Bend. Schließlich, bereits zwei Wochen nach Kriegsschluß, nahm Andrew Jackson New Orleans ein. Der Seekrieg endete an den Küstenbefestigungen; der Landkrieg blieb unentschieden.

Der Sieg war damit umstritten. Die Wiederherstellung der Vorkriegssituation im Frieden von Ghent am 24. Dezember 1814 erhielt die Illusion eines Sieges, der fortan die Wahlpolitik beeinflußte. Die Helden nach der Gründergeneration waren Generäle. Nach dem Krieg zeigte sich Amerika aber auch wirtschaftlich unabhängiger von Europa, und dies bestärkte seinen Mythos der *Manifest Destiny*. Den Farmern öffneten sich die europäischen Märkte erneut, die Manufaktur erlangte größere Bedeutung. 1819 übergab Spanien Florida, nach einer versuchten Eroberung durch Andrew Jackson, an die Vereinigten Staaten. 1816 trat Indiana, 1817 Mississippi, 1818 Illinois, 1819 Alabama dem Bund bei. 1820 hatten die Vereinigten Staaten neuneinhalb Millionen Einwohner.

Trotz des Widerstandes gegen die noch immer die Politik beherrschende ›Virginia Dynastie‹ wurde James Monroe 1817 Präsident und ernannte William Wirt, einen Rechtsanwalt und Literaten, zum Attorney General. Obwohl Monroes Regierungszeit schon bald von erneuten Parteikämpfen geprägt war, bedeutete sie auch das Ende des föderalistischen Konzepts. Seine *Era of Good Feelings* wurde 1819 durch eine Wirtschaftskrise beendet, die u.a. auf der nachlassenden europäischen Nachfrage amerikanischer Produkte beruhte. Die Staatsbank kündigte ihre Kredite, und die Krise endete im Landverkauf der Farmer. Wirtschaftswachstum und soziale Veränderung beherrschten in den folgenden Jahren wie nie zuvor die amerikanische Geschichte. Die republikanische Partei teilte sich inzwischen in zwei neue

Parteien, die Demokratische Partei unter der Führung Andrew Jacksons und die National-Republikanische Partei.

Der von Jackson geförderte Einfluß des *common man*, des Mannes von der Straße, bedeutete nicht die Erfüllung des Gleichheitsprinzips, sondern nur einen Prestigegewinn, der zum Mythos vom Land der unbegrenzten Möglichkeiten führte. Monroes These der zwei voneinander unabhängigen Erdteile Europa und Amerika, als Jahresbotschaft 1823 verkündet, blieb als Willenserklärung und politische Doktrin zunächst ohne größeren Nachhall. Das Jahr 1825 kündigte das endgültige Ende der Virginia-Vorherrschaft an. Es war zunächst jedoch kein *common man*, sondern der Bostoner John Quincy Adams, der nach unentschiedenem Wahlkampf die Präsidentschaft antrat, um nach einer Regierungszeit nur mäßiger Erfolge das Amt seinem Gegner zu überlassen, der inzwischen bereits Symbol des *common man* geworden war: Andrew Jackson.

Jacksons Wahlkampf gegen die Geld- und Landaristokratie wurde von seinen Gegnern aber auch als ein Sieg *King Mobs*, des Königs der Masse, gesehen, dessen warnendes Bild in mancher Geschichte Edgar Allan Poes erscheint [s. 3.2.; 3.8.; 3.9.]. Obwohl Jackson Land und Sklaven besaß, war er der erste Präsident, der den amerikanischen Traum dadurch verwirklichte, daß er nicht aus einer ›etablierten‹ Familie stammte. Jacksons *spoils system*, das jedem, der fähig war, eine Stelle im öffentlichen Dienst ermöglichen sollte, blieb schon im Ansatz stecken und diente vor allem Jacksons Anhängern. Die Wahlbeteiligung stieg aber in den folgenden Jahren, und dies ließ auf ein größeres öffentliches Interesse an der Politik schließen. 1832 wurde schließlich mit der Einführung des *King Caucus*, der allgemeinen Wahl, die Wahl der Präsidentschaftskandidaten dem Volk selbst überlassen. Jeffersons agrarisches Ideal beeinflußte immer noch die Regierung, wurde aber zum nostalgischen ›Blick zurück‹. Die Indianer wurden weiter nach dem Westen vertrieben. In der Wahlkampagne von 1832 leitete William Wirt eine neue, dritte Partei, die Anti-Masonic Party, die sich gegen Geheimbünde richtete [s. 3.7.].

Jackson erhielt von den Republikanern den Beinamen ›King Andrew I.‹, während sie sich selbst nun als ›Whigs‹ bezeichneten. Trotz wachsender Kritik gewann Jacksons Kandidat Van Buren 1836 die Wahl. Er ernannte einen Literaten zum Marineminister: James Kirke Paulding. War die zweite Regierungszeit Jacksons bereits von einer Wirtschaftskrise gekennzeichnet gewesen, so machte sich die Depression erst nach dem Amtsantritt Van Burens voll bemerkbar. Die Banken konnten die Spekulation nicht mehr unter Kontrolle halten.

Bei der nächsten Präsidentenwahl von 1840 sah sich Van Buren einer gestärkten Opposition gegenüber, die sich wiederum auf einen General verließ: auf William Henry Harrison, der während des amerikanisch-britischen Krieges die Indianer bei Tippecanoe besiegt hatte. Um dem Süden entgegenzukommen, stellten die Whigs John Tyler aus Virginia als Kandidaten auf. Auch in diesem Lager wurde mit Jacksons *log-cabin*-Mythos der Pionierheimstätten geworben; Politiker wie Daniel Webster entschuldigten sich, nicht im Westen in einer der Grenz-Behausungen der *frontier* geboren worden zu sein. Einer der Wahlsprüche gegen Van Buren lautete »Van, Van, is a used-up man«. Den Lesern von Poes Erzählung »The Man That Was Used Up« [1839; s. 3.2.] mußte dieser Wahlspruch noch in den Ohren geklungen haben.

Harrisons Wahlsieg war nur ein kurzer Erfolg für die Whigs. Einen Monat nach Amtsantritt starb Harrison an einer Lungenentzündung, und der Virginia-Aristokrat Tyler sprach nach seinem Amtsantritt für den Süden und gegen die Whig-Mehrheit seiner eigenen Partei. Zunehmende Spannungen zwischen England und Amerika erschwerten seine Regierungszeit. Er reagierte empfindlich auf die Kritik mancher englischer Reisender an seinem Land, und er bemühte sich besonders um die Wahlstimmen irischer Einwanderer. Die Grenzen nach dem britischen Kanada waren immer noch nicht sicher. Der Webster-Ashburton-Vertrag über die gemeinsame Nutzung Oregons von 1842 schien zum Frieden beizutragen, aber die Probleme späterer Präsidenten ließen das Bild Andrew Jacksons um so erfolgreicher erstrahlen. 1845 wurde James K. Polk zum Präsidenten gewählt, ein Plantagenbesitzer und Sklavenhalter aus North Carolina, der inzwischen in Tennessee lebte. Seine Regierungszeit wurde von der Expansions-Ideologie geprägt. 1845 hatten sich die amerikanischen Siedler im mexikanischen Texas entschlossen, ihre Unabhängigkeit zu erklären, und um Aufnahme in den Staatenbund ersucht. Dies führte schließlich zum Krieg mit Mexiko, das kein Land verkaufen wollte und auf dessen Provinzen Neu-Mexiko und Kalifornien die Expansionisten bereits seit längerem spekulierten [1.2.].

Zwei Jahre später, im Januar 1847, waren diese Länder bereits ein unbestrittener Bestandteil der Vereinigten Staaten, und die Wahlkampagne für Zachary Taylor, den General des Mexiko-Krieges, zum Präsidenten der USA fiel mit dem Abschluß eines zweifelhaften Friedensvertrages nach einem ebenso zweifelhaften Sieg zusammen. Taylor, inzwischen Plantagenbesitzer und Sklavenhalter in Louisiana, war der siebte der zwölf ersten Präsidenten Amerikas, der aus Virginia stammte.

Literaturhinweise:

G. *Dangerfield* »The Awakening of American Nationalism 1815-1828« (N.Y., 1965); A. *Schlesinger*, Jr. »The Age of Jackson« (Boston, 1945); A. F. *Tyler* »Freedom's Ferment: Phases of American Social History« (N.Y., 1944).

1.2. Expansion, Wissenschaft, Technik

Der Zug nach Westen begann sich nach dem Vertrag von Ghent zu verstärken. War das ungerodete, teilweise noch unbekannte Land bislang eine Garantie für die amerikanische Chancengleichheit gewesen, so wurde der Krieg nun auch für die Festigung amerikanischer Macht durch Expansion geführt, für die Kaufleute und Landspekulanten und schließlich für eine Idee des *Virgin Land*. Die USA sollten Neuland für den neuen Amerikaner bieten, der sich inzwischen das Bild eines mutigen und nomadischen *frontiersman* zum Vorbild nahm. Die Verminderung der indianischen ›Gefahr‹, das billige Land und die verbesserten Transportwege verstärkten den Zug nach Westen. Vor allem die Armen zogen dorthin. Das neue Land bot ihnen Anbaumöglichkeiten für Weizen, Mais, Tabak und Baumwolle. 1810 lebte nur ein Siebtel der amerikanischen Bevölkerung westlich der Appalachen, 1840 waren es mehr als ein Drittel. Der Trend nach Westen erhielt inzwischen seine Ideologie. Das Bewußtsein von der amerikanischen Sendung verband den Willen, republikanischer Modellstaat zu sein, mit der Idee der schicksalshaften Fügung. Seit Jacksons Regierungszeit bestimmte der Gedanke der *Manifest Destiny* den Staatenbund, sich zu vergrößern und den ganzen Kontinent zu beherrschen.

Expeditionen brachten neue Informationen für Farmer und Händler. 1803 genehmigte der Kongreß die Mittel für Lewis' und Clarks Expedition entlang dem Missouri River zum Pazifik [3.6.]. 1805 und 1806 folgten Expeditionen zu den Quellen des Mississippi und über den Arkansas River nach Colorado. Das *frontier life* der Pioniere hatte besondere Schwierigkeiten. Häufig vermittelten Landverkäufer unbrauchbares Land an zukünftige Siedler aus dem Osten. Andererseits entstanden Städte wie Cincinnati, Cleveland, Detroit, Indianapolis und Chicago und erlangten bald politische Bedeutung. Die Siedler waren wirtschaftlich vom Osten abhängig und zumeist nationalistischer gesinnt als die Bewohner der Ostküste und des Südens. Virginia hatte sich Mitte des 19. Jahrhunderts nicht nur mit dem Norden zu messen, sondern verlor auch seine Vormachtstellung im Süden selbst. Die neuen Gebiete bildeten schnell Staaten und baten um Aufnahme in den Bund. Zwischen 1836 und 1848 traten Arkansas, Michigan, Florida, Iowa und Wisconsin bei. 1830 hatten etwa 20 000 Weiße und 1 000 Sklaven aus den USA den Osten von Texas besiedelt, und die mexikanische Grenzen wurde in der Folge für Amerikaner gesperrt. Die Ausschaltung der Amerikaner vom Santa-Fe-Trail 1844 verstärkte diese Spannungen mit Mexiko. Oregon im Nordwesten, für das Händler Interesse zeigten und das von den Pionieren als ein neues Eden gepriesen wurde, schien nicht mehr erreichbar. In den 40er Jahren zweigte ein Teil des Oregon-Trecks nach Süden ab ins mexikanische Kalifornien. Durch die Besiedlung von Oregon, Texas und Kalifornien wurde der Krieg mit Mexiko beschleunigt, denn neben dem Landgewinn erhoffte man sich nun auch den Handel mit dem Fernen Osten über den Pazifik.

Der Zug nach Kalifornien wurde durch ein weiteres Ereignis forciert. Im Januar 1848 fand James Marshall am American River Gold. Die Nachricht erreichte erst zum Jahresende die Ostküste und im nächsten Jahr zogen etwa 80 000 *fortyniners* nach Kalifornien. Spiegeln Geschichten wie Poes »Julius Rodman« [1840; 3.6.] den Geist der abenteuerlichen Expeditionen vor dem Goldrausch wider, so scheint die Hoffnung auf reiche Funde bereits in Poes »Goldbug« [1843; 3.7.] ablesbar. Poes spätere Abenteuergeschichten und Gedichte wie »Eldorado« [1849; 3.8.] repräsentieren dann den Geist des Goldfiebers und das Klima des plötzlich möglichen Reichtums. Fussell [»Frontier«] betont ein Bewußtsein der westlichen Grenze in diesen Geschichten Poes, während andererseits Fiedler [»Return«] Poes Versagen feststellt, den Mythos des Westens in die Tradition der *Southern gothic* erfolgreich einzubringen [3.3.]. Die zeitgenössischen Leser jedenfalls mochten Aktualität in Poes Geschichten gefunden haben [s. 3.2.]. Poe selbst suchte die Finanzierung eines Magazinprojektes im Westen [2.9.], mochte aber nicht auf die östlichen Publikationszentren verzichten: Der Westen erschien ihm eher wegen seiner neuen Leserschaft als wegen neuer kultureller Möglichkeiten attraktiv [4.1.].

Nach dem Krieg von 1812 hatte sich die Entwicklung wirtschaftlicher Autarkie beschleunigt, und nun nahm auch die Entwicklung industrieller Verfahren in Amerika einen raschen Aufschwung. John Fitchs Dampfschiff war 1789 noch einem skeptischen Publikum begegnet, Oliver Evans Versuche mit dampfbetriebenen Reisewagen waren gar auf Ablehnung gestoßen. All dies hatte dem agrarischen Ideal widersprochen. Eine erste Veränderung setzte mit dem neuen Patentgesetz ein [1790, rev. 1793], und die angewandten Naturwissenschaften fanden rasch ihren Weg in das Bildungssystem. Der Begriff ›Technologie‹ als »wissenschaftliches Studium der Künste« [»Oxford Etymological Dictionary«] errang mit Jacob Bigelows »Elements of Technology« 1829 erstmals Popularität und einen demokratischen Beiklang. Die ›Technologie‹ sollte jedem Nutzen bringen.

Wissenschaft, Religion und Philosophie zeigten sich dabei keineswegs voneinander unabhängig. Die Wissenschaftler und Erfinder entsprachen den neuen Helden, die zum Wohle der Nation forschten. Das Sammeln durch neugegründete Museen fand eine Parallele in der Mode des Sammelns und Klassifizierens, das ein Buch wie Poes »Conchologist's First Book« [1839; s. 2.5.], eine Anweisung zum Muschelsammeln, populär machte. Die Medizin machte weniger Fortschritte, aber neue ›Körperwissenschaften‹ blühten. Die Phrenologie wurde zu einer Art populären Anatomie, und der Mesmerismus erhielt, wie in Europa, auch für die Literatur Bedeutung. So finden sich bei Poe Erzählungen, die auf diese Disziplinen Bezug nehmen, und er rezensierte Bücher aus diesen Gebieten [3.8.]. Trotz aller aufklärerischen Gedanken aber betrachteten viele Amerikaner die Cholera-Epidemien von 1832-49 noch als ein Zeichen göttlicher Rache an Armen und Kriminellen [vgl. etwa Poes »Masque of the Red Death«; 3.3.]. Der große Komet, der sich im März 1843 zeigte, löste einerseits zwar Angst vor dem Weltende aus, veranlaßte aber auch Spenden für ein neues Teleskop; 1847 konnte das Cambridge Observatory bereits mit jedem Observatorium in Europa konkurrieren. So schuf die Forschung auch die Möglichkeit eines Kosmogonie-Entwurfs [3.9.].

Die United States Exploring Expedition [1838–42] unter Charles Williams war eines der bedeutendsten Forschungsunternehmen vor dem Bürgerkrieg. Sie folgte den Routen der Walfischfänger bis in die Südsee. Der Walfisch galt, zumindest an der Ostküste, als ein amerikanisches Symbol: so sehr, daß schließlich die Gruppe des ›Young America‹, die sich zu dieser Zeit in New York bildete und eine amerikanische Literatur mit amerikanischen Themen forderte [2.7.], den Walfischfang als adäquates Sujet pries [Miller, »Raven«: 2.7.]. Mit dieser Gruppe sympathisierte zeitweise Herman Melville. Poe verarbeitete die Thesen des Südpoltheoretikers Reynolds sowie mehrere Reiseberichte in seiner Erzählung »Arthur Gordon Pym« [3.6.; 6.1.].

Zwischen 1829 und 1848 aber hatte bereits eine andere Revolution stattgefunden. Mathew Carey, ein Verleger aus Philadelphia, konnte Mitte der 20er Jahre Hunderte von Menschen veranlassen, seiner »Society for the Promotion of Internal Improvements« beizutreten. Das Transportwesen und der Straßenbau mußten in erster Linie verbessert werden. Bis 1794 hatte es in Amerika noch keine regulierten Straßen gegeben, und zu Beginn des Jahrhunderts setzte ein Bau-Boom ein, der nur durch die rasche Entwicklung der Verkehrsmittel selbst übertroffen wurde. Die verstärkte Dampfschiffahrt führte den Inlandverkehr über die großen Flüsse und über neugebaute Kanäle wie den Erie-Kanal [1817–1825]. Waren konnten nun von New York aus bis weit ins Hinterland transportiert werden. Für das Verlagswesen brachte diese Entwicklung ebenfalls Veränderungen. Bislang florierte es sogar in den kleinen Städten von Neuengland; die New Yorker Verlage konnten die Bücher nun jedoch viel leichter ins Landesinnere transportieren.

Aber das Dampfschiff bekam bald Konkurrenz von einer neuen Erfindung: der Eisenbahn. Am 4. Juli 1828 weihte der letzte lebende Unterzeichner der Unabhängigkeitserklärung, Charles Carroll, die erste Passagierstrecke zwischen Baltimore und Ohio ein. Amerika nahm damit symbolisch vom idyllischen ländlichen Ideal Abschied. 1840 umfaßte das Eisenbahnsystem bereits 2 818 Meilen; eine Entwicklung, die durch Unglücksfälle beim raschen Bau der Linien begleitet wurde. Zumeist durch die Hauptstraßen der Ortschaften geleitet, beschleunigte diese Entwicklung Umweltverschmutzung, das Entstehen von Slums, sowie den Spekulationsverkauf möglicher Streckengrundstücke bei einem System miteinander rivalisierender Linien. Leo Marx [»Machine«] beschreibt, wie radikal dieser Einbruch der Technik gewirkt haben mußte, und auch Poes »The Thousand-and-Second Tale of Scheherezade« [1845; 3.8.] vermittelt noch etwas von der alptraumhaften Irrealität der Ereignisse. Mit diesen neugeschaffenen Eisenbahn- und Schiffslinien unternahm Poe seine Reisen zwischen Richmond, Baltimore, New York und Boston.

Aber auch andere neue Verkehrswege wurden erprobt. Am 9. September 1830 waren 20 000 Personen Zeugen des ersten Ballonaufstieges von Charles Ferson Durant über Castle Garden,

New York. Ballonflüge wurden in den folgenden Jahren zum populären Ereignis, und im Juni 1833 wohnte Präsident Jackson mit dem Indianerhäuptling Black Hawk einem weiteren Durant-Aufstieg bei. Die symbolische Eroberung der Luft folgte der Inbesitznahme des Landes. In diesem Geist des ›Fortschritts‹ ist die Glaubwürdigkeit eines am 13. April 1844 in der *New York Sun* erschienenen Berichtes über eine Atlantiküberquerung von acht Aeronauten in drei Tagen mit »Mr. Monck Mason's Flying Machine« verständlich, der sich später als »Ballon-Hoax« eines Edgar Allan Poe erweist [3.8.].

Die Landwirtschaft blieb noch lange nach dem Bürgerkrieg wichtigster Wirtschaftsfaktor des Staatenbundes, und das verbesserte Transportwesen schuf nicht nur die Möglichkeit vorteilhafterer Frachtverbindungen, sondern auch eine Beschleunigung der landwirtschaftlichen Kultivierung des Westens. Eine große Zahl von Erfindungen machten schließlich auch den Aufschwung der Landwirtschaft zum *business enterprise* möglich: 1831 wurde die Mähmaschine entwickelt und seit 1847 in Großproduktion genommen; 1847 folgte der Stahlpflug, 1844 die Verbesserung des Gummis zum temperaturwiderständigen Material. Die technische Revolution in der Landwirtschaft half jedoch schließlich dem Norden mehr als dem Süden.

Die 1798 von Eli Whitney entwickelte Technik der Massenproduktion führte zur Entwicklung des Revolvers durch Samuel Colt [1835], der Entstehung der Uhrenindustrie in Neuengland und der Serienanfertigung der 1846 von Elias Howe erfundenen Nähmaschine durch Isaac Singer. Dies sind die technischen ›Märchen‹, auf die sich Poes Scheherezade beziehen kann [3.8.]. 1846 erfand Richard M. Hoe die rotierende Druckerpresse, und der *Philadelphia Public Ledger*, für den auch Poe schrieb [6.1.], konnte als erste Zeitung bis zu 8 000 Exemplare pro Stunde drucken. Massenproduktion (und die damit verbundene Preissenkung) waren damit auch im Zeitungswesen möglich. Eine neue Leserschaft konnte gewonnen werden.

1844 schickte Samuel F.B. Morse seine erste Nachricht über den von ihm erfundenen Telegrafen, und die *New York Sun* erhielt 1847 die Kriegsnachrichten direkt aus New Orleans [3.8.]. Die Fülle der Erfindungen der 30er und 40er Jahre machten den amerikanischen Pavillon bei der Crystal Palace Exhibition 1851 in London zur Sensation.

Die neue Technik brachte Risiken und erforderte Kapital. Gesellschaften, Partnerschaften, Korporationen, die zunächst hinsichtlich des Straßenbaus entstanden, bestimmten nun die

Geschäftsgründungen in der Manufaktur und besonders in der Textilindustrie. Während des Krieges wurden Hunderte von Baumwollfabriken in Neuengland gegründet, aber keine diente so sehr als Modell wie die 1813 u.a. von Francis C. Lowell gegründete Boston Manufacturing Co. Es war die erste Textilfabrik, die alle Arbeitsgänge unter einem Dach zusammenfassen sollte. Aber Lowell wollte auch zum Modell für eine amerikanische Manufaktur werden, die im Gegensatz zu Europa an der moralischen und göttlichen Sendung des agrarischen Ideals festhielt. Das wahre Eden, so mochte es jetzt scheinen, war bereits industrialisiert. Die Folge dieses Kompromisses war nicht nur die ländliche Atmosphäre in Lowells Fabrik, sondern auch die Anstellung junger Mädchen, die unter ›moralischer‹ Aufsicht Geld verdienen sollten, in Pensionen lebten, Lyceum-Vorlesungen besuchten, und eine eigene Zeitschrift herausgaben, die *Lowell Offering*. Die Wirtschaftskrise von 1837 veränderte aber dieses ›Ideal‹. Die Konkurrenz zwang die Besitzer zur Einstellung neuer irischer Immigranten, Lohnsenkungen wurden nötig, das Arbeitspensum wurde gesteigert, die Anlage auf Kosten des idyllischen Landschaftsbildes vergrößert. In den 40er Jahren, als Poe Lowell besuchte [2.9.], waren die Slums bereits unübersehbar, wurden die Zustände in der Fabrik mit Gefängnissen verglichen und schienen manchen schlimmer als die der Sklaven im Süden. Kurz vor der Einstellung des *Lowell Offering* erschien die *Voice of Industry*, und der neue Name repräsentierte deutlich die wirtschaftliche Veränderung wie Politisierung. Aus Lowell wurde statt eines verwirklichten Utopia ein amerikanisches Manchester.

Zum erstenmal übertraf in diesen Jahren das Wachstum der Städte das der Bevölkerung allgemein. Die neuen Immigranten, meist aus Irland und Deutschland, zogen oft in den Westen, stellten aber auch den größten Teil des neuen Proletariats. Sie blieben, da sie nicht mit den Sklaven des Südens konkurrieren konnten, bei geringer Bezahlung in den Städten des Nordens. Trotz des Beispiels in Lowell war in den Fabriken die Kinderarbeit noch üblich, und ein *whipping room*, ein Strafzimmer, gehörte zu den Merkmalen der ersten Industriearchitektur. Diese selbst war dem Ideal des Funktionalismus verpflichtet: einer neuen, ökonomischen »Philosophy of Furniture«, weit vom idyllischen Landschaftsbild einer »Domain of Arnheim« bei Poe entfernt [3.5.]. Einwanderer brachten aber auch ein neues politisches Bewußtsein nach Amerika. 1834 kam es zur Gründung einer kurzlebigen nationalen Handelsunion, aber die Krise von

1837 setzte allen Bemühungen ein Ende. Von Anfang an waren die Handelsunionen der Verfolgung ausgesetzt; Namen der Mitglieder dieser Gewerkschaften wurden auf schwarzen Listen geführt.

Literaturhinweise:

J.D. *Bernal* »Science and Industry in the Nineteenth Century« (London, 1953); R.A. *Billington* »The Far Western Frontier 1830–1860« (N.Y., 1952); J. *Coolidge* »Mill and Mansion: A Study of Architecture and Society in Lowell, Mass. 1820–1865« (N.Y., 1942); A. *Ekirch* »The Idea of Progress in America, 1915–1860« (N.Y., 1944); L. *Fiedler* »The Return of the Vanishing American« (N.Y., 1968); dt.: »Die Rückkehr des verschwundenen Amerikaners« (Frankfurt/M, 1968); E. *Fussell* »Frontier« (N.Y., 1965), H.M. *Jones* »American Culture: The Formative Years« (N.Y., 1967); J. *Milbaur* »The First Century of Flight in America« (Princeton, 1943); L. *Marx* »The Machine in the Garden« (London, 1964); P. *Miller* »Errand Into the Wilderness« (Cambridge, 1956); P. *Miller* »The Life of the Mind in America« (N.Y., 1965); P. *Miller* »Nature's Nation« (Cambridge, 1967); H. *Savage*, Jr. »Discovering America 1700–1875« (N.Y., 1979); L. *Simpson* »The Dispossessed Garden« (Athens, 1975); H.N. *Smith* »Virgin Land« (Cambridge, 1950); G.R. *Taylor* »The Transportation Revolution« (N.Y., 1951).

1.3. Nord und Süd

Der Krieg mit England, der für das agrarische Ideal vor allem der West-und Südstaaten begonnen wurde, hatte zwar keinen Landgewinn gebracht, beschleunigte nach 1814 aber die industrielle Revolution im Norden. Der Süden schien sich nach dem Krieg zu erholen und förderte und betrieb hauptsächlich den monokulturellen Anbau: Reis in Süd-Carolina, Zucker in Louisiana. Der Baumwollgürtel verschob sich nach dem Südwesten. Die Sklavenhaltung wurde als ›besondere Einrichtung‹ in den neuen Gebieten eingeführt. Diese *peculiar institution* wurde von den Nordstaaten bereits während der Revolution abgeschafft. Selbst in den Staaten Zentral- und Südamerikas, die im frühen 19. Jahrhundert ihre Unabhängigkeit gewannen, existierte die Sklavenhaltung nicht mehr. Seit 1808 war zwar der Sklavenhandel mit Afrika untersagt, aber dies Gesetz wurde nicht strikt eingehalten.

Anzeichen für eine Krise dieses Systems gab es im Süden schon seit der Unabhängigkeitserklärung. Die Kritik verschärfte sich während der ersten landwirtschaftlichen Depression in Virginia, die durch den einseitigen Anbau und niedrige Tabakpreise hervorgerufen wurde. Der Sklavenaufstand von 1831 – in Southhampton County, Virginia, unter der Führung von Nat Turner – wurde jedoch niedergeschlagen, und im folgenden Jahr wurden die Kritiker der Sklavenhaltung im Süden zum Schweigen gebracht oder verbannt. Die Verhältnisse für die freigelassenen oder geflüchteten Sklaven, die nach Norden zogen, waren jedoch nicht viel besser als die ihrer Leidensgenossen im Süden; viele kehrten freiwillig in die Sklaverei zurück. Moralische Überzeugung schuf noch keine bessere Praxis. Darüberhinaus entwickelte sich im Norden wie im Süden die Schicht der ›armen Weißen‹, denen es bisweilen noch schlechter ging als den Sklaven.

Die Diskussion über die Sklavenhaltung wurde deutlich zu einer Auseinandersetzung zwischen dem Norden und dem Süden, besonders, da der Großanbau der Baumwolle in den neuen Gebieten landwirtschaftlichen Erfolg und eine Zukunft der Sklavenhaltung garantierte. Sklaven waren dort in großer Anzahl vertreten: 1840 bestand beinahe die halbe Bevölkerung Alabamas und Louisianas und mehr als die Hälfte der Bevölkerung Mississippis aus Sklaven. Fast drei Viertel der weißen amerikanischen Bevölkerung hielten zur gleichen Zeit keine Sklaven mehr; 1850 gab es etwa 50 000 Pflanzer, die 50 und mehr Sklaven hielten, im Vergleich zu einer Bevölkerung von acht Millionen Weißen.

Neben Haushalt, Tabakfabriken, Eisengießereien und Handwerksbetrieben gab es nur einen großen Arbeitsplatz für Sklaven: das Feld. Die Ansicht, Sklaven nur für die Landwirtschaft halten zu können, entsprach zwar einem agrarischen Ideal, das im Süden kompromißlos überlebte, half aber auch, die Industrialisierung des Südens zu verhindern. In der Diskussion um die Aufnahme neuer Staaten gab es immer wieder die Konfrontation zwischen Norden und Süden, die Frage nach einem Gleichgewicht von Sklaven haltenden und freien Staaten. Am deutlichsten wurde dies bei der Aufnahme Missouris, die schließlich nur mit der gleichzeitigen Aufnahme des sklavenfreien Staates Maine gelang. Die Sklavenfrage erhielt ihre besondere Problematik hinsichtlich zukünftiger Expansionen.

Die Abhängigkeit des Südens vom Norden wurde in diesen Jahren größer. Die kürzeren Seewege machten New York zur zentralen Hafenstadt, von der aus die Rohstoffe der Südstaaten im wachsenden Maße verschifft wurden. Der Handel mit Europa fand immer mehr durch den und mit dem Norden statt. Im

Süden entstand so der Eindruck einer *Northern Conspiracy*, einer Entwicklung des Nordens auf Kosten des Südens. Beinahe die Hälfte aller Gewinne des Südens floß in die Kassen der Nordstaaten. Durch das *factorage system* kauften die Händler des Nordens die Ernten auf, um die Industrieprodukte des Nordens auf Kredit den Südstaatlern zu überlassen. Das meiste Kapital befand sich im Norden, obwohl bis 1860, trotz der wachsenden Industrie, der größte Anteil amerikanischer Produkte aus den Rohstoffen der Südstaaten, vor allem aus Baumwolle, bestand. Mit Ausnahme kleiner Fabriken und Häfen in Baltimore oder Richmond besaß der Süden keinen Anteil an der Weiterverarbeitung oder Verschiffung seiner Produkte. Zwischen 1840-60 war die Fabrikation dort sogar rückgängig, und nur der nördliche Süden, mit Richmond und Baltimore, besaß Zentren weiterverarbeitender Industrie. Poe, der in Richmond und Baltimore aufwuchs und lebte, war mit der Sklavenwirtschaft, die er unterstützte, vertraut – und lernte die ökonomischen Differenzen zwischen Süd und Nord spätestens bei seinen Reisen nach Philadelphia oder New York kennen.

Das agrarische Ideal einerseits und die Industrialisierung andererseits schufen unterschiedliche Blickrichtungen: im Süden auf die Vergangenheit und einen Agrarstaat, im Norden auf raschen geschäftlichen Gewinn und technischen Fortschritt. In einigen Südstaaten waren Dampfmaschinen verboten; sie galten als Störung einer Idylle, deren Konzept sich am 18. Jahrhundert und den Landsitzen des englischen Adels orientierte. Es waren Bewohner dieser Staaten, die die öffentliche Verantwortung für die neue Republik zuerst übernommen hatten.

Die Gleichsetzung der Bevölkerung in der Rhetorik der *common men* verschleierte die wachsenden Einkommensunterschiede in der Bevölkerung. Die amerikanische Revolution hatte kaum die sozialen Strukturen berührt, die sich nun zu verfestigen begannen. Dennoch, oder vielleicht gerade deshalb, insistierte man auf der These der unbegrenzten Möglichkeiten. Der Kult der *success-story* gab Benjamin Franklins Karriere als *self-made man* beispielhaften Charakter; doch sein Beispiel wurde auch von denjenigen befolgt, die beim Geldverdienen nach weit weniger idealistischen Zielen strebten. Nicht die Gesellschaft, sondern das Individuum selbst galt für sein Schicksal (und seinen Reichtum) verantwortlich. Diese Definition des Individuums widersprach dem Gedanken der Gleichheit, und dieser Widerspruch der Bilder einer aristokratischen Elite im Süden oder eines *self-made man* einerseits und des *common man* andererseits zeigt sich deutlich in Poes Werken und den Entwürfen seiner idealen Zeitschriften [4.1.].

Dem *common man* stand aber auch der *Mob* gegenüber. Geld wurde als Belohnung von Tätigkeit angesehen, und in einem Land, in dem gerade die Maschinen begonnen hatten, menschliche Arbeit zu erleichtern, wurde *idling*, Faulenzen, zur kriminellen Tat. Und es war für John Allan nicht nur der unvorsichtige Gebrauch von Geld, sondern vor allem auch eine Form des *idling*, die er seinem Pflegesohn Edgar Poe vorwarf, der keine Geschäftslaufbahn einschlug, sondern sich dem Schreiben widmete [2.4.]. Poe setzte sich später in seiner Beschreibung des »Business Man« [1840] kritisch mit dem Geschäftsmenschen auseinander [3.5.]. Schriftstellerei war nur als Nebenbeschäftigung respektabel und ›aristokratisch‹: Der Weg der weniger vermögenden und ›sekulären‹ Literaten zu Feder und Papier führte in dieser Zeit traditionsgemäß über eine Karriere als Rechtsanwalt [3.1.; 4.1.]. Das Schreiben erhielt so eine soziale Entschuldigung, wenn auch keine große Bedeutung: es wurde das Nebenprodukt gesellschaftlich nützlicher Arbeit eines Juristen und Politikers. Die Verlagssituation des jungen Landes konnte einem Schriftsteller darüberhinaus auch keinen hauptberuflichen Unterhalt sichern: zu groß war die Konkurrenz billiger Bücher aus England, die nicht vom Copyright geschützt waren [3.1.; 4.1.].

Der Süden hatte sein eigenes Bild des sozialen Erfolges. Dies repräsentierte weniger den *self-made man* als den Landedelmann, den *Southern Cavalier* – obwohl sich diese Bestimmungen nicht immer widersprachen. Es ist dieser *Southern Cavalier*, der im Mittelpunkt der Romane John Pendelton Kennedys steht [2.3.]. Ein solcher Landedelmann suchte Metaphern für die soziale Situation, die man lesen lernen mußte. Sklaven wurden im Haus als *servants* angesprochen, der Ausdruck *nigger* galt in ihrer Gegenwart als unfein. Zum Haushalt John Allans gehörten mehrere solcher *servants*, und Poes Kinderschwester war selbstverständlich eine schwarze *mammy*.

Die alte Aristokratie des Nordens nahm in dieser Generation leichter neureiche Immigranten auf, die ihr Geld in den wachsenden Städten machten. Aber der Klassencode machte Familienbeziehungen zwischen Nord und Süd möglich und zeigte, daß die soziale Zugehörigkeit eines zukünftigen Ehepartners wichtiger war als sein Herkunftsort. Den traditionellen Treffpunkt von Süd und Nord bildeten Badeorte wie Saratoga Springs oder White Sulphur. Poe selbst besuchte mit den Allans und später auch alleine einige dieser Kurorte. John Allans zweite Ehe mit einer Frau aus New York war daher kein sozialer Ausnahmefall [2.2.]. Die ›Aristokratie‹, deren Notwendigkeit von Rechtfertigern des Sklavensystems vertreten wurde, wurde von Paulding hinsichtlich des Südens wie des Nordens als eine Trennung zwischen dem Gesetz, vor dem alle gleich sind, und dem Salon verstanden, in dem man sich durch Erziehung auszeichnen mußte. Die ›Salons‹ standen über jeder Unterscheidung zwischen Kapitalisten im Norden und Pflanzern im Süden.

Die nichtarbeitende Frau war in den 40er Jahren festes Statussymbol. Etikettebücher regelten ihr Verhalten. Gleichzeitig wurde das Leben im Salon zu einer öffentlichen Angelegenheit, zu einem Kunstwerk voyeuristischer Ausstellung [vrgl. 2.7.], in der sie auch im Zentrum stand. Dies war besonders in den Städten der Fall. James Gordon Bennetts *New York Herald* war 1837 die erste Zeitung, die eine Gesellschaftsseite einführte. Andere Publikationen, wie Willis' *Home Journal*, gaben Rat für die Nachahmung repräsentabler Umgebungen. Hier veröffentlichte auch Poe, der 1840 seine »Philosophy of Furniture« schrieb [2.7.; 3.5.]. Frauen wurden nicht nur zu einer bedeutenden Leserschicht, sondern auch zu führenden Autorinnen der Zeitschriftenartikel. Sie prägten das Bild des ›Nurschriftstellers‹ vor, dem Poe folgte [Weissberg, »Nachwort«: 3.5.].

Der Offenbarung der Funktionalität durch die Industriearchitektur [1.2.] trat ein entgegengesetzter Trend entgegen: der Kult der *nice manners* selbst bei der Möblierung, wobei es galt, die Funktionen der Möbel zu verdecken [*covering up*]. Der New Yorker Kristallpalast [1853], eine Imitation des Londoner Kristallpalastes, bot in dem Willen zur Imitation aristokratischer Ideale eine ganze Summe nutzloser Gegenstände. Auch gesellschaftlich bestand ein Zwang, dem ›Offensichtlichen‹ zu entgehen. Viele gehörten Geheimbünden und Logen an; die ›andere‹ Gesellschaft schien etwas Interessantes, da Unverständliches und Unerreichbares zu besitzen [1.1.]. Poes Serie zur Kryptographie war ein voller Erfolg [3.7.; 4.5.].

Der ›neue Reichtum‹ und die neue Mode förderten Fragen nach der Moral des Fortschritts. Konnte das Positive des Geldes vom Negativen des Luxus getrennt werden? George Bancrofts populäre »History of the United States« der 30er Jahre hatte die Form eines moralischen Traktats, und Ereignisse wie Lafayettes Besuch in Amerika [1824–25] bewirkten Vergleiche zwischen dem Land der Gegenwart und seiner Vergangenheit [2.1.]. Das junge Amerika, das sich Europa moralisch überlegen fühlte, schien für viele bereits reformbedürftig. Religiöse Bewegungen,

Sekten, Neugruppierungen versuchten sich zu einem zweiten ›großen Erwachen‹ [*Great Awakening*] zu finden: unter Charles Grandison Finney zum Unitarismus, unter William Ellery Channing zum romantischen Protestantismus, unter Horace Bushnell für eine neue Gesellschaftsordnung. Der Transzendentalismus in Neuengland versprach Abkehr von schottischer Philosophie und orthodoxer Religion unter dem Einfluß der deutschen Romantik – Poe setzte sich damit auseinander [4.2.]. In den 40er Jahren erreichte der Einfluß Charles Fouriers seinen Höhepunkt mit der Gründung utopischer Gemeinschaften; die Brooks Farm der Transzendentalisten erlangte durch Hawthornes *Blithedale Romance* [1852] besondere literarische Bedeutung. Poe erprobte diese Utopien lediglich in seinen Erzählungen [3.9.].

Die Erziehungsbewegung zeigte, daß es nicht allgemein nur um die moralische und intellektuelle Besserung des *common man* ging, sondern besonders um sein Verhältnis zum Eigentum, zu dessen Schutz Horace Mann aufrief. Die Lyceumsbewegung wurde 1826 von Josiah Holbrook in Neuengland gegründet, um Erwachsenen »dauernde Werte in einer Gesellschaft zu geben, wo die Hast des Geldverdienens dies verhinderte.« 1834 gab es bereits 3 000 Lyceen, und Emerson wie Dickens hielten Gastvorlesungen. Diese Vorlesungen sicherten Poe in den 40er Jahren ein Einkommen in Neuengland [2.6.-2.9.]. Die Bewegung gegen Alkoholismus sah sich ebenfalls als soziale Reformbewegung, denn Trinken galt als eine Ursache der Armut. Whiskey, Cider und Rum waren in der ersten Hälfte des 19. Jahrhunderts zum Problem geworden. Lyman Beecher, einer der Gründer der 1826 gegründeten überregionalen American Temperance Society verband den Aufruf mit einem religiösen Programm in seinen »Six Sermons on Temperance« [1826]. Poe gab seinen Eid zur Abstinenz angeblich bei seinem letzten Besuch in Richmond [2.9.]. Eine weitere Bewegung galt der Reform der Behandlung von Gefangenen und Geisteskranken. Die Anstalten in South Boston, Massachusetts, und Hartford, Connecticut, versuchten eine neue ›Beruhigungsmethode‹ für Kranke, und die Neuheit dieses Experiments gab Poe Anlaß zu seiner ironischen Erzählung »The System of Doctor Tarr and Professor Fether« [1844; 3.8.]. Für Dickens, wie für viele andere, galten diese Institutionen als Touristenattraktion.

Das ›Antislavery Movement‹ des Nordens gewann mit Wendell Phillips einen führenden Sprecher. 1831 begann William Lloyd Garrison in Boston mit dem Druck des *The Liberator* und organisierte in dem folgenden Jahr die Bewegung in Neuengland. Aus dem ›Antislavery Movement‹ entstand die Frauenrechtsbewegung. 1833 wurde Oberlin College als die erste Institution gegründet, die Frauen wie Männer aufnahm, und andere Einrichtungen folgten. Die erste Frauenrechtskonvention wurde 1848 in Seneca Falls, New York, gehalten. Diese Bewegung hatte wenig mit den ›literarischen Damen‹ in New York gemein. Und doch gehörte auch Margaret Fuller als Autorin eines Buches über Frauenemanzipation in die Nähe von Poes Salons der ›Sternenschwestern‹. [2.7.].

Die Friedensbewegung, durch die pazifistischen Prinzipien der Quäker geprägt, führte 1828 zur ersten American Peace Society. Die Ära Jackson wurde durch Aufstände, Straßenkämpfe, Feuer, Duelle, brutalen Sport geprägt. Sklaven- und Indianeraufstände im Süden und Westen wurden gewaltsam beendet. New York erlebte zwischen 1835 und 1849 viele Großbrände, bei denen oft Brandstiftung die Ursache war, Unruhen wie die am Park Theatre und der Astor Place Opera, zahllose Unruhen zwischen Einwandergruppen und gegen irische und deutsche Arbeiter, Unruhen, die sich gegen Sklavengegner richteten und mehrere Arbeitsstreiks. Es gab so viele physische Auseinandersetzungen während der Wahlkampagnen und so bedenkliche Wahlmethoden, daß auch Poes Tod im Jahre 1849 in Baltimore zunächst mit der dort stattfindenden Wahl in Beziehung gebracht wurde [2.9.].

Ein Beispiel einer Reformerkarriere besonderer Art bot Mary Gove Nichols, eine Biographin Poes und eine seiner Literati [2.8.]. Nach der Leitung eines Graham-Boardinghouse und Physiologie-Vorlesungen für Frauen widmete sie sich der Literatur, den utopischen Gesellschaften, der Theorie der freien Liebe, der Forderung nach Keuschheit, Seancen, trat zum Katholizismus über, schrieb und las über die Theorie der Wasserkur und glaubte schließlich, selbst Heilkraft zu besitzen. Wo Reformen versagten, blühte die Pseudowissenschaft [1.2.; 3.8.].

Literaturhinweise:

C. *Bode* »The Anatomy of American Popular Culture, 1840–1861« (Berkeley, 1959); W.J. *Cash* »The Mind of the South« (N.Y., 1941); C. *Eaton* »The Growth of the Southern Civilization 1790–1860« (N.Y., 1961); R.B. *Nye* »The Cultural Life of the New Nation 1776–1830« (N.Y., 1960); L.J. *Rudd* et al. (Hrsg.) »Toward a New American Literary History« (Durham, 1980); W.R. *Taylor* »Cavalier and Yankee« (Cambridge, 1957); R.G. *Walters* »American Reformers 1815–1869« (N.Y., 1978).

1.4. Eine Familiengeschichte

Am 5. Januar 1796 meldete der *Massachussetts Mercury* die Ankunft neuer Einwanderer aus England an Bord der ›Outram‹. Unter ihnen befanden sich die Schauspielerin Elizabeth Arnold und ihre neunjährige Tochter Elizabeth sowie der Schauspieler Charles Tubbs, den sie wahrscheinlich kurz nach der Überfahrt heiratete. Einen Monat nach ihrer Ankunft hatte Elizabeth Tubbs bereits ihr Bostoner Debüt, und ihre Tochter folgte bald danach mit einem kleinen Auftritt. Nach diesem ersten Erfolg begleitete die kleine Elizabeth ihre Eltern auf den Bühnen von Boston, Newport, New York und Charleston. Nach 1798 gibt es keine Nachrichten mehr über Elizabeth Tubbs, sie scheint in diesem Jahr entweder in Charleston oder in Philadelphia gestorben zu sein. 1798 trat Elizabeth Arnold in der New Theatre Company in Philadelphia auf und wurde von Tubb sowie einer Schauspielerin der Truppe, Mrs. Snowdon – ›Miss L'Etrange‹, die spätere Mrs. Usher [3.3.] – betreut. 1800 wirkte sie bei Aufführungen am United States Theatre mit, dem ersten neugegründeten Theater Washingtons. 1802 heiratete die 15jährige Arnold den Schauspieler Charles Hopkins in Philadelphia und folgte ihm zur Green's Virginia Company nach Alexandria.

1804 trat auch der 20jährige David Poe dieser Schauspieltruppe bei. Seine Herkunft jedoch ließ diesen Schritt ungewöhnlicher erscheinen. David Poe war ein Amerikaner der zweiten Generation; sein Großvater John gehörte zu den irischen Farmern, die Mitte des 18. Jahrhunderts ihr Heimatland in der Hoffnung auf eine bessere Wirtschaftssituation verlassen hatten und nach Pennsylvanien emigriert waren. Er zog jedoch bald nach Baltimore. David Poes Vater, der ebenfalls David Poe hieß, zeichnete sich dort als Patriot aus. Er wurde 1779 Assistant Deputy Quartermaster General für die Stadt Baltimore und lieh 1781 Lafayette Geld für seine Truppen, so wie er auch in den Jahren 1780 und 1782 aus seiner privaten Kasse Gelder für die Stadt zuschoß, wenn sich der Erhalt öffentlicher Gelder zu verzögern schien. Seine Familie versuchte später vergeblich, diesen Betrag zurückzuerhalten [2.4.].

Als der am 18. Juli 1784 geborene Sohn David Poe, Jr. sich am 1. Dezember 1803 auf einer Bühne in Charleston, South Carolina, zum erstenmal in einer Offizierspantomime versuchte, mußte dies einen deutlichen Bruch mit seiner Familie bedeuten. Schauspielen war kein finanziell vielversprechender Beruf, und das Theater hatte ebenso den Ruf einer unmoralischen Institution.

Charleston mochte ein wenig aufgeschlossener sein als das Neuengland puritanischer Tradition, aber Poe konnte sich keiner früheren Auftritte in England rühmen, die für den Erfolg eines Schauspielers fast unverzichtbar waren. Trotz vieler negativer Kritiken fand er bald sein Rollenfach: das des jugendlichen Liebhabers.

Als Poe Green's Virginia Company beitrat, hatte Elizabeth Hopkins bereits den Höhepunkt ihrer Karriere erreicht. 1805 starb dann Charles Hopkins, der inzwischen Leiter des Theaters geworden war, und Elizabeth heiratete am 24. März 1806 in Richmond ihren Partner David Poe. Nach einem kurzen Engagement in Philadelphia zogen beide ans Federal Street Theatre in Boston. Am 30. Januar 1807 wurde ihr erster Sohn William Henry [Leonard] geboren und am 19. Januar 1809 der zweite Sohn Edgar. Zu dieser Zeit war die Familie bereits in großen finanziellen Schwierigkeiten. Poes Verwandten wiesen seine Geldbitten ab.

Im Sommer 1809 zog die Familie nach New York, wo sie ab September im Park Theatre spielte. Zu dieser Zeit gab es nicht nur negative Kritiken für Poe, sondern auch Spottverse, und er begann wahrscheinlich zu trinken. Am 20. Oktober 1809 sagte das Theater seinen Auftritt wegen einer ›Indisposition‹ ab. Diese Notiz ist das letzte überlieferte Lebenszeichen von David Poe. Elizabeth Poe erschien weiterhin auf den Besetzungslisten und spielte bis zum Juli 1810 in New York und ab dem 10. August am Richmond Theatre. Wahrscheinlich am 20. Dezember 1810 wurde Rosalie Poe in Norfolk, Virginia, geboren. Zu dieser Zeit hatte Poe seine Familie bereits mit Sicherheit verlassen.

Elizabeth Poe spielte rund 100 verschiedene Rollen und war täglich auf der Bühne zu sehen. Diese Arbeit und die Sorge um ihre Kinder verschlechterten ihren Gesundheitszustand schnell. Sie war an Schwindsucht erkrankt, und das Theater veranstaltete mehrere sogenannte ›Benefiz‹-Aufführungen für sie. William Henry Poe war wahrscheinlich schon 1807 seinem Großvater, dem ›General‹ Poe, zur Pflege übergeben worden. Edgar und Rosalie verbrachten den Tag im Modewarengeschäft von Poes Vermieterin, einer Mrs. Phillips. Am 8. Dezember 1811 starb Elizabeth Poe, erst 24 Jahre alt. Ihre Kinder fanden bereits am nächsten Tag ein neues Zuhause. Die kränkliche Rosalie wurde von der Familie Mackenzie aufgenommen und später adoptiert. Edgar Poe zog in das Haus der Familie Allan. Das einzige Bildnis Elizabeth Poes, ein ovales Porträt [vgl. 3.5.], kam in seinen Besitz.

Das Theater in Richmond brannte am 26. Dezember, wenige Tage nach Elizabeth Poes Tod, nieder. Der Schrecken dieses Ereignisses, das 72 Menschenopfer forderte, verdrängte jede private Trauer. Aber durch dieses traumatische Erlebnis wurde die Sorge um die Waisenkinder noch deutlicher zu einer öffentlichen Verantwortung, der sich die begüterten Familien Richmonds nicht entziehen mochten.

Literaturhinweis:

S. *Mordecai* »Richmond in By Gone Days: Being Reminiscences of an Old Citizen« (Richmond, 1856).

2. Biographie

2.1. Eine Jugend, auch in Virginia

John Allan, der den dreijährigen Edgar Poe nach dem Tod der Mutter aufnahm, gehörte zu den wohlhabenden Bewohnern Richmonds. Er handelte vor allem mit Tabak, aber besaß auch einen Anteil an einem Gemischtwarenladen. Er stammte aus Schottland und war 1794, etwa mit 14 Jahren, zu seinem in Richmond reich gewordenen Onkel William Galt gereist, für den er fortan arbeitete, bis er sich, wiederum mit der Unterstützung seines Onkels, 1800 selbstständig machen konnte. Mit einem anderen Angestellten Galts, Charles Ellis, gründete er die Firma ›Ellis and Allan‹. Der genauen Buchführung in diesem Kontor wie auch dem umfangreichen und sorgfältig aufbewahrten Briefwechsel Allans verdanken wir heute die meisten Informationen über Edgar Allan Poes Jugend.

1803 heiratete Allan Frances Keeling Valentine, und deren Schwester Ann [›Nancy‹] Moore Valentine zog mit dem jungen Paar in die Wohnung über dem Firmenkontor. Die Ehe blieb kinderlos. Da Frances Allan zu den Frauen gehörte, die die todkranke Elizabeth Poe unterstützt hatten [1.4.], dürfte die Aufnahme Poes wahrscheinlich zuerst von ihr angeregt worden sein. Daß es zu keiner Adoption kam, mochte verschiedene Gründe gehabt haben. Allan war um seine Beziehungen zu seinem Onkel besorgt, dessen Erbe er war, und die eventuell durch die Adoption eines Schauspielerkindes gestört worden wäre. Er besaß zu dieser Zeit auch bereits einen unehelichen Sohn, Edward Collier, für dessen Erziehung er finanziell aufkam.

Richmond war zu dieser Zeit eine der größten Städte der Union: Um 1800 besaß der Ort 5 730, im Jahre 1850 bereits 27 550 Einwohner. Die Hälfte der Bevölkerung bestand aus Sklaven und schwarzen Arbeitern. Der Schiffsverkehr florierte, und Kohle, Tabak, Baumwolle und Sklaven wurden gehandelt. ›Ellis and Allan‹ beteiligte sich am Umschlag jeder dieser Waren. Die Stadt war politisch bedeutend, und ihre Bewohner vertraten die Südstaaten-Ideologie so nachdrücklich [1.3.], daß es verständlich erscheint, daß Poe für sich später eine ›aristokratische‹ Vergangenheit erfand.

Durch die napoleonischen Kriege in Europa gerieten die Geschäfte der Südstaatler in Gefahr, da sie ihre Handelspartner in England oder Frankreich nicht mehr beliefern konnten [1.1.]. 1811 ging Allan nach Portugal, um in Lissabon die britische Armee zu versorgen. 1812 hatte Madisons Kriegserklärung den Handel mit England faktisch unmöglich gemacht, und Allan wie Ellis (und selbst ›General‹ Poe) meldeten sich wieder zur Armee. Nach dem Frieden vom Dezember 1814 entschloß sich Allan zu einem ungewöhnlichen Schritt. Im Vertrauen auf eine sich weiterhin bessernde Wirtschaftslage plante er nun in Umkehrung der Tradition, nach der englische Firmen Vertreter nach Richmond schickten, als Amerikaner ein Handelskontor in England zu eröffnen. Allan übergab seine Geschäfte in Richmond seinem Partner Ellis, vermietete sein Haus und seine Sklaven und begab sich mit Frances, Nancy Valentine und Edgar Poe am 23. Juni 1815 auf den Weg nach Schottland, um dann im Oktober 1815 nach London zu ziehen.

Poe, der in Richmond bereits die Schule besucht hatte, setzte wahrscheinlich für kurze Zeit seine Ausbildung an der Grammar School im schottischen Irvine fort. Das strikte Pensum dieser Schule verlangte unter anderem die Kopien von Grabsteininschriften [vgl. Bonaparte, »Poe«, S. 18: 4.5.; Bolle, »Cauchemar«, S. 17: 3.]. Über den nächsten Schulbesuch besteht mehr Sicherheit. Poe folgte seinen Pflegeeltern im Herbst 1815 nach London und setzte seine Ausbildung zunächst an der Schule der Schwestern Doubourg in Chelsea und dann, 1818–1820, an der Manor House School des Reverend Dr. John Bransby in Stoke Newington, damals noch ein Vorort von London, fort.

Beide Lehrer Poes erscheinen später in Poes Geschichten. In »The Murders in the Rue Morgue« [1841] tritt eine Pauline Doubourg als Zeugin auf, und der Eindruck des Rev. Bransby muß noch nachhaltiger gewesen sein, da er nicht nur in »William Wilson« [1839; 3.3.] erwähnt wird, sondern auch in Poes späteren »Autobiography« [29.5.1841, an Griswold; 2.6.], in der sonst wenige Angaben korrekt sind. Bransbys Erinnerungen schildern Poe als einen von den Allans verzogenen Jungen [Hunter, »Schoolmates«]. Für die Familie war es zu dieser Zeit sicherlich bereits ein Opfer, Poe in eine teure Schule zu schicken, in der er Französisch und Latein lernen konnte.

Die in England herrschende Depression vereitelte Allans große Pläne, und obwohl er seinen ursprünglich für drei Jahre geplanten Aufenthalt um zwei Jahre verlängerte, war ein Ende der Krise nicht abzusehen. Bis zum Mai 1820 kämpfte Allan darum, seine Firma vor dem Bankrott zu bewahren, und Bittbriefe an Ellis galten schließlich nur noch dem Ziel, die Schulden der Firma zu bezahlen, die er aufzulösen plante. Mit der Ankunft der Familie am 21. Juli in New York war das englische Abenteuer endgültig beendet. Nach einem kurzen Aufenthalt in New York zogen die Allans im August nach Richmond in Charles Ellis' Haus. Poe, der in England als Allans Sohn anerkannt wurde, war sich nun in Richmond als ›Engländer‹ seiner eigenen, weniger illustren Herkunft wieder bewußt.

In Richmond besuchte Poe die Clarke School und lernte Griechisch und Latein. Als Joseph Clarke 1823 seine Schule aufgab, hielt Poe, der für sein Talent in der Deklamation bekannt war, die Abschiedsrede. In dieser Zeit begann Poe auch, Gedichte zu schreiben. Poe befreundete sich mit Tom Ellis, dem Sohn von Charles Ellis, Robert Sully, dessen Vater noch mit Poes Mutter in Norfolk Theater spielte, und mit Robert Stanard. Nachhaltiger als die Freundschaft zu seinem Schulkameraden Rob Stanard war für Poe wohl die Begegnung mit dessen schöner und intelligenter Mutter. Jane Craig Stanard war 1823 bereits krank und galt als psychisch labil. Poe konnte sie bis zu deren Tod am 28. April nicht oft gesehen haben. Trotzdem machte sie einen bleibenden Eindruck auf ihn, denn Poe gab an, bereits zu dieser Zeit sein erst 1831 publiziertes Gedicht »To Helen« geschrieben zu haben. Er besuchte angeblich monatelang fast täglich ›Helen‹ Stanards Grab. Ein Jahr später, 1824, kam Lafayette nach Richmond und Poe, dessen Großvater einst mit Geld und Kleidung für seine Soldaten half, führte nun die Richmonder Junior Volunteers zur Begrüßung an.

1824 kam es zur Auflösung der Firma ›Ellis and Allan‹. Die finanziellen Schwierigkeiten ließen jedoch im folgenden Jahr nach, als William Galt starb und seinem Neffen sein Vermögen hinterließ. Allan kaufte sich ein großes Haus, und Frances Allan gab Gesellschaften. Um diese Zeit muß Poe auch Elmira Royster [›Myra‹] kennengelernt haben, die in der Nachbarschaft wohnte. Im März verließ Poe die Schule William Burkes, die er seit einem Jahr besuchte, um sich auf die Universität von Virginia vorzubereiten. Poe und Elmira gelobten einander, sich während Poes Studienzeit zu schreiben, und Elmira Royster sprach später von einer damals stattgefundenen heimlichen Verlobung. Im Sommer 1825 besuchte wahrscheinlich auch Henry Poe seinen Bruder, den er bisher vor allem nur aus Briefen kannte.

Henry Poe war inzwischen zur See gegangen; entweder zur Navy oder zur Merchant Marine [1.1.]. Seine Reiseerzählungen scheinen nicht nur Poes spätere Geschichten geprägt zu haben, sondern ebenso seine »Autobiography« [1841]. Die Freundschaft mit Henry kam gerade jetzt richtig, da es deutlich wurde, daß Rosalie, die sich anhänglich um Poe bemühte, geistig zurückgeblieben war.

Literaturhinweise:

H. *Allen* u. T. O. *Mabbott* (Hrsg.) »The Poems of William H. Poe« (N.Y., 1926); A. *Bondurant* »Poe's Richmond« (Richmond, 1942); R. B. *Davis* »Intellectual Life in Jefferson's Virginia, 1790–1830« (Chapel Hill, 1964); W.E. *Hunter* ›Poe and his English Schoolmates‹ Athenæum 2 (1878): 496–7.

2.2. Lernversuche: Universität und Armee

Die Universität von Virginia, das ›Oxford der neuen Welt‹, war in jeder Hinsicht ein Produkt von Jeffersons Vorstellungen und Bemühungen [1.1.; 1.3.]. Sie lag in Charlottesville, malerisch am Fuße der Berge, von denen Poe später in seinem »Tale of the Ragged Mountains« [1844] schrieb [3. 8.]. Zu Poes Studienbeginn hatte sie bereits 177 Studenten und umfaßte acht Fakultäten, für die jeweils ein Professor, zumeist von Jefferson selbst aus England engagiert, die Verantwortung trug.

Poe immatrikulierte sich, zwei Wochen verspätet, am 4. Februar 1826 und zahlte, was nur ausnahmsweise möglich schien, für zwei statt drei Fakultäten. Er besuchte Prof. George Longs Vorlesungen in Griechisch und Latein und Prof. Georg Blaettermans ›School of Modern Languages‹, die Unterricht in Französisch, Deutsch, Italienisch und Spanisch umfaßte. Fest steht, daß Poe Französisch studierte, aber es ist wahrscheinlich, daß er auch Grundkenntnisse in anderen Sprachen erwarb. Poe zeichnete, wurde für seine Tasso-Versübersetzungen gelobt, beschäftigte sich mit Byron und schrieb Gedichte.

Trotz der strikten Disziplin des täglichen Unterrichts vermochten Professoren wie Aufseher jedoch keine Ordnung zu schaffen, als Jeffersons ursprünglicher Plan einer Studentenverwaltung scheiterte. Es kam zu Aufruhr und Alkoholexzessen. Poe blieb von alledem nicht unberührt. Kommilitonen beschrieben ihn später als einen »ziemlich wilden jungen Mann« [Stovall, »University«], der dem Getränk ›Peach and Honey‹ zusprach. Die Räume der West Range, wo Poe sein Zimmer besaß, waren als ›Rowdy Row‹ bekannt. Am Ende des Jahres betrugen seine

Spielschulden 2 000 Dollar. In einem späteren Brief [Jan. 1831] an Allan nennt Poe die Gründe für sein Verhalten: Allans Geldbeitrag von etwa 110 Dollar ermöglichten es Poe nicht, sich mit den reichen Kommilitonen zu vergleichen, die sich *servants* hielten. Poe konnte nicht einmal die Kosten für ein volles Studienprogramm tragen, das 300 Dollar betrug. Obwohl Poe ›Besserung‹ versprach und Auszeichnungen in Examina erhielt, blieb Allan wie auch ein um Hilfe gebetener Verwandter Allans, John Galt, hart und Poes Schulden weitgehend unbezahlt. Im Dezember besuchte Allan Poe, und als Poe am 21. Dezember nach Richmond fuhr, wußte er, daß eine Rückkehr nach Charlottesville ausgeschlossen war.

In Richmond mußte Poe eine weitere Enttäuschung erfahren. Wahrscheinlich über die Einstellung Allans zu seinem Pflegesohn informiert, zog es Elmiras Vater vor, die Briefe des jungen und mittellosen Studenten an seine Tochter einzubehalten. Zur Zeit seiner Rückkehr war Elmira bereits mit dem sehr viel älteren Alexander Barrett Shelton verlobt und heiratete ihn wenig später. Allan schien Poe inzwischen nicht nur vor seiner Familie, sondern auch vor seinen Sklaven als Schuldner bloßzustellen. Poe selbst befürchtete, wegen der unbezahlten Schulden verfolgt zu werden. Schulden der Studenten waren gesetzlich nicht bindend, aber Poe schien dies nicht zu wissen. Händler verließen sich auf die reichen Eltern der Studenten.

Über Poes Beschäftigung in den nächsten Monaten besteht Unklarheit. Ellis berichtet über Poes Arbeit im Firmenkontor; Poe selbst konstruierte von Byron und Henry Poe inspirierte Reiseberichte und eine fiktive Reise nach Griechenland [2.6.]. Am 18. März 1827 kam es dann endgültig zum Bruch mit Allan. Poe schrieb einen Abschiedsbrief und verließ das Haus. Für kurze Zeit zog er in die Court House Tavern, um dann, unter dem Namen Henri le Rennêt, über Baltimore nach Boston zu reisen.

Es ist möglich, daß sich Poe in Boston zunächst als Reporter des Geschäftsblattes *Weekly Report* versuchte [s. Mabbott, »Tamerlane« (Reprint), S. XVIII: 6.3.]. Im folgenden Monat wechselte er erneut seine Identität. Als Edgar A. Perry, mit dem Nachnamen eines berühmten Soldaten [1.1.], änderte er sein Alter auf 22 Jahre und trat am 26. Mai 1827 der Armee der Vereinigten Staaten bei. Aber in Boston begann gleichzeitig die Karriere des Dichters Poe. Wahrscheinlich im Juli des gleichen Jahres druckte zwar kein großer Verlag, sondern der 19jährige Calvin F. S. Thomas Poes ersten Gedichtband: ein kleines, gerade 40 Seiten starkes Buch: »Tamerlane and Other Poems: By a Bostonian« [TOP, vgl. 6.3.]. In seinem Vorwort gibt Poe an, diese Gedichte bereits in den Jahren 1821 und 1822, d. h. im Alter von zwölf oder 13 Jahren, geschrieben zu haben. Die Gedichte dürften aber aus den Jahren 1825–1827 stammen.

TOP enthält »Tamerlane«, »To – » [»I saw thee on the bridal day«], »Dreams«, »Visit of the Dead« [»Spirits of the Dead«], »Evening Star«, »Imitation« [»Stanzae«, »A Dream«, »The Happiest Day«] und »The Lake«. Die Gedichte zeigen den Einfluß Byrons; »Tamerlane« und »To – » scheinen seine Enttäuschung durch Elmira Royster wiederzugeben [3.4.]. Henry Poe druckte eine Auswahl der Gedichte im *North American* unter seinen eigenen Initialen im September und November 1927.

Das Erscheinen des anonymen Bändchens erregte kein Aufsehen, man konnte auch nicht wirklich von einer Verbreitung sprechen [6.3.]. Poe selbst behauptete später, daß es durch »Umstände privater Natur« unterdrückt worden sei [s. »Al Aaraaf, Tamerlane and Minor Poems«: ATMP]. Er hatte die Publikation der Gedichte wahrscheinlich kurz vor dem Eintritt in die Armee veranlaßt. Bei Druckbeginn war er bereits Soldat, und im Oktober 1827 begab er sich wieder, diesmal mit seinem Regiment, nach dem Süden. Vom 31. Oktober bis 11. Dezember war sein Artilleriekommando in Fort Moultrie auf Sullivan's Island stationiert, vor der Küste Charlestons (s. »The Gold Bug« [1823], 3.7.). In Charleston befreundete sich Poe auch mit Colonel W. Drayton, dem er später die Sammlung »Tales of the Grotesque and Arabesque« [1839, 2.5.] widmete. Im Dezember wechselte das Regiment nach Fortress Monroe in Virginia, und im folgenden Monat wurde Poe zum Sergeant Major befördert. Leutnant J. Howard, den Poe, wenn auch mit einer falschen Geschichte, über seine wahre Identität aufklärte, wandte sich 1828 an Allan, um ihn über Poes Verbleib zu informieren. Poe selbst plante inzwischen die höhere Offizierslaufbahn und wollte an der Akademie in West Point studieren. Dies veranlaßte ihn, nach eineinhalb Jahren Karriere als Edgar Perry zu seinem früheren Namen und Alter zurückzukehren und Allan zu bitten, ihm mit Geld und Einfluß nach West Point zu verhelfen. Am 28. Februar 1829 starb Frances Allan, und Poe fuhr nochmals nach Richmond, das er kurz nach ihrem Begräbnis erreichte.

Am 15. April wurde Poe offiziell und unter seinem richtigen Namen aus der Armee entlassen. Allan empfahl Poe, wenn auch kühl, nach West Point, indem er noch einmal auf Poes berühmten Großvater, den ›General‹, verwies [1.4.]. Bis zum Mai des folgenden Jahres wartete Poe auf eine Entscheidung über seine Aufnahme und reiste schließlich nach Washington, um sein Gesuch zu beschleunigen. Die Wahl von 1828 hatte Poe eine Enttäuschung gebracht. Obwohl die Demokraten gewannen, wurde nicht Colonel Drayton Kriegsminister, sondern Major John Eaton [1.1.; 1.3.]. Eine Aussicht auf Protektion bestand nicht mehr.

Auf dem Weg nach Washington besuchte Poe wahrscheinlich eine Cousine in Baltimore und reiste nach Philadelphia weiter, um dort die Publikation eines neuen Gedichtbandes in die Wege zu leiten. Der Autor William Wirt [1.1.], den Poe um Hilfe bat, war selbst von Poes neuem Gedicht »Al Aaraaf« nicht ganz überzeugt, sandte ihn jedoch zu den Kritikern Joseph Hopkinson und Robert Walsh nach Philadelphia, und Poe holte sich zumindest bei dem letzteren, dem Herausgeber der *American Quarterly Review*, einigen Rat. Die Verhandlungen mit dem Verlagshaus Carey, Lea and Lea in Philadelphia im Frühjahr und Sommer scheiterten jedoch an der verlangten Garantie von 100 Dollar, die Poe nicht aufbringen konnte und die vorauszubezahlen Allan sich weigerte. Poe kehrte nach Baltimore zurück und traf dort im August zum erstenmal seine Cousine Virginia Clemm, die damals sieben Jahre alt war.

Aus Baltimore erreichten Allan weitere Bittbriefe Poes, der durch Verwandte bestohlen wurde und auch durch die Bezahlung seines Armeenachfolgers kein Geld mehr hatte. Nach mehreren Briefen schickte Allan etwas Geld und Poe machte sich, um zu sparen, im Juli zu Fuß nach Washington auf. Er erhielt eine Audienz bei Eaton. Am 18. November konnte Poe Allan über erfolgreiche Verhandlungen mit einem Verlagshaus in Baltimore berichten. Hatch & Dunning war bereit, Poes Gedichte – eine erweiterte und revidierte Fassung von »Tamerlane and Other Poems« – zu drucken und Poe 250, wie anzunehmen ist, ungebundene Exemplare zu überlassen.

»Al Aaraaf, Tamerlane and Minor Poems« wurde wahrscheinlich kurz vor dem 29. Dezember 1839 gedruckt. ATMP enthält eine neue Fassung von »Tamerlane«, »Sonnet – To Science«, »Al Aaraaf«, »Preface« [»Romance«], »To – «, »To – « [Elmira], »To –« [The River], »To the River«, »The Lake. To – «, »Spirits of the Dead«, »A Dream«, »To M –« und »Fairyland.« Diese neue Sammlung zeigt einen schwächeren Einfluß Byrons, es überwiegen nun Anklänge an Milton und Moore [3.4.]. Neben einigen Rezensionen erschien nun auch eine erste Satire auf Poes Werk [»Works« I, S. 541; 5.1.].

Vom Januar bis zum Juni 1830 wohnte Poe wieder in Richmond, um auf eine Antwort auf seine Bewerbung für West Point zu warten. Das Leben im Hause Allan schien sich zu komplizieren. Im Juli des Jahres wurde Allan Vater der Zwillinge Wills und war wahrscheinlich bereits Vater einer 1826 geborenen Tochter von Elizabeth Wills, die er ebenfalls finanziell zu versorgen hatte. Dazu faßte er Heiratspläne und heiratete am 5. Oktober 1830 die 20 Jahre jüngere Louisa Gabrielle Patterson aus New York, eine Nichte eines befreundeten Plantagenbesitzers [1.3.]. Nancy Valentine blieb weiterhin im Haus. Poe trat am 1. Juli mit einem Geschenk von 20 Dollar als Kadett in die Akademie in West Point ein, konnte aber keine fortwährende finanzielle Unterstützung von Allan in Zukunft mehr erhoffen.

In West Point kam Poe nicht nur finanziell in Schwierigkeiten. Es entsprach nicht Poes früherer Erfahrung mit der Armee. Ein strenger Drill, Zeitmangel und eine Reihe von Verboten machten nicht nur jede schriftstellerische Tätigkeit unmöglich, sondern auch, trotz der reichen Bibliothek, die bisher erlaubte Lektüre von Shakespeare, Shelley, Keats, Coleridge, Wordsworth und Milton. Die militärische Karriere schien mit dem inzwischen gesetzten künstlerischen Ziel unvereinbar. Poe sah auch, daß er trotz seiner Vorkenntnisse die Ausbildung in West Point nicht abkürzen konnte. In einem Brief an Allan [3.1. 1831] teilte er seinen Wunsch mit, die Militärakademie zu verlassen, und versuchte in einer Abrechnung mit seinem Pflegevater seine Entscheidung zu rechtfertigen. Der Geschäftsmann Allan hatte aber bereits eine feste Meinung über seinen Pflegesohn geformt. Poe hatte für seinen Armee-Nachfolger in Fort Monroe immer noch wie sonst üblich die volle Ablösung bezahlt und statt dessen Allan in einem Brief an ihn als unverantwortlichen Trinker bezeichnet, der sich zu zahlen weigere: Dieser Brief wurde Allan schließlich gezeigt. Allan versprach, Poe in Zukunft jede Hilfe zu entziehen, die Poes ehrenwerte Entlassung hätte bewirken können. Um seine Entlassung nun auf jeden Fall zu erreichen, verstieß Poe nun fortlaufend gegen die Vorschriften. Am 28. Januar erhielt er zwei Anklagen wegen Gehorsamsverweigerung. Am 19. Februar verließ er West Point und fuhr mit der ›Henry Eckford‹ nach New York. Poes offizielle Entlassung wurde erst am 6. März bestätigt.

Literaturhinweise:
K. W. *Cameron* ›Young Poe and the Army‹ ATQ XX, Ergänzungsband (1973): 154-93; F. *Stovall* ›Edgar Poe and the University of Virginia‹ VQR XLIII (1967): 297–317.

2.3. Die Entdeckung der Kurzgeschichte

Noch in West Point suchte Poe den Kontakt zu dem New Yorker Verleger Elam Bliss. Durch die finanzielle Hilfe der anderen Kadetten in West Point war es Poe möglich, im April des Jahres einen weiteren Gedichtband in New York zu veröffentlichen, mit dem Titel »Poems«.

Elam Bliss gehörte zwar nicht zu den größeren New Yorker Verlegern, aber er besaß Erfahrung mit literarischen Publikationen und ›Geschenkbüchern‹ [*gift books*; z.B. »The Talisman«, 1828–30; 4.1.]. Poe bezeichnete den neuen Band, obwohl es schon sein dritter war, als »second edition«. Er sah wahrscheinlich den 1827 erschienenen Gedichtband zwar als gedruckt, aber nicht als ›veröffentlicht‹, d. h. verbreitet an [2.2.].

»Poems« enthält neben Umarbeitungen bereits gedruckter Gedichte sechs neue Gedichte, »To Helen,« »Israfel«, »The Doomed City« [später: »The City in the Sea«], »Irene« [später: »The Sleeper«], »A Paean« [später: »Lenore«] und »The Valley of Nis« [später: »The Valley of Unrest«] und den einführenden Brief »Letter to Mr. – «, später als »Letter to Mr. B – « [SLM, Juli 1836] veröffentlicht und vermutlich an Bliss gerichtet. Dies ist der erste von Poe erhaltene Prosatext und seine erste, von Coleridge »Biographia Literaria« [1817; paragr. 19] beeinflußte Stellungnahme [4.2.].

Der Aufenthalt in New York schien endgültig Poes finanzielle Mittel erschöpft zu haben. In einem Bittbrief an Allan beschrieb er sich als krank und hoffnungslos in einem Zimmer nahe des Madison Squares. Am 10. März wandte er sich in einem Brief an Colonel Thayer, um ihm einen Reiseplan nach Paris vorzulegen, wo er mit Hilfe Lafayettes der polnischen Armee beitreten wollte. Beide Briefe blieben unbeantwortet. Im Mai zog Poe schließlich nach Baltimore zu seiner Tante Maria Clemm.

Baltimore war zu dieser Zeit die drittgrößte Stadt der Union und besaß 80 000 Einwohner; sie erwarb politische Bedeutung, als Jackson und Henry Clay 1832 dort nominiert wurden [1.1.; 1.3.]. Die Stadt war auch ein Verlagszentrum, das zwischen Norden und Süden vermitteln konnte. 1831 breitete sich in Baltimore eine Cholera-Epidemie aus, welche die

Stadt kaum unter Kontrolle halten konnte; sie bildete möglicherweise die Anregung für Poes »Masque of the Red Death« [1842; 1.2., 3.3.].

Im Hause der Clemms zeigte sich wenig Grund zum Optimismus. Maria Clemm unterstützte neben ihrer Tochter Virginia ihren Sohn Henry, der seine Arbeit als Steinmetz aufgab und der Trunksucht verfiel, Poes Bruder Henry, der an Schwindsucht erkrankt war und ebenfalls trank, sowie Poes Großmutter, die als Witwe des ›Generals‹ eine Rente erhielt. Poe zog in eine Dachstube des Hauses in Wilks Street und versuchte vergeblich Arbeit zu finden. Henry Poes Tod am 1. August 1831 hinterließ ihn mit neuen Schulden, für die weder er noch Maria Clemm aufkommen konnten. Im November und Dezember wandte sich Poe erneut an Allan, um ihn unter Ausmalung der drohenden Gefängnisstrafe um Geld zu bitten, und Allan, der Poe bereits im Gefängnis vermutete, überwies ohne Eile 100 Dollar, 20 Dollar mehr als den geschuldeten Betrag. Diese Konfrontation mit erneuten Schulden mag Poe endgültig veranlaßt haben, berufsmäßig zu schreiben, denn er verfaßte während dieser Zeit mehrere Kurzgeschichten, die weitaus verkäuflicher waren als Gedichte [vgl. 4.3.].

Am 28. Mai 1831 schrieb der eben in Philadelphia gegründete *Saturday Courier* einen Kurzgeschichten-Wettbewerb aus und setzte einen ersten Preis von 100 Dollar an. Poe schickte seine Erzählungen wahrscheinlich für diesen Wettbewerb ein. Obwohl der Preis am 31. Dezember an Delia Bacon fiel, druckte die Zeitschrift Poes Einsendungen, allerdings ohne Bezahlung.

Am 14. Januar 1932 erschien, wie üblich anonym, die erste Fassung von »Metzengerstein«, am 3. März »The Duke de l'Omelette« [später: »The Duc de l'Omelette«], am 9. Juni »A Tale of Jerusalem«, am 10. November »A Decided Loss« [später: »A Loss of Breath«] und am 1. Dezember »The Bagain Lost« [später: »Bon-Bon«. Die *Courier*-Fassungen wurden erst 1915 von Killis Campbell entdeckt; 3.2.; 3.3.]. Poe bearbeitete die Geschichten 1835/36 für den erneuten Abdruck im *Southern Literary Messenger*. Keine seiner Erzählungen hat er später so radikal überarbeitet wie diese. Er korrigierte nicht nur den Stil, sondern tilgte auch einige Anspielungen auf aktuelle Ereignisse und Zeitungsberichte [s. Varner, »Philadelphia *Saturday Courier*«, S. VII–VIII; 3.2.]. Im *Philadelphia Saturday Courier* hat Poe auch in den folgenden Jahren veröffentlicht: »Raising the Wind« [4.10.1843, später »Diddling Con-sidered as One of the Exact Sciences«] und mehrere Nachdrucke.

Über Poes Zeit in Baltimore ist wenig bekannt. Im Herbst 1832 zog Poe mit seiner Familie in die Amnity Street 3. Er arbeitete weiterhin an neuen Kurzgeschichten und an einigen Gedichten.

»Serenade« erschien am 20. April 1833 im *Saturday Visitor* in Baltimore. In diesem Frühjahr schrieb Poe seinen letzten Bittbrief an Allan, der ohne Antwort blieb. Im Mai bot Poe dem *New England Magazine* eine Sammlung von Kurzgeschichten an, die er »Eleven Tales of the Arabesque« nannte. Er sandte zunächst seine politische Satire »Epimanes« ein und versprach sich einen Erfolg beim Bostoner Whig-Journal [3.2.]. Das *New England Magazine* lehnte die Erzählung wie die Sammlung jedoch ab; wahrscheinlich ist die Sammlung mit den »Tales of the Folio Club« identisch, die Poe im Herbst zum Druck anbot.

Die »Tales of the Folio Club« bestanden aus elf Geschichten, die durch eine Rahmenhandlung verbunden waren. Vom geplanten Projekt sind lediglich vier Manuskriptseiten erhalten sowie Hinweise in Briefen, die mit Sicherheit lediglich »Ms. Found in a Bottle«, »Lionizing«, und »The Visionary« [später: »The Assignation«] als Teil der Sammlung identifizieren. Die »Tales of the Folio Club« beruhen auf der Idee eines Symposiums, bei dem die Mitglieder einer geselligen Runde im Wettbewerb Erzählungen vortragen, die dann von den anderen Teilnehmern kritisiert werden.
Der Gedanke eines solchen ›Symposiums‹ findet sich bereits bei Platon, und E.T.A. Hoffmanns »Serapionsbrüder«, De Quinceys »On Murder Considered as One of the Fine Arts«, die »Noctes Ambrosianae« der Zeitschrift *Blackwood's* und Horace Smiths »Rejected Addresses [mit James Smith, 1812] sowie Baltimores »Delphian Club«, der im Hause des Poe- Freundes William Gwynn tagte, mochten weitere Anregungen gegeben haben.
Die Variationsbreite der zwischen 1831 und 1833 entstandenen Geschichten läßt vermuten, daß die Rahmenhandlung bereits früh entstanden war. Möglicherweise waren Rahmen und Erzählungen der »Eleven Tales of the Arabesque« bereits zu dieser Zeit fertiggestellt, die fünf im *Philadelphia Saturday Courier* abgedruckten Erzählungen mochten nur eine Auswahl aus dieser Sammlung bilden. Hammond [»Poe's ›Folio Club‹«] versucht, aufgrund der Beschreibung der Teilnehmer in der Rahmenerzählung und der Textzeugnisse das geplante Buch zu rekonstruieren, und er vermutet die folgende Reihenfolge von Erzählungen: »Raising the Wind; or, Diddling Considered as One of the exact Sciences«, »The Visionary« [später: »The Assignation«], »Bon-Bon«, »Siope - A Fable«, »Ms. Found in a Bottle«, »Metzengerstein«, »Loss of Breath« [eventuell nur eine Szene daraus: »The Quick Among the Dead«], »The Duke [Duc] de l'Omelette«, »King Pest [the First]«, »Epimanes« [später: »Four Beasts in One: Homocameleopard«] und »Lionizing«. »King Pest« und »Epimanes« können als Satiren auf »King Andrew« Jackson und sein Küchenkabinett gelesen werden [s. Whipple, »Political«; 1.1.; 3.2.; 3.3.].

Am 15. Juni 1833 kündigte der *Saturday Visiter* in Baltimore einen Geschichten- und Gedicht-Wettbewerb an und setzte 50 Dollar für die beste Erzählung und 25 Dollar für das beste Gedicht aus. Poe beteiligte sich an diesem Wettbewerb und sandte »Ms. Found in a Bottle«, »The Visionary«, »Lionizing« und drei weitere Erzählungen des »Folio Clubs« ein, ferner das Gedicht »Coliseum«. Am 12. Oktober veröffentlichte der *Visiter* die Entscheidung der Jurymitglieder: der Preis für die beste Erzählung ging an Poes »Ms. Found in a Bottle«, und auch seine anderen Beiträge wurden lobend erwähnt. Beim üblichen Besuch der Juroren nach der Preisverkündigung lernte Poe auch John Pendleton Kennedy, den Autor des Romans »Swallow Barn« [1832] kennen [1.1.], mit dem ihn bald eine Freundschaft verband. Kennedy äußerte sich kritisch über den »furchterregenden« Aspekt der Poeschen Erzählungen, bot ihm aber seine Unterstützung an. Er schickte das Manuskript des »Folio Clubs« dem Verleger Henry C. Carey, der es aber aus finanziellen Überlegungen – der Verlag hatte Verluste und mußte 1834 seine Produktion ganz einstellen – nicht drucken konnte.

Im März 1834 besuchte Poe ein letztes Mal Allan, seine Frau Louisa und deren drei Söhne. Das abweisende Verhalten der Familie Poe gegenüber trug zur Bildung der Legende Poes als eines unmoralischen Menschen, der seinen Pflegevater betrog, bei. John Allan starb am 27. März 1834.

Nach seiner Rückkehr nach Baltimore wartete Poe zunächst vergeblich auf das Erscheinen seines Buches bei Carey und begann, Erzählungen in ›gift books‹ zu veröffentlichen. Kennedy riet Poe zu schreiben, was Geld einbringen könnte, und empfahl ihn auf eine Anfrage Thomas Willis Whites hin an dessen im August 1834 gegründetes Richmonder Magazin *Southern Literary Messenger* [SLM]. Kennedys Brief vom 13. April 1835 an White erwähnt, daß Poe an einem Drama arbeitete; Poe veröffentlichte später nur Auszüge aus »Politian« [2.4.; 3.4.].

Poes erste Beiträge für White waren »Berenice« und »Morella« für die März- und Aprilnummern. Die Geschichten, die er White zum regelmäßigen Abdruck versprach, waren dem Rat Careys folgend – mit der Ausnahme von »Hans Phaal, A Tale« [SLM, Juni 1835; 3.6.] – Teile des »Folio Clubs«; neun daraus wurden im SLM gedruckt. Um die Publikation des Buches zu beschleunigen oder einfach die Erwartung zu steigern, versuchte Poe eine Eigenreklame und schickte White am 20. Juli eine im SLM abzudruckende Anzeige, die im August erschien. Das Buch kam nicht zum Druck.

Literaturhinweise:

E.M. *Gwathmey* »John Pendleton Kennedy« (N.Y., 1931); S. *Haage* »Edgar Allan Poes ›Tales of the Folio Club‹« (Frankfurt/M, 1978); A. *Hammond* Edgar Allan Poe's ›Tales of the Folio Club‹: The Evolution of a Lost Book‹ in B.F. *Fisher* IV (Hrsg.) »Poe at Work« (Baltimore, 1978), S. 13–43; A. *Hammond* ›Further Notes of Poe's Folio Club Tales‹ PSt 8 (1975): 38–42; C. *Richard* (Hrsg.) »Configuration Critique d'Edgar Allan Poe« (Paris, 1969); J. G. *Varner* »E. A. Poe and the »Philadelphia Saturday Courier« [6.3.2.]; W. *Whipple*, ›Poe's Political Satire‹ UTSE 35 (1956): 81–95.

2.4. Ein Dichter wird Journalist

Im Mai 1834 angekündigt, war der SLM im August 1834 zum erstenmal erschienen. Im November stellte sich das Journal auf einen monatlichen Rhythmus ein. Zu dieser Zeit waren bereits mehrere literarische Zeitschriften gescheitert, die versucht hatten, sich in Richmond oder Charleston zu etablieren [s. Jackson, »Poe and SLM«, S. 17]. Es schien unmöglich, ein solches Magazin im Süden gegen die Konkurrenz des Nordens zu gründen. Mit seinem abenteuerlichen Unternehmen wollte der Buchdrukker White sich auf ein Publikum im Süden einstellen. White verließ sich weitgehend auf das literarische Urteil seiner Freunde Nathaniel Beverley Tucker, Lucian Minor und James Ewell Heath, der Whites erster Mitarbeiter [*editor*] war. Heaths erste Beiträge riefen zu einer neuen Bewertung von Literatur und Politik auf und sprachen sich für eine neue Literatur des Südens aus: »Gibt es nicht etwas neben der Politik, für das man leben sollte?« [SLM, I (Nov. 1834), S. 123; vgl. auch (Aug. 1834), S. 1; 1.1.] White wollte vor allem diejenigen Subskribenten gewinnen, die Zeitschriften aus dem Norden oder aus England hielten [4.1.]. Als Zeitschrift des Südens stand der *Messenger* jedoch auch den Autoren des Nordens offen und druckte unter anderem Originalbeiträge der populären Hartforder Lyrikerin Lydia H. Sigourney. Im Mai 1835 fand bereits ein Wechsel in der Herausgeberschaft der Zeitschrift statt; White konnte Heath nicht länger bezahlen. Edward Vernon Sparhawk übernahm seine Stelle, doch Sparhawks Mitarbeit war von kurzer Dauer. White wandte sich zunächst an Minor, und nachdem dieser absagte, an Poe.

Poe schien die geeignete literarische Bildung zu besitzen. Poes Hinweise über Publikumswirksamkeit und zur Typographie des Magazins schienen White darüberhinaus fachmännisch [z.B. Poe an White, 22.6.1835]. Er machte auch bereits ohne Entgelt in Zeitschriften in Baltimore auf den SLM aufmerksam. Poe hatte einige Kritiken eingesandt und war bereit, das ›Critical Department‹ sofort ganz zu übernehmen. Der Tod der Großmutter am 7. Juli 1835 - sie hatte Henry Clemm wie Henry Poe überlebt – brachte auch den Wegfall der Rente, die Maria Clemm bei der Unterstützung der Familie half. Im August des Jahres übernahm Poe, von White vorsichtig als ›Assistent‹ bezeichnet, die Herausgeberstelle für ein Jahresgehalt von 520 Dollar – erst im Dezember erreichte es mit der Erhöhung auf 800 Dollar das zunächst an Minor gemachte Angebot.

Poe kehrte allein nach Richmond zurück und mietete dort, nach einem wahrscheinlich nur kurzen Besuch bei den Mackenzies, ein Zimmer. Im September reiste er aber bereits wieder nach Baltimore zurück; es ist unklar, ob es eine Auseinandersetzung mit White gab, der sich in Briefen über Poes Neigung zum Alkohol beschwerte [s. White an Poe, 29.9.1835]. Aber auch private Gründe sind möglich. Der Versuch, Maria und Virginia Clemm dazu zu bewegen, nach Richmond zu ziehen, scheiterte zunächst. Am 22. September 1835 erhielt Poe die Erlaubnis für die Hochzeit mit der 13jährigen Virginia, die ein falsches Alter von 21 Jahren angab. Ende September 1835 arbeitete Poe wieder bei White in Richmond. Für ihn war dies mit dem Versprechen verbunden, nicht mehr zu trinken; für White mit der Einsicht, daß Poes Mitarbeit einen Gewinn für das Magazin bedeutete. Seine neue Wohnung in der Pension von Mrs. James Parrington teilten nun auch Clemm und Virginia.

White überließ Poe die meiste Arbeit am Magazin, und Veränderungen der Zeitschrift wurden bald deutlich. Die Novemberausgabe erschien erst im Dezember und enthielt Whites Ankündigung von Poes Mitarbeit. Im folgenden Jahr schrieb Poe nahezu alle Rezensionen, und in manchen Ausgaben betrug das Editorial bis zu 40 Seiten [so im Feb. 1836]. Poe begann zu dieser Zeit eine Korrespondenz mit Tucker, die z. T. erhalten ist. Tucker war Jurist und der Autor der Romane »George Balcombe« und »The Partisan Leader« [beide 1836], die Poe auch rezensierte. Tucker befürwortete die Eigenständigkeit des Südens und veröffentlichte Beiträge in Poes Ressort des SLM, die die Sklavenhaltung befürworteten [1.3.; vgl. 3.2.]. Zu den neuen Autoren gehörte auch William Gilmore Simms, der versuchte, durch ›Revolutionary Romances‹ den von Scott geprägten Geschmack für historische Romane zu treffen und eine spezifisch

›südstaatliche‹ Literatur zu schreiben. Poe beschränkte sich in seinen eigenen literarischen Beiträgen zumeist auf Nachdrucke seiner Erzählungen und Gedichte, veröffentlichte aber im Dezember 1835 und Januar 1836 »Scenes from an Unpublished Drama«: fünf Szenen aus »Politian« [2.3.].

»Politian« liegt die sogenannte ›Kentucky Tragedy‹ zugrunde, eine Liebestragödie und ein politischer Mord aus dem Jahre 1825. Poe versetzte die Handlung ins Italien des 16. Jahrhundert und fügte sein Gedicht »Coliseum« [II. Szene] ein. Poe schien das Drama bereits als Gedichtfragment zu sehen, und seine negative Haltung dem Projekt gegenüber verstärkte sich später. Er druckte es in »The Raven and Other Poems« [1845] nur ab, wie er schrieb, »um ein Buch zu füllen« [Poe an Duyckinck, 10.9.1845].

Die Qualität der literarischen Beiträge [s. Jackson, »Contributors«] wie auch das neue, attraktive Erscheinungsbild des SLM erregten Aufmerksamkeit. Die eigentliche Attraktion bestand in Poes ›Critical Department‹, und zwar weniger aufgrund der Kritiken zu Büchern über Phrenologie oder politische Fragen, als vielmehr wegen der literarischen Besprechungen. Den Anfang machte Poes Rezension von Theodore Fays Buch »Norman Leslie: A Tale of the Present Times«, das im November 1835 anonym erschien.

Der *New York Mirror*, zu dessen Mitarbeitern Fay gehörte, druckte bereits am 11. Juli 1835 eine Ankündigung des Romans mit Manuskriptauszügen und Lob für Fay. Poes Rezension [SLM, Dez. 1835] ist ein Verriß des Romans und eine Stilkritik; sie ist in einer Sprache verfaßt, die Poes Lektüre der Zeitschriften *Blackwood's*, *Edinburgh Review* oder *Quarterly Review* verrät [4.1.]. Sie ist ebenso ein sprachspielerischer, ironischer Angriff auf den *New York Mirror* und andere Zeitschriften, die durch unkritisches Lob mittelmäßigen oder gar schlechten Romanen zum Erfolg verhalfen, entweder als Freundschaftsdienst oder um im harten Geschäft einem amerikanischen Buch den Verkauf zu sichern.

Die Methode des ›Puffing‹, des Vorauslobs und der Reklame durch befreundete Kritiker, wurde von Poe selbst bisweilen geübt und war weithin verbreitet [4.1.]. Poes Rezension wandte sich gegen die stärkste der literarischen ›Cliquen‹, gegen den Kreis um das New Yorker *Knickerbocker*-Magazin, das einen großen Einfluß auf das Verlagswesen ausübte [Moss, »Literary Battles«]. Im Februar 1836 kommentierte Poe erneut »Norman Leslie«, das inzwischen in die zweite Auflage ging und bereits dramatisiert worden war. In dieser Kritik richtete sich Poe auch zum erstenmal deutlich gegen die bis zum Plagiat gehende Nachahmung und allgemeiner gegen die Nachahmung englischer Romane in Amerika.

In der Rezension von Joseph Rodman Drakes »The Culprit Fay, and Other Poems« sowie Fitz-Greene Hallecks »Alnwick Castle« [SLM, April 1836] wandte Poe sich nicht nur den vorliegenden Gedichten zu, sondern faßte zusammen, was die Aufgabe eines Kritikers sei. Er müsse sich selbst eigene Maßstäbe setzen, wenn er eine weniger provinzielle Literatur fördern wolle [4.1.; 4.2.; 4.3.]. Poes Rezension von Drake und Halleck diente ihm auch dazu, sich gegen seinen neuen Ruf, daß er Bücher lediglich grob verriß, zu verteidigen.

Poe trug sich mittlerweile mit dem Gedanken, seine Sammlung »Folio Club« auf 16 Geschichten zu erweitern. White bat Paulding, der inzwischen in New York lebte [1.1.], um eine Empfehlung des Projekts für den Verlag Harper & Brothers, der das Manuskript jedoch ablehnte; die Erzählungen »verrieten zuviel Bildung«, sie seien zudem bereits veröffentlicht; möglicherweise war auch Poes neuerworbener Ruf als Kritiker an der Ablehnung schuld. Um 1837 gab Poe jeden Versuch der Veröffentlichung dieser Sammlung auf.

Am 9. April 1836 veröffentlichte der New Yorker *Mirror* »The Successful Novel!«, einen Artikel, der Poes Unvermögen, sein eigenes Buch zu publizieren, verspottete. In einer Rezension von Colonel Stones »Ups and Downs in the Life of a Distressed Gentleman« [Juni 1836] nahm sich Poe erneut ein Mitglied der New Yorker Literatengruppe vor. Poe selbst, der sich als Einzelkämpfer um das Niveau der amerikanischen Literatur und Literaturkritik sah, war zu einem Kritiker geworden, mit dem man rechnen mußte und der begann, positive Kriterien zur Beurteilung von Literatur zu entwickeln. Seine Rezension von Sigourneys Gedichten [Jan. 1836] verwies auf Coleridge und Schlegel. Richard Adam Lockes »Moon Hoax: Or, Discovery that the Moon has a Vast Population of Human Beings« [*New York Sun*, Aug., Sept. 1835] folgte nach Poes »The Unparalleled Adventures of One Hans Pfaal« [1835; 3.8.], und Poe sah Lockes erfolgreiche Zeitungsente als eine Nachahmung seiner Erzählung durch ein Mitglied der New Yorker Literatenclique. Poe ließ seine eigene Geschichte unvollendet.

Aus Poes Briefen an Kennedy [22.1.1836; 11.2.1836] spricht die Zufriedenheit mit seiner Stellung und dem Leben in Richmond. Am 16. Mai schloß Poe einen neuen Heiratskontrakt mit Virginia Clemm und heiratete sie vermutlich am 19. Mai 1836. Das Paar verbrachte die Flitterwochen in Petersburg, Virginia.

Nach der Rückkehr hegte Poe zunächst die Absicht, seine Familie durch die Eröffnung einer Pension zu unterstützen, an der sich White und dessen kranke Frau beteiligen wollten. Der Plan scheiterte; ebenso scheiterte Poes Plan, durch einen Rechtsstreit für Maria Clemm das Geld zurückzufordern, daß ›General‹ Poe dem Staate geliehen hatte.

Der SLM erlebte, vor allem durch Poes Kritiken, einen Aufschwung. Die Zahl der Abonnenten stieg bald von etwa 700 auf über 5000 und brachte der Zeitschrift eine Jahresauflage von 10000 [Poe an Anthon, Juni 1844; vgl. Allen, »British«, 157: 4.1.]. In einem offenen Brief an den Herausgeber des *The Richmond (Va.) Courier and Daily Compiler* [2.9.1836] zog Poe selbst ein Resumé und wandte sich gegen die Vorwürfe, ein zu scharfer Kritiker zu sein: Von seinen 94 im SLM erschienenen Rezensionen bezeichnet er 79 als sehr lobend, sieben als positiv, fünf als kritisch und nur drei – die Rezensionen von »Norman Leslie«, »Paul Ulric« und »Ups and Downs« – als negativ gehalten. Noch in seiner neuen erfolgreichen Serie »Autography« [Aug. 1836], in der die Unterschriften bekannter Autoren satirisch gedeutet wurden [3.2.; 4.1.], ging er in den letzten beiden Eintragungen zu Stone und Fay auf seine Auseinandersetzung mit den New Yorker Cliquen ein. Der Streit um Poes Kritik ruhte im September. Diese Monatsausgabe wurde durch die Krankheit Whites und Poes verzögert, und die Novemberausgabe enthielt weniger Rezensionen als bisher üblich. Die Dezember-Ausgabe 1836 erschien nicht mehr.

Bereits im September gab es Auseinandersetzungen zwischen Poe und White, der mehr Mitsprache bei der Auswahl der Beiträge forderte. In der Januarausgabe 1837 kündigte der SLM Poes Ausscheiden an. Poes letzter Beitrag im SLM, für den er nach White [Jackson, »Poe and SLM«, S. 14] das enorme Honorar von drei Dollar pro Seite verlangte, war eine Fortsetzungsgeschichte mit dem Titel »The Narrative of Arthur Gordon Pym«, dessen erste beiden Teile im Januar und Februar gedruckt wurden [3.6.]. Im Februar war die Familie Poe-Clemm wahrscheinlich aber bereits auf dem Weg nach New York.

Literaturhinweise:

D. K. *Jackson* »Contributors and Contributions to the »Southern Literary Messenger«« [6.5.3.]; D. K. *Jackson* »Poe and the »Southern Literary Messenger«« (Richmond, 1934); R. O. *Jacobs* ›A Campaign for a Southern Literature: »Southern Literary Messenger«‹ SLJ II (1969): 66–88; W. R. *Jillson* ›The Beauchamp-Sharp Tragedy in American Literature‹

Kentucky Historical Society Register XXXVI (1938): 54–60; S. *Moss* »Poe's Literary Battles« (Durham, 1963); F.L. *Mott* »History of American Magazines 1741–1850« (N.Y., 1930); C.H. *Watts* II ›Poe, Irving, and the »Southern Literary Messenger«‹ AL XXVII (1955): 249–51.

2.5. Im Zentrum: Philadelphia

Poe erreicht New York zur Zeit der Wirtschaftskrise. Jacksons Währungsreform hatte bereits im Dezember nach einem Drukkerstreit dem SLM finanzielle Schwierigkeiten bereitet, und es war kein Ende der Rezession in Sicht. In New Yorker Zeitschriften-Kreisen war man Poe wegen seiner Kritiken in der SLM wenig freundlich gesinnt. So verfiel er auf Clemms alten Plan, eine Pension zu eröffnen, den sie dann in Greenwich Village verwirklichten.

Einer der Mieter, William Gowans, hat später nicht nur Poes Leben zu dieser Zeit beschrieben [Gowans, »Memoir«], sondern war als Buchhändler wahrscheinlich auch der Vermittler für dessen einzigen journalistischen Auftrag in New York, eine Rezension von John Lloyd Stephens' »Incidents of Travel in Egypt, Arabia and the Holy Land«, die wegen der Geldschwierigkeiten der *New York Review* erst im Oktober 1837 erschien. »Von Jung, the Mystic« [*American Monthly Magazine*, Juni 1837] und »Siope - A Fable« [»Baltimore Book for 1838«, Herbst 1837] waren die einzigen Kurzgeschichten, die Poe während seiner New Yorker Zeit zur Veröffentlichung unterbrachte. Auf dem Buchmarkt hatte Poe mehr Glück. Im Juni fand sich Harper's bereit, Poes »Narrative of Arthur Gordon Pym« [NAGP] zu drucken.

NAGP erschien im August 1838. Das Buch hatte nur geringen Erfolg, und Poe äußerte sich später wenig positiv darüber [vgl. Poe an Burton, 1.6.1840]. Das Buch erlebte allerdings einen Raubdruck in England, der mehrere Auflagen erhielt [3.6.].

Nachdem der Versuch einer Karriere in New York gescheitert war, zog Poe nach Philadelphia.

Philadelphia hatte eine große politische Vergangenheit, aber auch gegenwärtige Probleme. Die Unruhen anläßlich der Sklavenfrage hielten an, und zwei Monate vor Poes Ankunft brannte das Gebäude von Whittiers *Pennsylvania Freeman* nieder. Traditionell war Philadelphia eines der großen Verlags- und Zeitungszentren der Union, das gerade seine Vorrangstellung an New York abgetreten hatte. In den 20er und frühen 30er Jahren war von hier aus der Zeitschriftenmarkt Amerikas geprägt und der Standard des politischen wie literarischen Journalismus gesetzt worden. Die *Saturday Evening Post* [SEP] führte unter der Herausgeberschaft von Thomas Cottrell Clarke 1821 zum erstenmal eine billige Zeitung zum Erfolg. Die hohen Auflageziffern dieses Unternehmens zogen Publizisten, Schriftsteller und Illustratoren nach Philadelphia, das einen Gründungsboom an Zeitschriften erlebte. Eine der wichtigsten Neugründungen war das von Louis A. Godey seit 1830 edierte *Lady's Book*, das bald populärer war als die SEP. Godeys Zeitschrift bekam später die Konkurrenz billigerer Unternehmungen, aber sein Einfluß blieb ungebrochen. 1837 vereinigte sie sich mit dem Bostoner *Ladies' Magazine*, der ältesten Zeitschrift dieser Art, und Sarah Josepha Hale übernahm die Herausgeberschaft. Godey ließ Artikel namentlich zeichnen und förderte amerikanische Autoren, zu denen bald auch Poe gehören sollte. Der ›Feminisierung‹ des Zeitschriftenmarktes trat der ehemalige Schauspieler William Evans Burton im Juli 1837 mit einem Projekt entgegen, das er nach englischem Vorbild *Gentleman's Magazine* nannte.

»Ligeia«, eine Geschichte, die Poe im September 1837 veröffentlichte, erschien allerdings nicht in Philadelphia, sondern bei seinen Freunden Nathan C. Brooks und Joseph E. Snodgrass in Baltimores *The American Museum of Literature and the Arts*. Poe bezeichnete sie später als seine beste Erzählung [s. Poe an Duyckinck, 8.1.1849; 3.3.].

Poe und seine Familie zogen öfters um [Quinn, »Poe«, S. 273], und auch in Philadelphia war es für Poe schwierig, eine Anstellung zu finden. Ende 1838 wurde Poe von Thomas Wyatt gebeten, ihm bei einem Lehrbuch über Muschelkunde behilflich zu sein. Wyatt hatte bereits ein solches Buch bei Harper's veröffentlicht und wollte nun, da der New Yorker Verlag sich weigerte, eine billigere Ausgabe zu drucken, das Copyright umgehen und ein weiteres Buch publizieren. Poe sagte als ›Autor‹ zu und verließ sich dabei weniger auf seine eigenen Erfahrungen in Naturkunde als auf »The Conchologist's Text Book« von Thomas Brown, das 1837 in Glasgow erschienen war, auf Wyatts Klassifikationen und Index sowie auf Übersetzungen aus dem Buch des französischen Naturforschers George Cuvier. Das Ergebnis dieser Kompilation ist »The Conchologist's First Book: or, a System of Testaceous Molacology, Arranged expressly for the use of schools, etc.«; es wurde im März oder April 1839 veröffentlicht. Es war Poes einziges Buch, das noch zu seinen Lebzeiten eine zweite Auflage erhielt; er verdiente aber kaum daran, und es brachte ihm bald den Vorwurf des Plagiats ein.

Wahrscheinlich mit der Hilfe von Nathan Brooks und Lambert Wilmer, den Poe seit längerem kannte, knüpfte Poe Kontakte zu Burton, der ihm Mitte Mai eine vertraglich wenig gesicherte Stelle am *Burton's Gentleman's Magazine* [BGM], das nun mit dem Untertitel »American Monthly Review« erschien, anbot. Die Juni-Nummer wies Poe bereits als Mitherausgeber der Zeitschrift aus. Durch diese Position erhielt Poe die Möglichkeit, neben bekannten Autoren und dem Illustrator John Sartain, einem begabten Protegé von Thomas Sully, zu publizieren. Als Herausgeber des BGM mußte sich Poe jedoch mit einem Wochenlohn von zehn Dollar begnügen, mit dem auch jedes Honorar für literarische Beiträge abgegolten war. Aus dem Teilzeitjob wurde bald eine volle Stelle, ohne daß sich die geringe Bezahlung änderte – doch Poe konnte wieder publizieren.

Im Juli erschienen Gedichte, in der Augustnummer »The Man That Was Used Up«, eine Burleske, die Poe zu seinen besten Geschichten zählte [3.2.], im September »The Fall of the House of Usher« [3.3.], in der Oktobernummer ein Nachdruck der kurz zuvor in »The Gift« [für 1840] erschienen Erzählung »William Wilson« [3.3.]. Jahrbücher wie »The Gift« zahlten besser als Zeitschriften, und Poe mußte außerhalb des BGM publizieren, um sein Gehalt aufzubessern. Vor allem seine Kritiken – er wechselte sich mit Burton ab – sind eigens für das BGM geschrieben. Aber im Januar begann Poe mit dem Abdruck einer längeren Erzählung, »The Journal of Julius Rodman, being an Account of the First Passage across the Rocky Mountains of North America ever« [3.6.].

Im September erhielt Poe von Lea & Blanchard endlich die Zusage für die Veröffentlichung seiner Erzählungen in Buchform. Die »Tales of the Grotesque and Arabesque« [TGA] erschienen Ende Oktober/Anfang November 1839.

Das Buch enthält 25 Geschichten, darunter als vermutlich einzig neue »Why the little Frenchman Wears His Hand in A Sling«, für die bisher kein Zeitschriftendruck nachgewiesen werden konnte (allerdings sind von den Jahrgängen 1837–39 des *Baltimore Saturday Visiter* keine Exemplare mehr erhalten, und sie könnte dort vorabgedruckt sein). Mit TGA hatte Poe den Plan einer Rahmenerzählung endgültig aufgegeben. Die TGA erhielten positive Kritiken, aber die etwa 750 Exemplare der Auflage wurden zu Poes Lebzeiten nicht ausverkauft.

Vom 18. Dezember 1839 bis zum 6. Mai 1840 schrieb Poe auch für *Alexander's Weekly Messenger*; der Herausgeber Charles Alexander hatte bis zum Januar 1839 das BGM gedruckt. Poes

Beiträge beschäftigen sich unter anderem mit Kryptographie [eine fortlaufende Serie], mit der Plagiatsfrage [»Tennyson vs. Longfellow«, 12.2.1840] und mit der neuentwickelten Fotografie [»The Daguerrotype«, 15.1.1840].

Um 1840 häufen sich die Unstimmigkeiten zwischen Burton und Poe. Poe wandte sich, so Burton, dem Alkohol zu, und das Magazin veröffentlichte weniger Beiträge von ihm. Im Frühjahr standen jedoch die Pläne fest: Burton wollte seine Zeitschrift verkaufen, um sich dem Theater zuzuwenden. Poe hingegen träumte von einem eigenen Journal, das ihm die Möglichkeit geben würde, nach seinen eigenen journalistischen Vorstellungen arbeiten zu können. Vor allem hoffte er auch, sich finanziell besser zu stellen. Am 13. Juni 1840, kurz nach seinem endgültigen Ausscheiden aus dem BGM, veröffentlichte Poe im *Philadelphia Saturday Chronicle* die Ankündigung einer neuen Zeitschrift: *The Penn Magazine: A Monthly Literary Journal.* Der Titel spielt auf die Feder [*pen*] und den Publikationsort, den Staat Pennsylvania, an.

In seinem »Prospectus« verweist Poe auf seine Zeit am SLM. Die »reinsten Regeln der Kunst« sollen den kompromißlosen Kritiker leiten. So wendet er sich mit seinem Philadelphia-Magazin gerade auch an die Freunde des Südens, die ihn unterstützen sollen. Das Ziel seiner Zeitschrift sei es, durch Abwechslung, Individualität, Originalität, Schärfe, hervorragende literarische Beiträge und Illustrationen zu gefallen. Die Kriterien der Aufmachung, Typographie, etc. setzt Poe sich ausgerechnet nach dem Vorbild der Zeitschriften des Nordens - nicht zuletzt des *Knickerbocker*-Magazins und der *North American Review* [4.1.].

Schien zunächst eine Krankheit Poes den geplanten Erscheinungstermin zu verzögern, so war es Poe auch bis zum Frühjahr nicht gelungen, genügend Geld für sein Projekt aufzutreiben. Burton hatte inzwischen mehr Glück, denn er fand trotz der schwierigen Wirtschaftslage einen Käufer für sein Journal. Es war der junge George Rex Graham, der nach Versuchen als Handwerker und Rechtsanwalt als Assistant Editor an der SEP arbeitete. Er vereinte das BGM mit einer anderen Zeitschrift, Atkinsons *Casket*, zu *Graham's Lady's and Gentleman's Magazine* [GM].

Graham versuchte, einen Kompromiß zu treffen zwischen einer langweiligen und trockenen Partei-Presse und der Massenliteratur, die inzwischen blühte. Der Erfolg gab ihm recht: GM überlebte unter geschickter Führung nahezu zwanzig Jahre und erzielte bisweilen große Gewinne. 1840 begann GM mit einer Startauflage von 5 000.

Im Dezember 1840 veröffentlichte Poe seine Erzählung »The Man of the Crowd« noch gleichzeitig in *The Casket* und in BGM [3.7.]. Als er die Hoffnung auf eine eigene Zeitschrift schwinden sah, nahm Poe Grahams Angebot an und trat GM als Herausgeber bei - diesmal jedoch mit der Aussicht auf ein Jahresgehalt von 800 Dollar. In GM veröffentlichte Poe viele Erzählungen und bedeutende Rezensionen, in denen er die Diskussion einzelner Werke mit Überlegungen zur Aufgabe des Kritikers und Dichters verband.

Im April erschien Poes erste ›tale of ratiocination‹, »The Murders in the Rue Morgue« [3.7.], gefolgt von »A Descent into the Maelstrom« [Mai 1841; 3.6.], »The Island of Fay« [Juni 1841; 3.2.], »A Succession of Sundays« [November 1841; 3.2.], »Life in Death« [April 1842; 3.2.], »The Mask of the Red Death« [Mai 1842; 3.3.] und andere Beiträge. Im »Gift« für 1842 erschien »Eleonora« [1841; 3.5.]. Unter seinen bedeutenden Rezensionen für GM befinden sich die Arbeit zu Edward Bulwer-Lyttons »Night and Morning« [April 1841], Rezensionen zu Charles Dickens »Barnaby Rudge« [3.7.; 4.3.], Nathaniel Hawthornes »Twice-Told Tales« [4.3.] und Longfellows »Ballads« [4.3.]. Poe setzte hier seine »Autography«-Serie fort.

In GM wurden Fay [2.4.] wie Poe als Hauptautoren genannt, Bryant und Longfellow schickten Beiträge. Poes Redaktionspolitik war es, Autoren aus einem weiten Umkreis – Neuengland, New York, dem Süden – zu gewinnen und deren Beiträge angemessen zu honorieren (Poe selbst zahlte sich aber höchstens vier Dollar für eine Rezension oder Erzählung). Höhere literarische Ansprüche und eine bessere Qualität von Druck und Illustrationen sollten GM den billigen englischen Importen gegenüber attraktiv machen. Am Ende des ersten Jahres stand die Auflage von GM bereits bei 25 000, und am Ende des zweiten Jahres erhöhte sie sich auf 40 000 Exemplare [4.1.]. Als Journalist stand Poe auf dem Höhepunkt seiner Karriere.

Literaturhinweise:

J. *Bayless* »Rufus Wilmot Griswold« (Nashville, 1943); W. *Gowans* [›Memoir‹] Catalogue of American Books 28 (1870); 11; D.R. *Thomas* ›Poe in Philadelphia, 1839–44‹ (Diss. Univ. of Pennsylvania, 1978); C. *Watts* »Thomas Holley Chivers« (Athens, 1956); W.K. *Wimsatt*, Jr. ›What Poe Knew About Cryptography‹ PMLA 58 (1943): 754–79.

2.6. Von Philadelphia nach New York

In Philadelphia wurde Poe zu einem erfolgreichen Literaten. Er traf sich mit Henry Beck Hirst, dessen eigene Gedichte von Poe beeinflußt wurden, und später mit dem aus Schottland kommenden Philosophen Thomas Mayne Reid. Poe faßte erneut Pläne, sich selbstständig zu machen; eine eigene Zeitschrift sollte ihm literarische wie finanzielle Unabhängigkeit garantieren. Graham zeigte sich jedoch unwillig, Poes Pläne zu unterstützen und sich an dessen Projekt zu beteiligen.

Inzwischen gab es auch neue und größere Sorgen. Virginia Poe war im Januar 1842 beim Musizieren zusammengebrochen. Weitere Anfälle mit Bluterbrechen wiederholten sich zum Jahresende: ein Schock für Poe, der, als die Anzeichen von Virginias Schwindsucht unübersehbar wurden, wieder zum Alkohol griff. Im Frühjahr wurde Poes Mitarbeit bei GM unregelmäßiger, und im Mai trat er endgültig als Herausgeber zurück. Rufus Griswold wurde zunächst Poes Stellvertreter, dann sein Nachfolger.

Rufus Wilmot Griswold war ein Drucker und Publizist aus Vermont, der 1837 auf nie ganz geklärte Weise eine Lizenz als Baptistenprediger erhielt. Nach journalistischer Arbeit in New York kam er 1840 nach Philadelphia. Neben seiner Arbeit für das GM wurde Griswold der Herausgeber verschiedener Anthologien amerikanischer Schriftsteller und der anerkannteste ›Literaturhistoriker‹ der neuen amerikanischen Literatur. Poe beteiligte sich an dessen Anthologie »The Poets and Poetry of America« [1842].

Am 13. August 1841 schrieb Poe an Lea & Blanchard und legte einen neuen Publikationsplan für eine Erzählsammlung vor, eine Erweiterung der TGA. Der Verlag zeigte sich uninteressiert, aber Poe bereitete dennoch während des Jahres 1842 eine neue, zweibändige Auswahl mit dem Titel »Phantasy Pieces« vor, die nie erschien [6.2.].

Im März 1842 traf Poe Dickens, der die Staaten bereiste und sich für die Einrichtung eines internationalen Urhebergesetzes aussprach. Über Dickens, dessen damals erschienenen Fortsetzungsroman »Barnaby Rudge« er verfolgte und dessen Handlungsverlauf er vorraussagen konnte [2.5.; 4.3.], hoffte Poe Kontakte mit dem englischen Buchmarkt zu schließen. Poes Bitte um Fürsprache bei englischen Verlegern blieb aber erfolglos. Poe glaubte inzwischen auch, eine eigene Zeitschrift in der Regierungsdruckerei veröffentlichen zu können; bald bemühte er sich nun intensiver selbst um eine Staatsanstellung, die ihm Sicherheit bieten konnte und die er sich bereits für den Sommer erhoffte.

Angeregt unter anderem durch das Vorbild Washington Irvings, der einen Posten als Diplomat besaß [3.1.], versprach sich Poe von einem solchen Amt auch Zeit zum Schreiben. Der Präsidentenwechsel schien günstig [1.1.]. Tyler war ein Mann des Südens und sein Sohn Robert Tyler darüberhinaus Schriftsteller und mit einem Freund Poes aus Baltimore bekannt. Robert Tyler galt als Bewunderer Poes [Frederick W. Thomas an Poe, 26.2.1842]. Im Oktober 1842 erhoffte sich Poe eine freiwerdende Stelle am Zollamt von Philadelphia. Inzwischen veröffentlichte er weitere Erzählungen.

Im Oktober 1842 erschien »The Landscape Garden« in *Snowden's Ladies' Companion* [3.5.] und im November und Dezember 1842 sowie im Februar 1843 dort ebenfalls »The Mystery of Marie Rogêt« [3.7.]. In James Russell Lowells neugegründeter und kurzlebiger Zeitschrift *Pioneer* erschien im Januar 1843 »The Tell-Tale Heart« [3.3.].

Zu Beginn des Jahres 1843 arbeitete Poe am *Saturday Museum* mit, an dem Thomas C. Clarke Anteile besaß. Am 31. Januar 1843 kam Poe mit Clarke und Felix O. C. Darley überein, unter dem Titel *Stylus* eine neue Zeitschrift zu veröffentlichen. Die Ankündigung des *Stylus* erschien im Februar und März 1843 in Anzeigen- und Prospektform und erhielt neben einer Beschreibung der geplanten Zeitschrift eine kurze biographische Notiz über Poe [6.1.].

Ähnlich wie beim Penn-Magazin betont Poe auch hier die Qualitätsseite der fünf Dollar teuren Zeitschrift. Zitate aus privaten Briefen an Poe von Irving, Longfellow und anderen werden als positive Rezensionen abgedruckt. Die biographische Notiz enthält eine dramatische Beschreibung des verlorenen Allan-Erbes sowie den Bericht einer Reise zum griechischen Freiheitskampf, die schließlich in St. Petersburg endete, von wo aus Poe durch die Hilfe eines amerikanischen Konsuls nach den Vereinigten Staaten gelangt sein will.

Sowohl der Erscheinungstermin des Stylus als auch die Entscheidung über eine Staatsstelle für Poe verzögerten sich. Am 8. März begab sich Poe nach Washington, um beim Präsidenten selbst für seine Anstellung im Zollamt vorzusprechen und dort gleichzeitig offiziell für Abonnenten seiner geplanten Zeitschrift zu werben. Eine Lesung Poes war ebenfalls geplant. Ein Brief an Clarke [12.3.1843] berichtet vom verheerenden Ausgang des Unternehmens. Ungeduldig und von Freunden dazu überredet, wandte Poe sich in der Wartezeit wieder dem Alkohol zu, den er nicht vertrug. Der Besuch in Washington endete statt mit einem Empfang beim Präsidenten mit Schulden und der Gewißheit, daß jede Hoffnung auf die Zollamtstelle hinfällig war. Am 13. März, dem Tag seiner ursprünglich geplanten Lesung, verließ Poe die Stadt, in der er bereits Aufsehen erregt hatte. Am 15. März erreichte Poe nüchtern, aber krank, Philadelphia. Um Schulden zu tilgen, mußte Poe wieder als Bittsteller für den Druck seiner Erzählungen auftreten; die Hoffnung auf Clarkes Partnerschaft und der Realisierung des Stylus-Projektes gab er auf. Dies war wahrscheinlich der entscheidendste Mißerfolg seines Washington-Besuches.

In einem Brief an Lowell [30.3.1844] äußerte Poe einen anderen Gedanken: Die führenden Schriftsteller Amerikas sollten sich zu einer Zeitschriftengründung zusammenfinden, sie finanzieren, für das Journal schreiben und aus ihrem Kreis einen Herausgeber wählen. Es ist vor allem der Gedanke an eine neue amerikanische Elite, den Poe nicht aufgeben will [4.1.].

Als die neugegründete, billig aufgemachte Zeitschrift *Dollar Newspaper* [PDN] am 5. April einen Wettbewerb ausschrieb, zog Poe seine Erzählung »The Gold Bug« [3.7.], die er für 55 Dollar GM zugesagt hatte, von GM zurück und sandte sie ein. Sie gewann den ersten Preis von 100 Dollar und wurde am 21. und 28. Juni abgedruckt.

»The Gold Bug« erwies sich als Poes populärste Erzählung und wurde sogar als »The Gold Bug; or, The Pirate's Treasure« von Silas S. Steele aus Philadelphia dramatisiert und am 18. August des gleichen Jahres uraufgeführt. Nach Poe [an Lowell, 28.5.1844] waren 1844 bereits 300 000 Exemplare der Erzählung im Umlauf.

Im August veröffentlichte Poe »The Black Cat« in der *United States Saturday Post* [3.3.]. Nach dem Scheitern einer erweiterten Buchausgabe seiner Erzählungen versuchte er es mit der Veröffentlichung in Serienform als »Prose Romances«, jedoch nur die erste Nummer überlebte. »Prose Romances« entsprach in der Aufmachung einer Zeitschrift und kündigte den vollständigen Abdruck von Erzählungen in jeder Nummer an. Die erste und einzige Folge enthielt »The Murders in the Rue Morgue« und »The Man That Was Used Up«; die Ausgabe wurde trotz des geringen Preises [zwölfeinhalb Cents] kaum verkauft und ist heute die seltenste Poe-Publikation [6.3.].

Da auch Bittbriefe an Freunde keine Abhilfe verschafften, versuchte Poe seine Schulden durch populäre Vorlesungen zu tilgen [1.3.]. Lowell versuchte, für Poe Lesungen innerhalb der Erwachsenenbildung in Boston zu organisieren. Seit einem Debüt in Baltimore Ende Januar las Poe verschiedentlich über amerikanische Dichtung und trug seine eigenen Gedichte vor. Im März erschien »The Spectacles« im PDN und »A Tale of the Ragged Mountains« in *Godey's*. Obwohl sich Poe gegen eine Billigliteratur wandte, war er selbst auf Veröffentlichungen in diesen Blättern angewiesen.

Im Frühjahr 1844 entschloß sich Poe, nach fünf Jahren Philadelphia zu verlassen und wieder nach New York zu gehen. Er fuhr mit Virginia voraus, und Maria Clemm löste inzwischen den Haushalt in Philadelphia auf. Poe und seine Frau fanden eine billige Pension in der Greenwich Street. Für den 13. April kündigte die NYS, die zuvor schon durch eine Zeitungsente von Richard Adams Locke über astronomische Entdeckungen aufgefallen war [2.4.], ein Mittags-Extrablatt an, das von einer neuen Atlantiküberquerung berichtete und Poes Beitrag einer fiktiven Nachricht enthielt.

»Astounding News by Express, Via Norfolk! The Atlantic Crossing in Three Days, Signal Triumph of Mr. Monck Mason's Flying Machine! Arrival at Sullivan's Island, near Charleston, S.C. After A Passage of Seventy-Five Hours, etc...«[6.3.] gibt die fiktive Atlantiküberquerung in einem Ballon so realistisch wieder, daß das Extrablatt von einem sensationshungrigen und fortschrittsgläubigem Publikum den Zeitungsverkäufern aus den Händen gerissen wurde [3.8.].

Zwischen dem 21. Mai und 4. Juni 1844 schrieb Poe als New Yorker Korrespondent Beiträge für den *Pennsylvania Columbia Spy* [CS; Mabbott, »Gotham«: 6.3.]. In seinen Briefen aus New York erwähnt Poe auch den von ihm bereits in GM gelobten Dichter Richard Henry [›Hengist‹] Horne, Autor des »Orion« [4.4.], über den er sich eine Vermittlung zu englischen Verlegern erhoffte, die jedoch ausblieb. Eine feste Anstellung besaß Poe in New York noch nicht, aber Maria Clemm folgte ihm im Mai. Es stellte sich dabei heraus, daß sie inzwischen nicht nur Poes Eigentum, sondern auch einen Band des SLM verkauft hatte, der William J. Duane, dem früheren amerikanischen Finanzminister, gehörte, und den sich Poe über Hirst auslieh. Diese Affäre trug zu Poes Ruf der Unzuverlässigkeit bei.

Bald nach der Ankunft von Clemm zog Poes Familie ins Haus der Brennans, das Poe wahrscheinlich bei seinen Streifzügen durch New York für den CS entdeckt hatte. Es war ein Farmhaus in der Nachbarschaft der 84th Street; immer noch Poes »Mannahatta«, aber außerhalb der damaligen Stadtgrenzen. Poes Zimmer dort war angeblich im Empire-Stil eingerichtet, und das im »Raven« verwendete Bild der Pallas-Büste mag hier seinen konkreten Ursprung gehabt haben.

Ohne offizielle Verbindungen zu einer Zeitschrift war es für Poe schwierig, seine Erzählungen zu plazieren. Hale nahm »The Oblong Box« und »Thou Art the Man« für *Godey's* [3.7.] an, PDN druckte am 31. Juli »The Premature Burial« [3.7.]; das *Columbia Magazine* im August 1844 »Mesmeric Revelation« [3.8.]. Im Oktober eröffnete sich jedoch eine neue Möglichkeit für Poe, an einer Zeitschrift mitzuarbeiten. Poe trat als Kritiker und Mitherausgeber dem *Evening Mirror* bei, dem Clemm zuvor schon Poes Beiträge angeboten hatte. Nathaniel Parker Willis und George Pope Morris hatten den *New York Mirror* 1844 wiederaufgelegt und im Oktober 1844 in eine Zeitung, den *Evening Mirror* [NYEM] mit wöchentlicher Beilage *Weekly Mirror* verwandelt.

Im November 1844 erschien die erste Serie von Poes »Marginalia« in der *Democratic Review* [DR], später auch in *Godey's*, und sie wird später im SLM forgeführt. Im »Gift« für 1845 erschien »The Purloined Letter« [3.7.], das Meisterstück des Poeschen Detektivs Dupin, und im Dezember »The Literary Life of Thingum Bob« im SLM [3.2.]. Die letztere Geschichte ist eine Satire auf die literarischen Cliquen, bei der man Lewis Gaylord Clark, den Zeitschriftenkönig der New Yorker *Knikkerbocker*-Clique, unschwer identifizieren konnte - die Veröffentlichung wurde für Poe folgenreich, denn sein *Stylus*-Projekt konnte in New York kaum mehr auf Unterstützung hoffen. Poes Versuch, seine Erzählungen bei Harper zu veröffentlichen, scheiterten trotz der Vermittlung von Charles Anthon, einem Professor für klassische Sprachen an der Columbia University - möglicherweise auch wegen des »Conchologist's First Book«, da die Plagiatsgeschichte in New York bekannt wurde. Poe konzentrierte sich nun auf den Plan einer »Critical History of American Literature«, die er niemals beendete und deren Fragmente eine Sammlung äußerst scharfer Kritiken zeigt: die Abrechnung eines frustierten Schriftstellers mit seinen Kollegen [2.8.; 6.3.].

Literaturhinweise:

J.J. *Barnes* »Authors, Publishers and Politicians: The Quest for an Anglo-American Copyright Agreement 1815–1854« (Columbus, 1974); C.S. *Brigham* »E. A. Poe's Contributions to Alexander's Weekly Messenger« [6.3.2.]; W. *Hamilton* (Hrsg.) »Parodies [on Edgar Allan Poe's] ›The Raven‹, etc.« (London, 1885).

2.7. New York und die Literaten

Poes Arbeit im Büro des *Mirror* begann wahrscheinlich im Januar 1845. Poe schrieb Aufsätze über das internationale Urhebergesetz, die Bezahlung von Autoren, das englische Magazinwesen – Gedanken und Konzepte, die er bereits während seiner Zeit beim GM formulierte, und mit denen er nun nicht mehr allein stand [4.1.]. In New York hatte sich als literarische wie politische Reaktion auf Clarks *Knickerbocker*-Clique eine Gruppe von Schriftstellern zusammengefunden, die in den 30er Jahren noch als ›Tetractys Club‹ – Evert Augustus Duyckinck, William Alfred Jones, Cornelius Mathews – und später als Gruppe des ›Young America‹ versuchten, eine neue, zumeist historisch-faktisch orientierte, wirklich amerikanische Literatur zu entwerfen. Unter Leitung des weniger prominenten Journalisten Cornelius Mathews zog diese Gruppe schließlich Herman Melville, Simms und kurzfristig auch Nathaniel Hawthorne an [s. Miller, »Raven«].

Die politische Seite dieser Reaktion war etwas komplizierter. Die *American Review* [AR], in der Krise der Whigs als Gegenblatt zur DR gegründet, wurde von Clarks Cousin, George Hooker Colton, geleitet und fand Unterstützung bei Duyckinck, der im April Herausgeber für den Literaturteil der DR wurde. Durch seine Freundschaft mit Duyckinck erhielt Poe Zugang zu den vom ›Young America‹ beeinflußten Zeitschriften; für Poe, der niemals von einer Gruppe voll akzeptiert wurde oder sich akzeptieren lassen wollte, war dies sehr nützlich.

Das Gedicht, das Poe nun im Januar veröffentlichte, wurde als literarisches Ereignis und gleichzeitig als Poes eigenes Bild gewertet: das eines mysteriösen, schwarz gekleideten, streitbaren Einzelgängers. In der Ausgabe des NYEM vom 29. Januar 1845 erschien unter dem Pseudonym ›Quarles‹ mit einführenden Bemerkungen von Willis »The Raven« [3.4.]. Möglicherweise war es, da Publikationen oft vor dem angegebenen Datum erschienen, schon zuvor in der AR veröffentlicht worden. Selbst Clarks *Knickerbocker* lobte das Gedicht, druckte jedoch bereits im März eine der zahllosen Parodien, die bald folgen sollten [Hamilton, »Parodies«: 2.6.].

Durch den »Raven« wurde Poe zu Beginn des Jahres 1845 ein berühmter Literat, und seine abenteuerliche Biographie, die er für Hirst [2.6.] wie für Lowells Zeitschrift beisteuerte, trug zu seinem Image bei. Er begann eine neue Reihe von Vorlesungen über amerikanische Dichtung, die mit einem Vortrag des »Raven« ihren Höhepunkt und Abschluß fanden. Zu dieser Zeit begann Poe auch, Beiträge für das *Broadway Journal* [BJ] zu schreiben, dessen erste Ausgabe am 4. Januar 1845 erschien. Es wurde von Charles F. Briggs herausgegeben, einem Freund Duyckincks und dem Autor der »Adventures of Harry Franco« [1839], und von John Bisco publiziert. Zu Poes ersten Kritiken im BJ zählte eine Arbeit über Elizabeth Barrett Brownings Gedichte [3.4.] Im Februar wechselte Poe zum BJ.

Vor diesem Wechsel noch sorgte Poe für einen literarischen Skandal. Am 13. und 14. Januar 1845 erschien seine Rezension von Longfellows »Waif«, einer Gedichtauswahl für die Weihnachtszeit, im NYEM. Longfellow, ein populärer Dichter und Harvard-Professor, wurde nicht nur in *Knickerbocker*-Kreisen gelesen, und Poes Kritik seiner Gedichte grenzte an eine Entweihung der damals anerkannt erfolgreichsten Figur der amerikanischen Literaturszene. Poes Argumentation beschränkte sich nämlich nicht auf eine Kritik des Reimschemas oder der Metaphorik, sondern lief auf den Vorwurf des Plagiats hinaus.

Poe hatte bereits im Oktober 1835 Longfellows zweites Buch »Hyperion: A Romance« rezensiert. Longfellows drittes Buch, »Voices of the Night« [1839], wurde von Kritikern wie vom breiteren Lesepublikum begeistert aufgenommen. Poes Kritik an den »Voices« bestätigte Longfellows »Genie« [*genius*], aber auch den Mangel an Einheit [*unity*] seines Werkes und kam zu dem Schluß, daß Longfellows *genius* Grenzen habe [BGM, Feb. 1840]. Als Poe im folgenden Jahr – am 29. Januar 1840 in AWM – in einer Rezension Longfellows »The Fifth Psalm: A Midnight Mass for the Dying Year« als Plagiat von Tennyson bezeichnete, eröffnete er damit eine Diskussion, die auch seine weitere Haltung zu diesem Autor bestimmen sollte und die zu zahlreichen öffentlichen Entgegnungen führte. Auch in seinem »Chapter on Autography« bezeichnete Poe Longfellow als einen der besten Dichter Amerikas, der aber leider zum Plagiat neige. Es war allerdings erst die Kritik am »Waif«, die den entfachten Streit zum Höhepunkt bringen sollte. Poe verglich Longfellows Gedicht »Proem«, das er zugleich als das beste des Bandes anerkannte, mit Thomas Hoods »Death-Bed« und einem ungenannten Gedicht in einer Griswold-Anthologie.

Während sich der ›Longfellow-Krieg‹ bald von den Personen Poe und Longfellow zu lösen begann, veröffentlichte Poe am 15.

Februar 1845 im NYEM eine Reihe von Überlegungen über Nachahmung und Plagiat, die schließlich in Definitionen von ›Nachahmung‹ und ›poetischem Ziel‹ mündeten [4.2.; 6.1.]. Longfellow selbst war damit für Poe unwichtig geworden, keines seiner weiteren Bücher wurde von ihm rezensiert. Die Auseinandersetzung half, wie einst schon dem BGM, jetzt auch dem NYEM, die Auflageziffern zu erhöhen. Briggs und Bisco sicherten Poe bald ein Drittel Beteiligung am Gewinn des BJ. Aber die Serie der Kritiken im BJ verstimmte auch Lowell und andere Freunde, die seine Arbeit bisher respektierten. Er schien sich von einem nüchternen Analytiker in einen emotionalen und kampflustigen Kritiker verwandelt zu haben [Moss, »Literary Battles«: 2.4.]. Im Mai 1845 fand das erste und einzige Treffen Poes mit Lowell statt. Für Lowell wie auch für Poe war dieses Treffen eine Enttäuschung. Poe schien, so Lowell, nicht ganz bei vollem Bewußtsein und wahrscheinlich betrunken zu sein.

Im Juli hatte das BJ bereits ernsthafte finanzielle Schwierigkeiten. Die Ausgabe vom 5. Juli erschien nicht, und der zweite Band nannte Poe und Henry S. Watson als Herausgeber. Watson betreute wahrscheinlich nur die Musikkritiken. Ein Memorandum vom 14. Juli 1845 bestätigte schließlich Briggs Ausscheiden; die finanzielle Verantwortung lag bei Bisco, Poe war alleine für den Inhalt verantwortlich. Der Gewinn sollte zwischen ihnen geteilt werden. Es schien von vornherein jedoch klar, daß Poe den Kauf des Biscoschen Teils plante; wiederum wollte Poe, diesmal mit dem BJ, den Traum einer eigenen Zeitschrift verwirklichen.

Die Gründe für Briggs Ausscheiden bleiben ungeklärt, doch war dieser nicht gut auf Poe zu sprechen [s. die Briggs/Lowell-Korrespondenz 1845]. Für Poe wurde Briggs neben Clark später das bevorzugte Angriffsobjekt in seiner »Literati«-Serie [2.8.]. Die Änderung in der Leitung des Journals ermöglichte es Poe, mehr eigene Beiträge abzudrucken, bisweilen unter dem Pseudonym »Littleton Barry«; die abgedruckten Erzählungen waren zumeist mit den Fassungen der geplanten »Phantasy Pieces« identisch. Sechs neue Erzählungen erschienen in diesem Jahr, vor allem in der AR und im GM: »The Thousand-and Second Tale of Scheherezade« [3.8.], »Some Words With a Mummy« [3.8.], »The Power of Words« [3.9.], »The Imp of the Perverse« [3.3.], »The System of Doctor Tarr and Professor Fether« [3.8.], »The Facts of M. Valdemar's Case« [3.8.].

Am 14. Juli kündigte Wiley and Putnam im BJ ein neues Buch von Poe an, »Tales«, welches in der Reihe »Library of American Books«, die von Duyckinck ediert wurde, erschien.

Die »Library of American Books« war für Duyckinck und die Gruppe des ›Young America‹ ein Monument and Manifesto für eine amerikanische Literatur. Zuvor erschienen in dieser Serie bereits Hawthornes Ausgabe des »Journal of an African Cruiser« und Simms »The Wigwam and the Cabin«. Die Auswahl der »Tales« besorgte Duyckinck, und er wählte über 70 Geschichten Poes. Er richtete sich dabei besonders nach deren Popularität und gab den ›tales of raciocination‹ Präferenz. Alle Erzählungen wurden von Poe, der am Gewinn des Bandes beteiligt sein sollte, sorgfältig revidiert. Die Kritiken zu den »Tales« waren überwiegend positiv, aber ein Rezensent der AR [II, Sept. 1845] drückte auch die allgemeine Sorge aus, daß die Feindschaften, die sich Poe mit seinem BJ zuzog, schließlich auch das Interesse und die Einschätzung seiner literarischen Werke beeinflußen könnte.

Im Jahre 1845 konzentrierten sich Poes literarische Kritiken nun auch auf das Drama, denn als Mitherausgeber des BJ hatte er Zugang zu vielen Theaterereignissen. Im August 1845 gab Poe einen Überblick über das amerikanische Drama (Willis' »Tortesa the Usurer« und Longfellows »Spanish Student« bildeten den Mittelpunkt seiner Rezension). In Amerika sollte das Drama nach Poe einfach und natürlich sein. Poes politische Artikel schlossen eine Warnung vor monarchistischen Ideen ein [NYEM, 8.2.1845], und seine Essays zum Zeitungswesen beschäftigten sich unter anderem mit »Anastatic Printing« [BJ I, 12.4.1845; 4.1.].

Das literarische Bild in New York war mehr noch als in Philadelphia von Frauen bestimmt, die hier durch ihre Salons die Lebensart der ›Literary Societies‹ prägten. In den Gesellschaften im Hause von Anne Charlotte Lynch, an denen Poe seit dem Juni 1845 teilnahm, wie auch von Orville Dewey, James Lawson und anderen begegneten Gäste Dichterinnen, die Lesungen arrangierten und sich in platonischer Zuneigung zu männlichen Autoren gefielen. Poe war mit seiner melancholischen Pose des »Raven« und seiner außergewöhnlichen Rezitationsgabe ein anziehender Mittelpunkt solcher Gesellschaften, die seinem sozialen Anspruch wie seiner Suche nach einem Publikum entgegenkamen. Im März 1845 traf Poe im Astor House die erste der ›literarischen Damen‹, die auf ihn größeren Einfluß ausübten, Frances Sargent Osgood.

Osgood, zu dieser Zeit 34 Jahre alt, war mit dem Maler Samuel S. Osgood verheiratet und hatte bereits zwei Gedichtbände veröffentlicht, die Poe in einem Vortrag im Februar erwähnte. Sie schickte Poe ein schmeichelhaftes Gedicht an das BJ, das Poe mit einem eigenen Gedicht beantwortete. Er zeichnete nun alte Gedichte für »F – «; Poes einziges neues Gedicht erschien im Juli unabhängig von dieser Werbung: »Eulalie« in der AR [3.4.].

Das seltsame literarische Hofieren schien auf Poe stabilisierenden Einfluß gehabt zu haben, denn es war, so Osgood, vor allem Virginia Poe, die die Freundschaft zwischen ihrem Mann und Osgood begrüßte [Allen, »Israfel« II, S. 657]. Poe, der bereits kurz zuvor wieder in die Stadt gezogen war, rückte nun durch einen Umzug in die 85 Amnity Street näher in den Bannkreis der Salons der Literatinnen wie auch Duyckincks um den Washington Square.

Der gesellschaftliche Erfolg Poes verhinderte jedoch nicht berufliche Streitigkeiten. Im Juni kam es bei einem zufälligen Treffen zwischen Poe und Clark angeblich beinahe zu einem tätlichen Angriff [Allen, »Israfel« II, S. 605; Miller, »Raven«, S. 132]. Der eigentliche Skandal ereignete sich am 16. Oktober 1845. Für diesen Termin erhielt Poe auf Veranlassung Lowells eine Einladung zu einem Vortrag in einem Bostoner Lyceum, und er versprach, dort ein neues Gedicht vorzutragen. Poe trug bei dieser Gelegenheit sein dem Publikum unverständliches »Al Aaraaf« vor und bemerkte kurz darauf in einer privaten Unterhaltung, bei der er wahrscheinlich auch nicht mehr nüchtern war, daß er dieses Gedicht in seiner frühesten Jugend geschrieben hatte [s. Poes Bericht im BJ, 1.11.1845 und Quinn, »Poe, S. 486f.]. Poe fand wenig Beifall dafür und äußerte sich daraufhin abfällig über die Bostoner Literaten.

Cornelia Walter rügte im *Boston Transcript* die Unverständlichkeit des Gedichts und Poes Unhöflichkeit, und Poe konterte mit Angriffen auf Bostoner Journalisten und Literati als unbedarfte ›Frogpondians‹. Bereits zuvor zeigte Poe deutlich seine Abneigung den Transzendentalisten gegenüber, die er mit dem ›Young America‹ teilte; er polemisierte nun gegen ›Boston‹ allgemein.

Am 24. Oktober schloß Poe einen neuen Vertrag mit Bisco, nachdem er sich zu einer Bezahlung von 150 Dollar und der Deckung der Schulden der Zeitschrift verpflichtete. Nach mehreren Bittbriefen an Griswold, Kennedy und andere war Poe in der Lage, das Blatt zu kaufen. Die Nummer II, 16 vom 25. Oktober 1845 nennt Poe als alleinigen Besitzer und Herausgeber. Die fünfte Zeitschrift, an der Poe mitarbeitete, ging in seinen Besitz über, aber sie entsprach wenig dem elitären Konzept, das er hinsichtlich eines *Penn-Magazine* oder *Stylus* entworfen hatte. Die finanzielle Situation des Magazins ließ es auch kaum zu, daß Poe die Zeitschrift seinen früheren Ansprüchen gerecht machen konnte.

In einem Brief [13(?).11.1845] schreibt Poe, daß es ihm gesundheitlich schlecht gehe, und von privaten Sorgen. Gesundheitskrisen traten häufiger ein. Aber der November brachte auch ein positives Ereignis. Durch den Verkauf der »Tales« ermutigt, gelang es Poe, einen Band seiner Gedichte zu veröffentlichen: »The Raven and Other Poems« [ROP]. Es war der achte Band der »American Library«, und diesmal hatte Poe bei der Auswahl seiner Gedichte freie Hand [6.3.].

ROP enthält 30 Gedichte: »The Raven«, »The Valley of Unrest«, »Bridal Ballad«, »The Sleeper«, »The Coliseum«, »Lenore«, »Catholic Hymn«, »Israfel«, »Dream-Land«, »Sonnet – To Zante«, »The City in the Sea«, »To One in Paradise«, »Eulalie – A Song«, »To F – s S. O – g«, »To F – «, »Sonnet – Silence«, »The Conqueror Worm«, »The Haunted Palace«, »Scenes from ›Politian‹« und eine Gruppe »Poems Written in Youth«. Die letzere enthält »Sonnet – To Science«, »Al Aaraaf«, »Tamerlane«,»A Dream«,»Romance«,»Fairieland«, »To –« [The bowers where I ...], »To the River«, »The Lake«, »To – «, »Song« und »To Helen«.

Trotz gegenteiliger Versicherung wurden alle, auch die Jugendgedichte, revidiert veröffentlicht. Wie bei den »Tales« sind die hier abgedruckten Versionen die allgemein letzten bekannten Fassungen, mit Ausnahme der handschriftlichen Änderungen in der Lorimer-Graham-Kopie des Bandes, die aus Poes Nachlaß an Griswold überging und schließlich den Namen eines späteren Besitzers erhielt. Das Vorwort des Bandes erklärt Dichtung als Poes ›Leidenschaft‹. Von späteren Kritikern wurde dies oft dahin interpretiert, daß Poe dem Gedicht mehr Bedeutung zusprach als der Prosa [4.4.]. Poe widmete den Band Elizabeth Barrett, die ihm mit einem Kommentar zum »Raven« antwortete [*Century* XLIII (Okt. 1894): 859; 5.3.].

Die Kritik zum ROP war gemischt. Margaret Fuller, die zu dem Bostoner Zirkel um Emerson gehörte und nun in New York schrieb, zitierte Poe in ihrer Kritik vom 26. November in der *New York Tribune*. Londoner Zeitschriften wie die *London Literary Gazette* oder *Athenæum* verhielten sich den »Tales« abwartender gegenüber – ROP wie die »Tales« wurden nach dem Erscheinen in den Staaten auch in London durch Wiley and Putnam verlegt.

Mit seinem eigenen Magazin hatte Poe wenig Glück. Am 3. Dezember 1845 verkaufte er bereits eine Beteiligung an Thomas H. Lane und teilte mit ihm die geschäftliche, wenn auch nicht die editorische Verantwortung. Trotzdem erholte sich die Zeitschrift nicht. Lane bemühte sich, angeblich noch mit der Hilfe seines Freundes Thomas Dunn English, die finanziellen Verpflichtungen des Journals zu erfüllen, aber am 3. Januar 1846 erschien bereits Poes Abschiedsnotiz. Deprimiert über die Kurzlebigkeit der Zeitschrift versuchte Poe, ihren Fehler gerade im Unterschied zwischen dem BJ und seinem *Stylus*-Projekt zu sehen, das sich für ihn nun wieder als ein erstrebenswertes Ziel zeigte. Poe wollte den Plan zum *Stylus* erneut aufnehmen und die erste Ausgabe im Januar 1847 erscheinen lassen.

Inzwischen schrieb Poe »A Valentine«, ein Gedicht, das am Valentinstag im Hause von Anne Lynch vorgetragen wurde und am 21. Februar im NYEM erschien. Es enthält den Namen der Empfängerin, Frances Osgood. Poes Kritiken zu dieser Zeit umfassen Bemerkungen zur Dichtung Bryants, und im April 1846 veröffentlichte er seine »Philosophy of Composition«, in der er den Entstehungsprozeß des »Raven« beschreibt. Es wurde Poes Manifest zur Dichtkunst [4.4.].

Zum Jahresbeginn reiste Poe auch nach Baltimore, wahrscheinlich, um dort einen Vortrag zu halten. Im Frühjahr 1846 plante Poes Familie einen weiteren Umzug. Zum Teil aus finanziellen, vor allem aber aus gesundheitlichen Gründen - Virginias Anfälle häuften sich – zogen Poe, Virginia und Clemm nach einem kurzen Aufenthalt in einem Bauernhaus von Mrs. John C. Miller in Turtle Bay in eine ›Cottage‹ nach Fordham [West Farms], zu dieser Zeit etwa 13 Meilen außerhalb New Yorks gelegen.

Das Haus befand sich in der Nähe des St. Johns College, an dem Reverend Edward Doucet unterrichtete, mit dem Poe sich anfreundete. Es bestand aus Küche, Wohn- und Schlafzimmer sowie zwei kleinen unbeheizten Räumen im ersten Stock. Dieses Haus mit seinen Kirschbäumen und Fliederbüschen ist Poes letzter und wohl bekanntester Wohnsitz. Es wurde im Juni 1913 in den Poe Park versetzt und wird jetzt von der Bronx Society of Arts, Sciences and History verwaltet.

Literaturhinweise:

N. F. *Adkins* ›Chapter on American Cribbage: Poe and Plagiarism‹, Papers of the Bibliographical Society of America XLII (1948): 169–210; F.B. *Dedmond* ›Poe's Libel Suit Against Thomas Dunn English‹ BPLQ V (1953): 31–7; F.B. *Dedmond* ›The War of the Literati: Documents of the Legal Phase‹ N&Q LXCVIII (1953): 303-8; W.H. *Gravely*, Jr. ›Poe and Thomas Dunn English: More Light on a Probable Reason for Poe's Failure to Receive a Custom-House Appointment‹ in R. *Veler* (Hrsg.) »Papers on Poe: Essays in Honor of J. Ward Ostrom« [3.], S. 165–93; J.B. *Hubbell* ›Charles Chauncey Burr: Friend of Poe‹ PMLA LXIX (1954):

833–40; P. *Miller* »The Raven and the Whale« (N.Y., 1956); S. *Moss* »Poe's Major Crisis: His Libel Suit and New York's Literary World« (Durham, 1970); R. *Riegel* »Young America, 1830–1840« (Norman, 1949); J. *Stafford* »The Literary Criticism of ›Young America‹« (Berkeley, 1952).

2.8. Fordham: Rückzug und Pläne

Der Besuch literarischer Salons und Gesellschaften diente Poe als Gelegenheit, seine Materialiensammlung für sein neues Projekt zu vervollständigen: eine Darstellung der ›Literati‹ von New York. Bei einem Besuch Osgoods ließ Poe keinen Zeifel daran, daß der Beitrag über sie die längste der beschriebenen Papierrollen bilden sollte [Osgood an Griswold, »The Literati«, 1850, S. XXXVI: 6.4.1.].

Vor allem für Elizabeth Frieze Ellet, eine der ›Sternenschwestern‹ der literarischen Salons, gab das Verhältnis zwischen Osgood und Poe Anlaß zur Kritik. Sie erklärte sich zur Beschützerin Osgoods, deren Briefe an Poe sie von zwei weiblichen Emissären – möglicherweise Lynch und Fuller – abzuholen plante. Poe, darüber erzürnt, drohte Ellets eigene, mehr als bewundernde Briefe an Poe publik zu machen; er schickte sie jedoch an sie zurück, bevor Ellets Bruder, Mr. Lummis, eingreifen konnte. Die Ereignisse schienen vor allem Virginia mitzunehmen.

Kurz nach dem Umzug nach Fordham besuchte wahrscheinlich Rosalie im Sommer 1846 ihren Bruder [Miller, »Building«, S. 62: 6.4.5.]. Im April publizierte Poe weitere »Marginialia« für GM und die DR. Im Mai, Juni, Juli, August und September erschienen dann in *Godey's* »The Literati of New York City«. Die Serie besteht aus einer Mischung scharfer Kritik und persönlicher Anmerkungen, beschreibt 38 heute zumeist vergessene Autoren und Autorinnen und war ein großer Erfolg.

Der Kommentar zu Fuller war überaus kritisch, aber der Artikel zu English in der Juli-Nummer provozierte eine Antwort von English, die Poe als Trinker darstellte, der Schulden machte, opportunistisch handelte und jeden um Geld anbettelte [NYEM 23.6.1846]. Damit war die Freundschaft zwischen Poe und English endgültig beendet, und Poe verklagte English und den NYEM, der inzwischen den Besitzer gewechselt hatte und von Hiram Fuller und Augustus W. Clasen publiziert wurde, wegen übler Nachrede.

Mit der Oktober-Ausgabe beendete Poe die Serie, die er für eine Buchpublikation vorbereiten wollte. Das Manuskript blieb

Fragment. Wiederum hinderten private Sorgen Poe an der Arbeit. Im Winter wurde Virginia bettlägrig und schien das letzte Stadium der Schwindsucht erreicht zu haben. Der arbeitslose Poe war kaum fähig, seiner Frau die nötige Pflege zu geben. Mary Gove, eine der ›Literatinnen‹ [1.3.], besuchte Poe in dieser Zeit und veranlaßte Wohltätigkeitssammlungen. Sie bat ebenfalls Marie Louise Shew, Poe und Virginia zu helfen.

Shew, eine naive Frau, die in Scheidung von ihrem Mann, dem Arzt Joel T. Shew, lebte, verfügte über Geld und einige medizinische Kenntnisse. Sie wurde zunächst für Virginia, aber auch für Poe zu einer freiwilligen Krankenschwester und vermittelte auch Ärzte an den Haushalt. Am 15. Dezember 1846 erschien eine Anzeige im *New York Express*, die um Hilfe für Virginia Poe bat. Weitere Anzeigen erschienen in der SEP in Philadelphia und im gerade von Willis gegründeten *Home Journal* [HJ].

Virginia Poe starb am 30. Januar 1847. Sie wurde in der Familiengruft der Familie Valentine, der Poes Haus gehörte, in Fordham beigesetzt und erst nach Poes Tod nach Baltimore überführt. Nach Virginias Tod erlitt Poe einen Nervenzusammenbruch. Shew spricht später von Poes Neigung zum ›Gehirnfieber‹ [Shew an Ingram, 23.1.1875; Miller, »Building«, S. 91f.: 6.4.5.], durch das sie auch Poes starke Reaktion auf den Alkohol erklärte.

George W. Eveleth, ein Medizinstudent aus Maine, hatte im Vorjahr mit Poe einen Briefwechsel angeknüpft, und Poes Briefe an Eveleth geben ein aufschlußreiches Bild dieser Zeit. Eveleth machte Poe ebenfalls auf Plagiatsvorwürfe aufmerksam. Poe unterließ aber weitere Prozesse. Der Gerichtsstreit gegen English wurde zu Poes Gunsten entschieden. English hielt sich inzwischen in Washington auf, um einer Verhaftung zu entgehen, und das Schmerzensgeld des NYEM von 25 Dollar erreichte Poe zu spät, um Virginias Pflege zu erleichtern. Beruflich war der Prozeß ein Pyrrhus-Sieg, denn er bestätigte Poes Ruf, ein streitbarer, aggressiver Kritiker zu sein.

Bis zum Juli war Poe zu krank, um zu schreiben, sein Gedicht »To M. L.S. – « erschien aber am 13. März 1847 im HJ als Dank an Shew; die Erzählung »The Domain of Arnheim« wurde ebenfalls im März veröffentlicht und bildete eine Bearbeitung des 1842 verfaßten »The Landscape Garden« [3.5.]. Im August reiste Poe nach Philadelphia, um seine Beziehungen zu dortigen Zeitschriften zu erneuern. Während dieser Zeit arbeitete er an seinem zehnten Buch, dem wissenschaftlichen Prosagedicht »Eureka«.

Im Dezember ging es Poe wieder gesundheitlich besser. Er tauschte seinen an GM verkauften Aufsatz »The Rationale of

Verse« gegen ein neues Gedicht ein, »Ulalume«, das zunächst anonym erschien. Wieder mit der Planung einer Zeitschrift beschäftigt, wollte Poe den Aufsatz, sein zweites großes theoretisches Essay, für Vorträge nützen, um Geldgeber zu finden. Am 3. Februar 1848 gab Poe in der Society Library in New York vor einer kleinen Zuhörerschaft eine Lesung von »Eureka«, die überwiegend freundlich aufgenommen wurde. Die Vorlesung über »The Cosmogony of the Universe« und der Vortrag des »Raven« sollten ebenfalls das *Stylus*-Projekt finanzieren [4.4.]. Poes »Eureka« ging Anfang Juni in Druck, nachdem Putnam ihm einen Vorschluß bezahlt hatte.

Poe versuchte sein Konzept des Baus des Universums nicht nur in seiner Vorlesung, sondern auch in mehreren Briefen an Freunde mitzuteilen [Poe an Eveleth, 29.2.1848]. Trotz seiner Widmung, daß seine Arbeit an »Träumer« gerichtet sei – »an jene, die eher fühlen als jene, die denken« – und trotz seines Vorwortes, in dem er seinen Wunsch beschrieb, daß »Eureka« nach seinem Tode nur als Gedicht betrachtet werden sollte, wurde »Eureka: A Prose Poem« von vielen Kritikern als vor allem wissenschaftliches Werk gelesen [3.8.; 5.2.; 5.4.].

Im März erschien Poes zweites Gedicht an Shew im *Columbian Magazine*, »The Bells«, das, wie Shew angibt, von den Glocken der Grace Church nahe des Poeschen Hauses angeregt wurde [Ingram, »Life« II, S. 155]. »The Bells« wurde in *Sartain's Union Magazine* [SUM] veröffentlicht, das Sartain nach seinem Ausscheiden von GM gründete [3.4.]. Im Juni beendete die religiöse Shew ihre Freundschaft mit dem ›Atheisten‹ Poe, die ihre neuen Heiratspläne hätte stören können [s. Miller, »Building«: 6.4.5.].

Im Oktober und November erschien Poes »Rationale of Verse« im SLM. Willis nahm ihm kleinere Arbeiten ab, aber auch dies half kaum, Poe und Clemm zu unterstützen. Vor allem durch Clemms Initiative lebte Poe während dieses Jahres auch von Geldbeiträgen, die ihm von den Literatinnen der ›Sternenschwesternschaft‹ gegeben wurden, oder von dem von Poe einst so verurteilten ›puffing‹ – das lobende Rezensieren von Büchern befreundeter Autoren. Einige der Literatinnen - so zum Beispiel Sarah ›Estelle‹ Anna Lewis – ließen ihre Gedichte von Poe ›korrigieren‹ und zahlten ihm dafür.

Jane Locke, eine angeheiratete Cousine von Frances Osgood, die selbst Gedichte veröffentlichte, lud im Mai den ihr schmeichelnden Poe zu einer Vorlesung nach Lowell, Massachussetts, ein [1.2.]. Am 10. Juni 1848 hielt Poe dort seinen Vortrag über »The Poets and Poetry of America«. Enttäuscht von der 43jährigen Jane wandte sich Poe in Lowell ihrer Nachbarin Nancy Locke Heywood Richmond zu, von ihm ›Annie‹ genannt, mit der ihn bald eine intensive Freundschaft verband (während sich die Literatinnen neue Vornamen gaben, zeigte Poe eine besondere Vorliebe für ›Helen‹ und ›Annie‹). Poe sprach, dem ›Zeitalter der Überschwenglichkeit‹ [Quinn, »Poe«, S. 589] gemäß, bald von Liebe. ›Annie‹ war zu dieser Zeit etwa 28 Jahre alt und mit einem wohlhabenden Papierfabrikanten verheiratet; sie hatte eine Tochter, Carrie, und zeigte keine Absicht, sich scheiden zu lassen. In ›Westford‹, ihrem Haus in Lowell, lebte ebenfalls ›Annies‹ jüngere Schwester Sarah Heywood, an die Poe ebenfalls Briefe richtete. Zur gleichen Zeit knüpfte Poe jedoch auch eine andere Freundschaft zu einer Frau an, die für ihn wichtig wurde; zu Sarah Helen Power Whitman, der »Seherin von Providence«.

Helen Whitman, zu dieser Zeit Mitte 40, war eine recht populäre Dichterin, die von den Transzendentalisten um Emerson beeinflußt wurde. Ihr Haus in Providence, Rhode Island, wo sie seit dem Tod ihres Mannes mit ihrer dominierenden Mutter und als ›exzentrisch‹ beschriebenen Schwester wohnte [Quinn, »Poe«, S. 572], öffnete sich bereits mehreren von Poes Bekannten zum Gespräch oder Flirt: so etwa John Neal, Horace Greeley oder dem Reverend Griswold. Poe sah Whitman zum erstenmal 1845 vor ihrem Haus, als er Providence mit Osgood besuchte, und im Februar 1848 schickte Whitman, zwei Jahre nach dem Valentinstag-Grußwechsel zwischen Poe und der inzwischen an Schwindsucht erkrankten Osgood, über Lynch ein Gedicht an den Autor des »Raven«. Whitmans Valentinstags-Gedicht erschien im HJ. Poe zog seit dem Frühjahr Erkundigungen über Whitman ein, deren Gedichte ihm eine ›Seelenverwandtschaft‹ versprachen. Im März schickte er ihr das Blatt »To Helen« aus seinem Gedichtband und im Frühsommer eine neue Blankversfassung des Gedichts.

Im Sommer 1848 besuchte Poe für einige Wochen die Makkenzies in Richmond, unter anderem, um Kontakte für sein geplantes Magazin zu erneuern. Er begann erneut zu trinken. Möglicherweise plante er ein Duell mit dem Herausgeber des Richmonder *Examiners*, das von beiden im letzten Moment abgesagt wurde [Krutch, »Genius«]. Whitman schickte Poe Gedichte nach Richmond und bat ihn um ein Treffen. Seine Reaktion auf ihre Zeilen war prompt. Er kehrte nach Fordham zurück und machte sich am 21. September auf den Weg nach Providence, um sie kennenzulernen.

Das erste Treffen schien Poe sogleich zu dem Entschluß geführt zu haben, Whitman zu heiraten. Am 1. Oktober 1848 begann er einen stürmischen Briefwechsel mit ihr; sie versuchte aber zunächst, eine Heirat zu verzögern. Nach einem weiteren Besuch in Lowell entdeckte Poe aber erneut seine Liebe zu ›Annie‹. Obwohl Poe Whitman bei seinem nächsten Besuch in Providence nicht sah, bedrängte er sie noch im Oktober, nach einer weiteren Vorlesung in Lowell, ihn zu heiraten. Whitmans versprochene Antwort verzögerte sich, und Poe machte sich am 2. November ungeduldig nach Providence auf. Ein Brief an ›Annie‹, der in Boston geschrieben wurde, berichtet von einer Überdosis Laudanum, die Poe kurz vor seiner Abreise nach Boston eingenommen habe, sowie daß er sich schlecht fühle.

Es ist viel darüber spekuliert worden, ob Poe Selbstmord begehen wollte. Ein Versehen in der üblichen Einnahmestärke des in Alkohol gelösten Opiums, das als Schmerzmittel überall erhältlich war und das Poe bisweilen einzunehmen schien, scheint wahrscheinlicher, ebenso sein Wunsch, ›Annie‹ dramatisch daran zu erinnern, daß sie Poe versprochen hatte, an sein Sterbebett zu kommen.

Nach Poes Rückkehr aus Lowell am 7. November erhielt Whitman eine kurze Nachricht, ihm im Athenaeum zu treffen. Sie zeigte Poe Briefe, die sie inzwischen von Bekannten erhalten hatte, und die sie vor einer Verbindung mit Poe warnten. Bei einem Besuch bei Whitman am nächsten Tag bat Poe sie, ihn zu ›retten‹, und er erlitt einen Anfall, der von Whitmans Arzt als ›Gehirnkrampf‹ diagnostiziert wurde. Unter der Bedingung, daß Poe dem Alkohol entsage, willigte Whitman in eine Verlobung mit Poe ein. Am nächsten Tag, dem 14. November, schiffte sich Poe nach New York ein. Zwei Tage später schickte er einen erneuten Liebesbrief an ›Annie‹. Aber für Poe schien seine geplante Hochzeit mit ›Helen‹ beschlossen und eine Schicksalsfügung. In einem Brief vom 26. November spricht er davon, durch diese Verbindung die »amerikanische Intelligenz-Aristokratie« bestätigen und etablieren zu können [vgl. 4.1.]. Im November erschien Poes zweites Gedicht »To Helen« in SUM; er bereitete inzwischen eine weitere Vorlesungsreihe über das »Poetic Principle« vor, die er am 6. Dezember begann. Im gleichen Monat reiste er nach Providence, um Hochzeitsvorbereitungen zu treffen. Sein Vortrag in Providence zog am 20. Dezember über 2 000 Zuhörer an, die nicht nur den Verfasser des »poetischen Prinzips«, sondern auch den berüchtigten Verlobten Whitmans sehen wollten.

Poe unterzeichnete in Providence Verträge, in denen er, auf Drängen von Whitmans Mutter, auf Whitmans Vermögen bei einer Heirat verzichtete. Poe vertraute einem gewissen William J. Pabodie die Notiz an, Reverend Dr. Crocker über den Hochzeitstermin zu informieren. Der Termin, der kommende Weihnachtstag, wie der Bote waren schlecht gewählt: Parbodie gehörte zu den Verehrern Whitmans, die ihre Heiratspläne mißbilligten, und so leitete er die Notiz nicht weiter. Stattdessen erhielt Whitman einen anonymen Brief, der sie über Poes unverbesserlichen Lebenswandel informierte. Dies bezog sich weder auf ›Annie‹ noch auf andere Literatinnen, sondern auf einen Vertrauensbruch: Poe trank angeblich in der Gesellschaft einiger junger Männer noch am Vortag im Earl House, seinem Hotel. Von Whitman zur Rede gestellt, wirkte Poe zwar nüchtern und leugnete die Vorwürfe, aber Whitman fühlte sich nun genügend gewarnt, ihren Versuch, Poe ›zu retten‹, aufzugeben. Am Abend verließ Poe Providence und reiste alleine nach New York. Für Whitman blieb dieses Ende ein angemessen tragischer Höhepunkt ihrer Beziehung zu dem Autor, den sie vorgab weiterhin zu lieben und den sie später öffentlich verteidigte [5.2.].

Literaturhinweise:

R. *Cary* ›Poe and the Literary Ladies‹ TSLL 9 (1967): 91–101; T.D. *English* ›Reminiscences of Poe‹ Ind XLVIII (1896): 1381–2, 1415–6, 1448, 1480–1; M.G. *Nichols* »Reminiscences of Edgar Allan Poe« (N.Y., 1931; Reprint Folcroft, Pa., 1973).

2.9. Eine letzte Reise

Poe schien sich nun vorzunehmen, die herzlosen Literatinnen zu meiden. Er nahm aber weiterhin Osgood von jedem Vorwurf aus, und natürlich ›Annie‹, der er sich nun intensiver zuwandte und deren Haus er während seiner Vortragsaufenthalte in Lowell besuchte. Im Februar schien Poe bereits seinen Bruch mit Whitman überwunden zu haben, und es folgte eine neue Phase literarischer Produktivität.

»Mellonta Tauta« [3.9.] erschien im Februar in *Godey's*, »Hop-Frog« [3.2.] wurde am 17. März und im April in *The Flag of Our Union* [BF], einer von Frederick Gleason gegründeten, politisch unabhängigen Bostoner Zeitschrift veröffentlicht. Die BF zahlte gut und wandte sich an ein breites Publikum. Hier veröffentlichte Poe ebenfalls »Von Kempelen and His Discovery« [14.4.1849; 3. 8.] und »Eldorado« [1.4.1849; 3.4.; 3.8.]. Für den SLM schrieb er eine neue »Marginalia«-Serie über einen Zeitraum von zehn Monaten. Poe schien sich wieder seiner Ziele sicher, es war das »innere Gold« des Dichters, des »nobelsten Berufes der Menschheit«, das er suchte [Poe an Thomas, 14.2.1849]. Er kritisierte nun nicht nur die Bostoner an sich, sondern auch Lowell, der in seinem »Fable for Critics« die Autoren des Südens vernachlässigte und Poe als einen Literaten beschrieb, der »drei fünftel Genie und zwei fünftel reinen Unfug« besaß.

Trotz seiner Arbeit verdiente Poe zu wenig. Der SLM hatte Zahlungsschwierigkeiten, und kleinere Zeitschriften gingen ein; nur SUM und das GM blieben Poe als sichere Abnehmer seiner Arbeiten. Zu den wachsenden finanziellen Sorgen kam auch eine erneute private Krise. In Lowell mehrten sich die Gerüchte über Poe und die verheiratete ›Annie‹.

Besonders Jane Locke und ihr Mann [2.4.] sprachen sich gegen Poe aus, obwohl ›Annie's‹ Mann zu Poe hielt. Inzwischen erschien Poes Gedicht ›For Annie‹, das er ihr am 23. März schickte, in der April-Nummer der BF und im HJ [3.4.]. Poe sagte den mit Clemm geplanten Aufenthalt in ›Westford‹ ab und mietete das Haus in Fordham für ein weiteres Jahr. Am 23. Mai verbrachte Poe nach einem Besuch in Boston eine Woche in Lowell und sah ›Annie‹ dort zum letzten Mal.

Im Frühjahr schrieb Poe zwei weitere Gedichte, »To My Mother« [BF, 7.7.1849] und »Annabel Lee«, das erst posthum erschien [3.4.]. Poes letzte veröffentlichte Geschichte, »Landor's Cottage«, erschien am 9. Juni in BF. Die Idylle schien ›Westford‹ nachempfunden. Unerwartet kam im Frühjahr ein Brief aus Oquawka (Yellow Banks, Ill.), in dem ein junger Publizist namens E. H. Patterson Poe vorschlug, gemeinsam mit ihm eine Zeitschrift zu gründen. Für Poe zeigte sich nun endlich ein ernsthafter Geldgeber. Die Zeitschrift sollte im Westen gedruckt, aber durch Poe auch in New York oder St. Louis vertrieben werden. Poe hoffte wiederum auf eine Leserschaft aus dem Süden. Er schlug Patterson vor, eine Vortragsreise zu unternehmen, um Geld zu sammeln und für die Zeitschrift zu werben. Patterson versprach, die Hälfte der voraussichtlichen Unkosten zu bezahlen. Ende Juni verließen Poe und Clemm Fordham zu einem Besuch in Brooklyn und bei der Familie Lewis, danach begab sich Poe auf Vortragsreise.

Poes erster Besuch galt Philadelphia, und er erreichte Sartains Haus in einem Anfall von Paranoia und möglicherweise nicht ganz nüchtern. Poe schlief in der folgenden Nacht angeblich in einem Graben. Eine weitere Nacht verbrachte Poe möglicherweise wegen Trunkenheit (nach Sartain) oder Fälschung eines Schecks (nach Poe) im Moyamensing-Gefängnis; er wurde am nächsten Tag entlassen. Schließlich nahm Sartain ihn für eine Nacht auf, und George Lippard, der junge Sensationsschreiber der *Quaker City* [1844], und Charles Chauncey Burr, der Herausgeber des *Nineteenth Century*, kümmerten sich weiter um Poe. Am 14. Juli machte sich dieser auf den Weg nach Richmond, von seinen Freunden mit Geld versorgt. Sein Koffer blieb zehn weitere Tage verloren und wurde schließlich im Depot in Philadelphia gefunden. Er war geöffnet worden, und zwei Vorträge fehlten. Von Richmond aus schrieb Poe einen Brief an Clemm, der seine Besserung bestätigte und seine Krankheit als Cholera-Anfall beschrieb.

Poe wohnte in der Swan Tavern, einem respektablen Gasthaus nahe der Mackenzies, und verbrachte bald die meiste Zeit in deren ›Duncan Lodge‹. Nach einigen erneuten Rückfällen trat er den ›Sons of Temperance‹ bei und schwur, keinen Alkohol mehr anzurühren [1.3.]. Bis zu seiner Abreise im Oktober schien Poe dieses Versprechen eingehalten zu haben. Am 17. August hielt Poe seinen Vortrag über das »Poetic Principle«, und zu dieser Zeit waren die Bewohner Richmonds bereits eifrig bemüht, ihrem bekannten Sohn Reverenz zu erweisen. Nach einem kurzen Vortragsaufenthalt in Norfolk, Virginia, kehrte Poe nach Richmond zurück, wo er am 24. September seinen letzten Vortrag hielt. Zu dieser Zeit gab Poe Griswold die Vollmacht, nach seinem Tode als Herausgeber seiner Werke zu fungieren.

Poe besuchte in Richmond nicht nur seine alten Freunde Stanard und Sully [2.1.], sondern auch seine Jugendliebe Elmira Royster [2.2.], inzwischen verwitwete Mrs. Shelton, die durch ihre Heirat zu einem ansehnlichen Vermögen gekommen war. Bereits beim ersten Wiedersehen machte Poe ihr einen Heiratsantrag, und die ›lost Lenore‹ sagte nach einigem Zögern zur Verlobung zu. Am Tag seiner geplanten Abreise aus Richmond, am 25. oder 26. September, bemerkte Shelton Poes erhöhte Temperatur und bat ihn, die Reise nach Baltimore aufzuschieben. Poe wollte aber so schnell wie möglich über Baltimore nach New York, um mit Clemm zur für den 17. Oktober geplanten Hochzeit nach Richmond zurückzukehren. Er verließ Richmond in der Nacht nach einem Abendessen in Sadler's Restaurant, und sein Gepäck blieb wahrscheinlich in der Swan Tavern zurück. Poe kam bereits krank in Philadelphia an und wollte gleich nach New York weiterreisen. Am 3. Oktober befand er sich aber wieder in Baltimore. Es ist unklar, ob Poe die Züge verwechselt hatte oder inzwischen neue Pläne formte. Am 3. Oktober fand Joseph Walker Poe bewußtlos vor der Wahlstelle Ryan's Fourth Ward Polls. An diesem Tag fand in Baltimore die Wahl der Kongreßmitglieder und Repräsentanten des House of Delegates statt. Es ist möglich, daß Poe im Trubel überfallen wurde – er trug nicht mehr seinen eigenen Anzug, allerdings immer noch den Stock Dr. Carters, den er am Abend vor seiner Abreise in Richmond besucht hatte. Möglicherweise wurde er auch ausgeraubt, als sich weitere Symptome seiner Krankheit bemerkbar machten.

Über Poes Krankheit selbst wurde viel spekuliert: Robertson [»Poe«] beschreibt Poe als schwindsüchtig, Braddy [»Incense«: 3.] vermutet ebenfalls Tuberkulose, Mabbott ein Sportlerherz [Stovall, »Eight American Authors«, S. 8: 6.5.3.], Hill sieht Poe als Diabetiker [»Diabetic«].

Poe pflegte während seiner Zeit bei BGM eine Korrespondenz mit J. E. Snodgrass, dem Mitherausgeber des *Museums*. Snodgrass, der nahe der Wahlstelle wohnte, und Henry Herring, ein Onkel Poes, brachten diesen ins Washington College Hospital. Nach einem heftigen Delirium starb Poe dort am Sonntag, dem 7. Oktober 1849, um 5 Uhr früh. Am 9. Oktober wurde Poe nahe des Grabes seines Großvaters, des ›General‹ Poe, im Presbyteranischen Friedhof beigesetzt.

Am Tag der Beisetzung erschien Griswolds Nachruf, mit ›Ludwig‹ unterzeichnet, der eine Lebensbeschreibung wiedergab, die nicht nur fiktiv war, sondern zum Teil auch aus Bulwer-Lyttons Roman »The Caxtons« stammte. Etwa eine Woche nach Poes Tod beauftragte Clemm Griswold mit einer Ausgabe der Poeschen Werke [5.2.]. Nach Poes Tod hatte niemand mehr Zweifel an einem Profit: Selbst die letzten Stunden Poes wurden von seinem Arzt dokumentiert [Moran, »A Defense«]. Rosalie Poe blieb nichts mehr als die Reisetruhe, die irgendwo zwischen Baltimore und Philadelphia gefunden wurde. Als der Mackenziesche Haushalt sich in den Wirren des Bürgerkrieges in den kommenden Jahren auflöste, gelangte die Truhe schließlich in den Besitz des Poe Shrine in Richmond. Rosalie, die zu dieser Zeit heimatlos wurde, wurde später in den Straßen von Richmond gesehen, wo sie Bilder und Andenken ihres berühmten Bruders verkaufte. Sie starb am 22. Juli 1874 mittellos im Epiphany Church Home in Washington.

Literaturhinweise:

F. *Carter* ›Edgar Allan Poe's Last Night in Richmond‹ Lipp LXX (1902): 562–6; E. *DeGrazia* ›Poe's Devoted Democrat, George Lippard‹ PSt VI (1973): 6–8; T.C.D. *Eaves* ›Poe's Last Visit to Philadelphia‹ AL XXVI (1954): 44–51; J.J. *Hill* ›The Diabetic Mr. Poe?‹ PN I (1968): 31; R.D. *Jacobs* ›Edgar Allan Poe‹ in L.D. *Rubin*, B. *Jackson* et al. (Hrsg.) »The History of Southern Literature« (Baton Rouge, 1985), S. 127–135; J.C. *Miller* ›The Exhumations and Reburials of Edgar and Virginia Poe and Mrs. Clemm‹ PSt 7 (1974): 46–7; J.C. *Miller* ›Poe's Sister Rosalie‹ TSL 8 (1963): 107–17; J.J. *Moran* »A Defense of Edgar Allan Poe: Life, Character and Dying Declarations of the Poet: An Official Account of his Death by his Attending Physician« (Washington, 1885); L.A. *Renza* ›Poe's Secret Autobiography‹ in W.B. *Michaels* u. D.E. *Pease* (Hrsg.) »The American Renaissance Reconsidered« (ser.) Selected Papers from the English Institute, 1982-83 (Baltimore, 1985), S. 58–89; J. *Sartain* ›Reminiscences of Edgar Allan Poe‹ Lipp XLIII (1889): 411–5; R. *Tuerk* ›John Sartain and Edgar Allan Poe‹ PSt IV (1971): 21–3; G.R. *Thompson* ›Edgar Allan Poe and the Writers of the Old South‹ in E. *Elliott*, T. *Martin* et al. (Hrsg.) »Columbia Literary History of the United States« (N.Y., 1987), S. 262–277; S.A. *Weiss* »Home Life of Poe« (N.Y. 1907; Reprint Folcroft, Pa., 1978).

Allgemeine Biographien (Auswahl):

H.I. *Allen* »Israfel« (N.Y., 1926); T.H. *Chivers* »The Life of Edgar Allan Poe« (N.Y., 1952); E. *Jaloux* »Edgar Poe et les femmes« (Genf, 1942); J.H. *Ingram* »Edgar Allan Poe: His Life, Letters, and Opinions« 2 Bde. (London, 1880; rev. Ausgabe 1884, 1891)[s. 5.3.]; D. *Kerlen* »Edgar Allan Poe. Elixiere der Moderne« (ser.) Piper Porträt (München, 1988); J.W. *Krutch* »Edgar Allan Poe: A Study in Genius« (N.Y., 1926); E. *Lauvrière* »L'etrange vie et les etranges amours d'E. Poe« (Paris, 1934); W. *Lennig* »Edgar Allan Poe in Selbstzeugnissen und Bilddokumenten« (ser.) rororo Bildmonographien (Reinbek bei Hamburg, 1959); A.H. *Quinn* »Edgar Allan Poe: A Critical Biography« (N.Y., 1941) [vgl. 5.2.]; J.W. *Robertson* »Edgar A. Poe, A Study« (San Francisco, 1921); D. *Thomas* u. D.K. *Jackson* »The Poe-Log: A Documentary Life of Edgar Allan Poe 1809-1849« (ser.) American Authors Log Series (N.Y., 1987); E. *Wagenknecht* »Edgar Allan Poe: The Man Behind the Legend« (N.Y., 1963); J.E. *Walsh* »Plumes in the Dust: The Love Affair of Edgar Allan Poe and Fanny Osgood« (Chicago, 1980); G.E. *Woodberry* »Edgar Allan Poe« (Boston, 1885); F.T. *Zumbach* »Edgar Allan Poe. Eine Biographie« (München, 1986).

3. Thema und Tradition

3.1. Eine neue Literatur in einem neuen Land

Der Wirtschaftsboom, der nach dem Krieg und besonders mit der Eröffnung des Erie-Kanals im Jahre 1825 begann, traf in etwa mit dem ›literarischen Boom‹ in Amerika zusammen. Nicht das Drama, sondern das Gedicht, die Erzählung, der Roman und das Essay kennzeichnen die amerikanische Romantik. Washington Irving veröffentlichte bereits 1819/20 sein »Sketch-Book«, James Fenimore Cooper publizierte 1821 »The Spy« und begann 1823 die Folge seiner Lederstrumpf-Romane. Nathaniel Hawthorne schrieb Erzählungen, William Cullen Bryant und Henry Wadsworth Longfellow verfaßten Gedichte und beschäftigten sich mit Poetik. Ralph Waldo Emersons »Nature« erschien 1836.

Die Wirtschaftskrise, die von 1837 bis 1842 andauerte, störte diese Entwicklung kaum. Charvat [»American«] weist darauf hin, daß die meisten dieser Autoren aus Neuengland stammten; darüberhinaus war die Beziehung dieser Autoren zum Geldadel etabliert. Die Harvard University gab Longfellow und Emerson die Sicherheit einer Anstellung, Longfellow und Lowell heirateten in reiche Familien ein, Emerson spekulierte mit Aktien, und bürgerliche Berufe gaben anderen Autoren finanzielle Sicherheit [1.3.]. Hawthorne mühte sich etwas mehr mit seiner Zollamtsstelle [vgl. 2.6.]. Deshalb ist es vielleicht auch nicht verwunderlich, wenn Charvat [»American«, S. 61] nur zwei literarische Beispiele für ein Bewußtsein der ökonomischen Krise anführt, Hawthornes »Peter Goldthwaite's Treasure« [1838] und Poes »The Business Man« [1840; 3.2.]. Schriftsteller, Dichter und Oberschicht richteten sich nicht gegen oder an die Arbeiter, sondern gegen die aufstrebende Mittelklasse als die Schuldigen der Krise: gegen den ›Mob‹, dem es an Erziehung und patrizischer Tradition mangelte.

Bryant, Longfellow und Willis gehörten Ende der 40er Jahre zu den bestbezahltesten und zu den populärsten Zeitschriftenautoren neben der neuen Dichtergruppe der schreibenden Frauen. Poe befand sich in einer besonderen Situation. Er gehörte weder der Aristokratie des Südens, noch den Transzendentalistenzirkeln Bostons an. Er war mit der Lebensweise der oberen

Bürgerschicht vertraut, obwohl es ihm chronisch an Geld mangelte. Poe verurteilte wie Longfellow oder Emerson den ›Mob‹, doch er interessierte sich für die neue Massenpresse, für billige Zeitschriften mit hohen Auflageziffern. Der Traum, beides zu erreichen, den breiten Erfolg und die elitäre Zeitschrift, blieb für ihn unerfüllt [4.1.]. Poe schrieb daher als letzter Gentleman-Schriftsteller und gleichzeitig als erster Autor der neuen Mittelklasse, der bald auch andere Zugeständnisse machen mußte.

Poes Gedichte und Erzählungen folgten zumeist populären Vorbildern, sei es den vielgelesenen Gedichten Byrons oder der englischen Zeitschriftenliteratur [3.2.; 3.3.; 3.4.; 4.1.]. Die Ausdrücke, die Poe zur Beschreibung seiner Erzählungen wählte, entsprachen dem damaligen Geschmack der Mittelklasse an gotischer Architektur und aufwendiger Dekoration: ›grotesk‹ [*grotesque*] und ›arabesk‹ [*arabesque*]. Diese Begriffe, die ihren Ursprung in der bildenden Kunst haben, wurden schließlich auch die am häufigsten verwendeten Kategorien zur Beschreibung von Poes Gedichten, seiner Prosa und selbst seiner Dichtungstheorie.

Hinsichtlich des Begriffes ›arabesk‹ führt dies zu unterschiedlichen Bestimmungen, die den orientalischen, formal-stilistischen oder architektonischen Charakter betonen (s. z.B. Moffitt [»Arabesque«], Brooks [»Interior«: 3.3.], Jacobs [»Poe«, S. 165–66: 4.1.], Smith, [»Arabesque«, bes. Anm. 3], Hoffman [»Poe Poe«, S. 207–8]). Thompson [»Poe«] weist auf den Einfluß von Friedrich Schlegel und auf dessen Begriff der romantischen Ironie hin und bezeichnet die ›romantische Ironie‹ als Grundlage des gesamten Erzählwerks Poes. Der deutsche Einfluß wurde bereits von Gruener [»Influence«] und Cobb [»Hoffmann«] behauptet [s. auch Kayser, »Grotesk«, S. 81–6]. Die Namen der Poeschen Erzählsammlungen klingen an E.T.A. Hoffmanns »Phantasiestücke nach Callots Manier« [1814] an. Poe mag Hoffmann und eine Beschreibung einiger seiner Erzählungen durch eine Rezension von Walter Scott kennengelernt haben, die 1827 in der *Foreign Quarterly Review* erschien [»Supernatural«] und 1841 in den zweiten Band seiner in Philadelphia nachgedruckten Werkausgabe aufgenommen wurde. Scott gebrauchte ›arabesque‹ und ›grotesque‹ als beinahe synonyme Begriffe [Kayser, »Grotesk«, S. 83]. Das Groteske in Hoffmanns Literatur wurde von ihm mit dem Arabesken in der Malerei verglichen; eine groteske Literatur nahm nach Scott die Motive der fantastischen Schöpfungen auf, ohne dem Verstand und der Urteilskraft zu dienen.

O'Connor [»Grotesque«, S.3] sieht im Grotesken, das ihm zufolge Tragödie und Komödie verbindet, gerade die adäquate Darstellungsweise für ein Land und eine Gesellschaft, deren Ordnungsstrukturen weniger rigide gekennzeichnet sind als die europäischen. Poe ist für ihn damit ein früher Autor eines spezifisch amerikanischen Genres des

Grotesken, dessen Tradition besonders im Süden mit William Faulkner, Flannery O'Connor u.a. weitergeführt wurde [3.2.; 5.2.].

Poe verwendete den Begriff ›grotesk‹ scherzhaft in einem Brief [an Tucker, 1835], als negativen Verweis [Drake/Halleck-Kritik, 1836 und »Zinzerdorff«-Kritik, 1834], als Bezeichnung des Schrecklichen [»Murders«, 1841; 3.3.] wie Fantastisch-Dekorativen [»The Masque«, 1842; 3.3.; Poes ausführlichste Beschreibung des Grotesken]. Er wertete das Groteske als eine ernstzunehmende ästhetische Kategorie [s. auch Poes Ausführungen zur Farce, 4.2.; 4.4.]. Neben Friedrich Schlegels »Gespräch über die Poesie« und Scotts Hoffmann-Kritik schien gerade auch eine Rezension von Tom Hoods Werken die unmittelbare Anregung gegeben zu haben [»Westminster Review« XXXI, April 1838; vgl. Lawson, »Conception«].

In Poes Brief an White [30.4.1835] und in der Einleitung zu den TGA beschreibt Poe seine Erzählungen am ausführlichsten. Im Brief beschreibt er den gewünschten Ton: »... das Lächerliche ins Groteske erhoben: das Furchterregende ins Schreckliche gefärbt: das Geistreiche ins Burleske gesteigert: das Einzigartige ins Fremde und Mystische verwandelt«. In der Einleitung distanziert sich Poe von der Vorstellung, daß der Schrecken »aus Deutschland« stamme, er komme vielmehr »aus der Seele«. ›Arabesk‹ und ›grotesk‹ werden dort hinsichtlich des Tons der Erzählung definiert.

Ketterer [»Deception«] unterscheidet in seiner Lektüre dieser Stellungnahme zwischen dem Grotesken und Arabesken bei Poe, Thompson [»Poe«] liest sie als beinahe synonyme Begriffe; für Rabkin [»Fantastic«] sind beide für die Konstruktion der Erzählungen wesentlich; Kayser [»Grotesk«, S. 134] betont, daß Poe ›grotesk‹ sowohl in einer konkreten Beschreibung einer aus den Fugen geratenen Welt als auch hinsichtlich des Tones seiner Erzählungen gebraucht. Bereits in frühen Interpretationen zu Poes Werk werden ›grotesk‹ und ›arabesk‹ weniger als Eigenschaften, sondern vielmehr als Gattungsbezeichnungen verwendet. Poes Satiren und Burlesken fügen sich damit häufig in eine vom Kritiker geschaffene Kategorie des ›Grotesken‹; ›arabesk‹ wiederum scheint ein Begriff zu sein, der auch auf Poes Gedichte bezogen werden kann [Spiller, »Cycle«, S. 58–9; Lubbers, »Typologie«, S. 21: 4.3.]. Interpretationen, die auf ›grotesk‹ und ›arabesk‹ als Eigenschaften hinweisen, nach denen zumindest das erzählerische Werk insgesamt gedeutet werden kann, geben auch die Problematik anderer Kategorien und Klassifikationen, wie ›Reiseerzählung‹ oder ›Detektivgeschichte‹, wieder. Poes

Werk sollte letztendlich in seiner Entwicklung und vor dem Hintergrund seines ästhetischen Konzepts verstanden werden. Die folgende Darstellung möchte nur die Aspekte betonen, die ein Verständnis des Werkes insgesamt erleichtern sollen.

Literaturhinweise:

M.H. *Abrams* »The Mirror and the Lamp: Romantic Theory and the Critical Tradition« (London, 1953); W. *Charvat* ›Poe: Journalism and the Theory of Poetry‹ in M.J. *Bruccoli* (Hrsg.) »The Profession of Authorship in America, 1800–1870« (Columbus, 1968), S. 84–98; W. *Charvat* ›American Romanticism and the Depression of 1837‹ in *Bruccoli* [»Profession«, s. o.]: 49–67; R.B. *Davis* »Literature and Society in Early Virginia, 1608–1840« (Baton Rouge, 1973); J.D. *Hart* »The Popular Book: A History of America's Literary Taste« (N.Y., 1950); J.B. *Hubbell* ›The Literary Apprenticeship of Edgar Allan Poe‹ SLJ II (1969): 99–106; J.B. *Hubbell* ›Poe and the Southern Literary Tradition‹ TSLL 2 (1960): 151–71; J.B. *Hubbell* »The South and American Literature« (Durham, 1954); H. *Lehmann-Haupt* et al. »The Book in America: A History of the Making and Selling of Books in the United States«, 2. Aufl. (N.Y., 1951); H.P. *Lovecraft* ›Edgar Allan Poe‹, »Supernatural Horror in Literature« (N.Y., 1945); L. B. *Miller* ›Painting, Sculpture and the National Character 1815–1860‹ Journal of American History LIII (1967): 696–707; W.V. *O'Connor* »The Grotesque: An American Genre, and Other Essays« (Carbondale, III., 1962); P. *Penzoldt* »The Supernatural in Fiction« (London, 1952); A. H. *Quinn* »American Fiction: An Historical and Critical Survey« (N.Y., 1936); W. *Scott* ›On the Supernatural in Fictitious Composition‹ Foreign Quarterly Review I (1827): 60–98; B.T. *Spencer* »The Quest for Nationality: An American Literary Campaign« (Syracuse, N.Y., 1957); R.E. *Spiller* ›The American Literary Dilemma and Edgar Allan Poe‹ in C. *Bode* (Hrsg.) »The Great Experiment in American Literature« (N.Y., 1961), S. 3–25; T. *Todorov* »Einführung in die fantastische Literatur« (München, 1972).

Zum Begriff des ›Arabesken‹:

C. *Moffitt* ›Poe's Arabesque‹ CL XVIII (1966): 55–70; E. *Rabkin* »The Fantastic in Literature« (Princeton, N.J., 1976); P.C. *Smith* ›Poe's Arabesque‹ PSt III (1974): 42–5.

Zum Begriff des ›Grotesken‹:

F.K. *Barasch* »The Grotesque: A Study in Meanings« (The Hague, 1971); P. *Cobb* ›The Influence of E.T.A. Hoffmann on the Tales of Edgar Allan Poe‹ Studies in Philology III (1908): 1–104 u. (Chapel Hill, 1908); G. *Gruener* ›Notes on the Influence of E.T.A. Hoffmann upon Edgar Allan Poe‹ PMLA XIX (1904): 1–25; B. *Günter* ›Das Groteske und seine Gestaltung in den Erzählungen Edgar Allan Poes‹ Diss. Univ. Freiburg,

1974; W. *Kayser* »Das Groteske in Malerei und Dichtung« (Reinbek bei Hamburg, 1960); L.A. *Lawson* ›Poe and the Grotesque: A Bibliography 1695–1965‹ PN I (1968): 9–10; L.A. *Lawson* ›Poe's Conception of the Grotesque‹ MissQ XIX (1966): 200–6; H. *Leopoldseder* »Groteske Welt: Ein Beitrag zur Entwicklungsgeschichte des Nachtstückes in der Romantik« (Bonn, 1973); B. *Mor-cade* ›Pour une psychogéographie de l'espace fantastique: les architectures arabesques et grotesques chez E. Poe‹, »La Revue d'Esthetique« 27 (1974): 41–56; P.A. *Newlin* ›Scott's Influence on Poe's Grotesque and Arabesque Tales‹ ATQ II (1969): 9–12; P. *Thomson* »The Grotesque« (London, 1972).

3.2. Burlesken und Satiren

Obwohl der Name ›Poe‹ vor allem mit Erzählungen assoziiert wird, die Grauen erregen, ist ein großer Teil seiner Geschichten »satirisch, humoristisch, burlesk und parodistisch« gefaßt [Link, »Poe«, S. 259]. Kritiker haben den Burlesken relativ wenig Aufmerksamkeit geschenkt [s. aber 5.4. und 5.7.]. Untersuchungen über Poes Humor zeigen wiederum, daß die Bezeichnung ›grotesk‹ für Poe problematisch ist. Als Genre verstanden, werden dem Grotesken unterschiedliche Erzählungen zugewiesen oder diese repräsentieren, wie für Davidson [»Poe«, S. 142], eine bestimmte Phase in Poes dichterischer Entwicklung. Als Eigenschaft betrachtet, erscheinen wiederum zu viele der Erzählungen ›grotesk‹; als ästhetisches Konzept erhält das Groteske nicht unbedingt den gleichen Stellenwert, den Poe selbst der Komödie, Farce, etc. einräumt [vgl. Link, »Poe«, u. Ketterer, »Deception«]. Satiren, in denen Personen schikaniert werden, unterscheiden sich wiederum vom ›Hoax‹ als Betrug, von Erzählungen, in denen die Realität betrügerisch erscheint, oder von Doppelgängergeschichten [Ketterer, »Deception«, S. 77]. Einer solchen Einordnung würde sich allerdings auch kaum eine der Poeschen Erzählungen entziehen, und es soll hier nur die Feststellung genügen, daß es schwierig ist, Poes Satiren und Parodien definitorisch in Grenzen zu halten.

Die Gruppe der Burlesken jedoch, die Mooney [»The Comic«] mit ›vaudeville‹ vergleicht, sind charakterisierbar. Als Wesenszug zeigt sich die Progression von Betrug und Aufdekkung, die gleichfalls Poes ›ratiocinative tales‹ [3.7.] parodieren. Groteske Charakterzeichnung, tierhafte oder verkrüppelte Menschen bieten ebenso eine Parodie auf die dramatischen Verwandlungen der ›gotischen‹ Erzählungen [3.3.]. In vielen

Geschichten finden sich ebenfalls doppeldeutige Wortspiele und anzügliche Redeweisen sowie Anspielungen auf Tagesereignisse lokaler und politischer Natur.

Gerade die Revisionen der frühen Erzählungen unterstützen Davidsons These [»Poe«, S. 142], daß ein grober Humor nur für den frühen Poe kennzeichnend ist. Poe entfernte in Revisionen oft obszöne Anspielungen, beleidigende Direktheiten, überflüssige Worttiraden und vermied sie weitgehend in den Jahren nach 1838 [vgl. aber die Kritiken der späten 40er Jahre; 4.1.]. Poes größte Sammlung von Burlesken und Parodien waren die geplanten »Folio Club«-Erzählungen. Den Rahmen dazu verstand Poe zum Teil als Parodie, zum Teil als Burleske [2.3.], und manche grausam-schreckliche Handlung, wie die von »Metzengerstein« [1832] oder »Berenice« [1835], erhält durch die absurden oder komisch-heroischen Gestalten oder parodierten Autoren der Rahmenerzählung eine besondere ironische Note [3.3.]. Zu den offensichtlicheren Burlesken und Parodien der Sammlung gehören wohl »The Duke [Duc] del'Omelette« [1832], »A Tale of Jerusalem« [1832], »A Decided Loss«/»A Loss of Breath« [1832], »A Bargain Lost«/ »Bon-Bon« [1832], »Epimanes«/»Four Beasts in One – The Homo-Cameleopard« [1833], »Lionizing« [1835] und »King Pest [the First]« [1835]. In dem späteren, erweiterten Plan kommen »Von Jung«/»Mystification« [1837], »The Psyche Zenobia«/ »How to Write a Blackwood Article« [1830], »The Devil in the Belfry« [1839], »The Man That Was Used Up« [1839] sowie »Why the Little Frenchman Wears his Hand in a Sling« [1840] hinzu. Die meisten der humorvollen Erzählungen wurden ebenfalls zum Wettbewerb eingereicht und zuerst im PSC abgedruckt [2.3.]. 1840 erschien dann »Peter Pendulum«/»The Business Man«.

Während manche der Poeschen Erzählungen *Blackwood's* parodieren [z.B. »A Decided Loss«], so parodieren viele auch die zeitgenössische Literatur, so »A Tale of Jerusalem« Horace Smiths »Zillah, A Tale of the Holy City« [1828]. »Bon-Bon« ist weitgehend als Dialog geschrieben und wurde sogar aufgeführt [Buranelli, »Poe«, S. 42]. »Four Beasts in One«, eine der ersten Verwandlungsgeschichten Poes, »The Man That Was Used Up« [1839] und »Hop-Frog« [1849] referieren deutlich auf politische Ereignisse [Whipple, »Political Satire«]; das gilt ebenso für »King Pest«, das ein Seitenstück zu »The Masque of the Red Death« [1842] bildet und von Benjamin Disraelis »Vivian Grey« [1826f.] beeinflußt wurde. Carlyles »Sartor Resartor« [1833–34] beeinflußte wiederum »The Devil in the Belfry«, eine Geschichte, die wie viele andere Poes das Problem der Zeit behandeln [Poulet, »Cercle«, »Studies in Human Time«].

Das Personen-Repertoire bei Poe ist relativ begrenzt. Der Teufel erscheint häufig. ›Pompey‹ tritt als Zenobias schwarzer Begleiter in »How to Write« auf und als alter Negersklave in »The Man That Was Used Up«. ›Pompey‹ ist schließlich der Name des Hundes in »The Business Man«. Diese Namensgebung verdeutlicht wohl Poes spezifischen Gebrauch der literarischen Figur des Schwarzen ebenso wie seine Zeichnung des Negers, der im »Gold-Bug« [3.7.] einen starken und fast unverständlichen Dialekt spricht und in »Pym« [1835; 3.6.] als furchterregender Fremder erscheint. Davidson [»Poe«, S. 147] verweist daneben auf die antisemitischen Namensspiele in »A Tale of Jerusalem«. Hammond kommentiert die Karikatur des Juden Mordecai M. Noah in der Rahmenerzählung des »Folio Club« und die überzeichnete Figur des Judens in anderen Beiträgen [»Hidden Jew«].

Parodieren manche Erzählungen Poes ›tales of ratiocination‹, so schrieb Poe ebenfalls Geschichten, die als Parodien zu spezifischen Erzählungen gelesen werden können. So kann »The Angel of the Odd« [1844] als Parodie seiner eigenen philosophischen Dialoge wie z. B.»Eiros and Charmion« [1839; 3.9.] gelesen werden; »Mellonta Tauta« [1849] erscheint als Parodie der ›Kosmogonie‹ [3.9.] und »Predicament« [1838] als Parodie auf seine Horror-Geschichten. Die Serie »Autography« ironisiert in gewisser Weise Poes Interesse an der Kryptographie [3.7.]. »Autography« versprach neues Material und sensationelle Neuigkeiten für ein breites Publikum und weist schließlich auch auf die amüsante »Literati«-Serie voraus, die zu einer Geschichte der amerikanischen Literatur werden sollte [2.8.]. Die Einleitung zur Autogramm-Serie [1836] ähnelt als Projekt der Rahmenerzählung des »Folio Club«.

Zu den bekanntesten Burlesken der 40er Jahre gehören »Never Bet the Devil Your Head« [1841], »A Succession of Sundays«/ »Three Sundays in A Week« [1841], »Raising the Wind«/ »Diddling« [1843] und »The Spectacles« [1844], »The System of Doctor Tarr and Professor Fether« [1844; 3.8.], »Thou Art the Man« [1844; 3.7.], »The Angel of the Odd« [1844], »The Literary Life of Thingum Bob, Esq.« [1844], »Some Secrets of the Magazine Prison-House« [1845], »Hop-Frog« [1849] und »X-ing a Paragraph« [1849]. Auch Untersuchungen vieler anderer Erzählungen behandeln deren satirischen oder burlesken Charakter.

»Diddling« bezieht sich auf den Titel von De Quinceys »Murder Considered as One of the Fine Arts« [1827; 1839]. »Never Bet the Devil Your Head« birgt Anspielungen auf die Transzendentalisten, »The Literary Life« auf die New Yorker *Knickerbocker*-Clique um Clark [2.4.] und

»The Angel of Odd« auf literarische Cliquen allgemein [Richard, »Arrant Bubbles«] wie auch auf die zeitgenössischen Sozialreformen [Gerber, »Odd Angel«]. Es ist interesssant, daß dieser Erzählung wie dem kurz zuvor erschienen »Purloined Letter« [1844; 3.7.; 4.5.] das Prinzip der ›oddity‹ zugrunde liegt [vgl. Cavell, »Odd«: 3.3.].

Die in der Sekundärliteratur ausgetragene Diskussion um Parodie und Burleske in Erzählungen wie »The Cask of Amontillado«, »The Black Cat« oder »Hop-Frog« machen auf ein Element des Poeschen Humors aufmerksam, das sie von der harmlosen, spielerischen Burleske trennt. Poes Humor kann tatsächlich in diesen Erzählungen als ›grauenvoll‹ beschrieben werden [vgl. Davidson, »Poe«, 140f.; s. auch Poes Brief an Kennedy, 11.9. 1836]. Dieser Humor unterscheidet sich von der Ironie Hoffmanns oder Tiecks und steht eher den schrecklichen Verwandlungen und Verstümmlungen in den Grimmschen Märchen nahe. Während die Szenerie einiger Poescher Erzählungen europäisch ist, steht Poes Humor der groben Scherze, des ›Hoax‹ und des naiven Betrugs in einer spezifisch amerikanischen Tradition.

Blair [»American Humor«] beschreibt die Jahre nach 1830 als die Entwicklungsjahre des ›Down East Humor‹ und des ›Humor of the Southwest‹: Der erste lebte von der Erfindung naiver Landbewohner, wie etwa Seba Smiths »Jack Downing« – Geschichten, die die Stadt und Politik kommentierten und Dialekte zur regionalen und Soziolekte zur Klassenkennzeichnung wiedergaben. Der Humor des Westens zeigte dagegen die ›frontier‹-Stimmung, eine Überlistung der Umgebung wie anderer Personen. *Tall tales*, übertreibende Lügengeschichten, wurden zu einem eigenen Genre [s. 3.7.]; sie konzentrierten sich auf den Ich-Erzähler und damit auf die psychologische Dimension. Übertreibung, Anti-Intellektualismus, Vorurteil, Interesse an lokalen Einwohnern und am gesprochenen Englisch standen beim amerikanischen Humor dieser Zeit im allgemeinen im Vordergrund. Während sich die satirischen Beschreibungen der politischen Parteien polarisierten, standen geographische Charakterisierungen im Mittelpunkt. Rourke [»Humor«] und Davidson [»Poe«] nehmen diese Charakterisierung des amerikanischen Humors in ihre Behandlung der Poeschen Erzählungen auf.

Bonaparte [»Poe«: 4.5.] versucht dagegen die Deutung Poescher Burlesken mit Hilfe Freudscher Theorie; Mooney [»The Comic«] liest die Erzählungen als eine Illustration zu Bergsons Theorie des Komischen. Besonders aber der Bezug zu Poes eigener psychologischen wie ästhetischen Theorie, zu seinem

Konzept der ›fancy‹ wie zu dem der theatralischen Farce oder zu seiner Forderung nach Neuheit und Variation der Erzählung findet bei Kritikern nur beiläufige Behandlung [4.2.; 4.3.].

Allgemein kann vielleicht gesagt werden, daß Poes Burlesken den Zeitgeschmack spiegeln und sein eigenes Register schriftstellerischer Möglichkeiten zeigen. Zu sehr ist Poe dem verbunden, was er parodiert, eine ›Metakritik‹ scheint es hier nicht zu geben.

Literaturhinweise:

J. *Beir* »The Rise and Fall of American Humor« (N.Y., 1968); W. *Blair* »Native American Humor« (San Francisco, 1960); W. *Blair* u. H. *Hill* »American Humor: From Poor Richard to Doonesbury« (N.Y., 1978); D.W. *Eddings* (Hrsg.) »The Naiad Voice: Essays on Poe's Satirical Hoaxing« (Port Washington, 1983); D. *Galloway* (Hrsg.) ›Introduction‹, »The Other Poe: Comedies and Satires« (Harmondsworth, 1983); G. *Gerber* ›Poe's Odd Angel‹ NCF XXIII (1968): 88–93; A. *Hammond* ›The Hidden Jew in Poe's Autography‹ PN II (1968): 555–6; S.L. *Mooney* ›The Comic in Poe's Fiction‹ AL XXXIII (1962): 433–41; D. *Jackson* ›A Poe Hoax Comes Before the U.S. Senate‹ PSt7 (1974): 47–8; C. *Richard* ›Arrant Bubbles: Poe's »The Angel of the Odd«‹ PN II (1969): 46–8; C. *Rourke* »American Humor: A Study of the National Character« (N.Y., 1931); W. *Whipple* ›Poe's Political Satire‹ [2.3.]; W. *Whipple* ›Poe's Two-Edged Satiric Tale‹ NCF 9 (1954): 121–33.

3.3. Romantik und gotischer Schrecken

Die bekanntesten Erzählungen Poes wie »Ligeia« oder »The Fall of the House of Usher« zeigen ihn als Meister der Schauergeschichte. Die literarische Tradition, in der diese Erzählungen stehen, ist die des englischen gotischen Romans des 18. Jahrhundert.

Das ›Arabeske‹ und das ›Gotische‹ stehen in enger Beziehung zueinander. So stammt der Begriff ›gothic‹ auch aus dem Visuellen, nämlich der Architektur des Mittelalters; ihre spitz zulaufenden Bögen und reichen ornamentalen Verzierungen wurden auch in der ›exotischen‹ Architektur des Orients wiedergefunden. Im 18. Jahrhundert wurde ›gotisch‹ als Begriff für eine Literatur verwendet, die eine ornamentale Architektur als Szenerie suchte und sich mit der Beziehung vom Übernatürlichen zum aufklärerischen Geist beschäftigte [Thompson, »Imagination«]. Klein [»gotischer Roman«] weist auf eine philosophische Tradition mit Baumgartens »Aesthetica« [1739] und Burkes »Enquiry into the Sublime and Beautiful« [1756/57] hin, die das bisher unterdrückte ›Böse‹ in die Untersuchung miteinbezieht. Während Poe sich in dieser Hinsicht in die Reihe der englischen Autoren wie Horace Walpole, Clara Reeves und Ann Radcliffe einfügen mag, so ist er nach Tompkins [»Popular Novel«] der Vertreter einer spezifisch ›amerikanischen Gotik‹:

Coad [»Gothic Element«, S. 74f.] beschreibt die Entwicklung der gotischen Tradition, die zuerst in Amerika aufzeigbar ist – etwa mit Philip Freneaus »The Pictures of Columbus« [1774], Richard Henry Danas »The Buccaneers« [1827] und selbst Joseph Rodman Drakes »Culprit Fay« [1818; 4.4.] und schließlich zu dramatischen Werken wie William Dunlaps »Fountainville Abbey« [1795–1806] oder James Nelson Bakers »Superstition« [1823, 1835 veröffentlicht] führt. Die gotische Tradition erreichte jedoch in der Prosa ihren Höhepunkt, vor allem mit Charles Brockden Browns Romanen wie »Wieland, or the Transformation« [1798] und »Edgar Huntly, or Memoirs of a Sleepwalker« [1799], die die amerikanische Landschaft als Sujet entdeckten. Browns Erklärungen übernatürlicher Ereignisse weisen auf die neuen Wissenschaften Hypnose und Mesmerismus [1.2.; 3.8.]. Irving, Cooper, Hawthorne folgten mit Erzählungen, die als ›gotisch‹ bezeichnet werden können.

Nach Tompkins [»Popular Novel«] vermieden die Vertreter der ›amerikanischen Gotik‹ jeden Erklärungsversuch des Übersinnlichen und standen dem Psychologie-Begriff der deutschen Romantik näher als die Werke englischer Autoren (diese Erklärungsversuche fanden allerdings erst mit und nach Radcliffes Romanen statt). Punter [»Terror«, S. 202] setzt Poes Werk gerade gegen jede Definition amerikanischer Gotik, der sich, nach Tompkins, auch Charles Brockden Browns Romane nicht leicht einfügen würden. Thompson sieht die amerikanische Gotik schließlich als ambivalent zwischen beiden Polen oszillierend; sie suggeriert Erklärungen, vertritt diese aber nicht eindeutig [»Poe«, S. 76].

Sicherlich benützt Poe das Inventar des gotischen Schreckens, das stabil ist und schnell aufgezählt werden kann: eine unübersichtliche Architektur von Burgen und Klöstern, eine endlose Zimmerfolge, Falltüren, Spiegel, magische Teppichmuster, Doppelgänger, Adelige, Waisen, Alpträume und eine Verselbstständigung von Objekten, denen wiederum der zum Objekt gewordene Mensch gegenübertritt. Poes Erzählungen zeigen eine (Alp)Traumwelt, deren Bilder sich einer Freudsche Analyse anbieten.

Brooks [»Interior«, S. 41–44] weist auf den kulturhistorischen Aspekt hin, indem er Poes Objektsammlungen mit den Inneneinrichtungen des Mittelklasse-Haushalts des 19. Jahrhunderts vergleicht. Für Killy [»Wirklichkeit«] ist Poes Beschreibung des gotischen Details dagegen gerade das Gegenteil einer realistischen Literatur, da ihr ein umfassendes Konzept fehlt. Sicher ist, daß zu Beginn des 19. Jahrhunderts die oben beschriebenen Elemente der gotischen Literatur bereits als stereotyp erkannt wurden und die Romane selbst als populäre Literatur billig gehandelt wurden [Thompson, »Gothic«, S. 1]. Mit der Entwicklung der ›gothic tale‹ stand auch der Magazinliteratur dieses Genre offen: Die gotische Erzählung wurde zur Sensationsliteratur. Am deutlichsten ist dies im Programm des *Blackwood's Magazine* ablesbar, das in Edinburgh erschien, von dem Poe lernte und das er auch parodierte [3.2.; 4.1.]; Poes Burlesken sind in vieler Hinsicht eine Parodie auf die gotische Tradition [3.2.]. Vielleicht kann man bei Poe deshalb auch von einer Domestizierung der gotischen Literatur sprechen. Durch seinen Gebrauch der stereotypen Elemente macht Poe ebenso auf die Darstellung der Innenwelt und den subjektiven Betrachter aufmerksam, dessen Schilderung seiner Ängste von den Ereignissen der Erzählung nicht mehr trennbar ist [vgl. 4.5.]. So schreibt Auden [Einführung in »Poe«: 6.4.1.; 5.3..], daß der Poesche Erzähler in gewisser Hinsicht immer passiv bleiben muß: Poe konzentriert sich auf eine ›psychologische Handlung‹.

In der Erzählsammlung des »Folio Club« befinden sich vier Erzählungen, welche der gotischen Tradition nahe stehen: »Metzengerstein« [1831], »The Visionary«/»The Assignation« [1834], »Berenice« [1835] und »Morella« [1835].

»Metzengerstein« besitzt bereits das gotische Register von alten Schlössern, Intrigen, belebten Objekten und möglicher Seelenwanderung; Danas »Buccaneer« und Disraelis »Vivian Grey« [1826] werden gleichfalls ironisch zitiert. »The Assignation« erinnert Cobb [»Hoffmann«: 3.1.] an Hoffmanns »Doge und Dogeressa«, naheliegend ist aber auch das Modell Byrons. Es ist die erste Erzählung, in der Poe den Tod einer schönen Frau in den Mittelpunkt rückt, den er später als das ideale poetische Thema beschrieb [3.5.; 4.2.]. »Berenice«, eine Erzählung, die selbst Freunde Poes als zu grausam bezeichneten [Poe an White, 30.4.1835], konzentriert sich auf den Tod und die mögliche Wiederbelebung einer Frau, ein Thema, das Poe schließlich in »Morella« und »Ligeia« weiter ausführt. »Berenice« exemplifiziert Poes Interpretation des ›dénouement‹: »Morella« läßt sich weitgehend auf eine Erzählung Henry Glassford Bells, »The Dead Daughter« [1831], zurückführen, die im *Edinburgh Literary Journal* erschien.

1838, 1839 und 1840 veröffentlichte Poe drei seiner bekanntesten Erzählungen: »Ligeia«, »The Fall of the House of Usher« und »William Wilson«.

»Ligeia«, die Geschichte einer scheinbar zum Leben zurückgerufenen Frau, spielt auch mit verschiedenen Quellen wie z.B. Walter Scotts »Ivanhoe« [1820], und zeigt Poes meisterhaftes Wortspiel und seinen Gebrauch der Typographie als narratives Element. Poe sah diese Erzählung als seine beste an [2.5.; s. Poe an Philip Pendleton Cooke, 9.8. 1846, und an Duyckinck, 8.1.1846]. »The Fall of the House of Usher« gibt den Objekten gotischer Tradition deutlichen psychologischen Symbolcharakter. Wie in »Morella«, so zeigt Poe auch hier die Ähnlichkeit von Charakteren, die er dann in »William Wilson« zur deutlichsten Doppelgängergeschichte weiterführt. »The Fall of the House of Usher« wurde schon früh als »chef d'œuvre« im Sinne eines *Blackwood's Magazines* gelobt [*New York Evening Star*, 7.9.1839]. Während diese Erzählung eine äußerst reichhaltige und diverse Sekundärliteratur erhielt, konzentrieren sich Interpreten von »William Wilson« vor allem auf eine mögliche autobiographische Komponente und verweisen auf Poes eigene Schulerfahrungen [2.1.]. Deutlich ist zumindest, daß »William Wilson« die Hinweise auf das übernatürliche Geschehen hier wieder etwas reduziert.

»The Masque of the Red Death« [1842] bietet sich wie »Usher« für eine allegorische Lektüre an. Die Erzählung mag auf Schilderungen von Cholera-Epidemien zurückgehen [2.3.; siehe auch Willis über die Epidemie in Paris in 1832, NYEM 2.6. 1836]. Die Erzählung besticht durch Poes Inszenierung von Räumen und Farben. »The Pit and the Pendulum« [1842], »The Tell-Tale Heart« [1843], »The Black Cat« [1843], »The Premature Burial« [1844] oder »The Cask of Amontillado« [1846] leben wieder mehr vom Schrecken angesichts konkreter Ereignisse oder der Angst, lebendig begraben zu werden.

»The Iron Shroud« [1830], eine *Blackwood's*-Geschichte, mag eine Inspiration für »The Pit and the Pendulum« gewesen sein [Clark, »The Source«]. Es ist eine Erzählung, die in der Zeit der spanischen Inquisition spielt; hier steht die Angst vor dem Tode im Vordergrund. »The Tell-Tale Heart« erfährt bereits im Titel die Zweideutigkeit, wer der eigentliche Erzähler sei. Das Doppelgängerthema verwandelt sich hier zu einem inneren Drama zwischen einem Mörder und seinem Gewissen – ein Drama, das als im Präsens gehaltener Monolog zu verstehen ist. Poe kann den Leser hier in das Geschehen miteinbeziehen. In »The Black Cat« führt Poe den Begriff des Perversen ein, den er später im »Imp of the Perverse« weiter erläutert [s. Cavell, »Odd«]. Aberglaube und das mögliche übernatürliche Geschehen – die Wiederkehr einer toten Katze – bieten wiederum eine Lesart, die im Zweifel an der psychologischen

Stabilität des Erzählers ihr Gleichgewicht findet. »The Premature Burial« behandelt das Thema des Lebendig-Begrabenwerdens, ohne das Übernatürliche einzuführen; die Erzählung erhält ihren Effekt lediglich durch die Möglichkeit eines übernatürlichen Ereignisses. »The Cask of Amontillado« bietet wiederum eine Einsicht in das ›Gewissen‹ des Erzählers, der einen Mord gesteht – Mabbott [»Works« III, S. 1252] bezeichnet sie als Poes besonders moralische Schauergeschichte.

Erzählt Walpole in der dritten Person, so ist zwar Schrecken und Angst als Effekt beim Leser intendiert, nicht aber der Zweifel an der Begebenheit. Das Übernatürliche gleicht einem Schauspiel, das aufgeführt wird, um eine Ordnung wiederherzustellen. Bei Reeve ist es noch deutlicher formuliert: Der Roman soll eine ›Lektion‹ geben. Radcliffe führt den psychologischen Aspekt ein, wenn sie auch eher eine Psychologie des Opfers als des Täters skizziert. Poe schreibt vor dem Hintergrund dieser englischen Tradition des 18. Jahrhunderts, aber er führt Radcliffe weiter, indem er den psychologischen Aspekt in den Mittelpunkt stellt. Die Feststellungen von gut und böse, Schuld und Unschuld bestimmten die Handlung der frühen englischen Romane; Poes Geschichten sind wie jene nicht an religiösen Fragen meßbar, sie entziehen sich aber auch dem ethischen Entscheidungsbereich. Schuld und Unschuld, Opfer und Täter sind nicht mehr eindeutig zu bestimmen. Der Mord, die Tat findet irgendwo abseits oder im unsichtbaren Zentrum der ›Kriminalität‹ statt [3.7.; 4.5.]. So deutet Poe das Thema der Rache zu einem Thema des Gewissenkonfliktes um. Rache wird zum Vampirismus des leidenden Besessenen. Die Handlung findet oft nicht zwischen Personen, sondern in einer Person statt, die sich selbst zum Opfer wird. ›Madness‹ – Verrücktheit – ist ein Außerhalb-einer-Ordnung-Fallen, das nicht nur thematisch analysiert wird, sondern im Erzählen selbst dargestellt wird.

In den vierziger Jahren schrieb Poe weniger Schauergeschichten als Versuche der ›ratiocination‹ [3.7.] oder Landschaftserzählungen, in die allerdings gotische Elemente eingingen [3.5.]. »The Imp of the Perverse« erschien 1845 und kann als Erzählung und als Essay gelten, das eine psychologische Theorie als Konzept des Perversen wiedergibt. Während Poe der frühen Fassung der »Murders in the Rue Morgue« [1841; 3.7.] eine theoretische Überlegung der Erzählung voranstellt, welche diese illustriert und gleichzeitig von ihr illustriert wird, ist »The Imp« selbst auch eine Ausführung über die Grenzen der Erklärbarkeit, die Poe im ›Perversen‹ sieht [4.5.].

Literaturhinweise:

A. *Beguin* »L'Ame romantique et le rêve« (Paris, 1946); R.P. *Benton* (Hrsg.) ›The Gothic Tradition in Nineteenth-Century American Literature: A Symposium‹ ESQ 18 (1972): 5–123; W.C. *Booth* »The Rhetoric of Fiction« (Chicago, 1961), S. 200–4; E. *Birkhead* »The Tale of Terror: A Study of the Gothic Romance« (London, 1921); H. *Breuer* ›Wahnsinn im Werk Edgar Allan Poes: Ein literarkritisch-psychoanalytischer Versuch‹ Deutsche Vierteljahrsschrift 50 (1976): 14–43; C. *Brooks* ›Edgar Allan Poe as Interior Decorator‹ Venturer VIII (1968): 41–6; R. *Calle* ›Angstbildung im historischen Wandel von literarischer Erfahrung‹ Neohelicon 8 (1981): 43–81; E.W. *Carlson* (Hrsg.) »Casebook on ›The Fall of the House of Usher‹« (Columbus, 1971); H. *Caspari* »Edgar Allan Poes Verhältnis zum Okkultismus« (Hannover, 1923); S. *Cavell* ›Being Odd, Getting Even (Descartes, Emerson, Poe)‹; »In Quest of the Ordinary: Lines of Scepticism and Romanticism« (Chicago, 1988), S. 105-130; S. *Cavell* ›Postscript B: Poe's Perversity and the Imp (of Scepticism)‹; »In Quest of the Ordinary« [s.o.], S. 137–144; D.L. *Clark* ›The Sources of Poe's »The Pit and the Pendulum«‹ MLN XLIV (1929): 349–56; O. *Coad* ›The Gothic Element in American Literature before 1835‹ JEGP XXIV (1925): 72–93; K. *Clark* »The Gothic Revival: An Essay on the History of Taste«, Neuaufl. (London, 1950); P. *Frankl* »The Gothic: Literary Sources and Interpretations through Eight Centuries« (Princeton, 1960); E. *Engelberg* »The Unknown Distance: From Consciousness to Conscience« (Cambridge, Mass., 1972); F.S. *Frank* ›Poe's Gothicism: An Analytic Bibliography‹ Sphinx 4 (1985): 277–301; S.H. *Goodnight* »German Literature in American Magazines Prior to 1846« (Madison, 1907); M.H. *Haertel* »German Literature in American Magazines, 1846–1880« (Madison, 1908); C. *Hermann* u. N. *Kostis* »The Fall of the House of Usher‹ or the Art of Duplication‹ Sub-Stance 26 (1980): 36–42; G. *Hoffmann* ›Raum und Symbol in den Kurzgeschichten Edgar Allan Poes‹ JA XVI (1971): 102–27; M. *Kane* ›Edgar Allan Poe and Architecture‹ SR XL (1932): 149–60; H. *Kerr*, J. W. *Crowley* u. C.L. *Crow* (Hrsg.) »The Haunted Dusk: American Supernatural Fiction 1820-1920« (Athens, G.A., 1983); J. *Klein* »Der gotische Roman und die Ästhetik des Bösen« (Darmstadt, 1975); M. *Lévy* ›Edgar Poe et la tradition ›gothique‹‹ ESQ 18 (1972): 19–29; P. *Lewis* ›The Intellectual Functions of the Gothic Fiction‹: Poe's ›Ligeia‹ and Tiecks's ›Wake Not the Dead‹ CLS 16 (1979): 207–21; S. *Mainville* ›Language and the Void: Gothic Landscapes in the Frontiers of Edgar Allan Poe‹ Genre 14 (1981): 347–362; P. *Matenko* »Ludwig Tieck and America« (N.Y., 1966); I. *Massey* »The Gaping Pig: Literature and Metamorphosis« (Berkeley, 1976); G.M. *Maucher* ›Das Problem der dichterischen Wirklichkeit im Prosawerk von E.T.A. Hoffmann und E.A. Poe‹ Diss. Univ. of Washington, 1964; S. *Mooney* ›Poe's Gothic Wasteland‹ SR 70 (1962): 261–83; H.A. *Pochmann* »German Culture in America: Philosophical and Literary Influences, 1600–1900« (Madison, 1957); H.A. *Pochmann* u. A.R. *Schulz* »Bibliography of German Culture in America« (Madison,

1953); D. *Punter* »The Literature of Terror: A History of Gothic Fiction from 1765 to the Present Day« (London, 1980); M.M. *Redden* »The Gothic Fiction in the American Magazines 1765–1800« (Washington, 1939); J. *Ricardou* ›L'Histoire dans l'histoire‹ *Critique* 231–2 (1966): 711–29; D.A. *Ringe* »American Gothic: Imagination and Reason in Nineteenth-Century Fiction« (Lexington, KY., 1982); L. *Spitzer* ›A Reinterpretation of ›The Fall of the House of Usher‹‹ *CL* IV (1952): 351–63; G.R. *Thompson* (Hrsg.) »The Gothic Imagination« (Pullmann, WA, 1974); M. *Summers* »The Gothic Quest: A History of the Gothic Novel«, rev. Ausgabe (N.Y., 1964); J.M.S. *Tompkins* »The Popular Novel in England, 1770–1800«, Neuaufl. (Lincoln, 1961); P. *Wächtler* ›Edgar Allan Poe und die deutsche Romantik‹ Diss. Univ. Leipzig, 1911; R. *Wellek* »Confrontations: Studies in the Intellectual and Literary Relations Between Germany, England, and the United States During the Nineteenth Century« (Princeton, 1965); T. *Woodson* (Hrsg.) »Twentieth-Century Interpretations of ›The Fall of the House of Usher‹« (Englewood Cliffs, 1969); E. H. *Zeydel* ›Edgar Allan Poe's Contacts with German as Seen in His Relations with Ludwig Tieck‹ in S. *Mews* (Hrsg.) »Studies in German Literature of the Nineteenth and Twentieth Centuries« (Chapel Hill, 1970), S. 47–54.

3.4. Dichtung und Musik

Poe veröffentlichte zwischen 1827 und 1846 vier Gedichtbände; elf weitere Gedichte, darunter »The Bells« und »Annabel Lee«, wurden von Griswold in die erste Werkausgabe aufgenommen. Neben diesen insgesamt 48 Gedichten gibt es weitere, bei denen Poes Autorenschaft als wahrscheinlich gelten kann [Campbell, »Poems«, S. XXVII f.: 6.4.2.; Stovall, »Poems«: 6.4.2.; Mabbott, »Works« I]. Obwohl Poe das Gedicht als höchstes literarisches Kunstwerk sah [4.2.; 4.4.], ist sein dichterisches Werk schmal und darüberhinaus bestimmten Entstehungszeiten zuzuordnen. So schrieb Poe vor allem zu Beginn seiner literarischen Karriere (1827–31) Gedichte, und dann wieder ab 1844. Besser allerdings als im Vergleich zwischen früher und später Dichtung wird Poes Entwicklung als Dichter und sein Bemühen um ein poetisches Konzept in den Revisionen deutlich, die er an nahezu jedem seiner Gedichte unternahm. Die meisten Gedichte Poes existieren in zumindest drei Versionen, »Lenore« in acht und »The Raven« gar in 15 Fassungen.

Obwohl viele seiner Gedichte zuerst in Buchform erschienen, veröffentlichte Poe sie in vielfach bearbeiteter Form in Zeitschriften und als Seitenfüller in Magazinen, die er selbst herausgab. In manchen Fällen kann für eine bestimmte Fassung als letzte, ›endgültige‹ argumentiert werden; oft ist jedoch das Datum der Versionen nicht genau bestimmbar, und es ist bisweilen unklar, welche Veränderungen auf typographische oder editorische Fehler zurückgehen. [Campbell, »Poems«, S. XXXI: 6.4.2.].

Besonders die 1827-Ausgabe der Gedichte enthält viele Druckfehler, und spätere Zeitschriftendrucke stehen dem nicht nach. Das Lorimer-Graham-Exemplar der Gedichte von 1845, das Poes handschriftliche Anmerkungen enthält [2.7.], wird oft als Grundlage der letzten Fassungen angesehen [Mabbott, »Works« I, S. 579f.], allerdings ist das Datum dieser Revisionen ebenfalls unklar. Einige Versionen der Griswold-Werkausgabe [1850] müssen wohl mit dieser Ausgabe der »Poems« verglichen werden. Eine letzte Fassung des »Raven« war für den Richmonder *Examiner* geplant [Whitty, »Poems«, S. VIIIf. : 6.4.2. u. Campbell, »Poems«, S. XXXII: 6.4.2.; 2.9.]. Stovall [»Poe«, S. 210] und Fletcher [»Development«, S. 57: 4.5.] weisen darauf hin, daß die Bilder, die Poe benutzte, im Laufe seiner Karriere konsistenter wurden. Poe änderte mehrmals den Titel der Gedichte, häufig auch Rhythmus und Zeichensetzung. »Leonore« erschien in verschiedenen Zeilenlängen, »To Annie« in unterschiedlicher Zeilenfolge, »The Raven« in Varianten der Stanzenform; »Al Aaraaf«, »Tamerlane« und »The Bells« existieren als kürzere und längere Gedichte. »A Dream Within a Dream« und »A Paen«/»Lenore« machten die radikalste Wandlung durch. Oft wurde die Sprache präzisiert; Poe bewunderte das Versmaß und die genaue Diktion Popes. Poes Revisionen entsprachen zumeist den in seinen Kritiken gesetzten Standards [4.4.].

Neben dem Schwerpunkt, den Poe auf die Diktion setzte, fällt die Bedeutung auf, die er dem Stimmungsbild zusprach. Er wählte Worte nach Wohlklang und Alliteration, und dieses führte schließlich zu Poes letzten größeren onomatopoetischen Gedichten. Unregelmäßiger Rhythmus und Wiederholungen sind in seinem Werk häufig. Exotische Namen [Eulalie, Ulalume] bieten häufig Gelegenheit zum ›rîme riche‹: Poe legte ebenfalls großen Wert auf den Gebrauch des Gedankenstrichs und Kommas als sinngebender Satzzeichen und auf typographische Mittel wie Großbuchstaben oder Kursivschrift. Parallel zu seiner Rezeption gotischer Literatur verwendet Poe auch in seinen Gedichten häufig ein archaisierendes Vokabular und eine ungewöhnliche Syntax [Fletcher, »Development«, S. 71, 79: 4.5.; Booth/Jones, »Concordance«: 6.4.2.; Pollin, »All the Words«: 6.4.1.; Pettigrew, »Poe's Rime«; Werner, »Poe's Theories«].

Allen [»Prosody«, S. 81] weist darauf hin, daß Poe in seinen besten Gedichten Strophen als inhaltliche Abschnitte benutzt und innerhalb der Strophen frei verfährt, obwohl er sich im »Rationale« [1848] gegen locker gefaßte Strophen ausspricht. In den längeren Gedichten – wie »Tamerlane« – wird ebenfalls das Konzept der ›Einheit‹ problematisch, das Poe in seiner Poetik forderte [4.4.]. »Tamerlane« enthielt in seiner ersten Fassung »A Dream Within a Dream« und »The Lake: To – «; »The Colisseum« wurde in »Politian« aufgenommen. Gedichte erschienen auch in Poes Erzählungen. Im allgemeinen neigte Poe jedoch zur kurzen Form und zur Lyrik, die für seine Dichtungstheorie zentral ist [4.2.; 4.4.].

Bereits die Zeilen der 1831-Fassung von »Romance«: »I could not love except where Death/ Was mingling his with Beauty's breath« weisen auf das Thema vieler Poescher Erzählungen, mit denen seine Gedichte auch Wortwahl und Stimmung teilen. So stehen die Trauer über den Verlust der Geliebten, die Wahrnehmung einer traumhaften Landschaft, die Darstellung überirdischer Schönheit thematisch im Vordergrund; spätere Gedichte entwickeln eine konsistentere Symbolwelt. Wie in seinen Erzählungen, so betont Poe auch in seinen Gedichten die subjektive Erfahrung [z.Vgl. mit Poes Erzählungen, s. Fletcher, »Development« S. 68, 155–77: 4.5.].

Obwohl das Vokabular der Gedichte mit dem der Erzählungen vergleichbar ist, ist der Eindruck des Poeschen Erzählstils sehr viel künstlich-gewollter, wirken archaische Ausdrücke und Fremdwörter ungewöhnlicher als in den Gedichten, in denen Poe sich um eine umgangssprachlichere, natürliche Betonung bemühte. Der Schrecken als Effekt ist eher den Erzählungen zu eigen. Da die Gedichte so sehr vom Musikalischen her getragen werden, ist es trotz mancher sinnleerer Ausdrücke unklar, ob einige als ›Hoax‹ intendiert waren – wie Poe und viele seiner Kritiker bisweilen bemerkten [s. 2.7.; Stovall, »Poe« S. 191–2; Fletcher, »Development«, S. 53, 182: 4.5.; 5.2.].

Poe schrieb allerdings frühe Spottverse, so die in West Point verfaßten »Lines on John Locke« [1843]. Eine größere Anzahl der Gedichte waren Widmungsgedichte an Verehrerinnen und Bekannte; besonders zwei, »For Annie« [1849, an Richmond] und »To My Mother« [1849, an Clemm], sind populär geworden. Widmungsgedichte wie »Elizabeth« oder »An Acrostic« [1829] zeigen erneut Poes Vorliebe für Rätsel, Anagramme, Verschlüsselungen [3.7.; 4.5.].

Poes Dichtung wurde vor allem von englischen Dichtern beeinflußt. So zeigt insbesondere seine Jugenddichtung eine intensive Byron-Lektüre; wichtig waren für Poe allerdings auch Thomas Moore, Wordsworth – dessen ›Didaktizismus‹ er verurteilte [4.2.] – , Shelley, Elizabeth B. Browning, und besonders Tennyson. Weniger deutlich ist wohl das Vorbild der sonst so verehrten Keats und Coleridge [Stovall, »Poe«, Campbell, »Poems«, S. XVIII: 6.4.2.].

Aus Poes erstem Gedichtband von 1827, TOP, seien »Tamerlane«, »Song« und »The Lake« hervorgehoben.

In »Tamerlane«, deutlich von Byron inspiriert, orientiert sich Poe weniger an der Geschichte und literarischen Tradition der Gestalt Tamerlanes als an dem romantischen Bild des leidenden Helden. Die erste Fassung enthält zwar numerische Abschnitte, aber noch nicht die spätere Strophenform. Das Gedicht ist im jambischen Tetrameter paarweise gereimt; es wurde 1829 von Poe stark verändert und erweitert. »Song« erhielt wie »Tamerlane« viele autobiographische Deutungen; hier wird die Anfangszeile – »I saw thee on thy Bridal Day« – oft auf Poes Freundschaft zu Royster bezogen [Mabbott, »Works I, S. 65; 2.2.]. »The Lake« ist bereits in größerer metrischer Freiheit verfaßt und verbindet Poes technisches Können mit der ihm eigenen Thematik von »Erfüllung und Trost im Tode« [Link, »Poe«, S. 90].

Im Gedichtband von 1829, ATOP, findet sich neben Poes »Al Aaraaf« »Sonnet – to Science«, Poes vollendetstes Sonett, und eine frühe Fassung von »Romance«.

»Al Aaraaf« ist in dieser Fassung achtsilbig und im ›heroischen Paarreim‹ geschrieben, der charakteristischen Versform der frühen Gedichte Poes [Allen, »Prosody«, S. 63], aber es enthält auch Lieder, die zwei oder drei Betonungen pro Zeile tragen. In diesem Gedicht ist der Einfluß Moores [»Lallah Rookh« und »Loves of the Angels«, 1823] am deutlichsten, ebenso der Einfluß Miltons, dessen Epik Poe später kritisierte [4.4.]. Mehr noch als in »Tamerlane« richtet sich Poe hier, wie es auch die Anmerkungen zu seinem Gedicht verdeutlichen, nach literarischen, religiösen und historischen Assoziationen [3.9.]. »Sonnet – To Science« erschien in 1829 als eine Art Vorwort zu »Al Aaraaf« [3.8.] und 1841 als Motto zu der Erzählung »The Island of Fay« [3.5.]. »Romance« erschien 1829 als »Preface« und 1831 als »Introduction«; Poe sah es als das beste Gedicht seines Bandes an. Es kann bereits als eine Antwort auf Coleridge und Byron sowie als Poes erste theoretische Stellungnahme zu ›Romance‹ und Gedicht gelesen werden.

»Poems« [1831] enthält »Israfel«, das Link als ein Gegenstück zu »Al Aaraaf« bezeichnet [»Poe«, S. 97], »Irene«, »The Valley of Unrest« sowie »The City in the Sea«. Als Jugendwerk fügte Poe »To Helen« bei.

»Israfel« leitet wie »Al Aaraaf« seine Gestalten vom Koran her. Poe benutzt hier zwei-, drei- und vierfache Zeilenbetonung sowie eine reiche Anzahl von ›l‹-, ›u‹- und ›o‹-Lauten, die für Poes Gedichte typisch wird [Allen, »Prosody«, S. 69, bezeichnet dieses Gedicht als »Melodie-verrückt«]. Poe beschreibt den Künstler als Menschen, der den Engeln nahekommt. Moore's »Lalla Rookh« diente hier wie bei »Al Aaraaf« als eine Inspiration. »Irene« erhielt von Poe später den Titel »The Sleeper«; Poe revidierte es noch um 1843. Es ist reich an Alliteration und besitzt eine eigenwillig hypnotische Lautmelodie. Das Thema des Gedichts deutet auf Poes Idealisierung des ›Todes einer schönen Frau‹ [3.5.; 4.4.]. »The City in the Sea« ist formal unregelmäßiger, und der Beginn des Gedichts folgt freier Akzentsetzung. Zunächst als »The Doomed City« publiziert, entspricht es in der Stimmung dem Gedicht »The Valley of Unrest« [1929: »Valley of Nis«]. Es ist ein Beispiel für Poes Bibellektüre und für seine Beschreibungen imaginärer Landschaften. »To Helen« folgt, trotz achtsilbiger Grundstruktur, wieder der freien Betonung, obwohl eine vierfach betonte Zeilenform überwiegt. Wie in vielen Gedichten Poes scheint nur der Gedichtanfang regelmäßig. Poe konzentriert sich hier auf den ›o‹-Laut und benutzt in diesem angeblich sehr früh entstandenen Gedicht [2.1.] bereits Alliteration. Die bekanntesten Zeilen des Gedichts, »To the glory that was Greece/ And the grandeur that was Rome«, fügte Poe in der 1843-Fassung dem Gedichts hinzu.

Zwei Jahre nach »Poems« veröffentlichte Poe »To One in Paradise«, und 1837 folgte »Bridal Ballad«.

Das erste Gedicht steht wieder deutlich im Einflußbereich Byrons und erinnert an die frühen Gedichte Poes. Es ist formal interessant; die letzte Strophe gibt ein Beispiel perfekten jambischen Trimeters. Mabbott [»Works« I, S. 305–6] weist auf den Einfluß der schottischen Ballade auf »Bridal Ballad« hin. Das Gedicht bildet eine deutliche Ausnahme in Poes Werk; hier ist eine Frau Sprecherin des Monologs. Poes Gebrauch der Wiederholungen kündigt seine stärkere Beschäftigung mit der ›technischen‹ Seite des Gedichts in den folgenden Jahren an.

Nach Stovall [»Poems«, S. XXIII: 6.4.2.] stehen Poes Themen und seine dichterischen Eigenheiten bereits mit dem 1831 erschienenen Band der Gedichte fest. Spätere Fassungen zeigen ihm zufolge lediglich ein größeres technisches Können, aber auch einen größeren Mangel an Spontaneität. Nach den ›philosophischen‹ Versuchen des zweiten Bandes und dem allgemeinen Ton der Desillusion konzentrieren sich die Revisionen der »Poems« ganz auf die Korrespondenz von Stimmung und Effekt. In den 30er Jahren schrieb Poe auch Gedichte, die er in seine Erzählungen einfügte, so die »Hymn« [1933, »Morella«], »Latin Hymn« [1933, »Epimanes«], »The Haunted Palace« [1939, »The Fall of the House of Usher«] und schließlich 1843 »The Conqueror Worm« [»Ligeia«]. Besonders die letzten beiden Gedichte bestechen durch ihre symbolische Bildwelt.

Mit »Lenore« [1843] und den Bearbeitungen dieses Gedichts kündigt sich die späte Phase der Poeschen Dichtungen an. Die revidierte Langzeilenform von »Lenore« korrespondiert mit Fassungen des »Raven«; möglicherweise sind beide Gedichte von Barrett [Browning] beeinflußt. Der Namen ›Lenore‹ mit seinen Variationen ›Eleonora‹ [3.5.], ›Helen‹, etc. scheint Poe klanglich besonders gefallen zu haben. Mit »Dream-Land« und »The Raven« zeigt Poe ab 1844 wieder ein besonderes Interesse für Versdichtung. »Dream-Land« folgt wie Poes frühe Gedichte der vierfach betonten Zeile; wiederum stehen die Klangexperimente und Übungen der Alliteration [»lolling lillies«] im Vordergrund. Bilder des Gedichts ähneln Poes »Hans Pfaal« [3.8.] wie »Ulalume«. »Eulalie«, ein Gedicht, das ebenso häufig mit dem ›l‹-Laut spielt, bemüht sich um die Liedform und zeigt bereits in der Etymologie des Namens Poes Ziel der ›schönen Rede‹.

Wie »Lenore« und »Dream-Land« wird »The Raven« vom Refrain getragen. In seiner »Philosophy of Composition« [1846; 4.2.; 4.4.] schreibt Poe, daß das Gedicht einen Klangversuch zum Wort ›nevermore‹ darstellen sollte. »The Raven« zeigt die komplizierteste metrische Struktur mit Wiederholung, Refrain, Doppel- und Binnenreim. Gleichzeitig ist es ein meisterhaftes Beispiel für Poes Gebrauch der Alliteration und der Lautmalerei. Es ist deutlich, daß besonders Poes spätere Gedichte für den mündlichen Vortrag bestimmt sind.

»Ulalume« [1847] gehört zu den musikalischsten Gedichten Poes; es wird weniger von der Bedeutung als vom Klangbild getragen. Ähnlich wie beispielsweise im »Raven« nimmt der monotone Rhythmus Beschwörungscharakter an. Die Reimstruktur, eine reguläre, dreifach betonte Anapäst-Zeilenfolge, ist für Poe ungewöhnlich. »The Bells« ist wahrscheinlich Poes gelungenster Versuch mit onomatopoetischen Versen. Frühe Fassungen des Gedichts enthalten lediglich zwei Strophen; erst in der vierstrophigen, bekanntesten Fassung [1849] arbeitete Poe auch den symbolisch-allegorischen Charakter weiter aus. Jede der vier Strophen versucht den Klang einer Glockenart wiederzugeben, und die Silber-, Gold- Alarm- und Eisenglocken repräsentieren gleichzeitig die Stadien eines Menschenlebens. In vollkommener metrischer Freiheit konzentriert sich Poe hier auf Alliteration, Vokal- und Konsonantwiederholungen, auf Wortwiederholungen und Parallelstrukturen. »The Bells« kommt wahrscheinlich Poes eigener Beschreibung des idealen Gedichts am nächsten [4.4.].

Gedichte wie »A Dream Within a Dream« [letzte Fassung 1849] und »For Annie« [1849] beschäftigen sich mit den Poeschen Themen von Traum und Vergänglichkeit; »For Annie« beschreibt das Leben als eine überwundene Krankheit. »Eldorado« drückt schließlich die Hoffnung nach einem Glück aus, das im Diesseits nicht erreicht werden kann. 1850 erschien posthum »Annabel Lee«. Hier kehrt Poe zur populären Balladenform zurück; das Gedicht zeichnet sich durch seinen märchenhaft-einfachen Charakter aus. Hinsichtlich des Binnenreims, der Wiederholungen, Lautwahl und Alliteration ist es allerdings mit »Ulalume« vergleichbar.

Poes einziges und unvollständiges Drama »Politian« [1835] wurde erst 1923 herausgegeben und 1933 uraufgeführt. Das Lesedrama entsprach keineswegs Poes Dramenkonzept [4.4.], und Poe publizierte Szenen daraus selbst 1845 in dem Gedichtband ROP. Das Gedicht »Coliseum« [1833], das Poe in »Politian« aufnahm, war sein erster Versuch in Blankvers, der auch das Drama kennzeichnet [2.4.].

Hinsichtlich des Abdrucks der Gedichtbände betonen Campbell [»Poems«, S.XXXIV: 6.4.2.], Stovall [»Poems«, S. XXIV: 6.4.2.] und Fletcher [»Development«, S. 27: 4.5.] die scheinbare Planlosigkeit in der Anordnung der Gedichte. Poe, der an einer konstanten Revision seines dichterischen Werkes interessiert war, kümmerte sich wenig um deren Chronologie, sondern sah sie wohl, seiner »Philosophy of Composition« entsprechend [4.4.], als Instanzen einer Suche nach ›dem‹ idealen Thema und ›der‹ idealen Form.

Literaturhinweise:

G.W. *Allen* »American Prosody« (N.Y., 1935), S. 56–91; J.R. *Allen*, Jr. ›Stanza Pattern in the Poetry of Poe‹ TSL XII (1967): 111–20; G.L. *Bruns* »Modern Poetry and the Idea of Language« (New Haven, 1974); R.B. *Eaton, Jr.* ›Poe's Prosody in Perspective‹ PSt V (1972): 61–2; A. *Gelpi* »The Tenth Muse: The Psyche of the American Poet« (Cambridge, Mass., 1975), S. 133–53; R. *Jakobson* ›Jazyk v Akci‹, »Studies in Verbal Art« (Ann Arbor, 1971), S. 343–364; H. *Pearce* »The Continuity of American Poetry« (Princeton, 1961), S. 141–53; R.C. *Pettigrew* ›Poe's Rime‹ AL IV (1932): 151–9; M. *Roth* ›Poe's Divine Spondee‹ PSt 12 (1981): 14–8; F. *Stovall* »Edgar Poe the Poet: Essays New and Old on the Man and His Work« (Charlottesville, 1969); W.L. *Werner* ›Poe's Theories and Practice in Poetic Technique‹ AL II (1930): 157–65.

3.5. Die poetische Landschaft

In seiner »Philosophy of Composition« [1846] erklärt Poe den Tod einer schönen Frau zum idealen Thema der Poesie. Während in vielen seiner Gedichte die Frau im Mittelpunkt steht, so fällt es auf, daß dies nur bei wenigen seiner Erzählungen der Fall ist: »The Assignation« [1834; 3.3.], »Berenice« [1835; 3.3.], »Morella« [1835; 3.3.], »Ligeia« [1838; 3.3.] sowie »Eleonora« [1841] und »The Oval Portrait« [1842]. »The Fall of the House of Usher« [1839; 3.3.], »The Black Cat« [1843; 3.3.] und »How to Write a Blackwood Article« [1838; 3.2.] erwähnen zumindest eine Frau, und in »Murders in the Rue Morgue« [1841] und »The Mystery of Marie Rogêt« [1842–3; 3.7.] erscheint sie als Opfer. Mit Ausnahme der Gestalt der Psyche Zenobia zeigen diese Erzählungen sterbende Frauen oder eine Rekonstruktion ihres Todes. Zwei Bilder scheinen sich dabei zu überlagern: das der natürlichen Unschuld, wie es der Heldin eines Radcliffe-Romans beispielsweise gebührt [3.3.; siehe etwa »Eleonora«], und das eines allwissenden Wesens, das kaum noch der realen Welt angehört und den Erzähler fasziniert [s. z.B. »Ligeia«, 3.3.]. Diese Faszination scheint aber besonders auch im Prozeß des Sterbens selbst begründet zu sein. Poe verbindet in der Darstellung dieses Prozesses das ästhetische Ideal einer transzendenten Schönheit [4.2.] mit einem bereits von der moralisierenden Kritik erlaubten Bild sexueller Anziehungskraft.

Der Tod, so sehr Teil des Alltags der Immigranten und Arbeiter in einem Land mit schlechter medizinischer Versorgung, hoher Arbeitslosigkeit und Armut [1.3.], wurde im frühen 19. Jahrhundert zu einem besonderen Motiv. Davidson [»Poe«, S. 106] versucht aber auch, auf die jüngsten Erfolge medizinischer Forschung hinzuweisen, die den »unmittelbaren Schrekken des Todes« bis zum Ausbruch des Bürgerkrieges milderten und aus der Trauer nicht nur etwas Positives machten – *pleasure* –, sondern auch ein Statussymbol. Denn die Riten der Mittelklasse unterschieden sich im Pomp der Beisetzung wie durch das nachfolgende finanzielle Erbe von der Beisetzung im Massengrab. Der Tod war nicht mehr der höchste, gleichsetzende und demokratische Agent, sondern drückte den Höhepunkt der Individualität aus. Besonders im formalen Süden legte man auf eine aristokratische Zeremonie wert, und Davidson [»Poe«, S. 108] nennt Poes Gedicht »The Sleeper« [3.4.] ein Handbuch, das die Aufmerksamkeit beschreibt, die man Toten entgegenbringen sollte. Das reale Begräbnis glich in seiner Symbolsprache den weitergereichten Konventionen des gotischen Romans [3.3.]. Das Fragmentarische, Unvollendete des Lebens wurde in dieser Symbolisierung überwunden.

Fiedler [»Love«, S. 9] weist auf die Beziehung zwischen dargestelltem Tod und dargestellter Liebe im amerikanischen Roman hin, und wenn Fiedler die Leugnung der körperlichen Liebe als eine Charakteristik des amerikanischen Romans bezeichnet, so beschreibt Davidson [»Poe«, S. 109f.] die erlaubte Sublimation in der Literatur des 19. Jahrhundert. War es moralisch undenkbar, das Begehren einer Lebenden darzustellen, so war das Begehren einer Toten als frühe Version eines Liebestod-Themas gestattet und erhielt dazu eine religiöse Dimension. Nicht die lebende, aber die sterbende und tote Frau durfte verführen, und ihr Tod wurde als Hochzeit zelebriert. Poe zitiert lobend die Beschreibung der verführerischen Mme. Zerlini in Henry Chorleys »Conti« [SLM, Feb. 1836]. In »Berenice« fallen Hochzeit und Tod zusammen; Rowena stirbt in »Ligeia« im Hochzeitszimmer. Der Raum änderte sich dabei kaum, denn bereits in Richardsons sentimentalen Romanen oder im gotischen Roman wurde die Frau im Schlafzimmer bedrängt.

Viele Frauen starben bei der Geburt ihres Kindes oder im Wochenbett und erschienen als Opfer ihrer eigenen Sexualität. »Morella« greift dies auf und übersetzt es wieder in eine abhängigmachende Faszination des Erzählers. Poes Opfer sind immer zugleich auch »Vampire« und *femmes fatales*. Die Verführung geschieht letztendlich durch die theatralische Pose und in einem künstlichen Raum, und dies verbindet sich zu einem Stilleben. Poe wird zu einem Landschaftsmaler des Todes [Davidson, »Poe«, S. 115; Lubbers, »Todesszene«]. Der Raum selbst lädt zum Nachdenken ein und kündigt gleichzeitig eine Katastrophe an. Poes Frauen werden Teil dieses Raumes und einer Landschaft; sie werden zu Objekten, die in die gotische Symbolwelt eingehen und/oder die utopische Idylle eines möglicherweise als Kunst wiederzugewinnenden Paradieses bedeuten.

»Berenice«, »Morella« und »Ligeia« vereinen die Beschreibung von Person und Innenraum. Während die Frau zum Objekt wird, werden die Objekte des Raumes zu psychologischen Ziffern. Mit »Shadow – A Parable« [1835] und »Silence« [Manuskript 1832; 1836] kehrt Poe den gotischen Innenraum nach außen und macht den Tod als Schatten oder Inschrift in der Landschaft sichtbar. Beide Erzählungen spielen mit einem biblischen Erzählton, sind aber ebenso von Bulwer-Lyttons »Monos and Daimonos, A Legend« [1830] beeinflußt [s. auch Poes

»Monos and Una«, 1841]. Besonders »Silence« verweist auf frühe Gedichte Poes, vor allem auf die unberührte Naturlandschaft in »Sonnet to Science« [1829; 3.4.]. Dieses Gedicht erscheint auch als Motto der ersten Fassung von »Eleonora« [1841]. Baym [»Pictorialism«] und Furrow [»Psyche«] beschreiben Poes Darstellungsweise als ›Pictorialismus‹; als ein Zeichnen von Bildern, die an sich bereits Bedeutung tragen. Poes Landschaftsbeschreibungen können einen detaillierten Charakterkommentar oder einen psychischen Konflikt wiedergeben [Wilbur, »House«: 5.2.; 3.3.], nicht nur ein irdisches Paradies.

»The Island of the Fay« scheint eine andere und besondere Beziehung zum Bildlichen zu besitzen; als Anregung gilt eine Radierung von John Martin, die Sartain als Vorlage zu einem Mezzotint für GM [Juni 1841] nahm. Miller [»Basis«] versteht Poes Erzählung somit einerseits als journalistische Auftragsarbeit, einen Textkommentar zu einer der Illustrationen herzustellen, deren sich das Magazin rühmte [2.5.; Abbildung in Horn, »Thebaid«], andererseits aber auch als ›Wende‹ zur Landschaftsbeschreibung und als Inspiration für die drei Monate später erschienene Erzählung »Eleonora«, für »The Landscape Garden« [1842], »The Domain of Arnheim« [1846] und »Landor's Cottage« [1849; s. zu einer mögl. Illustrationsvorlag s. Miller, »Basis«, S. 135, Anm. 1].

»Eleonora« kann als philosophisches Märchen bezeichnet werden, in dem die Beschreibung der Veränderung einer idyllischen Landschaft selbst zur Handlung wird. Die »halbgeschlossenen Augen« des Erzähler-Voyeurs und die arabesken Blätter verweisen jedoch auch auf »Berenice« und andere ›gotische‹ Erzählungen.

»Eleonora« zeigt eine traumhafte Szenerie, die von Bernadin de St. Pierres »Paul et Virginie« [1788], Samuel Johnsons »Rasselas« [1759] oder S.T. Coleridges »Kubla Khan« [1816] angeregt worden sein könnte. Gleichzeitig spielt Poe mit dem platonischen Konzept der beiden Venusgestalten der irdischen und überirdischen Liebe. In archaischen Wendungen wird ein idyllisches Paradies als *hortus conclusus* mit den religiösen Konnotationen von Unschuld und Sündenfall wiedergegeben.

Die Allegorie des Gartens, die Darstellung einer paradiesischen Natur trägt aber im Amerika des 19. Jahrhunderts eine besondere Bedeutung. Die Beschreibung des neuen Landes selbst folgte oft biblischen Metaphern; die scheinbar unberührte Natur wurde mit einem Eden vor dem Sündenfall verglichen [Miller, »Errand«: 1.2.; Smith, »Virgin Land«: 1.2.; Lewis, »Adam«: 1.2.].

Selbst bei einer Kultivierung des Landes konnte die Einheit von Gott und amerikanischer Natur beibehalten werden. Marx [»Machine«: 1.3.] unterscheidet zwischen dem Gedanken des primitiven und dem des pastoralen Gartens, der als agrarisches Ideal ebenso den Wiedergewinn des Paradieses versprach [1.2.; 1.3.]. Poes Landschaftsidyllen reihen sich, trotz eindeutiger Einflüsse europäischer Literatur, in diese amerikanische Tradition ein.

»Morning on the Wissahiccon«/»The Elk« [1844] ist eine Skizze, die »The Island of the Fay« ähnelt, sich aber in der Beschreibung einer spezifisch amerikanischen Landschaft versucht (Martins Bild dagegen stammte wahrscheinlich aus einem Pamphlet [1828] über die Wasserversorgung Londons).

Furrow [»Psyche«] beschreibt Poes Landschaften mit den Begriffen ›sublime‹ und ›picturesque‹; den ersteren Begriff teilen sie mit Poes Reiseerzählungen [Ljungquist, »Grand«], den letzteren mit den ›gothic tales‹[3.3.]. Diese Begriffe sind wiederum der visuellen Kunst entlehnt und wurden oft hinsichtlich der Werke einiger bewunderter Maler dieser Zeit, wie Salvatore Rosas Darstellungen faszinierender Felsenklüfte und Claude Lorrains idyllischeren Interpretationen moderner Antike, benutzt (s. auch Poes »Domain of Arnheim« und »Landor's Cottage«). Beide Maler, besonders aber Claude, wirkten auf die erste eigenständige ›Schule‹ amerikanischer Malerei, die ›Hudson River School‹, deren bekanntester Vertreter Thomas Cole ist. Coles Bilder, etwa »Expulsion from the Garden of Eden« [1827/28], oder seine Folgen »The Course of the Empire« [1836] und »The Voyage of Life« [1839/40] sind biblisch-allegorische Panoramabilder, deren Popularität nicht nur mit der Entdeckung Rousseaus und Wordsworths, sondern auch mit der Formulierung der amerikanischen Natur als amerikanischen ›Tradition‹ zusammenfällt. Bryant betonte so den individuellen Charakter der amerikanischen Landschaft als das ›Amerikanische‹ der amerikanischen Kunst [»The American Landscape«, 1830]. Die Entdeckung der Flußlandschaft des New Yorker Hudson Valley durch die Malergruppe um Cole folgte der Entdeckung der Niagarafälle als höchstes ›Erhabenes‹ durch europäische Reisende, und die Landschaft des Westens wurde als künstlerisches Sujet entdeckt. Amerikanische Landschaftsmaler waren gleichzeitig Entdecker, Philosophen und im Besitz einer religiösen Mission, bei der die Suche nach dem ›Ursprung‹ im Vordergrund stand. Washington Allstons See-Bilder zeigen das Erhabene in amerikanischer Interpretation; die Maler der Hudson-River School das ›Pittoreske‹ als unzerstörte Eigenschaft einer Landschaft. Einige Maler dieser Schule, z.B. Asher Durand, verdingten sich als Kupferstecher und Illustratoren an Zeitschriften.

Poe verweist auf Claude und die holländische Malerei ebenso wie auf zeitgenössische amerikanische Maler [4.3.]. »The Domain of Arnheim« kann jedoch, wie Hess [»Sources«, S. 180-4] zeigen möchte, auch als Beschreibung zweier Bilder aus Coles Zyklus »Voyage of Life« [»Childhood« und »Youth«] gelesen werden. Jacobs [»Earthly Paradise«, S. 411f.] und Quinn [»Poe«, S. 531: 2.] weisen auf Parallelen zu Beschreibungen des Hudson Rivers hin.

»Life in Death«/»The Oval Portrait« ist eine Erzählung, in der Malerei thematisiert wird. Kunst, als Testament und Mal, transzendiert menschliche Vergänglichkeit. In »The Landscape Garden« widmet sich der Erzähler schließlich ganz der Kunst des Landschaftsgartens und verbindet damit die englische Tradition des achtzehnten Jahrhunderts, die nach einem ›natürlichen‹ Garten verlangte, mit dem amerikanischen Wunsch nach ursprünglicher Natur. Poes Theorie zum Landschaftsgarten erschien ein Jahr nach Andrew Jackson Downings »A Treatise on the Theory and Practice of Landscape Gardening, Adapted to North America« [1841], das sich großer Popularität erfreute. Poe erweiterte 1846 seine Arbeit zu »Domain of Arnheim«; ein Name, der bereits in »Berenice« erscheint und wahrscheinlich auf Scotts »Anne of Geierstein« zurückgeht. Während im »Oval Portrait« noch die Frau im Mittelpunkt steht, geht sie in »The Domain of Arnheim« in die Geographie des Gartens über. In der erweiterten Fassung wird Poes theoretischer Exkurs durch die ›Praxis‹ eines Gärtners ergänzt. Als Besitz eines unendlich reichen Mannes ist der Garten Produkt einer Arbeit unsichtbarer Arbeiter; ein Versuch, eine Utopie zu verwirklichen, die dem Gedanken individueller religiöser Schöpfung nahekommt.

Nach »The Island of Fay« und »The Landscape Garden«/»The Domain of Arnheim« bildet »Landor's Cottage« die letzte der drei Landschaftsvisionen Poes. Bereits in seinem »Treatise« bezeichnete Downing das Haus als das Zentrum des Landschaftsgartens, und 1842 wandte er sich in seinem Buch »Cottage Residences, Rural Architecture and Landscape Gardening« der Beschreibung von Landsitzen zu, die in eine amerikanische Landschaft passen sollten. Er entwickelt Modelle der ›Villa‹ und der ›Cottage‹, die beide Individualität repräsentierten sollten und mit einer agrarisch orientierten Politik im Einklang standen.

War die Villa ein Zeichen ehrgeiziger Selbstdarstellung, so war die Cottage eine Zusage an die wachsende amerikanische Mittelklasse. Symmetrie und Einfachheit repräsentierten den demokratischen Gedanken und die Limitierung des architektonischen Effekts zugunsten der die Gebäude umgebenden Landschaft. Wurde Poes ›Arnheim‹ mit dem ›pleasure dome‹ in Coleridges »Kubla Khan« verglichen [Hess, »Sources«, S. 184], so wirkt die Cottage in Poes »Landor's Cottage« als Darstellung eines pastoralen Edens, die ebenfalls von Downing geprägt ist. Sie besitzt aber auch Ähnlichkeit mit ›Annie‹ Richmonds Haus [2.9.; Poe an ›Annie‹, 21.1.1849] und dem geschilderten Traum eines Zusammenlebens mit Whitman [2.9.; Poe an Whitman, 18.10.1848].

Bereits 1840 veröffentlichte Poe eine architektonische Skizze, »The Philosophy of Furniture«. Im Gegensatz zu den gotischen Extravaganzen in »Berenice« oder »Ligeia« folgte Poe in der Beschreibung zweier Räume einem bescheideneren Konzept und zog das »starke, gleichmäßige Licht« dem »Glanz« vor. Dennoch ist Poes ideale englische Einrichtung luxuriös. »The Philosophy of Furniture« ist, wie die späten Landschaftsskizzen, Erzählung und Essay zugleich und als Vision eines Lebensstils ebenso mit den kritischen Bemerkungen vergleichbar, mit denen Poe 1844 für den CS die Architektur New Yorks beschrieb [»New York Harbor in June«, 1844«]. Kehler [»New Light«, S. 178] versucht, den Einfluß Downings für die Veränderung des Poeschen Konzepts von aristokratischer Selbstdarstellung zur bescheideneren Architektur verantwortlich zu machen, doch die Ambivalenz zwischen der luxuriös eingerichteten Hölle in »Duc de l'Omelette« [1832] und dem einfachen Paradies in »Eleonora« [1841] zeigt sich bereits in frühen Erzählungen.

Friedl [»Perspektive«, S. 86] weist darauf hin, daß die drei Landschaftserzählungen seit Ingram [»Life« II, S. 275: 2.] häufig als Prosagedichte gelesen wurden. Jacobs [»Poe«, S. 428: 4.1.] beschreibt »The Landscape Garden« als eine Dissertation über Schönheit und legt damit die Beziehung zu den philosophischen Dialogen [3.9.] und zum »Poetic Principle« [1850] nahe. Er weist ebenso auf das Problem der Nachahmung hin [»Earthly Paradise«, S. 407], das diesen Text mit Poes Longfellow-Kritiken verbindet, die um diese Zeit entstanden sind [2.7.]. Poes ›Verbesserung‹ der Landschaft richtet sich gegen eine direkte Imitation der Natur zugunsten eines eher transzendenten Begriffes und unterstützt einen ›Gesamteindruck‹, der wiederum mit Poes Insistenz auf den ›Effekt‹ in der Dichtung vergleichbar ist. Schließlich stehen diese Texte auch den Reiseabenteuern [3.6.]

und Traumvisionen wie im »Tale of the Ragged Mountains« [1844; 3.8.] nahe. Tatsächlich scheint das Tsalal in »Pym« [1837; 3.6.] nicht weniger traumhaft als Arnheim.

Poes letzte, unvollendete Erzählung »The Lighthouse«, wurde erst 1942 von Mabbott herausgegeben und veröffentlicht. Hier verbinden sich deutlich die Elemente der Reisebeschreibungen [3.6.] mit der Landschafts- bzw. Meeresbeschreibung, die etwa an Allstons Bilder erinnert.

Literaturhinweise:

J.E. *Ayres* ›The Emergence of Landscape Painting in America in the Early Nineteenth Century‹ in T.A. Riese (Hrsg.) »Vistas of a Continent« (Heidelberg, 1979), S. 87–100; R.P. *Basler* »Sex, Symbolism, and Psychology in Literature« (New Brunswick, 1948), S. 143–59, 177–201; N. *Baym* ›The Function of Poe's Pictorialism‹ SAQ (1965): 46–54; R.P. *Benton* ›Platonic Allegory in Poe's »Eleonora«‹ MLN LXXIII (1958): 332-8; R.J. *Blanch* ›Poe's Imagery‹ Furman Studies 14 (1967): 19–25; J.T. *Callow* »Kindred Spirits: Knickerbocker Writers and Artists, 1807–1855« (Chapel Hill, 1967); H. *Cixous* ›Poe re-lu: une poétique du revient‹ Critique 28 (1972): 299–327; H. *Cixous* »Prénoms de personne« (Paris, 1974); W. O. *Clough* ›The Use of Color Words by Edgar Allan Poe‹ PMLA 45 (1930): 598–613; M. *Dubanton* ›L'ovale du portrait: La fonction de l'écriture chez Edgar Poe‹ Poétique 37 (1979): 102–110; L. A. *Fiedler* »Love and Death in the American Novel« (N.Y., 1960), dt. »Liebe, Sexualität und Tod« (Berlin, 1964); J.T. *Flexner* »That Wilder Image: The Painting of America's Native School from Thomas Cole to Winslow Homer« (Boston, 1962); H. *Friedl* ›Die Bedeutung der Perspektive in den Landschaftsskizzen von Edgar A. Poe‹ Archiv für das Studium der Neueren Sprachen und Literaturen 210 (1973): 86–93; S. *Furrow* ›Psyche and Setting: Poe's Picturesque Landscapes‹ Criticism XV (1973): 16–27; J.A. *Hess* ›Sources and Aesthetics of Poe's Landscape Fiction‹ AQ XXII Ergänzungsband (1970): 177–89; A. *Horn* ›A Refined Thebaid: Wealth and Social Disengagement in Poe's »Domain of Arnheim«‹ ESQ XXVII (1981): 191–8; J.K. *Howatt* »The Hudson River and its Painters« (Harmondsworth, 1972); C. *Hussey* »The Picturesque: Studies in Point of View« (London, 1927); R.O. *Jacobs* ›Poe's Earthly Paradise‹ AQ 12 (1960): 404–13; J.R. *Kehler* ›New Light on the Genesis and Progress of Poe's Landscape Fiction‹ AL 47 (1975): 173–83; S. *Kurland* ›The Aesthetic Quest of Thomas Cole and Edgar Allan Poe‹ Diss. Ohio Univ., 1976; R.W.B. *Lewis* »The American Adam: Innocence, Tragedy, and Tradition in the Nineteenth Century« (Chicago, 1955); K.P. *Ljungquist* »The Grand and the Fair: Poe's Landscape Aesthetic and Pictorial Techniques« (Potomac, Md., 1985); K. *Lubbers* »Die Todesszene und ihre Funktion im Kurzgeschichtenwerk v. E.A. Poe« (München, 1961); J. *Michael* ›Narration and Reflection‹: The Search for Grounds in Poe's ›The Power of Words‹ and ›The Domain of Arnheim‹

ArQ 45,3 (1989): 1–22; F.D. *Miller* ›The Basis for‹ Poe's ›The Island of the Fay‹‹ AL XIV (1942): 135-140; S.H. *Monk* »The Sublime: A Study of Critical Theory in Eighteenth-Century England« (N.Y., 1935); B. *Novak* »American Painting of the Nineteenth Century: Realism, Idealism, and the American Experience« (N.Y., 1969); B. *Novak* »Nature and Culture: American Landscape and Painting 1825–1875« (N.Y. 1980); L.S. *Person*, Jr. »Aesthetic Headaches: Women and a Masculine Poetics in Poe, Hawthorne, and Melville« (Athens, 1988); W.H. *Pierson* »American Buildings and Their Architects: Technology and the Picturesque, the Corporate, and the Early Gothic Styles« (Garden City, N.Y., 1978); M. *Praz* »La carne, la morte e il diavolo nella letteratura romantica« (Florenz, 1930), dt. »Liebe, Tod und Teufel« (München, 1963); C. *Rainwater* ›Poe's Landscape Tales and the Picturesque Tradition‹ SLJ 16 (1984): 30–43; C.L. *Sanford* »The Quest for Paradise - Europe and the American Moral Imagination« (Urbana, Ill., 1961); G.R. *Thompson*, V.L. *Lokke* u. C.L. *Bisinger* (Hrsg.) »Ruined Eden of the Present: Hawthorne, Melville, Poe« (West Lafayette, In., 1981); L. *Weissberg* ›In Search of Truth and Beauty‹: Allegory in ›Berenice‹ and ›The Domain of Arnheim‹‹ in B.F. *Fisher IV* (Hrsg.) »Poe and His Times« (Baltimore, 1990), S. 66–75; L. *Weissberg* ›Nachwort‹ in E.A. *Poe, Ligeia und andere Erzählungen* (Frankfurt/M, 1985), S. 267–286 [6.4.].

3.6. Reise und Abenteuer

Bachelard [»L'Eau«] nennt Poe in seiner Poetik der Elemente einen Dichter des Wassers. Tatsächlich scheint der vielfältige Ausdruck des Wassers Poe fasziniert zu haben, da für ihn nicht nur die Landschaft, sondern auch das Wasser ›arabesk‹ sein konnte [s. »Omniana«, BGM, Mai 1840]. So kann es auch im »Ms. Found in a Bottle« das Erhabene schlechthin darstellen, und Poe stellte die Begegnung des Einzelnen mit der schicksalhaften und unbekannten Macht des Meeres als Mischung von Faszination und Schrecken in vielen seiner Erzählungen in den Vordergrund. So erscheint auch die Metapher des dunklen, unbekannten ›mare tenebrarum‹ in »Eleonora« [1841; 3.5.], »A Descent Into the Maelstrom« [1841], »Eureka« [1848; 3.9.] und »Mellonta Tauta« [1849; 3.9.]. Das Meer wird zum Ort realer wie imaginärer Geographie und Geheimnisträger für wissensdurstige Abenteurer. Denn der Zufall, der den Poeschen Helden aus dem Alltäglichen ins Abenteuer führt, verwandelt sich in »Ms. Found in a Bottle« [1833], »A Descent Into the Maelstrom« oder »The Narrative of Arthur Gordon Pym« [1837] in eine mehr oder weniger bewußte Entdeckungsfahrt, bei der die Erfahrung dem alltäglichen Rational entgegensteht. Diese Erfahrung kann dem Leser schließlich nur andeutungsweise vermittelt werden.

»Ms. Found in a Bottle« ist die früheste dieser Erzählungen [2.3.]. Wie Egaeus in »Berenice« [3.3.] oder Dupin in der Detektiv-Trilogie [3.7.] besitzt der Erzähler eine außergewöhnliche Bildung und großen Reichtum, allerdings weder Heimat noch Familie. Seine Schwäche ist der Glaube an eine wissenschaftliche Beweisführung, die ein Geisterschiff jedoch nicht erklären kann. Poe fügte der Erzählung 1845 eine Notiz bei, die auf die Eigenheiten der Karten Mercators verweist. Offensichtliche Vorbilder dieser wie auch der anderen Abenteuererzählungen ist Coleridges »The Rime of the Ancyent Marinere« [1798/1800/1817], aber auch andere Reiseerzählungen, etwa Jane Porters »Sir Edward Seaward's Narrative of His Shipwreck and Consequent Discovery of Certain Islands on the Carribean Sea« [1831].

John Cleves Symmes' Theorie über die Geographie der Erde scheint einen besonderen Einfluß auf Poe gehabt zu haben. Symmes veröffentlichte 1818 eine Schrift, in der er die Erde als hohl und an den Polen geöffnet beschrieb. Innerhalb der Erde sollten sich andere Zivilisationen befinden. 1823 sandte der Kapitän aus Ohio eine Forderung an den Kongress, durch eine Expedition zu den Polen seine Theorie zu bestätigen; sein Vorschlag wurde zugunsten Wilkes Expedition abgelehnt [1.2.]. 1826 veröffentlicht er mit James McBride die ausführlichere »Symmes, Theory of Concentric Spheres«, die eine genauere Beschreibung von fünf konzentrischen, bewohnbaren Sphären der Erde gab. Als religiöse These – im Erdinnern wurden von manchen die verlorenen Stämme Israels vermutet - hielt sich der Glaube an die ›holes in the poles‹ bis ins 20. Jahrhundert.

Poe hatte diese Theorie wahrscheinlich durch Jeremiah N. Reynolds kennengelernt, dessen Projektvorschläge für eine Südpolexpedition Poe rezensierte [s. Almy, »Reynolds«]. Die anderen Welten, die Reynolds versprach, wurden schließlich auch in einem Buch eines Kapitän Adam Seaborn - möglicherweise Symmes selbst – geschildert, das 1820 unter dem Titel »Symzonia; A Voyage of Discovery« erschien. Dieser Reisebericht ins Erdinnere ist in der Nordpol-Beschreibung von »Hans Pfaal« [1835; 1840] und schließlich in Poes längster Reiseerzählung, »The Narrative of Arthur Gordon Pym« [1837] wiederzuentdecken. »Ms Found In a Bottle« wirkt als eine erste Version von »Pym« [z. B. Pollin, »Use«; Richard, »Manuscript«; Link, »Discovery«].

»A Descent Into the Maelstrom« [1841] zeigt den Erzähler als einen Außenseiter, der zwar einen Schwindel bei einem Blick hinab vom

Felsen verspürt [vgl. »Imp of the Perverse«; 3.3.], sich allerdings nicht auf seine eigene Erfahrung konzentriert, sondern eine haarsträubende Geschichte eines norwegischen Seemanns berichtet. Im April 1836 erschien im *Le Magazine Universel* ein Text mit dem Titel »Le Maelstrom«, und Turner [»Sources«] vermutet, daß diese Geschichte oder eine bearbeitete Fassung davon von Edward Wilson Landor [»The Maelstrom: A Fragment«, *Frazer's Magazine*, Sept. 1834] eine Quelle für Poes Erzählung darstellt [Bandy, »New Light«]. Ketterer [»Deception«, S. 122] sieht »Ms. Found« und »A Descent« als sich ergänzende Erzählungen; eine gibt die Fiktion tatsächlicher Überlieferung und Herausgabe eines Berichts wieder, der Erzähler-Zeuge in der anderen spielt mit dem ›faktischen‹ Bericht. Es ist die ›faktische‹ Reise in eine Landschaft der Imagination, die die Poeschen Texte nicht nur psychoanalytischen Deutungen öffnet, sondern auch zu allegorischen Reisebeschreibungen werden läßt, wie sie etwa in Melvilles »Moby Dick« einen Höhepunkt finden. Melville, wie Poe, war von Reynolds beeinflußt und las dessen »Mocha Dick, or the White Whale of the Pacific«.

Die Popularität der Reiseberichte – im 18. Jahrhundert erschienen über 200 Titel in und über Amerika – mochte sich mit der bestehenden Forderung nach einer ›realistischen‹ Literatur dekken. Poes Reiseerzählungen spielen mit einem Realismusbegriff, indem sie das Dokumentarische andeuten. Nicht nur »Ms. Found in a Bottle«, auch »Pym« bezieht sich auf überlieferte Texte wie die Flaschenpost, das Tagebuch, den exakten Bericht. Während die Karte Mercators, die Poe erwähnt, noch die Geographie als Vogelschau betreibt, so stehen die Reiseberichte in der neuen Tradition der veränderlichen Geographie, bei der der individuelle Reisende sich in der Landschaft selbst befindet, die neuen Vorstellungen offen steht. Reisen und Schreiben verbinden sich auf dem Gebiet der Imagination. Poes Erzählungen erschienen zur Zeit heftiger Diskussionen um die letzte *terra incognita*, die Antarktis, die Poe richtig als Landmasse verstand. Pollin [»Works« IV/I, S. 30: 6.4.1.] vermutet, daß Harper's den Publikationstermin von »Pym« von den Terminen der United States Exploring Expedition und der damit verbundener Publizität abhängig machen wollte.

Im neuen Amerika, wo Natur Geschichte ersetzte, konnte der Raum selbst als Geschichte verstanden werden: als Mythos eines Neubeginns im Sinne einer Robinsonade [3.5.; s. auch Poes Lob der ›verisimilitude‹ des Defoeschen Romans; 4.2.; 4.3.]. Poes Erzählungen setzen zwischen Reisebeginn und Entdeckung aber gleichermaßen den Schiffbruch voraus [Pinto, »Naufrage«].

»Pym« erschien zunächst in Fortsetzungen im Januar und Februar 1837 im SLM [2.4.]. Ridgeley und Haverstick glauben dabei fünf verschiedene

Erzählabschnitte festzustellen [»Chartless Voyage«; dagegen Ketterer »Deception«, u. Beiträge in Benton, »Journey«]. »Pym« zitiert nicht nur die erwähnte »Symzonia«, sondern ebenfalls Benjamin Morells »Narrative of four Voyages to the South Seas and the Pacific, 1822-1831« [1832], Captain James Cooks und James Kings »A Voyage to the Pacific« [1784], Stephens, »Arabia Petraea« [1837; v. Poe rezensiert], Archibald Duncans »The Mariner's Chronicle« [1804–1808], Jeremiah N. Reynolds »Voyage of the Potomac« [1835] und seine »Address, on the Subject of a Surveying and Exploring Expedition to the Pacific Ocean and the South Seas« [1836] sowie R. Thomas »Remarkable Events and Remarkable Shipwrecks« [1836]. Namen wie ›Edgarton‹ gaben Anlaß zu autobiographischer Spekulation [Bonaparte, »Poe«: 4.5.]. Poe verwendet diese und andere Quellen zu einem Werk, das Abenteuer, Tagebuchjournal und naturwissenschaftliche Beschreibung verbindet.

Poes Farbenwahl – ein Übergewicht von schwarz, weiß und rot – sowie die Reise selbst inspirierten viele allegorische Interpretationen. Deutlich zeigt sich jedoch gerade in »Pym«, daß die Fahrt nach Süden von sozialer Brisanz ist. Gleicht die Küste des Südens in »Pym« den Baumwollfeldern des Südens Amerikas, so ist auch das Bild bösartiger und tierischer Schwarzer bei Poe kein nur zufälliger Effekt [Levin, »Power«]. Gegenüber der perfekten »Weißheit«, die Pym am Pol erwartet, heben sich die Schwarzen und ihre fremde, hebräisch anmutende Sprache deutlich ab; »Pym« ist eine rassistische Parabel des Südstaatlers Poe. Poes Erfahrung des Sklavenaufstandes [1.3.] und seine Bibellektüre tragen dazu bei, die Felsinschriften in dem fremden Land des Südens gefährlich und vielversprechend zugleich erscheinen zu lassen.

Kritiker, die von einem bewußt vielfältig lesbaren Text Poes sprechen, berufen sich auf Poes Spiel mit mysteriösen Schriftzeichen im Text [Ricardou, »Caractère«; Richard, »L'Ecriture«; Forclaz, »Voyage«; Wells, »Engraved«; Rowe, »Writing«; Irwin, »Hieroglyphics«]. »Pym« zeigt gleichermaßen Poes Bewußtsein des Schwarz/Weißen der Schrift und der Thematisierung des Schreibens in der Erzählung selbst [4.5.].

»Pym« wurde mehrfach neuaufgelegt, und Jules Verne [»Le Sphinx des Glaces«, 1897; 5.4.] und H.P. Lovecraft [»At the Mountains of Madness« 1931; 5.2.] schrieben Fortsetzungen zu dem Werk, das abrupt abzubrechen scheint. Baudelaire übersetzte »Pym« mit dem Globus in der Hand und korrigierte stillschweigend die geographischen Messungen [Quinn, »French Face«: 5.4.] Prinz Amerigo in Henry James' »The Golden Bowl« bemerkt, daß »Pym« zeige, was die amerikanische Imagination zu leisten vermag [vgl. 5.2.].

»The Journal of Julius Rodman« erschien 1840 in sechs Folgen in BGM. Hier wird keine Fahrt zum Südpol, allerdings eine Fahrt in den amerikanischen Westen beschrieben. Die genauen Beschreibungen der Landschaft und der Tierwelt des Westens bestehen noch weitgehender als in »Pym« aus Zitaten, vor allem aus Irvings »Astoria« [1836], Alexanders »Voyages on the River St. Lawrence and through the Continent of North America to the Frozen and Pacific Ocean« [1801] und den Berichten der Lewis und Clark Expedition [»The History of the Expedition Under the Command of Lewis and Clark«, 1814; 1.2.], die, wie Poes Erzählung vermerkt, angeblich Rodmans Fahrt vorausging [s. Pollin, »Works« IV/I: 6.4.1.]. »Rodman« vermittelt kaum den Schrecken der ›Pymschen‹ Abenteuer, obwohl einige Elemente – so z.B. der Kampf mit listigen Indianern – Parallelen zu »Pym« aufweisen. Im Gegensatz zu Pym ist Rodman allerdings kein passiver Held, sondern ein unternehmender Beobachter. Poe selbst führte »Rodman« nie zu Ende und äußerte sich kaum zu diesem Werk; es wurde erst von Ingram wiederentdeckt und Poe zugeschrieben [2.; 5.3.]. Statt der Aufnahme in Poes frühen Werkausgaben gelang dem Text jedoch ein wenig publizierter Coup, an dem Poe seine Freude gehabt hätte. Robert Greenhow nahm »Rodman« als »Memoir Historical and Political, on the Northwest Coast of North America, and the adjacent territories« in die United States Senate Documents auf [26th Congress, 1st session, 1839–40, Bd. 4, no. 174, S. 140–1].

Literaturhinweise:

G. *Bachelard* »L'eau et les rêves« (Paris, 1942); G. *Bachelard* ›Introduction‹ in E. *Poe*, »Adventures d'Arthur Gordon Pym« (Paris, 1944); W.T. *Bandy* ›New Light on a Source of Poe's ›A Descent into the Maelstrom‹‹ AL XXIV (1953): 534–7; R.T. *Benton* (Hrsg.) ›Journey to the Center: Studies in Poe's »Pym«‹ ATQ 37 (1978, Sondernummer); R. *Forclaz* ›Un voyage aux frontieres de l'inconnu: ›Les Aventures d' A.G. Pym‹ d'Edgar Poe‹ Etudes et lettres 7 (1964): 46–58; P.B. *Gove* »The Imaginary Voyage in Prose Fiction« (N.Y., 1941); M.-H. *Huet* ›Itinéraire du Texte‹ Stanford French Review III (1979): 17–28; J.T. *Irwin* »American Hieroglyphics: The Symbol of the Egyptian Hieroglyphics in the American Renaissance« (New Haven, Conn., 1980); W. *Killy* »Wirklichkeit und Kunstcharakter: Neun Romane des 19. Jahrhunderts« (München, 1963), S. 125–145; F. H. *Link* ›Discovery‹ and ›Destruction‹: Eine Interpretation von ›Ms. Found in a Bottle‹‹ NS 10 (1961): 27–38; E. *Pinto* ›La dialectique du naufrage et de la découverte chez Poe‹ Lire 2/3 (1976): 156–85; K. *Poenicke* ›Im Zwischenreich: Die Raumwelt Edgar Allan Poes‹ in »Dark Sublime: Raum und Selbst in der Amerikanischen Romantik« (ser.) Beihefte zum JA 36 (1972), S. 118-41; B.F. *Pollin* ›Poe's Use of Material from Bernadin de Saint-Pierre's »Etudes«‹ RomN XII

(1971): 1–8; J. *Ricardou* ›Le caractère singulier de cette eau‹ Critique CCXLIII-IV (1967): 718–33; C. *Richard* »›Manuscript Found in a Bottle‹ and the Folio Club‹ PN II (1969): 23; C. *Richard* ›L'Ecriture d'›Arthur Gordon Pym‹‹ Delta ES 1 (1975): 95–124; J.V. *Ridgeley* u. J.S. *Haverstick* ›Chartless Voyage: The Many Narratives of ›A.G. Pym‹‹ TSLL 8 (1966–67): 63–80; J.C. *Rowe* ›Writing and Truth in‹ Poe's ›The Narrative of Arthur Gordon Pym‹‹ Glyph 2 (1977): 102–22; W.C. *Spengemann* »The Adventurous Muse: The Poetics of American Fiction, 1789–1900« (New Haven, 1977); A. *Turner* ›Sources of Poe's ›A Descent into the Maelstrom‹‹ JEGP XLVI (1947): 298–301; L. *Weissberg* ›Editing Adventures: Writing the Text of ›Julius Rodman‹‹ MFS 33 (1987): 413–430; D.A. *Wells* ›Engraved Within the Hills: Further Perspectives on the Ending of ›Pym‹‹ PSt 10 (1977): 13–15.

3.7. Die Ratio der Detektivgeschichte

Im April 1836 erschien im SLM Poes Artikel über Maelzels Schachautomaten. »Maelzel's Chessplayer« wurde zwar anonym veröffentlicht, aber es bestand kein Zweifel an Poes Autorenschaft. Und der dort beschriebene Automat war noch berühmter als der ihn beschreibende Journalist. Etwa 1770 von dem österreich-ungarischen Baron Farkas (Wolfgang) von Kempelen für Maria Theresia gebaut, wurde der Automat nach dessem Tod 1804 von dem Hofmaschinisten Johann Nepomuk Maelzel gekauft und erneut einem Publikum vorgestellt. Er wurde schließlich auch in Amerika ausgestellt [Carroll, »Maelzel«]. Obwohl Kempelen als der Konstrukteur der Schönbrunner Wasserspiele galt und Maelzel als der Erfinder des Metronoms, gab es bereits frühe Zweifel an der Echtheit dieser Maschine als Maschine. Poes Arbeit bemühte sich wie viele andere, Aufklärung zu bringen; der Mechanismus des Apparates und das Versteck des Schachspielers wurden erst 1858 von seinem letzten Besitzer, John K. Mitchell aus Philadelphia, ausführlich erklärt und beschrieben.

Poes Arbeit beschäftigt sich zunächst mit älteren Automaten und versucht dann mit Hilfe von 17 Propositionen zu beweisen, daß der Automat kein eigentlicher Automat sei, sondern menschliche Intelligenz benötige. Er paraphrasiert dabei großzügig David Brewsters »Letters on Natural Magic« [1832] und dessen ungezeichneten Beitrag in der »Edinburgh Encyclopedia« [1830; Wimsatt, »Chess Automaton«]. Poe bezog sich 1849 nochmals auf Kempelen in einer Erzählung einer fiktiven Entdeckung [3.8.].

Poes »Maelzel's Chess-Player« ist Poes erster ausführlicher Versuch abstrakten Raisonnierens, den er als ›ratiocination‹ bezeichnete. Der Text kann daher ein Vorläufer der ›tales of ratiocination‹ genannt werden, deren erste, Poes »The Murders in the Rue Morgue«, fünf Jahre später in GM erschien.

Poes »Murders« beginnt mit einer Überlegung zur ›analytischen Kraft des Geistes‹, dargestellt am Schachspiel. Die nachfolgende Erzählung wird dazu als ›Kommentar‹ geschildert. Der Ich-Erzähler beschreibt die Lösung eines Kriminalfalles durch Monsieur C. Auguste Dupin, einem französischen Adligen von exzellenter Erziehung und seltsamer Lebensweise, der analytische wie kreative Fähigkeiten vereint. Mit Hilfe von Zeitungsberichten wie Indizien entlarvt Dupin einen Orang Utan als Mörder zweier Frauen.

Poes Erzählung hatte großen Erfolg. In einem Brief [an Cooke, 9.8.1846] erklärte Poe die Popularität der Geschichte durch den Anschein einer neuen Methode und schränkte die Bedeutung der analytischen Abenteuer seines ›französischen Freundes‹ ein: »Worin beteht die einzigartige Leistung ein Gewebe/Netz zu lösen, das der Autor selbst zum ausdrücklichen Ziel der Auflösung geschaffen hat? Der Leser wird veranlaßt, die Brillanz des Thesen fassenden Dupins mit der des Autors der Geschichte zu verwechseln.« Der Gefahr der Verwechslung von Poe und Dupin haben viele Kritiker nicht widerstanden [s. z.B. Just, »Folgen«; Depken, »Sherlock Holmes«, S. 29]. In der Interpretation von Krutch [»Poe«: 2.] erfindet Poe Dupin sogar als Tarnung seines eigenen Wahnsinns.

Die Verwechslung von Wirklichkeit und Fiktion erhält eine neue Nuance hinsichtlich der zweiten Dupin-Erzählung, »The Mystery of Marie Rogêt« [1842/43], die auf dem wahren, zeitgenössischen Fall des Mordes an der New Yorkerin Mary Rogers beruht.

In »Marie Rogêt« versucht Poes Detektiv, den Mörder durch eine Konfrontation verschiedener Zeitungsberichte zu finden, die den Mordfall beschreiben. In dieser ›Fortsetzung‹ der »Murders« schien sich Poe jedoch bald des Scheiterns bewußt zu sein, den eigentlichen Fall lösen zu können. Die Erzählung enthält viele Widersprüche, und Details decken sich nicht in den einzelnen Abdruckfolgen, in denen Poes Dupin mit der aktuellen Detektivarbeit konkurriert. In Poes anschließender Revision der Geschichte tritt die Lösung des historischen Falls zugunsten des literarischen Beispiels und der theoretischen Darstellung analytischer

Fähigkeiten zurück. Mary Rogers war nicht, wie Poe vermutete, von einem Seemann ermordet worden, sondern wahrscheinlich das Opfer eines mißglückten Abtreibungsversuches [Benton, »Mystery«, Walsh, »Detective«].

Das dritte Beispiel der meisterhaften Deduktionsfähigkeit Dupins erschien 1844, »The Purloined Letter«. Wieder vollkommen in den Bereich der Fiktion gerückt, ist dies auch Poes vollendetste ›tale of ratiocination‹ [s. auch Poe an Lowell, 2.7. 1844]. Hier löst Dupin das Geheimnis eines scheinbar verschwundenen Briefes, der von einem Minister D. der Königin gestohlen wurde. Dupins Triumph liegt letztendlich in der Darstellung seiner analytischen Methode und seinen Folgerungen für Begriffe wie ›Imagination‹, ›Perzeption‹ und ›das Unbewußte‹ [4.5.].

Viele Autoren von Geschichten des Detektiv- oder Kriminalromans zitieren Poe als den Erfinder eines neuen Genres oder zumindest ihres bedeutendsten Modells [z.B. Wölcken, »Mord«; Sayers, »Great Short Stories«; Buchloh, »Detektivroman«] und Dupin als ersten modernen Detektiv [z.B. Cambaire, »Influence«: 5.4.]. Ein jährlich vergebener amerikanischer Edgar-Allan-Poe-Preis für den besten Detektivroman weist ebenso auf diese allgemein akzeptierte Bedeutung Poes für die Entwicklung des Genres hin wie das Pseudonym ›Poe‹, mit dem ein japanischer Kriminalschriftsteller seine Romane zeichnet. Die erste Detektivgeschichte erhält ein auch von der »Encyclopedia Britannica« sanktioniertes Datum, den Erscheinungstermin von Poes »Murders«.

Bereits 1907 erklärte J. Brander Matthews [»Short-Story«: 4.3.] Poe zum Erfinder wie Meister dieses Genres. Vor dem Hintergrund englischer gotischer Romane [3.3.] oder etwa vor dem von Dickens' »Barnaby Rudge« und der Erzählungen Balzacs erscheinen Poes Erzählungen eher der Aufklärung [*detection*] als dem Geheimnis [*mystery*] gewidmet und stellen die Lösung des Problems ins Zentrum. Schillers Kriminalgeschichten, E.T.A. Hoffmanns »Das Fräulein von Scudery« [1818], Bulwer-Lyttons »Eugene Aram« [1832] oder Godwins »Caleb Williams« [1794] müssen jedoch in die Geschichte der modernen Detektiverzählung einbezogen werden, dessen Vorläufer ebenso in der (nicht zuletzt deutschen) Aufklärung und Romantik zu finden sind [Alewyn, »Anatomie« und »Anfänge«; Cobb, »Hoffmann«: 3.1.; Kesting, »Detektivgeschichte«]. Poe kannte die englische Ausgabe der Memoiren des ehemaligen Kriminellen und Leiters der Pariser Brigade de Sureté, Eugène Francois Vidocq [»Memoires«, 1828/29]. Die Bezeichnung ›detective story‹ wird allerdings erst zur Jahrhundertwende mit den Erzählungen Conan Doyles gebräuchlich.

Die veränderte Einstellung zur Kriminalität ist dadurch gekennzeichnet, daß nicht nur das Geheimnis, sondern die Analyse und Methode der ›Auflösung‹ selbst in den Mittelpunkt eines literarischen Werkes rückten. Gesetzesreformen seit dem 18. Jahrhundert hinsichtlich der Beweisführung und der Formierung von Polizeiorganisationen mögen nicht die alleinige Begründung [Hügel, »Diebesfänger«, S. 4], aber doch die Reflektion eines neuen Denkens sein. Seit 1734 erschien die Sammlung von Kriminalfällen von François Gayot Pitaval [»Causes célèbres et intéressantes«], gefolgt von vielen anderen Sammlungen.

Die französische ›préfecture de police‹ wurde 1800 von Napoleon geschaffen; Scotland Yard wurde von Robert Peel 1829 gegründet und erhielt 1842 eine Detektivabteilung. Vidocq gewann 1837 einen Gerichtsprozeß gegen die Polizei, die die Methoden der Geheimpolizei kritisierte, so z.B. die heimliche Indiziensuche, wie Dupin sie am Tatort in den »Murders« vornimmt. In der Großstadt und der bürgerlichen Gesellschaft des frühen 19. Jahrhunderts war das Verbrechen nicht ›abseits‹ und auszuschließen. Walter Benjamin beschreibt in seiner »Einbahnstraße« den Schrecken des bürgerlichen Mobiliars, das zum Zeugen des Mordes wird. Die Beschreibung des Mobiliars wird gerade auch durch die Detektivgeschichte vermittelt; für Dupin wird es zum Zeugen und Indiz in den abgeschlossenen Zimmern der »Murders« und des »Purloined Letter«.

Eine weitere Erzählung Poes, die den ›tales of ratiocination‹ zugeordnet werden könnte, ist »The Gold Bug«. »The Gold Bug« wurde bereits von Charles Baudelaire als vierte der Poeschen Detektivgeschichten gesehen [5.4.]. Die Erzählung zeigt jedoch auch eine weitere Verbindung zu Poes journalistischer Praxis, nämlich zu seiner Beschäftigung mit Kryptogrammen [1839–41; 6.1.]. Im »Gold Bug« geht es um die Hebung eines verborgenen Schatzes, und Poe scheint das Thema des Geldgewinns als Hauptgrund für den Erfolg der Geschichte angesehen zu haben [Mabbott, »Works« III, S. 803]. »Thou Art the Man« [1844] wird ebenfalls oft zu den Detektivgeschichten gerechnet [Sayers, »Introduction«; Murch, »Development«; Buchloh, »Detektivroman«] und auch als Parodie des Genres verstanden [Ketterer, »Deception«, Wölcken, »Mord«; Wilson, »Detektivroman«]. Die Erzählung entstand etwa zur gleichen Zeit wie »The Purloined Letter«. Der Protagonist, Charles Goodfellow, wird hier durch eine sprechende Leiche selbst gerichtet. Das Manuskript von »Thou Art the Man« befindet sich in der New York Public Library und gehört zu den besterhaltenen Rollenmanuskripten Poes. Kennedy [»Deluded Detectives«] beschreibt die Beobachter in »The Oblong Box« und »The Man of the Crowd« als betrogene Detektive. Schließlich muß aber auch betont werden, daß der ›detektivische‹ Zug auch anderen Protagonisten zu eigen ist. Egaeus in »Berenice« oder Poes reisende Abenteuerer sind ebenfalls um Aufklärung bemüht [3.3.; 3.8.]

»The Oblong Box« entstand 1844, wahrscheinlich unmittelbar nach Poes Umzug nach New York. Fiktive, aber auch aktuelle Quellen – so der Fall des Bruders Samuel Colts [1.2.], der einen gewissen Samuel Adams ermordete und in einer Kiste von New York aus nach St. Louis verschiffte – könnten eine Inspiration gewesen sein. »The Man of the Crowd« wurde von Benjamin als das »Röntgenbild einer Detektivgeschichte« bezeichnet. Sie entstand 1840, in einem Jahr, in dem sich Poe kaum seinen Erzählungen widmete, und ist wiederum eine Ich-Erzählung. Der Erzähler gibt an, Menschen lesen zu können, scheitert aber am ›Mann der Masse‹, der beinahe den Gesetzen eines Automaten folgt [3.8.].

Die Überlegungen Dupins zur ›ratiocination‹ verlaufen parallel zu vielen Kritiken Poes, so etwa zu seiner Entschlüsselung des Endes von Dickens' »Barnaby Rudge«, der Beschreibung des *denouement* in der Rezension zu Bulwer-Lyttons »Night and Morning« und seiner »Philosophy of Composition« [4.2.] Da Poes Erzählungen auf den ›Effekt‹ zielen sollten, ist die Definition der Detektivgeschichte bei Poe von seiner Definition der Kurzgeschichte [*short story*] untrennbar.

Literaturhinweise:

R. *Alewyn* ›Anatomie des Detektivromans‹ in J. *Vogt* (Hrsg.) [s.u.], S. 372–404; P. *Boileau* u. T. *Narcejac* »Der Detektivroman« (Neuwied, 1967); P.G. *Buchloh* u. J.P. *Becker* (Hrsg.) »Der Detektiverzählung auf der Spur: Essays zur Form und Wertung der englischen Detektivliteratur« (Darmstadt, 1977); W. *Benjamin* »Charles Baudelaire: Ein Dichter im Zeitalter des Hochkapitalismus« (Frankfurt/M, 1969); R.P. *Benton* ›»The Mystery of Marie Rogêt‹ – a Defense‹ SSF VI (1969): 144–52; H. *Brüggemann* ›Zivilisationskritik und ästhetische: Zu Edgar Allan Poes Erzählung ›Der Massenmensch‹‹ Akzente 27 (1980): 272–87; C.M. *Carroll* »The Great Chess Automaton« (N.Y., 1973); J.G. *Cawelti* »Adventure, Mystery, and Romance: Formula Stories as Art and Popular Culture« (Chicago, 1976), S. 80–105; A. *Chapuis* »Les automates dans les oeuvres d'imagination« (Neuchatel, 1947); D. B. *Davis* »Homicide in

American Fiction 1798–1860: A Study in Social Values« (Ithaca, N.Y., 1957); F. *Depken* »Sherlock Holmes, Raffles und ihre Vorbilder: Ein Beitrag zur Entwicklungsgeschichte und Technik der Kriminalerzählung« (Heidelberg, 1914); F. *Fosca* »Histoire et technique du roman policier« (Paris, 1937); H. *Haycraft* (Hrsg.) »The Art of the Mystery Story« (N.Y., 1946); H.O. *Hügel* »Untersuchungsrichter, Diebsfänger, Detektive: Theorie und Geschichte der deutschen Detektiverzählung im 19. Jahrhundert« (Stuttgart, 1978); K.G. *Just* ›Edgar Allan Poe und die Folgen‹, »Übergänge, Probleme und Gestalten der Literatur« (Bern, 1966), S. 58–78; J.G. *Kennedy* ›The Limits of Reason: Poe's Deluded Detectives‹ AL 47 (1975): 184–96; M. *Kesting* ›Auguste Dupin, der Wahrheitsfinder und sein Leser: Inwiefern Edgar Allan Poe nicht der Initiator der Detektivgeschichte war‹ Poetica 10 (1978): 53–65; A. *Lichtenstein* »Der Kriminalroman« (München, 1908); E. *Marsch* »Die Kriminalerzählung: Theorie. Geschichte. Analyse: Modelle und Methoden« (München, 1972); R. *Messac* »Le ›Detective Novel‹ et l'influence de la pensée scientifique« (Paris, 1929); J.J. *Moldenhauer* ›Murder as a Fine Art‹ PMLA 83 (1968): 284–97; A.E. *Murch* »The Development of the Detective Novel« (N.Y., 1958); T. *Narcejac* »Esthétique du roman policier« (Paris, 1947); P. *Nusser* »Der Kriminalroman« (ser.) Sammlung Metzler 191 (Stuttgart, 1980); J. *Ousby* »Bloodhounds from Heaven: The Detective in English Fiction from Godwin to Doyle« (Cambridge, Mass., 1976); R. *Queneau* ›Poe und die Analyse‹, »Mathematik von morgen« (München, 1978), S. 75–91; W. *Reimers* ›Die Funktion des analytischen Verstandes in Edgar Allan Poes Kurzprosa‹ Diss. Univ. Kiel, 1971; C. *Reinert* »Das Unheimliche und die Detektivliteratur: Entwurf einer poetologischen Theorie über Entstehung, Entfaltung und Problematik der Detektivliteratur« (Bonn, 1973); J. *Ricardou* [›L'or du Scarabée‹], »Pour une Theorie du nouveau roman« (Paris, 1971), S. 39–59; C. *Rollason* ›The Detective Myth in Edgar Allan Poe's Dupin Trilogy‹ in B. *Dougherty* »American Crime Fiction: Studies in the Genre« (N.Y., 1988), S. 4–22; D.L. *Sayers* (Hrsg.) »Great Short Stories of Detection, Mystery and Horror« (N.Y., 1928), S. 9–47; R. *Schönhaar* »Novelle und Kriminalschema. Ein Strukturmodell deutscher Erzählkunst um 1800« (Bad Homburg, 1969); U. *Schulz-Buschhaus* »Formen und Ideologie des Kriminalromans« (Frankfurt/M, 1975); M. *Shell* ›The Gold Bug‹ in R.P. *Male* (Hrsg.) »Money Talks: Language and Lucre in American Fiction« (Norman, Ok, 1980); M. *Smuda* ›Variation und Innovation: Modelle literarischer Möglichkeiten der Prosa in der Nachfolge Edgar Allan Poes‹ Poetica III (1970): 165–87; J. *Vogt* (Hrsg.) »Der Kriminalroman«, 2 Bde. (München 1971); J. *Walsh* »Poe the Detective: The Curious Circumstances Behind ›The Mystery of Marie Rogêt‹« (New Brusnwick, 1968); E. *Wilson* ›Warum werden Detektivromane gelesen?‹ in V. *Zmegac* (Hrsg.) [s.u.], S. 105–11; W. K. *Wimsatt,* Jr. ›Poe and the Chess Automaton‹ AL XI (1939): 138–51; W.K. *Wimsatt,* Jr. ›Poe and the Mystery of Mary Rogers‹ PMLA 56 (1941): 230–48; F. *Wölcken* »Der literarische Mord: Eine Untersuchung über die englische und amerikanische Detektivliteratur« (Nürnberg, 1952); V. *Zmegac* (Hrsg.) »Der wohltemperierte Mord: Zur Theorie und Geschichte des Detektivromans« (Frankfurt/M, 1971).

3.8. Die Faszination der Wissenschaft

In seiner Beschreibung von »Maelzel's Chess-Player« [1836] zweifelt Poe daran, daß dieser Apparat eine wirkliche Maschine sei. Wie wäre das technische Wunder vom menschlichen Können zu unterscheiden, und wie könnte man einen solchen ›Schachspieler‹ mit den neuen Instrumenten des Alltags vergleichen?

»Aber wenn diese Maschinen genial wären«, schreibt Poe, »was sollen wir dann von der Rechenmaschine des Mr. Babbage halten? Was von einer Mechanik aus Holz und Metall, die nicht nur astronomische und Navigations-Tabellen bis zu irgendeinem exakt gegebenen Ausmaß richtig kalkulieren kann, sondern auch die Genauigkeit ihrer Operationen mathematisch exakt kontrolliert und die Fähigkeit besitzt, mögliche Fehler zu korrigieren? Was sollen wir von einer Maschine halten, die nicht nur all dies vollbringt, sondern tatsächlich ihre ausführlichen Ergebnisse abdruckt, nachdem sie sie berechnet, und dies ohne die geringste Intervention menschlichen Intellekts? Mancher wird vielleicht antworten, daß eine solche Maschine wie die eben beschriebene einem Schachspieler Maelzels weit überlegen ist«.

Es ist der gleiche Gedanke des erstaunlich gewordenen ›technischen‹ Alltags, der 1845 die Geschichten der Scheherezade prägt, die wie der schachspielende ›Türke‹ Maelzels ein Wesen aus dem Morgenland ist [vgl. 1.2.]. Poes »The Thousand-And-Second Tale of Scheherezade« versteht sich als Fortführung des Märchens der »Tausendundeine Nacht«; eine Quelle für diese Erzählung bot aber auch ein publiziertes Gespräch zwischen einem Engländer und einem Türken über die Erfindung der Eisenbahn [»Oriental Incredulity«, SEP 4.9.1841]. Der als Burleske wiedergebene technische Fortschritt – das Motto der Erzählung lautet »Wahrheit ist befremdlicher als Fiktion« – erscheint hier nicht ganz so positiv, wie es ein optimistischer Fortschrittsglaube annehmen müßte.

»Some Words with a Mummy« [1845] weist ebenfalls in die Vergangenheit, um die Gegenwart zu kommentieren. Diesmal steht nicht die Märchenwelt Arabiens, sondern das alte Ägypten im Mittelpunkt, das sich zu Poes Zeit in den Staaten eines besonderen Interesses erfreute. Mit Hilfe eines elektrochemischen Vorgangs wird eine Mumie zum Leben erweckt, die bereits von Technologie im alten Ägypten berichten kann. Die Tyrannei des König Mobs [1.1.; 3.1.; vgl. Poes Einstellung zur ›Masse‹ in seinen journalist. Stellungnahmen] sorgte für den Untergang des Landes, das ebenso unattraktiv erscheint wie die Welt des 19. Jahrhunderts in »Mellonta Tauta« [3.9.].

Das wissenschaftliche Experiment und der wissenschaftliche Forschungsbericht werden in zwei weiteren Geschichten Poes ironisiert, in »The System of Doctor Tarr and Professor Fether« [Frühjahr 1844(?)] und »Von Kempelen and His Discovery« [1849]. »Tarr and Fether« gibt den Besuch einer Irrenanstalt wieder, bei der sich die Rollen von Arzt und Patient als vertauscht erweisen. Das von der Anstalt praktizierte Beruhigungssystem [*soothing system*], das den Kranken die Freiheit zu diesem Rollentausch gab, war zu Poes Zeit eine weit diskutierte medizinische Erneuerung. Willis' Bericht über eine Anstalt in Palermo und Dickens' Bericht über die Anstalten in South Boston und Hartford, Connecticut, in den »American Notes« [1842] gaben Poe Erfahrungsberichte zu dieser Satire. Levin [»Blackness«] weist aber auch auf eine weitere Nuance der amerikanischen Realität in Poes französischem Hospital-Chateau: Teeren und Federn galt als eine Strafe für aufsässige Sklaven sowie als eine Maßnahme gegen die Abolitionisten des Südens [1.3.].

»Von Kempelen« ist eine von Poes letzten Erzählungen und verweist mit dem Namen auf den Erfinder des Schachspielautomatens [3.7.]. Kempelens unermeßlicher Reichtum wird hier in der Form eines Forschungsberichtes nachgespürt; ihm liegt als Geheimnis die Umwandlung von Blei in Gold zugrunde. Anspielungen auf Benjamin Sillimans »Journal« und das »Diary of Sir Humphry Davis« sollen nahe legen, daß sich bereits diese großen Naturwissenschaftler mit der Transformation von Blei zu Gold beschäftigt haben. Poes Formel der Elementmischung jedoch bedeutet übersetzt Lachgas [Pollin, »Sources«]. »Von Kempelen« ist auch Poes Kommentar zum Goldrausch des Jahres [1.3.]; diesmal stellt er die Alchemie dem wissenschaftlichen Fortschritt gegenüber. In einem Brief beschreibt Poe [an Duyckinck, 8.3. 1849] die Erzählung als eine Übung im Stil der ›verisimilitude‹; er dachte sogar daran, die Erzählung als wahren Bericht auszugeben.

Die Alchemie ist nicht die einzige der ›Pseudowissenschaften‹, die Poe in seinen Erzählungen einführte; er verwies ebenfalls auf Phrenologie und Mesmerismus. Der Begriff der ›Pseudowissenschaft‹ muß allerdings mit Vorsicht verwendet werden: Alchemie, Phrenologie und Mesmerismus besaßen im 19. Jahrhundert Magie genug und eine diskutable Glaubwürdigkeit. Isaac D'Israeli schrieb 1834 [›Alchemy‹, »Curiosities of Literature«], daß der moderne Chemiker die Visionen des Alchemikers erfüllen werde. Das Schädelstudium wurde von dem Wiener Professor F.J. Gall begründet, und es wurde über die Lehre J.G. Spurzheims an dessen Schüler George Combe vermittelt. Die Phrenologie wurde bald in Amerika populär. 1834 erschien bereits in Boston eine Zeitschrift, die der Phrenologie gewidmet war, die *Annals of Phrenology,* und in Boston wurde auch der Schädel Spurzheims aufbewahrt, der bei seinem Amerikabesuch 1832 starb [Jacobs, »Poe«, S. 131–2: 4.1.]. Combe bereiste zwischen 1838 und 1840 zweimal die Vereinigten Staaten und lehrte dort sein »System of Phrenology« [1819].

Poe beschäftigte sich mit der Phrenologie, die ihm wie die Graphologie als eine Form der Analyse und Selbstanalyse die Grundlage psychologischer Kritik gab [s. bereits die Rezension zu Miles, »Phrenology«, SLM, 1836]. In der Drake/Halleck-Rezension benutzt Poe das phrenologische Fakultäten-Konzept zur Beschreibung seiner Poetologie, und die Phrenologie scheint ebenfalls Poes Rezeption von Coleridges Ästhetik beeinflußt zu haben [Stauffer, »Phrenologist«; Horstmann, »Ansätze«]. Hinweise zur Phrenologie erscheinen in Erzählungen wie »Berenice« [Hungerford, »Phrenology«; 3.3.], der ersten Fassung der »Murders« [3.7.], aber auch kritischer im »Imp of the Perverse« [3.3.]. In der Beschreibung der Clarkschen Handschrift in der »Autography«-Serie [6.1.] wird die phrenologische Erkenntnis ironisiert; Poe wendet sich dort schließlich gegen eine ›Wissenschaft‹, die Philosophie und Psychologie so ideal zu vereinen schien. Doch ist gerade der neue Wissenschaftler auch eine Art Dupin: wie der Detektiv ist er ein melodramatischer Außenseiter.

Die meisten Erfindungen und technologischen Erneuerungen des frühen 19. Jahrhunderts können auf Experimente auf dem Gebiet der Elektrizität zurückgeführt werden [vgl. Beaver, »Science Fiction«]. Entdeckungen in der Elektrochemie, die zur Konstruktion von galvanischen Batterien führten, versprachen eine Bedeutung des Forschungsgebietes, das einer neuen Grundlagenwissenschaft gleichkam. Sir John Herschels Konzept einer Verbindung von elektromagnetischem und Nervensystem fand seine Konkretisierung in den Versuchen zum tierischen Magnetismus. Friedrich [Franz] Anton Mesmers Interesse an der Astrologie führte ihn dazu, einen Einfluß der Sterne auf die Lebewesen anzunehmen, den er zunächst als elektrische, dann als magnetische Kraft verstand. Mesmers Versuche sollten Aufschluß über die Struktur des Geistes geben und dazu beitragen, Kranke zu heilen. Die mittels ›Willenskraft‹ und elektromagnetischer Hilfsmittel hypnotisierten und in Trance versetzten Personen waren die Vorläufer der medizinischen Kandidaten Pierre Janets, Charcots und später Freuds.

Ausgaben des *Blackwood's Magazine*, besonders die der Jahre 1817, 1826, 1832, 1837, 1840 und 1845, bieten viele sensationelle Berichte über den Mesmerismus. Mit der Ankunft französischer Magnetiseure in den Staaten in den 30er Jahren kann der Beginn der amerikanischen wissenschaftlichen Diskussionen, der amateurhaften Heilungsversuche und der schauspielerischen Trancen angesetzt werden, die in den 40er Jahren in der spiritualistischen Bewegung einen Höhepunkt erreichten [1.3.]. Poe besuchte 1844 angeblich die Vorlesungen von Andrew Jackson Davis, dem ›Poughkeepsie Seer‹, in New York [Lind, »Mesmerism«, S. 1086f.; Allen, »Israfel« II, S. 688 Anm, S. 758 Anm.]. Poe publizierte als Herausgeber des BJ drei Akte des anonymen Dramas »The Magnetiseur; or, Ready for Any Body« [Sept. 1845] und schrieb eine Kritik zu W. Newnhams »Human Magnetism« [5.4.1845; vgl. »Marginalia« 7 GM (Nov. 1846)]. Chauncey Hare Townsends Buch »Facts in Mesmerism« [London 1840; im folg. Jahr in Boston verlegt] wurde eines der erfolgreichsten Bücher zum Mesmerismus und beeinflußte Poes Konzept und Terminologie in einigen seiner Erzählungen. Besonders deutlich zeigt sich der Einfluß auf Poes Gebrauch des Begriffs ›sleep-waking‹ anstatt ›somnambulism‹, den Poe erst später verwendet [Lind, »Mesmerism«, S. 1089f.; Falk, »Power«, S. 538] und Poes Beschreibung des halbgeschlossenen Auges [4.5.]. Das Buch »The Philosophy of Animal Magnetism, by a Gentleman of Philadelphia« wurde von einem neuen Herausgeber [Jackson, 1928] Poe zugeschrieben, obwohl die Autorenschaft sehr zweifelhaft ist.

Poe spricht in »The Pit and the Pendulum« [3.3.], »Scheherezade« und »Von Kempelen« von der galvanischen Batterie, und der Erzähler in »Ligeia« [3.3.] besticht durch seine transformierende Willenskraft, seine halbgeschlossenen Augen und seine Trance. Aber es sind vor allem drei Erzählungen, in denen Poe den Mesmerismus deutlich in den Mittelpunkt rückt und benennt. In »A Tale of the Ragged Mountains« steht die Theorie tierischen Magnetismus' in Konkurrenz zu einer metempsychotischen Interpretation; die Dialoge »Mesmeric Revelation« [1844] und »The Facts in the Case of M. Valdemar« [1845] geben ein erstes Modell eines fiktiven Forschungsberichtes über ein Experiment, bei dem – wie in Townshends Titel – ›Fakten‹ im Vordergrund stehen.

In »A Tale of the Ragged Mountains« gelangt ein mit mesmerischen Methoden und Morphium behandelter Patient mitten im fortschrittlichen Amerika in eine britisch/indische Auseinandersetzung, deren Geschichte sein Arzt gerade schreibt. Zu den zahlreichen Anregungen der Erzählung gehören Browns »Edgar Huntly« [3.3.] und Schriften zur Seelenwanderung; die letzten Worte der Erzählung wiederholen das Motto »Scheherzades«. In »Mesmeric Revelation« zitiert Poe Passagen aus Townshends »Facts«. »Mesmeric Revelation« bietet den Dialog eines Erzählers mit einem in Trance versetzten Sterbenden, der schließlich aus dem Jenseits zu antworten scheint. Der ›Magnetisierte‹ ist bei Poe kein Opfer – wie etwa bei Hoffmann –, sondern hat die Möglichkeit einer besonderen Vision. Es ist die erste von Charles Baudelaire übertragene Erzählung [1848; 5.4.]. »Valdemar« beruht auch auf Townshend, doch scheint der Dialog ebenso von Justinus Andreas Kerners »Die Seherin von Prevost« [1829] angeregt worden zu sein, dessen englische Übersetzung im BJ angekündigt wurde [2.8.1845], sowie von Hoffmann und anderen Erzählern der Romantik. In »Valdemar« zerfällt der Körper des Magnetisierten sofort, als dieser aus der Trance erweckt wird. »Mesmeric Revelation« wie »Valdemar« wurden in England als Tatsachenbericht nachgedruckt [5.3.]. In einem Brief an Eveleth [11.3.1847] beschreibt Poe »Valdemar« als Hoax, die Affinität des Poeschen Modells zu dem in »Eureka« [1848; 3.9.] entwickelten Weltbild läßt es jedoch zweifelhaft erscheinen, daß Poe das magnetisch-mesmerische Konzept lediglich ironisierte und auf seinen Sensationsgehalt hin ausbeutete.

Im Gegensatz zu Hawthorne [z.B. »Blithedale Romance«, 1852] ist Poe nicht an der psychologischen Seite des Mesmerismus interessiert, sondern vor allem an der physischen, wobei aber Körper und Geist sich als eine Einheit zeigen. »Berenice« [3.3.] wie »Valdemar« konzentrieren sich auf eine Verlängerung des Lebens auch als physischer Existenz. Tierischer Magnetismus ist für Poe schließlich Grund und Anlaß für eine metaphysische Spekulation: Geist und Körper scheinen gleichen Gesetzen zu unterliegen [3.9.].

Die Möglichkeiten technischer Entwicklung geben Poe auch die Gelegenheit zu Zukunftsspekulationen. »The Unparalleled Adventures of One Hans Pfaal« - die Schreibweise des Namens unterscheidet sich in den verschiedenen Versionen zwischen 1835 und 1850 - gehört zu den längeren Fortsetzungsgeschichten wie »Julius Rodman« [1840; 3.6.] und »Arthur Gordon Pym«

[1837; 3.6.]. Statt eines Schiffes bedient sich der Abenteuerer hier jedoch eines Luftschiffes, des Ballons. Die Geschichte spielt in Rotterdam, von wo aus Pfaal seinen Gläubigern mit Hilfe eines Heißluftballons zum Mond entgeht.

Ligon [»Desperate Seas«, S. 49] verweist auf die Parallelen zum Anfang von Irvings »Rip Van Winckle: A Posthumous Writing of Dietrich Knickerbocker« [1819] und auf dessen Beschreibung holländischer Einwanderer in »Knickerbocker's ›History of New York‹« [Buch IV, VIII]. Poes Erzählung wird von manchen Kritikern als unvollendet bezeichnet [z.B. Quinn, »Poe«: 2.], sie wurde aber von Poe in etwas revidierter Form ohne Weiterführung wiederveröffentlicht. »Pfaal« ist die einzige 1835 entstandene Erzählung, die nicht in den »Folio Club« aufgenommen wurde; erst 1840 erschien sie in TGA. Die Erzählung ist reich an politischen Anspielungen [Ligon, »Desperate Seas«, S. 89ff.] und bietet einen Aprilscherz und gleichzeitig eine Satire in Swiftscher Manier [›follis‹, vgl. Reiss, »Comic Setting«]. Viele Details geben den Eindruck eines wissenschaftlichen Berichts.

Poe schreibt in der Tradition der Raumfahrtgeschichten seit Lukians »Alethe dighegemata« [Nicholson, »Voyages«]; sein unmittelbares Vorbild war wohl George Tuckers »A Voyage to the Moon« [1827, unter dem Pseudonym Joseph Atterly erschienen]. Tucker unterrichtete an der University of Virginia und war Poe bekannt. In der Schilderung dieser besonderen Raumfahrt wird Poes Interesse an der Astronomie deutlich; er übernahm Passagen aus John Herschels »A Treatise on Astronomie« [1834] und bezog sich auf Eintragungen in Abraham Rees »Cyclopedia« [1819] sowie auf andere wissenschaftliche Werke [Posey, »Notes«; Alterton, »Origins«: 4.2.].

Kurz nach der Veröffentlichung der Poeschen Geschichte begann die NYS mit dem Abdruck von Lockes »Great Astronomical Discoveries Lately Made by Sir John Herschel at the Cape of Good Hope ...« [Aug./Sept. 1835; 2.4.], einem fiktiven Forschungsbericht über den Mond. Poe sah den »Lunar Hoax« von »Pfaal« beeinflußt und setzte der Ausgabe seiner Geschichte von 1840 eine Notiz bei, die auf den früheren Drucktermin verweist und auf die Wissenschaftlichkeit der fiktiven Geschichte - Baudelaire nannte diese Notiz ein jugendliches ›dada‹, das Poe als Amerikaner bestätige [5.4.]. Poe versuchte sich an einem zweiten Experiment in ›verisimilitude‹ zu diesem Thema. 1844 veröffentlichte er, ebenfalls in der NYS, seinen »Moon-Hoax«.

In einem exklusiven Extrablatt verweist der umständliche Titel [6.3.] auf eine sensationelle Ballonfahrt, bei der nun der Atlantik überquert worden sei. Wiederum wird die die Reise in edierter Tagebuchform wiedergegeben [vgl. »Rodman« und »Pym«; 3.6.]. Die Entwicklung der Luftfahrttechnik [1.2.] tritt zu dem Ideal der Raumaneignung der ›Manifest

Destiny‹ [1.2.; 1.3.], und der von Poe geschilderte Fortschritt wurde zur Zeit heftiger Diskussion um die Texas-Annexion publiziert. Im CS berichtete Poe anschließend vom großen Erfolg des »Ballon-Hoaxes« [2.6.; 6.1.], der sich aber nicht mit dem des »Moon-Hoaxes« vergleichen konnte. Am 15. April wurde Poes neuer Aprilscherz in der NYS als falsche Nachricht gemeldet.

Als Nachricht fingiert, zitiert Poe for allem zwei Quellen; Monck Masons »Account of the Late Aeronautical Expedition from London to Weilburg, accomplished by Robert Holland, Esq., Monck Mason, Esq., and Charles Green, Aeronaut« [London 1836, N.Y. 1837] und Masons anonymes, anläßlich der Ausstellung seiner Maschine in der Adelaide Gallery veröffentlichtes Pamphlet »Remarks on the Ellipsoidal Ballon propelled by the Archimedean Screw, described as the New Aerial Machine« [London, 1843; »Alexander's Express Messenger, 21.2.1844 als »Another Aerial Machine«; s. Wilkinson, »Ballon Hoax«; Scudder, »Ballon Hoax«]. Die NYS hatte gerade begonnen, Nachrichten schneller zu vermitteln, und eine Atlantiküberquerung schien ebenso sehr wahrscheinlich, obwohl sie erst viel später gelang. Poes Erzählung »Mellonta Tauta« [1849; 3.9.] spielt vollends in der Zukunft und blickt so auf die Gegenwart zurück wie Scheherezade auf sie vorausblickte.

Bereits in seinem frühen Gedicht »Sonnet – To Science« [1829] beschäftigt sich Poe mit der Konfrontation von Wissenschaft und Dichtung [3.4.]. Während die Wissenschaft mit ›forschendem Blick‹ die Bilder des Dichters dort zu falschen Wahrheiten verändert, so stammen später bei Poe die Bilder des Poeten nicht aus dessen ›Herz‹ allein. Er verbindet, ähnlich wie Dupin, analytisches Denken und dichterische Imagination [4.2.]. Poes Suche nach einer Einheit von Wissenschaft und dichterischer Imagination scheint schließlich in »Eureka« [1848] zu kulminieren.

Literaturhinweise:

R. *Barthes* ›Analyse textuelle d'un conte d'Edgar Poe‹ in C. *Chabrol* et al. »Semiotique narrative et textuelle« (Paris, 1973), S. 29–54; J.D. *Davies* »Phrenology: Fad and Science« (New Haven, 1955); L. *Crasnow* ›The Poetics of Contingency: Modes of Knowledge in Poe‹ in Roland Hagenbüchle u. Joseph T. Swann (Hrsg.) »Poetic Knowledge: Circumference and Centre. Papers from the Wuppertal Symposium 1978« (ser.) Wuppertaler Schriftenreihe Literatur 18 (Bonn, 1980), S. 58–84; R. *Drux* ›Retorten- und Maschinenmenschen in der Literatur der Vormärzzeit: Von der Erforschung eines literarischen Motivs im Zeichen seiner technischen Realisierbarkeit‹ Der Deutschunterricht 41 (1989): 9–19; D.V. *Falk* »Poe and the Power of Animal Magnetism« PMLA LXXXIV (1969): 536–46; B.F. *Fisher IV* ›That Daughter of Old Time: Science in the Writings of Edgar Allan Poe‹ Publications of the Arkansas Philological Association 9 (1983): 36–41; U. *Horstmann* »Ansätze zu einer technomorphen Theorie der Dichtung bei E.A. Poe« (Tübingen, 1975); E. *Hungerford* ›Poe and Phrenology‹ AL II (1930–1): 209-31; J.T. *Irwin* ›Handedness and the Self: Poe's Chess Player‹ ArQ 45,1 (1989): 1–28; G. *Lauteri-Laura* »Histoire de la phrenologie. L'Homme et son cerveau selon F.J. Gall« (Paris, 1970); J.F. *Ligon*, Jr. ›On Desparate Seas: A Study of Poe's Imaginary Journeys‹ Diss. Univ. of Washington, 1962; S.E. *Lind* ›Poe and Mesmerism‹ PMLA LXII (1947): 1077–94; M.H. *Nicholson* »Voyages to the Moon« (N.Y., 1948); E.A. *Poe* »The Philosophy of Animal Magnetism by a Gentleman of Philadelphia; with an essay on Poe by Joseph Jackson« Neuaufl. hrsg. v. K.W. *Cameron* (Hartford, Conn. 1974); B. *Pollin* ›Poe's ›Von Kempelen and His Discovery‹: Sources and Significance‹ EA XX (1967): 12–23; M.N. *Posey* ›Notes on ›Hans Pfaal;‹‹ MLN 45 (1930): 501–7; E. *Reiss* ›The Comic Setting of ›Hans Pfaal‹‹ AL XXIX (1957): 306–9; H.H. *Scudder* ›Poe's ›Balloon-Hoax‹‹ AL XXI (1949): 179–90; D.B. *Stauffer* ›Poe as Phrenologist: The Example of M. Dupin‹ in R.P. *Veler* (Hrsg.) [3.], S. 113–125; M. M. *Tatar* »Spellbound: Studies on Mesmerism and Literature« (Princeton, 1978); S. *Wilkinson* ›Poe's ›Balloon-Hoax Once More‹‹ AL XXXII (1960): 313–7.

3.9. Ein poetisches Universum

Poes Konzept der ›verisimilitude‹ problematisiert das ›realistische‹ Schreiben selbst und die Differenz zwischen Fiktion und faktischem Bericht. Das Wahrscheinlichkeitskalkül, das Poe hinsichtlich der ›tales of ratiocination‹ erläuterte [3.7.], stellt die Wissenschaftlichkeit hier nicht nur als Abbildungsmöglichkeit, sondern auch thematisch in den Vordergrund. Seine Erzählungen können daher als ›science fiction‹ bezeichnet werden.

Der Begriff ›science fiction‹ oder ›scientification‹ wurde 1926 von Hugo Gernsback geprägt, der eine Sammlung »Amazing Stories« herausgab, die auch Erzählungen Poes enthielt. Die verschiedenen Definitionen des Begriffs bei nachfolgenden Autoren in thematischer, struktureller und stilistischer Hinsicht führen unterschiedlich weit in die Literaturgeschichte zurück. Als Erzählung mit »technologischen Interessen« und »beabsichtigte SF« zitieren Cuddon [»Literary Terms«, S. 608] und Shipley [»World Literary Terms«] Lukian und die fantastischen

Reiseberichte Cyrano de Bergeracs, die auch Poes Mondfahrten inspiriert haben könnten [3.8.]. Als Blick in die mögliche Zukunft ist SF mit den utopischen Erzählungen verwandt [Beaver, »Science Fiction«]. Die rasche technische Entwicklung des 19. Jahrhunderts gab ein besonderes Verständnis technischer Erneuerungen [1.2.; 3.8.]. Scholes und Rabkin [»Science Fiction«, S. 6] weisen ebenfalls auf die veränderte politische Situation im nachrevolutionären Europa und in Amerika hin, die die Suche und Definition einer (politisch) neuen Welt forderte und ermöglichte. Suvin [»Metamorphoses«] findet den Anfang moderner »Science Fiction« in Goethes »Faust« und in Mary Shelleys »Frankenstein« [1818] begründet.

Poe wurde bereits 1858 [vgl. Franklin, »Future«, S. 93] als erster bezeichnet, der »das Wunderbare auf dem Gebiet der Wissenschaft« erforschte, und zwischen 1905 und 1915 erschienen mehrere Beiträge, die Poe als den Vater der »pseudo-science fiction«, der Erzählung des »merveilleux scientifique« und der »marvelous-scientific romance« beschreiben [vgl. Franklin, »Future«, S. 93]. Olney [»Pioneer«] nennt Poe den Pioneer eines neuen Genres, für das er die Konvention »rationaler Extrapolation« schuf; Beaver, Asimov oder Penzoldt sehen ihn gar als Erfinder des Genres [Asimov, »Science Fiction«; Penzoldt, »Supernatural«: 3.1.; Beaver, »Science Fiction«]. Ähnlich wie bei den ›tales of ratiocination‹ sei auch hier besonders die analytische Seite der Poeschen Argumentation wichtig. Tatsächlich berufen sich Vertreter der ›modernen SF-Geschichte‹ wie H.G. Wells und Jules Verne deutlich auf Poe. In seinem »De la terre à la lune; traget direct en 97 heures 20 minutes« [1865] berichtet Verne über eine ähnliche Reise wie sie in »Hans Pfaal« beschrieben wurde; sie beginnt mit einem Pulverschuß des Baltimore Gun Clubs. Seine »Sphinx des Glaces« [1897] ist seine Fortsetzung von »Arthur Gordon Pym« [1837; 3.6.; 5.4.]. Isaac Asimov [Wages, »Asimov«] und Ray Bradbury [s. sein »Usher II«] schrieben ebenfalls Fortsetzungen zu Poeschen Erzählungen, die jedoch nicht alle ›Wissenschaftlichkeit‹ thematisch ins Zentrum setzen.

Auch andere amerikanische Autoren der ersten Hälfte des 19. Jahrhunderts beschäftigten sich mit ›Wissenschaft‹ und utopischen Konzepten. Hawthornes »Heidegger's Experiment« [1837] oder »Rapaccini's Daughter« [1844] verweisen ebenfalls auf die Alchemie, allerdings fehlen in diesen Erzählungen die Poesche Vielfalt wissenschaftlicher Verweise und die Zitate aus der wissenschaftlichen Literatur. Für Poe ist darüberhinaus nicht die Maschine wichtig, die sich mit dem Menschen vergleichen könnte [vgl. auch Hoffmanns »Der Sandmann«; 3.7.], sondern der Mensch, der zur Maschine wird; siehe etwa »The Man That Was Used Up« [3.2.] oder »The Man of the Crowd« [3.7.]. Wie bei der Betrachtung anderer Genres [vgl. 3.2.] ist es jedoch auch schwierig, Poes Schreibweise von thematischen Überlegungen ganz zu trennen und Erzählungen als eindeutige ›science fiction‹ gegenüber anderen zu isolieren.

Suvin [»Metamorphoses«, S. 142] unterscheidet drei Gruppen von Erzählungen bei Poe: diejenigen, die SF-Konventionen benützen [Poes Dialoge, »Al Aaraaf«, »Pym«], diejenigen, die SF zwecks komischen Effekts oder ideologischer Deutung benützen [»The Man That Was Used Up«, die Ballonfahrten, »Von Kempelen«], und schließlich die Geschichten kosmologischer Spekulation: Erzählungen, die um den Mesmerismus kreisen und den Korrespondenz-Gedanken entwickeln. Dieser findet in »Eureka« [1848] schließlich seinen Höhepunkt. Moskowitz [»Explorers«, S. 47] unterscheidet lediglich zwei Gruppen Poescher Erzählungen, die künstlerische SF, bei der der Effekt entscheidend ist und die wissenschaftliche Argumentation dazu dient, den ästhetischen Effekt zu betonen [»Ms. Found«, »A Descent«, »Ragged Mountains«], und Erzählungen, bei denen die Idee im Vordergrund steht und der Stil vom wissenschaftlichen Konzept nicht ablenken soll [»Hans Pfaal«, »Scheherezade«]. Nach Franklin [»Future«] kommt es bei Poe zwischen »science« und »fiction« zu keiner Einheit; sein Werk bleibt eine populäre Schauerliteratur. Für Beaver [»Introduction«] ist Poe nicht nur der erste SF-Autor, sondern auch der erste SF-Theoretiker, da er die Begriffe »extrapolation« und »verisimilitude« entwickelt.

Bei Poe soll Wissenschaft nicht nur das Unverständliche und Unheimliche erklären helfen (und die Unheimlichkeit der Wissenschaft damit verstärken), sondern sie wird auch kritisch behandelt. Wissenschaft kann zum Betrug, zur Täuschung und zum Hoax werden. Sie ist aber auch Kommentar und Spekulation alternativer Möglichkeiten – und manchmal all dies zur gleichen Zeit. Dies zeigt sich deutlich in Poes Dialogen und in »Eureka«, wo sich Erkenntnisse zum Magnetismus und Mesmerismus als Gedanken über die elektrische Kraft des Universums wiederfinden.

Die Form der vier Poeschen Dialoge erinnert an Platon, von dem er Charaktere [z.B. Agathon] borgt und den er zitiert [vgl. »Monos und Una«]. Die Gespräche sind didaktisch und münden in einen Monolog, der als theoretisches Essay verstanden werden kann. Einer der Charaktere ist dem anderen durch ein größeres Wissen jenseits von Zeit und Raum überlegen [Tate nennt es »angelic imagination«: 5.2.]. Zwei der Dialoge entstanden schon vor »Mesmeric Revelation«, nämlich 1839 und 1841, ein dritter entstand 1845.

»The Conversation of Eiros und Charmion« [1839] spielt auf die wissenschaftlichen Entdeckungen Herschels an [3.8.] und verbindet ›biblische‹ Voraussage mit möglichen wissenschaftlichen Ergebnissen. Charmion weist auf ›Aidenn‹ hin, das seit »Al Aaraaf« bei Poe einen Zwischenbereich zwischen Welt und Gott darstellt; Eiros berichtet dagegen vom Weltende als wissenschaftlich und prophetisch begründeter Apokalypse. Astronomische Entdeckungen dieser Zeit und der Meteor-Regen des Jahres 1833 mochten dazu beigetragen haben, daß Poes Erzählung beim Wiederabdruck am 1. April [!] 1843 den sensationellen Titel »Destruction of the World« erhielt [1.2.]. »The Colloquy of Monos and Una« [1841] erinnert in der Benennung des griechisch-lateinischen Paares an Bulwer-Lyttons »Monos and Daimonos« [1830]. Monos beschreibt den Weltzustand vor dessen Tod, und seine Rede wird zu der Kritik eines warnenden Poeten vor raschem Fortschritt, Utilitarismus und Demokratie [vgl. auch die Naturdarstellung in »Morning on the Wissahiccon«, 1844; 3.5.]. In »The Power of Words« [1845] sprechen Agathos und Oinos [vgl. »Shadow«; 3.4.] wiederum aus dem Bereich der Unsterblichen. Angesichts der Unendlichkeit der Materie erweist sich ein absolutes Wissen, das Objekt des kritisierten Fortschrittsgedankens in »Monos und Una«, als unerreichbar. Andererseits bildet die Unendlichkeit der Materie gleichzeitig den Grund für die Suche nach Erkenntnis, die der Seele notwendig zu eigen ist. Der Gedanke göttlicher Schöpfung des Universums verbindet sich mit dem der Poeschen Definition der ›Imagination‹ [4.2.]. Wie im Prinzip der Kräfteerhaltung, so bleibt in Poes Universum auch jeder Gedanke erhalten und wird zu einem ursprünglichen, ersten Impuls zurückgeführt, der durch die Macht der Worte gegeben ist.

Die Dialoge wurden 1845 von Duyckinck in Poes »Tales« aufgenommen, obwohl sie sich eigentlich jeder formalen Bestimmung als Erzählung verweigern. In der Verbindung von philosophisch-wissenschaftlichem Versuch und dichterischem Konzept kommt »The Power of Words« Poes letztem großen Werk, »Eureka«, am nächsten.

»Eureka« entstand zunächst als Vortrag [»On the Cosmogony of the Universe«, 2.8.] und es ist ungewiß, inwieweit dieser dem späteren Buch entsprach. Trotz der ironischen Distanz, die im Werk selbst spürbar ist, schien Poe an die besondere Bedeutung dieses Werkes zu glauben [s. seine Briefe an Clemm, 7.7.1849, und Eveleth, 29.2.1848].

»Eureka« versucht auf komplexere Weise das in den Dialogen skizzierte Konzept von Schöpfung-Vernichtung-Wiedergeburt als Entwurf eines vielfältigen und zur ursprünglichen Einheit zurückkehrenden Universums zu entwickeln. Poe gab dabei die Fiktion eines höheren, aus dem Jenseits sprechenden Wesens auf und beschreibt das Modell mit der diesseitigen rationalen Überlegenheit des Wissenschaftlers, Philosophen und Dichters. Gott, die schöpferische Macht, ist selbst als die Substanz des Universums verständlich, das zur Einheit strebt. Das Ausbreiten der Materie und die Bewegung zu einer letztendlichen Vereinigung muß schließlich als Wirkung von Gravität und Elektrizität verstanden werden, die als anziehende und abstoßende Kräfte die gegenwärtige Welt definieren. Als Gegensatz zur Gravität bedeutet Elektrizität gleichzeitig die Möglichkeit, die geistige, nicht-materielle Welt zu beweisen. »Eureka« wendet sich gegen die noch in den Dialogen erwähnte Opposition von Geist und Materie; beiden liegt das gleiche Prinzip zugrunde. Dem Begriff der ›Imagination‹ kommt bei dem Gedanken der Vereinigung eine besondere Stellung zu. Poe setzt die Imagination aber nicht gegen empirische Erfahrung, sondern versucht, keine radikale Trennung zwischen imaginativ-poetischer und faktischer ›Wahrheit‹ zu ziehen, deren Spaltung ihm untragbar erscheint. Der Leser erfährt von der (dichterischen) Imagination in naturwissenschaftlichen Begriffen; Poes Aufhebung realer Zeit erfolgt in akkurater Messung [4.2.]. Poe widmet sein Buch dem Naturforscher Alexander von Humboldt, dessen »Cosmos« zu dieser Zeit zwar rezensiert wurde, aber noch nicht ins Englische übertragen war – Poe hatte es wahrscheinlich nie gelesen.

Die Apokalypse, die Poe im Jahre deutscher und französischer Revolutionen seinem amerikanischen Publikum zeigt, ist eine Rückkehr der Natur zu einer Einheit, mit der sich symmetrisch Expansion, Entdeckung, Wissenschaftsdenken zu einem Ursprung zusammenschließen und der Gedanke einer Progression ad absurdum geführt wird. Poes Begriffe von Zeit und Raum geben dem Fortschrittsglauben selbst keine Möglichkeit mehr. Die innere Entwicklung der Natur, in die das menschliche Denken eingeschlossen ist, fügt sich einer Bewegung, gegen die jeder Protest vergeblich wäre. So liegt in Poes von Gravität und Äther bestimmtem Anfang und Ende der Natur auch die puritanistische Tradition der Schicksalsbestimmtheit [vgl. ähnl. Modelle dieser Zeit, z.B. Emersons »Nature«]. Um das ganze Konzept des Universums zu erkennen, müssen wir nach Poe einen besonderen Blick wählen: »uns auf unseren Fersen auf der Spitze eines Vulkans drehen«.

Poe wendet sich gegen eine Philosophie der Sinnesdaten oder gegen eine positivistische Philosophie zugunsten eines mechanistischen Konzepts; gleichzeitig richtet er sich jedoch gegen einen unveränderlichen Mechanismus [s. Bond, »Evolutionist«]. Der Begriff der Intuition wird zentral für Poes Konzept sowohl der Schöpfung als auch der Analyse. Poe gibt mit »Eureka« ein dichterisches Modell sowie ein Modell der Dichtung. Der Blick vom Vulkan bewirkt eine Totalität des Effekts [4.2.; 4.3.]. Das Individuum ist ein Teil auf dem Weg zu einer Einheit, die es mit der Materie teilt und dessen Konzept Gott als schöpferischer Dichter entwirft: »Das Universum ist ein *plot* [Handlungszentrum] Gottes« [4.3.]. Poe betitelte sein Werk ›Prosagedicht‹, und in der Rezeption des Buches teilen sich die kritischen Stimmen, die Poe entweder als Wissenschaftler oder als Dichter sehen [Pollin, »Reviews«; Benton, »Cosmologer«].

Poes Zeit/Raum-Konzept wurde als Vorwegnahme Einsteinscher Theorie begrüßt [Wells, »Mystic«; Heartman/Rede, »Bibliography«: 6.5.1.; Nordstedt, »Einstein«] oder als naiver Entwurf und amateurhafte und fehlerhafte Rezeption wissenschaftlicher Werke gelesen [Conner, »Optimism«]. Miller [»Raven«: 2.7.] klagt über wissenschaftliche Unverständlichkeit und Levin [»Blackness«] über die langweilige Ausführung. Golding [»Semantic«: 4.5.] und Gaillard [»Triumph«] beschäftigen sich mit der dort entwickelten Sprachtheorie.

In »Mellonta Tauta« [1840], einer letzten Erzählung Poes, erscheint die Flaschenpost des *mare tenebrarum* wieder [vgl. 3.6.]. In das Jahr 2848 transportiert, wirken zeitgenössische philosophische Konzepte einfältig und dumm. Allerdings sind die Zustände des Jahres 2848, welche die Protagonistin Pundita [*pun*=Scherz] beschreibt, nicht ohne satirische Referenz auf das Amerika des Jahres 1848 und auf die unrealisierten Pläne einer falschen Demokratie. Letztendlich ist »Mellonta Tauta« dem in die Vergangenheit gerückten Märchen der Scheherezade verwandt [3.8.]. Poes Scherz ist bitter und grausam: In seiner eigenen zukünftigen Welt gibt es Spaß durch die Unkenntnis des Schrekkens. Schließlich bildet die Erzählung auch eine Satire auf sein eigenes Werk »Eureka«. Der Dichter Poe und seine ›Wahrheit‹ bleiben der zukünftigen Gesellschaft fremd und unbekannt. Das Außerordentliche der technologischen Pioniertat wird ins enttäuschende Alltägliche gerückt. Wurden in Poes früheren Erzählungen Phrenologie und Mesmerismus als Wissenschaften mit fraglicher Ernsthaftigkeit behandelt [3.8.], so erscheint endlich die Wissenschaft selbst hier als groteskes Pseudo-Wissen.

Literaturhinweise:

I. *Asimov* et al. (Hrsg.) »Isaac Asimov Presents the Best Science Fiction of the 19th Century« (N.Y., 1981); J.O. *Bailey* »Pilgrims through Space and Time« (N.Y., 1947); E. *Barmeyer* (Hrsg.) »Science Fiction: Theorie und Geschichte« (München, 1976); H. *Beaver* ›Introduction‹ in H. *Beaver* (Hrsg.) »The Science Fiction of Edgar Allan Poe« (Harmondsworth, 1976), S. VII-XXV; M.J. *Bennett* ›Edgar Allan Poe and the Literary Tradition of Lunar Speculation‹ Science Fiction Studies 10 (1983): 137–147; R.P. *Benton* (Hrsg.) »Poe as Literary Cosmologer: Studies on ›Eureka‹: A Symposium« ATQ 26 (1975, Sondernummer); F.D. *Bond* ›Poe as Evolutionist‹ Popular Science Monthly LXXI (1907): 267–274; F.W. *Conner* »Cosmic Optimism: A Study of the Interpretation of Evolution by American Poets from Emerson to Robinson« (Gainsville, Fl., 1949); J.A. *Cuddon* »A Dictionary of Literary Terms« rev. Ausgabe (London, 1979): 608–10; H.B. *Franklin* »Future Perfect: American Science Fiction in the Nineteenth Century« (N.Y., 1966); D. *Gaillard* Poe's ›Eureka‹: The Triumph of the Word‹ in R.P. *Benton* [s.o.], S. 42–6; J. *Gattegno*, »La science-fiction« (Paris, 1977); M.R. *Hillegas* ›The literary background to science fiction‹ in P. *Parrinder* (Hrsg.) »Science Fiction: A Critical Guide« (London, 1979), S. 2–18; B.R. *Pollin* »Contemporary Reviews of ›Eureka‹: A Checklist« in R.P. *Benton* [s.o.], S. 26–30; S. *Ketterer* »New Worlds for Old: the Apocalyptic Imagination, Science Fiction, and American Literature« (Garden City, N.Y., 1974); L. *Lemonnier* ›Le Conteur Scientifique‹, »Edgar Poe et la Critique Française: De l'Etonnement au Scandale« (Paris, 1928), S. 195–215; S. *Moskowitz* »Explorers of the Infinite: Shapers of Science Fiction« (Cleveland, 1965); G. *Nordstedt* ›Poe and Einstein‹ Open Court XLIV (1930): 173–80; C. *Olney* ›Edgar Poe – Science-Fiction Pioneer‹ Georgia Review XII (1958): 416–21; R.M. *Philmus* »Introduction to the Unknown: The Evolution of Science Fiction from Francis Godwin to H.G. Wells« (Berkeley, 1970); R. *Scholes* u. E.S. *Rabkin* »Science Fiction: History - Science – Vision« (N.Y., 1977); J.T. *Shipley* »Dictionary of World Literary Terms: Forms, Technique, Criticism« (Boston, 1943), S. 291–3; D. *Suvin* »Metamorphoses of Science fiction: On the Poetics and History of a Literary Genre« (New Haven, 1979); J.D. *Wages* ›Isaac Asimov's Debt to Edgar Allan Poe‹ PSt VI (1973): 29; G. *Wells* »Edgar Allan Poe as Mystic« (Metuchen, N.J., 1934).

Gesamtdarstellungen (Auswahl):

J. *Bolle* » La Poésie du Cauchemar« (Neuchatel, 1946); N.-I. *Boussoulas* »La Peur et l'Univers dans l'oeuvre d'Edgar Poe« (Paris, 1952); H. *Braddy* »Glorious Incense« (Washington, 1952); H. *Braddy* »Three-Dimensional Poe« (El Paso, 1973); V. *Buranelli* »Edgar Allan Poe« (N.Y., 1961); J. *Dayan* »Fables of Mind: An Inquiry into Poe's Fiction« (N.Y., 1987); E. *Davidson* »Poe: A Critical Study« (Cambridge, 1957); N.B. *Fagin* »The Histrionic Mr. Poe« (Baltimore, 1949); W.M. *Forrest* »Biblical Allusions in Poe« (N.Y., 1928); D. *Halliburton* »Edgar Allan Poe: A Phenomenological View« (Princeton, 1973); J.R. *Hammond* »An Edgar Allan Poe Companion: A Guide to the Short Stories, Romances and Essays« (ser.) Companions (N.Y. 1981); D.G. *Hoffman* »Poe Poe Poe Poe Poe Poe Poe« (Garden City, N.Y., 1972); J.G. *Kennedy* »Poe, Death, and the Life of Writing« (New Haven, 1987); D. *Ketterer* »The Rationale of Deception in Poe« (Baton Rouge, La., 1979); E. *Lauvrière*

»Le Génie morbide d'Edgar Poe« (Paris, 1935); F.H. *Link* »Edgar Allan Poe: ein Dichter zwischen Romantik und Moderne« (Frankfurt/M, 1968); D. *Marion* [Defosse] »La Méthode intellectuelle d'Edgar Poe« (Paris, 1952); C. *Mauclair* »L'Art en Silence« (Paris, 1901); C. *Mauclair* »Le Génie d'Edgar Poe« (Paris, 1925); C. *Mauron* »Les Métaphores obsedantes au Mythe Personnel« (Paris, 1964); A. *Ransome* »Edgar Allan Poe: A Critical Study« (N.Y. 1910, Reprint: Folcroft, Pa., 1972); L. u. F. *Saisset* »Les Histoires Extraordinaires d'Edgar Poe« (Paris, 1939); G.R. *Thompson* »E.A. Poe: Romantic Irony in Gothic Fiction« (Madison, 1973); M.J. *Williams* »A World of Words: Language and Displacement in the Fiction of Edgar Allan Poe« (Durham, 1988).

Aufsatzsammlungen (Auswahl):

J.-P. *Becker* »Interpretationen zu Irving, Melville und Poe« (Frankfurt/M, 1971); R.P. *Benton* (Hrsg.) ›Poe Symposium‹ ESQ LX (1970); H. *Bloom* (Hrsg.) »Edgar Allan Poe« (ser.) Modern Critical Views (N.Y., 1985); H. *Bloom* (Hrsg.) »The Tales of Poe« (ser.) Modern Critical Interpretations (N.Y., 1987); K. *Campbell* »The Mind of Poe and Other Studies« (Cambridge, 1933); E.W. *Carlson* (Hrsg.) »Edgar Allan Poe« (ser.) Critical Essays (N.Y., 1987); B.F. *Fisher* IV (Hrsg.) »Poe at Work: Seven Textual Studies« (Baltimore, 1978); W.L. *Howarth* (Hrsg.) »20th Century Interpretations of Poe's Tales« (Englewood Cliffs, N.J., 1971); S. *Moskowitz* (Hrsg.) »The Man Who Called Himself Poe« (Garden City, N.Y. 1969); W. *Ober* et al. (Hrsg.) »The Enigma of Poe« (Boston, 1960); B.R. *Pollin* »Discoveries in Poe« (Notre Dame, 1970); R. *Regan* (Hrsg.) »Poe: A Collection of Critical Essays« (Englewood Cliffs, 1967); C. *Richard* ›Edgar Allan Poe et les textes sacrés‹ Delta ES1 (1975); R.P. *Veler* (Hrsg.) »Papers on Poe« (Springfield, 1972).

Darstellungen in Übersichtswerken (Auswahl):

E. *Carton* »The Rhetoric of American Romance: Dialectic and Identity in Emerson, Dickinson, Poe, and Hawthorne« (Baltimore, 1985); C. *Feidelson* »Symbolism and American Literature« (Chicago, 1953), S. 35–42; A. *Hayter* »Opium and Romantic Imagination« (Berkeley, 1968), S. 132–51; H. *Levin* »The Power of Blackness« (N.Y., 1958), S. 101–165; D. *Pahl* »Architects of the Abyss: The Indeterminate Fictions of Poe, Hawthorne, and Melville« (Kansas City, 1989); J. *Porte* »The Romance in America« (Middletown, 1969), S. 53–92; G. *Poulet* »Les Métamorphoses du cercle« (Paris, 1961), dt. »Die Metamorphosen des Kreises« (Frankfurt/M, 1966); G. *Poulet* »Studies in Human Time« (Baltimore, 1956), S. 330–4; T. *Siebers* »The Romantic Fantastic« (Ithaca, 1984); R. E. *Spiller* »The Cycle of American Literature« (N.Y., 1955), S. 51–67.

4. Kritik und Literaturtheorie

4.1. Journalistische Praxis

DeMille [»Criticism«, S. 17] setzt den Beginn der amerikanischen Literaturkritik mit einem genauen Datum an, nämlich der Gründung der *North American Review* im Mai 1815 [vgl. Charvat, »Origins«]. Die Zeitschrift spezialisierte sich auf Originalbeiträge zur Philologie und vor allem auf eine europäische Literaturgeschichte. Daß journalistische Praxis und dichterisches Konzept für Poe untrennbar miteinander verbunden waren, wird in der Erläuterung seiner Literaturtheorie und Ästhetik noch deutlicher werden. Warum und wie sehr Poe einen Wandel amerikanischer Literaturkritik gefordert und bestimmt hat, kann jedoch erst durch einen Rückblick auf die Zeit vor Poes Eintritt in die Redaktion des SLM und vor dem Beginn seiner Karriere als Journalist beurteilt werden.

Die Literaturkritik der Jahre 1815–1835 wurde außer von der NAR in Boston vor allem von etwa 20 monatlich oder vierteljährlich erscheinenden Zeitschriften aus Philadelphia, Boston, New Haven und New York geprägt [vgl. Mott, »American Magazines«: 2.4.]. Nur zwei davon, *Portico* [Baltimore, 1816–1818] und *Southern Review* [Charleston, 1828–1832], erschienen im Süden. Das Verlagszentrum Philadelphia galt als konservativ, Bostons Blätter wurden durch die Harvard University geprägt, und Bancroft, Prescott, Ticknor, Everett und andere brachten von ihren Europareisen Kenntnisse deutscher Philosophie mit, die wiederum Grundlagen eines neuen Interesses an Shakespeare und Schlegel wurden. Die New Yorker Zeitschriften gewannen gegenüber dem in Neuengland sich entwickelnden Transzendentalismus eine eigene Stimme, die von der besonderen Stellung der Stadt als wachsendes Immigrationszentrum geprägt war. In einem Überblick über die Literaturkritik dieser Jahre betont Charvat [»Origins«] allerdings die überraschende Einheitlichkeit der Kritiken, die über geographische und politische Differenzen hinwegsehen konnten oder wollten. Der Geistliche oder Rechtsanwalt, der Kritiken schrieb, besaß die Autorität, nicht nur Meinungen bilden zu helfen, sondern auch für die Gesellschaft zu sprechen. Revolutionäre Ideen waren unerwünscht. Die Literaturkritik hatte eine Reihe von Kriterien zu erfüllen: Sie mußte sich als repräsentativ verstehen, den Inhalt auf die Moral überprüfen, allgemein verständlich sein und zum sozialen Handeln aufrufen. Sie gab sich daher ambivalent: Die Kritik sprach von der Position der Oberschicht aus und setzte eine allgemeine, klassenlose Reaktion voraus; sie wollte belehren und ihre Lektionen gleichzeitig der unbelehrbaren Masse – dem ›Mob‹ – verweigern.

Den didaktisch-moralischen Impetus bezog die amerikanische Literaturkritik aus der Philosophie des schottischen Realismus [4.2.], der ›Common Sense Philosophy‹. Diese wurde nicht nur aus den Büchern von Kames, Blair, Alison, Steward und anderen bezogen, sondern auch aus den schottischen Magazinen, die sie rezipierten. Bis weit in die Mitte des 19. Jahrhunderts galten nicht so sehr englische, als vielmehr schottische Zeitschriften als Vorbilder des amerikanischen Journalismus, und selbst die Rezeption deutscher Autoren geschah zumeist durch diese Blätter [Jacobs, »Poe«; Current-Garcia, »Criticism«, S. 27–59]. Magazine wie die *Edinburgh Review, Quarterly Review* und schließlich auch das *New Monthly Magazine* und das *Foreign Quarterly* offerierten Beiträge, die wiederum in amerikanischen Zeitschriften wiederabgedruckt und/oder kommentiert wurden. Das Edinburgher *Blackwood's Magazine* erhielt seit den 20er Jahren eine wachsende Bedeutung; es zeigte gleichzeitig aber auch eine Krise der schottischen Common Sense Philosophy an, und die Wende zu von der Romantik geprägten Interpretationen. Diese Wende, verbunden mit der Entdeckung Coleridges und vor allem Wordsworths, ging im Amerika der 30er Jahre dann spät und auf eine eigene Weise vor sich [4.2.; 5.2.]. Dazu geschah diese Wende im Norden anders als im Süden: Der Süden, der auch politisch konservativer war, folgte länger einer Tradition, die von der Aufklärung und dem Neoklassizismus des 18. Jahrhunderts geprägt war. Gleichzeitig wurde in den 30er Jahren der Ruf nach einer spezifisch amerikanischen Thematik deutlicher, die bis zur Formierung der Gruppe des ›Young America‹ aber noch unbestimmt blieb [vgl. 2.7.].

Der Form nach zeigten sich Rezensionen als Essays, die allgemeine ›moralische‹ Fragen diskutierten, einen kurzen Abriß der Literaturgeschichte gaben, und Auszüge des zu besprechenden Buches druckten. Unbekannt war eine genaue Analyse des Werkes, und die Kritiker hielten sich zumeist an freundliche Aussagen über Buch und Autor. Die politische Richtung der Zeitschrift entschied über die Auswahl der zu rezensierenden

Bücher, und ästhetische Kriterien wurden den politischen untergeordnet. Schließlich galt eine Rezension selbst als beste Reklamemöglichkeit, und ›puffing‹ – das Vorauslob eines Buches – verband Zeitschrift und Verlag. Trotz ihrer Didaktik schien die Literaturkritik kaum einen Einfluß auf die Literatur dieser Zeit ausgeübt zu haben. Einen weitaus größeren Einfluß bot das Medium der Zeitschrift selbst. Amerikanische Autoren sahen in den Monats-, Wochen- und Vierteljahrszeitschriften eine bessere Absatzmöglichkeit als auf dem teuren Buchmarkt, der durch den Nachdruck ungeschützter englischer Romane florierte [2.5.]. Geschenkbücher [*gift books*], die ab 1825 erschienen und besonders zwischen 1846 und 1852 einen Höhepunkt an Popularität erreichten, bereiteten wie ihr Vorbild, der Almanach, die Frauenmagazine vor. Diese waren gleichzeitig indikativ für die Entwicklung einer neuen Autorenschicht und eines neuen Lesepublikums.

Poes journalistische Arbeiten sind, trotz seiner Lektüre von Coleridge und Texte der deutschen Romantik, ohne einen Verweis auf die schottische Philosophie schwer verständlich [Jacobs, »Poe«; 4.2.]. Seine journalistische Praxis begann im Süden, wo ihr Einfluß besonders lange anhielt. Unbestritten ist ebenfalls der Einfluß des juristischen Denkens auf Poes logisch-folgernde Beweisführung. Tucker [2.4.], Willis [2.6.] und andere Juristen-Kritiker mochten für Poe als Vorbild gegolten haben. White selbst bemühte Tucker in seiner Eigenschaft als Jurist, um über Poes gewagte Kritiken im SLM Rat zu holen. Poe, der einerseits gegen die sozialen Etikette verstieß, indem er nicht immer ›höflich‹ und nie unverbindlich schrieb, fügte sich jedoch auch in die Tradition der Rhetorik, die besonders in den Südstaaten gepflegt wurde. Die *oratory* kann tatsächlich als eine Verbindung zwischen juristischem Plädoyer und literaturkritischer Übung gesehen werden. Poes deutliches Ziel war es, zunächst nicht nur der amerikanischen Literatur allgemein, sondern besonders der Literatur der Südstaaten zu mehr Bedeutung zu verhelfen.

Poes Kritiken wichen zu allererst darin vom damals Üblichen ab, daß sie nicht nur urteilten, sondern technisch detailliert argumentierten. Seine Bemerkungen zu Kennedys »Horseshoe Robinson« [Mai 1835] waren sein erster Versuch einer genauen Textanalyse. Poe übernahm bald die autoritative Form des ›we‹, eine selbstbewußte Haltung und einen agressiveren Ton. Bald sprach er weniger für eine Literatur des Südens, als für eine Literatur, die seinen eigenen Vorstellungen entsprach, und er entwickelte diese mit Hilfe seiner Rezensionen. Als Kritiker versuchte er gleichzeitig Kriterien für ein politisch und ›moralisch‹ unabhängiges Urteil zu entwickeln.

Poe erregte zunächst mit seiner Kritik eines Gedichtbandes von Lydia Huntley Sigourney Aufsehen [SLM, Jan. 1836], in der er deren »extravaganten Stil« rügte, der oft dem Ziel ihres Gedichts nicht entspräche. Poes unhöflichem Angriff auf eine Dichterin folgte eine Rezension von Simms »The Partisan« [SLM, Jan 1836] in *Blackwood's* satirisch-kritischer Manier. Eine Übung gleicher Art, nun gegen das ›puffing‹ der New Yorker Kritiker gerichtet, hatte für Poe entscheidendere berufliche Konsequenzen [2.4.]. Im Oktober 1836 veröffentlichte Poe im SLM einen Aufsatz mit dem Titel »Peter Snook«, in dem er sich ausführlicher zum Journalismus äußerte.

Poe lobt Macaulays Essays als beispielhaft und spricht sich für die Literaturkritik als Kunstform aus. Die amerikanische Literaturkritik war, nach Poe, bislang wenig erfolgreich, da sie schlecht bezahlt und daher auch schlecht ausgearbeitet wurde. ›Novelty‹ [Neuheit] und bewußte Komposition traten dabei zurück. Für Poe gilt die Magazinliteratur nicht nur als wichtiger Zweig der Literatur, sondern als der in naher Zukunft einflußreichste. Literaturkritik als Essay und die Erzählung als literarische Form sind für ihn die Publikationsformen der Zukunft.

Während seiner Arbeit am SLM etablierte Poe sich nicht nur als erster erfolgreicher Berufskritiker, sondern gab den Kritiken selbst jenen besonderen persönlichen Stempel, der bislang vor allem nur literarischen Arbeiten zugekommen war. Poe veränderte dabei nicht nur den Inhalt der Kritiken, sondern auch den Umfang des Kritikteils der Zeitschrift. Im Februar 1831 betrug dieser sogar 31 Seiten. Die Kritik an Drake und Halleck [April 1836] ist wohl Poes anspruchsvollste theoretische Schrift, die er für den SLM schrieb. Sie zeigt deutlich, daß Poe nun nach einer genaueren Lektüre von Coleridge und – zumindest indirekt – von Schlegel ein Konzept entwickelte, das über die Buchbesprechung hinausging. Poes Eintritt bei BGM zeigt ihn schließlich nicht mehr als Dichter, der sich in der Kritik versuchte, sondern als Journalisten, der der Literaturkritik eine neue Bedeutung gegeben hatte.

In seiner Kritik von Friedrich de la Motte Fouqués »Undine« [Sept. 1839] gebraucht Poe zwar den Begriff des ›moralischen Ideals‹, verurteilt aber den allegorischen Inhalt der sonst positiv bewerteten Erzählung [4.2.]. Seine Besprechungen zu Morris und Moore sind die interessantesten dieser Zeit, die vor allem durch den Beginn des ›Longfellow War‹ geprägt ist [2.7.].

Nach dem Ausscheiden aus BGM war auch Poes Konzept einer Zeitschrift bereits ausreichend formuliert, um es in der Ankündigung des Penn-Magazins wiederzugeben [2.5.]. In den ersten Monaten bei GM veröffentlichte Poe seine wichtigen Beiträge zu Bulwer-Lyttons »Night and Morning«, Dickens' »Old Curiosity Shop« und Macaulays »Essays« [4.3.; 6.1.]. Poe verglich dort die zu besprechenden Bücher nicht nur mit Defoes populärem Roman »Robinson Crusoe« [vgl. auch Jan. 1836], sondern auch mit Godwins vielgelesenem Buch »Caleb Williams«, das wie Bulwer-Lyttons Romane von der moralisierenden Kritik negativ beurteilt wurde [Charvat, »Origins«, S. 15, 153; DeMille, »Criticism«, S. 95]. Im Januar 1842 veröffentlichte Poe schließlich »Review of New Books: Exordium«, sein ausführlichstes Manifest zur Aufgabe des Kritikers und zur Literaturkritik.

Poe bezeichnet hier die Literaturkritik als eine Wissenschaft, die nicht auf eine konkrete Werkanalyse verzichten darf. Auch die britischen Zeitschriften werden jetzt von Poe kritisiert. Er wendet sich, wie bereits in früheren Rezensionen, gegen anonyme Beiträge, die eine Vielschreiberei, aber keine Qualität fördern. Kunst ist nach Poe hier in der Natur und nicht in den veränderlichen konventionellen Normen begründet. Dies bedeutet unter anderem auch, daß nun die Literatur an sich und keine individuelle Nationalliteratur im Vordergrund der Kritik stehen muß. Die Literaturkritik als Genre ist von dem Essay, der Predigt und dem Vortrag verschieden und muß ihre eigenen Regeln und Kriterien besitzen. Der Kritiker soll nicht nur analytische Fähigkeiten und Kunstverständnis besitzen, er darf auch nicht vor einem negativen Urteil zurückschrecken.

Poe versuchte, sein selbsterstelltes Programm bei GM mit den Kritiken zu Hawthorne, Longfellow und zur deutschen und englischen Romantik zu erfüllen [6.1.]. Statt der Aufgabe des Kritikers und der Literaturkritik beschäftigten ihn im wachsenden Maße die Definitionen der Genres und Fragen der Literatur im allgemeinen; seine Buchbesprechungen rückten in den Bereich der ästhetischen Kritik, die ihr Material aus der Analyse einzelner Werke und ihren theoretischen Ansatz aus der Lektüre schottischer wie deutscher Philosophie – nicht immer ohne Widersprüche – herleitete.

Poe beginnt in seinen Rezensionen oft mit einer Inhaltsangabe, hebt dabei aber eine fehlerhafte oder glückliche Konstruktion des Werkes hervor, kritisiert den Stil oder die Zeichensetzung und vergleicht schließlich den Anspruch des Buches mit dessen Realisierung. Diese konkreten Hinweise werden mit Anmerkungen über das Genre oder Hinweisen auf literarische Parallelen weitergeführt. Poe versucht dann zu beschreiben, was für ihn die Grundlage der vorliegenden Darstellung zu sein scheint. Philosophische und psychologische Diskussion werden zum erstenmal in der amerikanischen Literaturkritik mit einer konkreten ›Anwendung‹ verbunden. Konkreter als seine Vorgänger verweist Poe auf eine neue Literatur, indem er ihr eine kritische Rechtfertigung gibt.

Poes Kritiken zeigen ähnliche stilistische Merkmale wie seine Erzählungen. Er zitiert aus wissenschaftlichen Werken und aus fremdsprachigen Büchern. Poes Lektüre mußte sich, abgesehen von den zu rezensierenden Büchern, auf eine schnelle Durchsicht vieler Werke beschränkt haben; aber selbst angenommen, daß er die Bücher, die er zitierte, nicht gründlich las, so ist ihre Anzahl doch erstaunlich. Poe verstand sich als ein Kritiker, der nicht nur in der Literatur, sondern auch auf anderen Gebieten Verständnis und Kenntnisse besitzen wollte. Die individuellen Disziplinen selbst waren aber zu dieser Zeit ebenfalls nicht exklusiv definiert.

Wie zuvor beim SLM, so gelang es Poe auch bei GM die Sparte der Literaturkritik zu erweitern und Auflage und Reputation des Blattes zu vergrößern [2.5.]. Da er viele seiner Beiträge namentlich kennzeichnete, wurde Poe zu einer der wenigen bekannten Kritiker-Persönlichkeiten.

Sein Interesse für Fragen der ›Imitation‹ und des Plagiats waren durchaus mit seiner Definition von Kreativität, Originalität und Kunst konsistent; sie wurden in den folgenden Jahren jedoch immer mehr auch zu einer privaten Obsession [2.7.; 4.2.]. Die Kritiken im BJ erreichten nur noch selten die analytische Schärfe der Arbeiten der Philadelphia-Zeit und erschienen oft nur als aggressive Selbstbehauptung. Finanzielle Sorgen veranlaßten Poe bisweilen auch zu bezahlten Arbeiten, die weniger seinen Kriterien entsprach und gegen seine Überzeugung der Unabhängigkeit des Kritikers standen [2.9.]. Seine Hoffnung auf eine Staatsanstellung und die Publikationsmöglichkeiten in konservativen Blättern veranlaßten Poe zu politischen Stellungnahmen; er bevorzugte die Whigs. So sprach er sich für eine nationale amerikanische Literatur in New York aus, um sich der Gruppe ›Young America‹ anzupassen, die er zuvor auch scharf kritisiert hatte. Oder er sprach sich etwa in der Rezension von Lowells »Fable for Critics« für eine Literatur der Südstaaten aus, um wieder Kontakt mit dem SLM aufnehmen zu können [Jacobs, »Poe«, S. 397f.]. Poe richtete sich nicht nur gegen bisherige Kritikerkonventionen, sondern auch gegen Buch- und Magazincliquen; er mußte jedoch bald mit ihnen paktieren lernen. Poes Karriere als unabhängiger Journalist kann als gescheitert gelten.

Im BJ veröffentlichte Poe im Februar 1845 den Beitrag »Some Secrets of the Magazine Prison-House«, in dem er, wie das ›Young America‹, ein internationales Copyright-Gesetz forderte, und prangerte die schlechte Bezahlung der Zeitschriftenautoren an. Poes »Gotham«-Serie [1844] beschrieb Szenen aus New York, aber er lieferte auch Beiträge für das BJ wie z.B. »Street Paving« [1845]. Nach seinem vergeblichen Versuch, eine staatliche Anstellung zu erhalten, nahmen Poes Bemerkungen zur politischen Korruption zu [s. Marchand, »Social Critic, S. 32].

Poe zeigte sich als konservativer Südstaatler in seiner Ironisierung der Fortschrittsideen und der Reformbewegungen [1.3.; 3.1.], obwohl er selbst an der Lyceumsbewegung Anteil nahm [2.9.]. Autorinnen wie Margaret Fuller, die eine Emanzipation der Frauen forderten, erschienen ihm als Blaustrümpfe lächerlich. Er äußerte Bedenken gegenüber Lowells Abolitionisten-Bewegung [Campbell, »Mind«, S. 111 Anm. 1: 3.; Marchand, »Social Critic«, S. 37]. Poe verstand sich als ein intellektueller Aristokrat, der nicht nur über den Parteien stehen konnte, sondern auch über jeder Bewegung, die nicht dem Individuum galt, sondern der Verbesserung der Gesellschaft als ganzer. Mit seiner Ablehnung des demokratischen Gedankens sprach Poe schließlich nicht nur als Südstaatler, der jeglicher Erneuerung kritisch entgegenstand, sondern – paradoxerweise? – als Vertreter der besitzenden Klasse, die ihr Eigentum schützen wollte [3.1.].

Verschiedene Serien Poes weichen von einer traditionelleren Berichterstattung [wie die »Doings of Gotham«: 6.3.] oder Buchbesprechungen ab. Die Autographen-Serie [3.2.] war ebenso wie die spätere Serie der »Literati« ein Publikumserfolg. Neuheit [*novelty*] und Abwechslung [*variety*], die er als kritische Begriffe prägte [4.2.], zeichnen auch Poes journalistisches Schaffen aus. Als seitenfüllendes Editorial entwickelte Poe mehrere Serien [»Marginalia«, »Fifty Suggestions«], die Zitate aus anderen Büchern und auch aus anderen Poe-Texten wiedergeben und Aphorismus-ähnlichen Charakter besitzen. Für den Journalisten Poe mochten diese »Marginalia« wie Illustrationen als Seitenfüller benützt worden sein. Wie die »Literati«-Serie aber, so dienten auch die »Marginalia« dazu, »die literarische Lage Amerikas zu orten« [Simpson, »Letters«, S. 133].

Poes Interesse für das physische Aussehen der Zeitschrift führte bereits zu Veränderungen von Schriftbild, Überschriftsform und Seitenorganisation im SLM, und er plante für sein eigenes Zeitschriftenprojekt noch ehrgeiziger mit teurem Papier, breitem Seitenrand und teuren Illustrationen [s. die Ankündigungen der *Penn*- und *Stylus*-Magazine; 2.5.]. Mit Enthusiasmus beschrieb Poe neue Druckformen [›Anastatic Printing‹ BJ I: 15]. Poes Zeitschriftenpläne ähnelten in der Konzeption den erfolgreichen ›gift books‹. Obwohl Poe die Auflagenstärke seiner geplanten Zeitschriften wohl unrealistisch einschätzte, entsprach sein Plan einer richtigen Beobachtung der Veränderung des Buch- und Zeitschriftenmarktes sowie des Leserinteresses.

Das physische Aussehen der Bücher oblag zu dieser Zeit zumeist den Plänen des Autors (Poes wohl bekannteste Titelblatt, nämlich das zu »Arthur Gordon Pym«, wurde wahrscheinlich aber nicht von Poe entworfen). Poe pries darüberhinaus die Permanenz des Buches, das es der ungebundenen, preiswerten Zeitschrift gegenüber überlegen machte [Charvat, »Journalism«, S. 86f.: 3.1.]. Eine Zeitschrift mochte nach Poe respektabler erscheinen, wenn sie sich dem Buch anglich. Anerkannte Autoren galten für ihn als Grundlage, das Journal in ein originales Kunstwerk zu verwandeln.

Poe setzte dem öffentlichen Bereich der Literatur, der ›Republic of Letters‹, einen zweiten, abstrakten gegenüber, in der nur die ›reine Kunst‹ einen Platz finden sollte [vgl. Simpson, »Letters«]. Damit sah sich Poe in zunehmenden Maße mit der Schwierigkeit konfrontiert, diese beiden Bereiche zu verbinden. Sein Konzept des *Stylus* sollte sich mehr einer ›Republic of Letters‹ öffnen, einer Vielfalt von Themen auch politischer Art. Die Feder, die er für das geplante Titelblatt entwarf, wandte sich an ein breiteres Publikum. Poe kalkulierte für seine Erzählungen, die von Graham und anderen oft als zu esoterisch und in ihrem Humor als zu schwerverständlich kritisiert wurden, immer mehr auch theoretisch den Effekt auf ein breites Publikum mit ein [4.3.]. Seine Einstellung zur ›Masse‹ wurde im Laufe der Jahre jedoch zunehmend ambivalent: Er verachtete sie und umwarb sie. Bereits ein Jahr nach dem Versuch der Annäherung an die ›vielen‹ [1843] konzentrierte Poe sich wieder auf den Gedanken einer ›Aristokratie des Talents‹, die sich an seiner Zeitschrift beteiligen sollte [Poe an Lowell, 28. 10. 1844]. Die intellektuelle Aristokratie wiederum sollte die Masse faszinieren können.

Ein so teuer geplantes Blatt wie der *Stylus* konnte keine hohe Auflage besitzen und so mußte Poe auch bei seinem letzten Plan Kompromisse schließen [2.9.]. Ursprünglich schätzte Poe die Auflage seiner Zeitschrift auf 100 000. Die Auflage der populären Zeitschrift *Godey's* betrug zu dieser Zeit 40 000, *Blackwood's* erhielt in England eine Auflage von lediglich 8000 Exemplaren (*Blackwood's* amerikanische Leserschaft übertraf die englische ums Vielfache). Gerade *Blackwood's* beschäftigte sich mit dem Dilemma, für ›wenige‹ [*few*] wie für ›viele‹ [*many*] schreiben zu wollen; die Zeitschrift richtete sich schließlich an eine aufsteigende, prestigebedürftige Mittelschicht. Die Entscheidung zwischen dem anspruchsvollen literarischen Konzept und einem finanziellen Gewinn schien aber für Poe in Amerika viel dringender, so daß er sich schließlich nicht nur ein ›ideales Magazin‹ erträumte, sondern auch eine eigene elitäre Leserschaft erfand.

Literaturhinweise:

M. *Allen* »Poe and the British Magazine Tradition« (N.Y., 1969); R.P. *Benton* ›The Works of N.P. Willis as a Catalyst of Poe's Criticism‹ AL XXXIX (1968): 315–24; D.H. *Calhoun* »Professional Lives in America: Structure and Aspiration, 1750–1850« (Cambridge, Mass., 1965); K. *Campbell* ›Poe's Treatment of the Negro and the Negro Dialect‹ UTSE XVI (1936): 106–14; W. *Charvat* »Literary Publishing in America: 1790–1850« (Philadelphia, 1959); W. *Charvat* »Origins of American Critical Thought 1810–1835« (Philadelphia, 1936); E. *Current-Garcia* ›Criticism and the Problem of Literary Expression in a Democratic Society: The Awakening of American Critical Thought: 1835–1850‹ Diss. Harvard Univ., 1947; J. L. *Dameron* ›Poe and »Blackwood's« on the Art of Reviewing‹ ESQ XXXI (1963): 29–31; J. L. *Dameron* ›Poe's Reading of British Periodicals‹ MinnR XVIII (1964–65): 19–25; G.E. *DeMille* »Literary Criticism in America: A Preliminary Survey« (N.Y., 1931), S. 86–118; B.F. *Fisher* IV (Hrsg.) »Poe the Craftsman: The Changing Fiction« Library Chronicle 41,i (1976) [Sondernummer]; W. D. *Hull* ›A Canon of the Critical Works of E.A. Poe with a Study of Poe as Editor and Reviewer‹ Diss. Univ. of Virginia, 1941; D. K. *Jackson* ›Poe's Knowledge of Law during the »Messenger« Period‹ AL X (1938): 331–9; R. D. *Jacobs* »The Courage of a Critic: Edgar Poe as Editor« (Baltimore, 1971); R. D. *Jacobs* »Poe: Journalist and Critic« (Baton Rouge, 1969); A.J. *Lubell* ›Edgar Allan Poe – Critic and Reviewer‹ Diss. New York Univ., 1951; E. *Marchand* ›Poe as a Social Critic‹ AL VI (1934): 28–43; E.F. *Llewellyn* ›Nineteenth-Century Gift Books: A Curious Combination of Popular and Elite Art‹ in R.B. *Nye* (Hrsg.) »New Dimensions of Popular Culture« (Bowling Green, 1972), S. 16–31; B.R. *Pollin* »Poe, Creator of Words« (Baltimore, 1973); B.R. *Pollin* ›Poe's Word Coinages: A Supplement‹ PSt 16 (1983): 39–40; C. *Richard* »Edgar Allan Poe: Journaliste et critique« (Paris, 1978); B. *Rosenthal* ›Poe, Slavery, and the »Southern Literary Messenger«: A Reexamination‹ PSt 7 (1974): 29–38; L. P. *Simpson* »The Man of Letters in New England and the South« (Baton Rouge, 1973); L. P. *Simpson* ›Touching »The Stylus«: Notes on Poe's Vision of Literary Order‹ in W. *McNeir* u. L. B. *Levy* (Hrsg.) »Studies in American Literature« (Baton

Rouge, 1965), S. 33–48; F. *Stovall* (Hrsg.) »The Development of American Literary Criticism« (Chapel Hill, 1959); H. *Sussman* ›A Note on the Public and the Private in Literature: The Literature of ›Acting Out‹‹ MLN 104 (1989): 597–611; R. *Thompson* »American Literary Annuals and Gift Books 1825–1865« (N.Y., 1936).

4.2. Fragen an die Imagination

4.2.1. Poes Ästhetik 1831–1842

Poes erste kritische Stellungnahme zur Dichtung erschien 1831 als »Letter to Mr. – « und als Vorwort zu seiner Gedichtsammlung »Poems« [eine gekürzte Fassung erschien 1836; 2.3.; 6.1.]. Dichtung wie Kritik sind danach von der Inspiration abhängig und sollen keinem didaktischem Zweck dienen. Das Ziel des Gedichts ist die Darstellung unendlicher und idealer Schönheit. Das Gedicht soll ein Wohlbefinden [*pleasure*] vermitteln, welches gleichzeitig analytisch als Element der Dichtung gesehen werden kann: Dichtung ist die Verbindung von Musik mit einer ›pleasurable idea‹.

Stovall [»Interpretation«] bezeichnet das Gedicht »Al Aaraaf« als bereits bewußte allegorische Darstellung Poescher Dichtungstheorie; die Arbeiten von Jacobs [»Poe«: 4.1.], Kelly [»Beauty«, »Unity«, »Aesthetic«] weisen [im Gegensatz zu Stovall] zwar auf die konstanten Forderungen, aber auch auf die deutliche Entwicklung der Poeschen Poetik ab 1831 hin.

Poes offener Protest gegen Wordsworth und die Lake Poets entsprach der allgemeinen Reaktion dieser Zeit, besonders im konservativen Süden [Charvat, »Origins«, S. 71f.: 4.1.]. Jacobs [»Poe«, S. 35–60: 4.1.] macht darüberhinaus auf die Lehrbücher von Blair und Alison aufmerksam, die Poes Diktion prägen halfen und ihm ein Argument für die Ablehnung Wordsworths gaben [4.1.]. Trotz der positiveren Einstellung, die Poe Wordsworth und Coleridge gegenüber in den folgenden Jahren einnahm, weist Jacobs auch auf den fortdauernden Einfluß der schottischen Philosophie auf Poe hin. Andererseits schien Poe bereits früh Coleridge rezipiert zu haben, denn er folgte ihm in der Unterscheidung von Gedicht und wissenschaftlichem Werk hinsichtlich der verschiedenen Zielsetzungen von ›pleasure‹ und

›truth‹. In seiner Kritik zu »Norman Leslie« [2.4.] übernahm Poe Wordsworths Feststellung, daß die Verkaufsziffern eines Buches noch nicht dessen Qualität beweisen. Diese Feststellung wurde für Poe allerdings in der Kritik zu »Barnaby Rudge« und besonders seiner zweiten Kritik zu Hawthorne problematisch [4.3.] und verband sich mit der Entscheidung zwischen den ›few‹ und den ›many‹ [4.1.].

In seinem kurzen Beitrag »Genius« [SLM 1836] nimmt Poe seinen Protest gegen Wordsworths These, daß Dichtung vom Gefühl [*passion*] bestimmt sei und nicht zum Objekt intellektuellen Studiums gemacht werden sollte, schließlich zurück. Dichtung ist für ihn nun ein Studium, und Dichtung und Philosophie sind untrennbar miteinander verbunden [s. Alterton, »Origins«, S. 97f.]. Beschrieb Poe 1831 den Dichter noch als alleine von seiner Inspiration abhängig, so zeichnet sich das Genie nun nicht nur durch ein natürliches Talent aus, sondern auch durch eine bestimmte Vorliebe für ein Studium; diese Vorliebe ermöglicht es ihm, sich ganz seinem Ziel zu widmen.

Poe beschäftigte sich während seiner Zeit am SLM intensiv mit Coleridges »Biographia Literaria« [1817]. Seine Kritik zu Drake/Halleck [1836; 2.4.] zeigt diese Beschäftigung deutlich und bietet gleichzeitig Poes komplexeste Aussage über Dichtung, die im SLM erschien.

Poe beschreibt Dichtung hier als allgemein unbestimmt. Poesie als ›sentiment‹ bleibt als ein von der Alltagswelt getrennter Bereich aber beschreibbar. Poe vergleicht das ›Sentiment of Poetry‹ mit der ›Faculty of Ideality‹ und ist damit von der Fakultätenpsychologie und Phrenologie beeinflußt [3.8.]. Das ›Sentiment of Poesy‹, derart psychologisch begründet, definiert sich als Verständnis [*sense*] des Schönen, Erhabenen und Mystischen. Dichtung ist nicht nur intellektuelles Glück im Diesseits, sondern auch die Hoffnung auf ein noch größeres im Jenseits. Bei Coleridge findet Poe die Formulierung der Einheit als ›unity in variety‹ und die Unterscheidung zwischen primärer und sekundärer Imagination. In einer Revision seines Konzepts von 1831 schreibt Poe nun: »Die Vorstellungkraft ist beim Menschen möglicherweise eine schwächere Schöpfungskraft Gottes.« In einer Rezension im August 1836 [»The Book of Gems«] wiederholt Poe seine Beschreibung Coleridges, er habe ›metaphysical acumen‹.

Poes Konzept umfaßt hierbei nicht nur eine psychologische Begründung beim Autor, sondern auch eine Analyse des Effekts der Lektüre auf den Leser. Imagination und Intellekt stehen nicht mehr, wie noch 1831, in Opposition zueinander. Es bedarf technischer Fähigkeiten, um das Gedicht als Mittel erfolgreich zu gestalten. Alterton [»Origins«, S. 110f.] versteht Poes Beschäftigung mit den Klassikern und Thomas Dicks »Christian Philosopher or the Connexion of Science and Philosophy within Religion« [1823] als den Versuch, eine Einheit als unabänderbares Gesetz zu verstehen; ähnlich wie Coleridge sucht er nach der ›unity in variety‹ als Grundlage kreativer Vorstellungskraft.

Trotz seiner frühen Ablehnung von Wordsworth und Coleridge [1831] begrüßte Poe bereits 1836 in seiner Kritik zu Fays »Norman Leslie« [2.4.] das ›unbestimmte‹ Element der Dichtung bei einer Entscheidung zwischen ›fancy‹ und der höher gestellten ›imagination‹. In der Rezension zu Drakes »Culprit Fay« [2.4.] wiederum kritisierte Poe die Bestimmtheit der Drakeschen Bildwelt gegenüber einer poetischen, der ›fancy‹ überlegenen Vorstellungskraft. Poes Beschreibung lehnt sich an Dick an, besonders in der Bestimmung eines ›höheren Plans‹ der Natur.

In seiner Kritik von Moores »Alciphron« [1840] lehnt Poe Coleridges Unterscheidung zwischen der ›fancy‹, die kombiniert, und der ›imagination‹, die schöpferisch ist, ab. Weder ›fancy‹ noch ›imagination‹ sind schöpferisch. Link [»Poe«, S. 68: 3.] wie Alterton [»Origins«] vergleichen damit die Tätigkeit der Imagination mit wissenschaftlicher Arbeit. Nach Poe sind nun alle neuen Konzeptionen lediglich ungewöhnliche Kombinationen von bereits Existentem. Die Unterscheidung zwischen ›fancy‹ und ›imagination‹ behält Poe nur hinsichtlich des Mystischen bei, wie er es nach August Wilhelm Schlegel zitieren will.

Jannacone [»Aesthetics«] weist darauf hin, daß dies gerade das ›Mystische‹ der deutschen Philosophie ist, gegen die sich Poe später wenden wird. Ein Werk, bei dem es neben einer offensichtlichen Bedeutung gleichzeitig eine suggestive ›Unterströmung‹ gibt, ist nach Poe mystisch [4.3.; vgl. auch Poes Kritik zu Fouqués »Undine«, Sept. 1839, eine Erzählung, die er als Gedicht liest]. Für Poe besitzen alle bisher als ›imaginativ‹ bezeichneten Gedichte eben diese Form und Eigenschaft. Gedichte, die lediglich ›fanciful‹ sind, lassen nichts von einer ›jenseitigen Schönheit‹ spüren.

Es ist interessant, Poes neues, 1840 formuliertes Konzept mit seiner eigenen Schreibweise des Zitierens zu vergleichen und mit seinen Plagiatsvorwürfen zu kontrastieren [s. Alterton/Craig »Selections«, S. lxxx–lxxxi]. Denn obwohl es für Poe nur eine Schöpfung gab, die nicht ursprünglich ist und bereits Gegebenes miteinander kombiniert, besaß er ein Konzept der Originalität, das er in den folgenden Jahren weiterentwickelte und das gleichzeitig die Entwicklung seines ästhetischen Konzepts exemplifiziert.

In seinen Rezensionen zu Sigourney und Longfellow etwa [2.4.; 6.1.; vgl. Jacobs, »Poe«, S. 108: 4.1.] verweist Poe auf Originalität der Gefühle wie des Stils. In seiner Rezension zu »Peter Snook« [rev. Fassung, BJ 1845] definiert Poe jedoch Originalität im Einklang mit seinem nun entwickelten Konzept des Genies und der schöpferischen Imagination. Originalität ist nicht allein von der Inspiration abhängig, sondern sie ist die Fähigkeit, vorsichtig, geduldig und verständnisvoll zu kombinieren. Nachahmung bedeutet hier also nicht so sehr den Mangel eigener Inspiration als die Trägheit, eigene, nicht zuletzt technische Fähigkeiten zu entwickeln. Das Genie repräsentiert ein vollkommenes Gleichgewicht und ›moralischen Adel‹. Seine Empfindlichkeit der Disproportion gegenüber macht es jedoch ebenso leicht irritierbar [»Fifty Suggestions«, XXIII]. Im Unterschied zum Genie ist das Talent allein auf seine intellektuellen Fähigkeiten angewiesen, auf seinen mathematischen Sinn und nicht auf seine Vorstellungskraft und die Möglichkeit, den Bereich des Schönen zu erkennen. Parallel zu Poes Harmoniegedanken der Schönheit steht der Harmoniegedanke des Geistes.

Die Sonderstellung des Genies brachte gleichzeitig Probleme für Poes Theorie des Effekts, denn nur wenige, nicht alle, konnten danach sicher urteilen [4.1.]. Die Begriffe ›Genie‹ und ›Originalität‹ waren für Poes Konzept der Genres von konkreter Bedeutung, besonders für die Erzählung und das Gedicht [4.3.; 4.4.]. In seiner Kritik Hawthornes [1847] verband Poe darüberhinaus Überlegungen hinsichtlich des schlechten Verkaufs des Buches mit Überlegungen zu den Begriffen ›Genie‹ und ›Originalität‹. Vom Effekt und vom Leserinteresse aus argumentierend, erschien das Genie dort negativ, wenn es sich zu eigenwillig zeigte. Poe zeichnete ein Konzept ›wahrer Originalität‹, die ohne Exzentrizität auskam und dadurch erfolgreich war: Denn es war nun der naive Leser, der Originalität am besten erkennen konnte.

In seiner Rezension von Bulwer-Lyttons »Night and Morning« [April 1841] diskutiert Poe die ›verisimilitude‹ in der Darstellung neben der ›Originalität‹ der Charakterzeichnung [vgl. 3.6.; 3.8.; 3.9.]. Poe lobt Dickens' Stil und einen ›einfachen Stil‹ [vgl. die Hawthorne Kritiken, 4.3.]. Wiederum ist es interessant, dies mit Poes eigenem Stil zu vergleichen, der oft weder ›natürlich‹ noch ›gedämpft‹ [*subdued*] erscheint [3.5.]. In seiner Kritik zu Dickens' »Old Curiosity Shop« [Mai 1841] differenziert Poe zwischen Bulwer-Lytton und Dickens hinsichtlich des ›Genies‹; es ist Dickens, der die echte Inspiration besitzt. Poe möchte nun die ›Idealität‹ der Dickenschen Einbildungskraft an einem Katalog von Bildern festmachen, und er wendet sich etwa gegen die Darstellung eines sterbenden Kindes, da sie einen zu schmerzhaften Eindruck bewirkt. Der Tod an sich jedoch gehört zu der höchsten Ordnung literarischer Exzellenz: Poe fährt fort, nicht nur die zeitgenössische Literatur zu kritisieren, sondern für die zukünftige Literatur ein ideales Thema zu suchen.

4.2.2. Poes Ästhetik 1842–1846

Jacobs [»Poe«, S. 296: 4.1.] bezeichnet die Kritiken des Frühjahrs 1842 als den Wendepunkt von einer konkreten Literaturanalyse zur Bestimmung von Kunst an sich. In seiner Rezension von Longfellows »Ballads« [März, April 1842] kritisierte Poe Longfellow als einen Dichter, der die ›didaktische Moral‹ nicht zur Unterströmung seiner Dichtung macht, sondern fälschlicherweise auch zu seinem Thema.

Um den strengeren Maßstäben der Wahrheit gerecht zu werden, muß ein Autor konzise und leidenschaftslos argumentieren: Wahrheit und Dichtung stehen einander gegenüber. Poe benützt hier Coleridges Modell vom reinen Intellekt, Geschmack und moralischen Sinn. Der Geschmack dient dabei als der Vermittler beider Extreme. Während der moralische Sinn die Pflicht erkennt, der Intellekt die Wahrheit, so informiert der Geschmack über die Schönheit. Poesie dient dem Geschmack und kann Tugend darstellen, aber nicht predigen. Eine ›realistische‹ Darstellungsweise im engeren Sinne kann unter Poes Konzept der ›verisimilitude‹ daher nicht verstanden werden [vgl. 3.8.]. Die Schönheit, nach der die Poesie strebt, ist überirdisch, und das Streben kann nur durch eine neue Kombination der Kombinationen früherer Dichter befriedigt werden. Die Musik stellt den wahrscheinlich besten Weg zur übernatürlichen Schönheit dar, und die höchste Entwicklung des poetischen ›sentiments‹ gilt der Vereinigung von Lied und Musik, wie sich auch die Dichtung selbst als ›rhythmische Schöpfung von Schönheit‹ versteht.

In seiner Rezension zu N. P. Willis' »American Prose Writers. No. 2« [Jan. 1845] ging Poe nochmals ausführlicher auf Coleridges Unterscheidung von ›fancy‹ und ›imagination‹ ein, und er bestätigte die bereits 1840 gefaßte Definition von ›imagination‹ als originaler Schönheit.

Poe argumentiert nun gegen Coleridges »Aids to Reflection« [1825]: Wenn der Mensch eine Vorstellung dessen besäße, was noch nicht existiert, könnte er nicht nur ideell, sondern auch substantiell schöpferisch sein. Nach Poe ist der Bereich der Imagination unendlich, sie sucht das Harmonische und erhält Schönheit selbst aus der Kombination deformierter Elemente. In ihrem Harmonie-Konzept folgt die Imagination dem größeren Harmonie-Konzept der Natur selbst.

›Fantasie‹ und ›Humor‹ sind ebenfalls Begiffe, die in der Kritik von 1845 auf Elementen der Kombination und ›Neuheit‹ [*novelty*] beruhen. Die ›Fantasie‹ führt das, was bei der ›fancy‹ als fehlerhaft erscheint, weiter, indem sie jegliche Proportion vermeidet. Der Effekt ist weniger Wohlbefinden [*pleasure*] durch Neuheit als Schmerz durch Inkohärenz. Humor entsteht durch eine weitere Steigerung der ›Fantasie‹, indem sie bewußt Widersprüchliches wählt und sich weiter von der Wahrheit entfernt. Jannacone [»Aesthetics«, S. 4] liest Poes Modell daher als ein quantitatives Gegenmodell zu Coleridge: ›fancy‹ erscheint nicht als Gegenbegriff zur ›imagination‹, sondern als Glied in einer Begriffskette. Poe versucht über die Erläuterung dieser Termini hinaus eine Gesamtkonzeption einer ›Philosophie des Geistes‹ zu finden, die im Aufbau der Natur eine Entsprechung finden sollte.

Mit seiner Bestimmung der Schönheit mittels der Harmonie und Proportion eines imaginativen Werkes wich Poe von seinem in den 30er Jahren mehrfach zitierten Bacon-Zitat nicht völlig ab, durch das er Schönheit als ›strangeness of proportions‹ beschrieb [vgl. »Ligeia«, 3.3.]. »Strangeness« als Unerwartetes, Neues, lebt fort, aber kaum im Sinne von Poes unheimlichen Erzählungen. In Poes neuem, klassisch anmutendem Konzept gibt es im Prozeß der Imagination kein Geheimnis hinsichtlich des Dichtens und des Gedichts selbst. Schönheit scheint hier offensichtlich.

Alterton und Craig [»Selections«, S. XIV] betrachten Poes Begriffe der ›Einheit‹ und ›Schönheit‹ als identisch und machen damit auch seinen Begriff der Schönheit von der Entwicklung seines Einheits-Konzepts abhängig. Kelly [»Poe's Theory«, S. 520] sieht Poes Dichtungsbegriff als einen doppelten, den einer konkreten Dichtung und den einer Dichtung im allgemeinen Sinne, von der sich die erste ableite. ›Schönheit‹ ist dabei ein logischer Kommentar. Prescott [»Selections«, S. XXXI: 6.4.4.], Kelly [»Aesthetic«, S. 98–103] und Lubell [»Schlegel«, S.7f.] führen Poes Konzept der Schönheit als nicht-empirisches Ideal besonders auf A.W. Schlegels Vorlesungen zurück, die als »A Course of Lectures on Dramatic Art and Literature« 1815 in einer Übersetzung von John Black erschienen [bes. I, S.3, 15–17].

In seiner Rezension zu Longfellows »Ballads« [März, April 1842] differenzierte Poe zum erstenmal explizit zwischen der ›höheren‹ und der ›empirischen‹ Schönheit, und er bemerkte die geringe Bedeutung der letzteren für den Dichter. Diese Differenzierung prägte Poes Literaturanalysen und führte weiter auf die Unterscheidung zwischen ›fancy‹ und ›imagination‹ hin.

Das Schöne wird für den Dichter nur im besonderen, kurzen Augenblick sichtbar [4.5.]; Poe versteht Schönheit darüberhinaus als ›reines Erlebnis‹ [Link, »Poe«, S. 32: 3.]. Da Schönheit vom Leser oder Betrachter als Effekt erkannt werden muß, verbindet Poe diesen Begriff mit einer Psychologie des Geschmacks. In seiner Rezension von Griswolds »Poets and Poetry of America« [1843] modifiziert Poe ebenfalls seine Definition von Dichtung. Sie ist als Ergebnis der Verskunst die »Personifizierung existenter oder realer Schönheit« [vgl. 4.4.]. Nicht die Abbildung von Objekten, sondern die Abbildung einer zuvor gefaßten Idee bezeichnet nun Schönheit. Es mag vom Autor her oder hinsichtlich des Lesereffekts geurteilt sein: bei Poe besteht ein Argumentationskreis zwischen der vom Dichter geschaffenen Schönheit, die er als solche erkennt, und jener Schönheit, der keine Definition zugeordnet werden kann, weil sie sich nur als höheres Ziel seines Strebens versteht [vgl. die Rezension zu »Night and Morning«].

In dieser Rezension zu Griswolds Anthologie zeigt sich Poes Problem, das Konzept des ›Genies‹ mit dem der ›breiten Masse‹ zu verbinden, erneut [4.1.]. Poes Geschmackspsychologie und sein ästhetisches System traten in Konflikt miteinander. Das ›übernatürliche Schöne‹ versprach immer deutlicher eine außerliterarische Harmonie und schließlich ein Universum, wie es Poe dann in »Eureka« vorschlagen konnte.

4.2.3. Poes Ästhetik 1846–1849

Im April 1846 erschien Poes wohl bekanntester Aufsatz, die »Philosophy of Composition«. Seine einführenden Worte über Godwins »Caleb Williams« [1794] machen deutlich, daß Poe über eine Beschreibung von Dichtung im engeren Sinne – und konkret über die Beschreibung der Komposition des »Raven« – hinausgehen wollte [3.4.; 4.4.].

Die Betrachtung der Schönheit wird hier als der einzig legitime Bereich des Gedichts bestimmt. Sie verursacht und wird definiert durch ein Gefühl intensiven und reinen Wohlbefindens, das weder dem Intellekt noch dem Herzen, sondern der Seele zu eigen ist. Schönheit zeigt sich gleichzeitig als Effekt und als Konsequenz einer Betrachtung des Schönen. Originalität dient eher dazu, einen bestimmten Effekt zu erreichen, und weniger der Wahl des Tones, des Vorfalls oder Ereignisses. Während die Schönheit im Gedicht das ideale Mittel findet, gehört die Wahrheit wie das Gefühl – Intellekt und Herz – der Prosa. Das Gedicht darf aber Wahrheit beinhalten, ohne daß es der Schönheit widerspricht. Die ›Provinz der Schönheit‹, dem das Gedicht angehört, kann inhaltlich bestimmt werden. Als ideales Thema des Gedichts wird der Tod einer schönen Frau bestimmt, der melancholische Stimmung und Schönheit des Objekts verbindet [3.5.]. Die Bestimmung der Melancholie übernimmt Poe dabei aus A.W. Schlegels »Vorlesungen«. Poe fordert nicht nur die bereits formulierte Unterströmung der Bedeutung, die an die romantische Symbolbestimmung anschließt, sondern ebenso die Komplexität der ›oberen‹ Bedeutung, die die Unterströmung übertreffen muß [vgl. die Rezensionen zu »Undine« und Hawthornes »Twice-Told Tales«, 4.3.].

Poes letzte, posthum erschienene Arbeit »The Poetic Principle« [1850] trägt die Züge der ursprünglichen Vortragsfassung und wiederholt bisherige Formulierungen Poes.

Poe zitiert wiederum seine inzwischen aufgegebene Opposition von Dichtung und Wahrheit, deren strengen Forderungen das Gedicht nicht genügt. Gleichzeitig greift Poe jedoch auch wie in der »Philosophy of Composition« die Möglichkeit auf, daß ›Wahrheit‹ den Zweck des Gedichts unterstützen kann. Wahrheit ist ›real-empirisch‹, aber auch ›poetisch‹. Das Gedicht, so formuliert Poe abschließend radikaler, hat um seiner selbst willen eine Daseinsberechtigung.

Es ist gerade diese Trennung von ›Wahrheit‹ und Dichtung, die Poe in »Eureka« [1848] zu negieren versucht, indem er die Grenzen zwischen poetischem und ›realem‹ Universum auflöst [3.9.]. In seinem Konzept der Einheit, das nicht nur einen Blick auf einen größeren, göttlichen Plan zuläßt, sondern eben diesen Plan als gleichfalls poetischen zeigt, verbinden sich Schönheit und Wahrheit. Poe wendet sich von dem Konzept der ›christlichen Philosophie‹ und vom Deismus ab und beschreibt selbst die Religion als durch ästhetische Kriterien der Harmonie und Symmetrie begründet. Im »Poetic Principle« zitiert Poe die Liebe als das poetischste Thema; in »Eureka« zeigt sich in der Vereinigung von Schönheit und Wahrheit perfekte poetische Harmonie.

Alterton und Craig [»Selections«, S. XVIf.], die weitgehend über widersprüchliche Formulierungen Poes hinwegsehen, beschreiben vier aufeinanderfolgende Phasen des Poeschen Kunstkonzepts. In der frühesten Konzeption (bis 1831 und vor allem im »Letter to Mr. – «) bestimmt Poe die Imagination als wichtigstes Kriterium und definiert sie mit Hilfe der ›Intuition‹. Poes zweites Konzept (von etwa 1832 bis 1836) entstand zur Zeit der frühen Erzählungen und der ersten SLM-Kritiken. Hier erwähnt Poe den Verstand [*reason*] als ebenfalls bedeutenden Faktor, sieht aber unterschiedliche und getrennte Funktionsweisen von Verstand und Vorstellungskraft. Seine Beschäftigung mit Coleridge und Schlegel wird nicht nur durch die Einführung der Kategorie des Verstandes in sein Konzept deutlich, sondern auch in der damit verbundenen ersten Formulierung eines Konzepts der Einheit. So setzt Poe in der Drake/Halleck-Rezension Dichtung als ›poetic sentiment‹ der ›ideality‹ gleich und versteht im Gegensatz zur ›poesy‹ das konkrete Gedicht als ›Mittel‹. Beide getrennten Funktionsweisen können in ihren Bereichen eine ›Einheit‹ erzielen. Die Kritiken zwischen 1836 und 1841 beschreiben eine Zusammenarbeit von Imagination und Verstand. In der Rezension von Bulwer-Lyttons »Literary Remains of the Late William Hazlitt« [Sept. 1836] weist Poe der Imagination selbst die Verstandeskräfte [*reasoning powers*] der

Argumentation zu; in seiner Kritik zum »Book of Gems« [Aug. 1836] und zu »Undine« [Okt. 1839] erscheint die Imagination als dem Verstand verpflichtete und als vereinigende Kraft. Analyse und Synthese, als Gegensätze betrachtet, werden durch die ›analytische Imagination‹ verbunden [vgl. 3.7.]. Poe kritisiert in der Rezension zu Longfellows »Voices of the Night« [Feb. 1840] die verstandesmäßige [*reasoning*] und konstruktive Imagination, die eine Einheit verfehlt. Nach 1841 formuliert Poe dann das Konzept der Wechselbeziehung als ein Konzept gleichwertiger, entgegengesetzter Begriffe, die sich in seinem Konzept wie zu einem Organismus verbinden. Um 1844 versucht Poe schließlich, sein Konzept der Einheit in Analogie mit dem der Natur zu sehen, und er skizziert einen neuen Wissenschaftsbegriff. Narrativer ›plot‹- und göttliche Einheit des Universums teilen die Struktur von Anfang, Mitte, Ende [4.3.].

Die so dargestellte Entwicklung zeigt besonders in den letzten Jahren jedoch nicht nur das von Coleridge und Schlegel beeinflußte Bild eines organischen Ganzen [4.1.], sondern ebenso einen vom neuen Wissenschaftsdenken geprägten Begriff der Imagination. Dieses Konzept der Imagination kann nicht mehr deutlich von dem des Verstandes getrennt werden. Die Imagination kann nun ein komplexes, alles umschließendes Harmoniegesetz wiedergeben, statt eine auf das Unendliche ausgerichtete Ahnung einer höheren Einheit. In »Eureka« zeigen sich Imagination und Verstand als zwei Aspekte eines Begriffes.

Literaturhinweise:

M. *Alterton* »Origins of Poe's Critical Theory« (ser.) Univ. of Iowa Humanistic Studies I (1925, rpt. N.Y., 1965); M. *Alterton* »An Additional Source of Poe's Critical Theory« (ser.) Univ. of Iowa Humanistic Studies II (1926); M. *Alterton* u. H. *Craig* ›Introduction‹, »Edgar Allan Poe: Representative Selections« (N.Y., 1935); L. *Broussard* »The Measure of Poe«, Norman, 1969; K. *Campbell* ›»Origins of Poe's Critical Theory« by Margaret Alterton‹ [Rezension] MLN XLI (1926): 208; B. *Croce* ›Intorno ai saggi di Poe sulla poesia‹, »Letture di poeti e riflessioni sulla teoria e la critic della poesia« (ser.) Scritti di Storia letteraria e Politica 39 (Bari, 1950), S. 209–215; J. L. *Dameron* u. L. C. *Stagg* »An Index to Poe's Critical Vocabulary« (Hartford, 1966); P.J. *Eakin* ›Poe's Sense of an Ending‹ AL 45 (1973–74): 1–22; N. *Foerster* »American Criticism: Studies in Literary Theory from Poe to the Present« (Boston, 1928), S. 1–52; A. P. *Frank* ›Poe (1809–1849)‹ in H. *Turk* (Hrsg.) »Klassiker der Literaturtheorie: Von Boileau bis Barthes« (München, 1979), S. 177–90; M. *Gilmore* ›Words and Things in Antebellum American Literature: Notes toward an Interpretation‹ in J.H. *Smith* »Brandeis Essays in Literature« (Waltham, 1983), S. 85–99; C. *Gregorzewski* »Edgar Allan Poe und die Anfänge einer originär amerikanischen Ästhetik« (Tübingen, 1982); P. *Jannacone* ›L'Esthetica di Edgardo Poe‹, Nuova Antologia 58, ser. 3 (15. 7. 1895): 322–354; G.E. *Kelly* ›The Aesthetic Theories of E.A. Poe: An Analytical Study of His Literary Criticism‹ Diss. Univ. of Iowa, 1953; G. *Kelly* ›Poe's Theory of Beauty‹ AL 27 (1956): 521–36; G. *Kelly* ›Poe's Theory of Unity‹ Philological Quarterly 37 (1958): 34–44; A. *Lubell* ›Poe and A.W. Schlegel‹ JEGP LII (1953): 1–12; T. *Martin* »The Instructed Vision: Scottish Common Sense Philosophy and the Origins of American Fiction« (Bloomington, 1961); R. *Petsch* ›Die Kunsttheorie von E.A. Poe‹ NS 39 (1931): 487–97; J.P. *Pritchard* »Criticism in America« (Norman, 1956); A.H. *Quinn* »Literature of the American People« (N.Y., 1951), S. 292–307; C. *Richard* »Configuration Critique d'Edgar Allan Poe« (Paris, 1969), S. 82–7; F. *Stovall* ›An Interpretation of Poe's ›Al Aaraaf‹‹ Studies in English: Univ. of Texas Bulletin 9 (1929): 105–33 [vgl. »Essays New and Old«, 3.]; D. *Thorpe* ›The Limits of Flight: Poe and ›The Poetic Principle‹‹ Topic XXX (1976): 68–80; R. *Wellek* »A History of Modern Criticism: 1750–1950« (New Haven, 1956).

4.3. Kurze Erzählung und Roman

Poes allgemeines Kunstkonzept wirkt bisweilen widersprüchlich und ist nie ganz durchformuliert. Sein eigenes Werk scheint auch nicht immer den Kriterien zu genügen, mit denen er literarische Gattungen bestimmt. Poe erfüllt seine Forderungen wahrscheinlich am konsequentesten in seinen Erzählungen und in seiner Literaturkritik [4.1.]. In seinen Definitionen von kurzer Erzählung und Gedicht [4.4.], die, wie sein allgemeines Ästhetikkonzept verdeutlicht, von dem Gedanken einer Einheit als harmonisches Ganzes und als Effekt geleitet sind [4.2.], liegt Poes einflußreichster Beitrag zur Literaturtheorie.

Das Konzept der ›Einheit‹ zeigt sich bei Poe in der Bestimmung der Fabel [*plot*], etwa anläßlich der Besprechung von Bulwer-Lyttons »Night and Morning« [1841].

Poes erste Bemerkung zur Fabel findet sich in der Rezension zu Willis' »Tortesa, the Usurer« [Juli 1839]. In seiner Behandlung von ›plot‹ im Drama ist es das aristotelische Konzept der Einheit, auf das Poe indirekt verweist [s. Pritchard, »Fountains«; Alterton, »Origins«, S. 72ff.: 4.2.], aber auch das der »Vorlesungen« A.W. Schlegels zum Drama [vgl. Alterton, »Origins«, S. 71: 4.2.; Schuhmann, »Prosa«, S. 155]. Poe rügt bei Willis dessen Ablenkung von der Haupthandlung. In der Kritik zu Bulwer-Lytton wechselt Poe dann von der dramatischen zur Erzählfabel, hier zu der des Romans. Kein Element kann nach Poe von der Fabel entfernt werden, ohne das Ganze zu zerstören, und er entwirft anläßlich der Fabel das Bild einer harmonischen Architektur [vgl. 4.2.]. Während ein vollkommenes Gleichgewicht unerreichbar erscheint, gibt der Leser sich zumeist schon mit einer Fabel zufrieden, bei der die hauptsächlichen Ereignisse diese Forderung erfüllen. Poe beschreibt die Struktur der Architektur mit den Begriffen von Ursache und Effekt, bei Bulwer-Lyttons Roman kommt noch der ›Nachgedanke‹ [*afterthought*] als ›Vorüberlegung‹ [*premeditation*] hinzu. Das *dénouement* zeigt den Plan des Werkes vollkommen [vgl. 3.7.].

Für Poe ist die Fabel jedoch kein wesentliches Element einer Erzählung; kein höheres, in der Natur begründetes Ziel soll der Fabel geopfert werden. Die Fabel selbst wird nur von wenigen Lesern begriffen; der allgemeine Leser sieht die Ereignisse als unzusammenhängend an [vgl. die Diskussion der ›many‹ und ›few‹, 4.1.]. Die längere Erzählung kann lediglich ein ›zusammengesetztes Wohlbefinden‹ [*composite pleasure*] erwecken. Der Roman muß, wegen seiner Länge, ohne die Einheit oder Totalität des Effekts auskommen.

Poe übernimmt A.W. Schlegels Konzepte der ›Totalität des Interesses‹ und des ›Gesamt-Eindrucks‹ und entwickelt eines der ›Einheit des Effekts‹ [Alterton, »Origins«: 4.2.; Jacobs, »Poe«, S. 115f.: 4.1.; Link, »Poe«, S. 49: 3.]. In der kurzen Erzählung findet sich nach Poe die höchste Entwicklung künstlerischer Fähigkeit in Verbindung mit der ›wildesten Intensivität‹ [*vigour*] der Imagination. Während Poe hinsichtlich der Betrachtung der Länge eines Prosawerkes ›romance‹ und ›novel‹ nebeneinander setzt, so beschäftigt er sich in seiner Rezension von Dickens' »Barnaby Rudge« [Feb. 1842] deutlicher mit dem Roman als ›novel‹ [vgl. auch die Rezension zu Hawthorne, 1847]. Hier diskutiert Poe die ›Architektur‹ der Handlung.

Poe differenziert zwei Arten der Handlungsfolge, die der Ereignisse und die der Darstellung. Erst im *dénouement*, das Poe bei der Lektüre der Fortsetzungsfolgen voraussah [Mai 1841], wird die erste Folge sichtbar. Poe unterscheidet ebenfalls zwischen dem Eingreifen des Autors und den Äußerungen der Personen der Handlung. Während die letzteren falsche Hypothesen über den Handlungsverlauf vertreten können, muß der Autor in der Auflösung seiner Fabel konsistent verfahren. Nicht zufällig erklärt Poe ›Effekt‹ und ›Lösung‹ [*dénouement*] anhand einer ›mystery‹, denn Poe entwickelt sein Konzept der kurzen Erzählung etwa zur Zeit seiner ›tales of ratiocination‹ [3.7.]. Poes Kritik an »Barnaby Rudge« wird vor allem durch die Publikationsform getragen: Als Fortsetzungsroman war er nicht von Anfang an als Einheit konzipiert.

Auf den Roman als ›novel‹ geht Poe in seinen folgenden theoretischen Überlegungen nur noch selten ein. Im Interesse einer Einheit des Effekts und zweifellos auch seiner eigenen schriftstellerischen Tätigkeit wendet er sich statt dessen der kurzen Erzählung zu. Poes Bestimmung der ›short tale‹ wird zu einer wichtigen Formulierung eines ersten Konzepts der ›short story‹.

Die kurze Erzählung in der Form, die heute allgemein als Kurzgeschichte [*short story*] bezeichnet wird, entstand in Amerika etwa um 1820 und führt damit zu den Anfängen der ›American Renaissance‹, der amerikanischen Romantik, zurück. Irving veröffentlichte 1819/20 sein »Sketch-Book« als Sammlung kurzer Erzählungen. Charvat [»Origins«, S. 160: 4.1.] sieht Poes Konzept der kurzen Erzählung vor allem als Folge seiner eigenen Praxis. Vor 1835 unterschieden weder Autoren noch Kritiker die kurze Erzählung eigentlich vom Roman. So fanden Irvings Skizzen in Amerika zwar Nachahmer, aber ein neuer Gattungsbegriff wurde nicht geprägt. Sie wurden abwechselnd ›tale‹ [Erzählung], ›sketch‹ [Skizze], ›story‹ [Geschichte] und selbst ›essay‹ genannt. Simms brauchte den Begriff ›short story‹ bereits 1866, aber der Literaturwissenschaftler J. Brander Matthews prägte die Bezeichnung ›short story‹ erst Jahre später als Gattungsbegriff [Ahrends, »Kurzgeschichte«, S. 11]. Allen [»British«: 4.1.] und Pattee [»Development«, S. 122] weisen auf den, wenn auch unterschiedlich beurteilten, Einfluß besonders der britischen Magazinliteratur auf Thema, Ton und Form der amerikanischen kurzen Erzählung sowie auf die Bedingungen der sich rasch entwickelnden Zeitschriftenindustrie hin. Die ›short story‹ als Erzählform wurde besonders in der amerikanischen Literatur populär. Obwohl über die vergleichende Abgrenzung und inhaltliche Definition der ›short story‹ verschiedene Meinungen bestehen [s. Link, »Tale«; Lubbers, »Typologie«; Ahrends, »Kurzgeschichte«; u.a.], sind sich die Autoren zumeist darin einig, Poe, wenn nicht als den ersten Verfasser einer Kurzgeschichte, so doch als ersten Theoretiker der ›short story‹ zu bezeichnen. Baldwin [»American«] und Pattee [»Development«] nennen Poe darüberhinaus als den ersten Autor, der sie vermarkten konnte.

Bereits in der Kritik zu Bulwer-Lyttons »Night and Morning« deutet Poe die Vorrangstellung der kurzen Geschichte gegenüber anderen Prosaformen an. In seiner Kritik zu Hawthornes »Twice-Told Tales [1842] beschreibt er sie dann genauer als die eigentliche Erzählung [*tale proper*] hinsichtlich der ›Einheit‹ und des Effekts. Poe geht es dabei weniger um die Bestimmung einer Gattung als um die Verdeutlichung eines allgemeinen poetologischen Konzepts mit Hilfe einer Hierarchie literarischer Formen.

Poe zeichnet das Bild eines ›Mountain of the Mind‹ [Berg des Geistes]. Parallel zu einem psychologischen Konzept entwirft er eine Ordnung, in der die Erzählung dem höchsten Rang des Gedichts folgt. Poe skizziert dann aber keine Ästhetik, die sich am Objekt orientiert, sondern vielmehr eine Ästhetik der Produktion und Rezeption. Schuhmann [»Prosa«, S. 154] weist darauf hin, daß der Aufsatz ähnlich wie Poes spätere »Philosophy of Composition« [1846; 4.2.; 4.4.] auch autobiographisch als Selbstbestimmung seiner eigenen Erzählungen gelesen werden kann. Obwohl die Erzählung als Prosaform sich nicht des Vers-Rhythmus bedient, der zur Entwicklung der Idee des Schönen notwendig ist, hat sie den Vorteil, den Gedanken und Ausdruck zu entwickeln, der eine Grundlage in der Wahrheit hat. Während das Gedicht Schönheit anstrebt, ist das Ziel der Erzählung (oft) Wahrheit [4.2.]. Poe entwickelt genauere Typologien in seinem Vorwort zu TGA [3.1.] sowie in seiner Bestimmung der ›tales of ratiocination‹ [3.7.].

In seiner Hawthorne-Kritik zitiert Poe die ›tales of ratiocination‹ als spezielle Kompositionsform neben anderen Ausdrucksformen. Diese Formen [*modes*] sind durch das Zusammenspiel von ›incident‹ [Vorfall, Begebenheit] und ›tone‹ bestimmt. ›Tone‹ ist von ›Stimmung‹ unterschieden und wohl eher mit Schlegels ›Grundton‹ vergleichbar. Vorfall und Ton werden wiederum dem Effekt untergeordnet. Während Schönheit somit das Gebiet des Gedichts darstellt, stehen der Erzählung ›Schrecken‹ und Humor offen.

Poes Überlegungen zur Erzählung beginnen in dieser Kritik von 1842 nicht nur mit einer Beschreibung von Hawthornes Essays, deren ›undercurrent of suggestion‹ [Unterströmung von Bedeutung] er lobt [4.2.], sondern auch mit Bemerkungen zum Gedicht [4.4.]. In einer Besprechung der Aufsätze Macaulays [»Critical and Misc. Essays« u. »About Critics and Criticism«, 1841] geht Poe dann näher auf das Essay ein und konzentriert sich dabei auf Stilfragen.

Poe unterscheidet die Logik des Stils von der des Arguments. Macaulay ist zu sehr der ersteren verbunden. In einer späteren Rezension [posthum, 1850] beschreibt Poe Macaulays Essays positiver als »natürliche Kunst«. Er deutet ebenfalls auf die Schwierigkeit hin, Macaulays Nachfolge anzutreten.

Ein Gedicht muß, um den Effekt zu erzielen, vollkommen erfaßbar sein. Bereits in der Kritik zu Dickens' »Watkins Tottle« [1836] und Bulwer-Lyttons »Night and Morning« [1841] verbindet Poe den Gedanken einer Einheit (des Kunstwerks, des Effekts) mit dem der aktuellen Länge. Das ›poetic sentiment‹ fordert eine Aufnahmezeit, die nicht zu lang ist, denn sonst könnte die Erregung der Seele nicht anhalten. Andererseits darf sie nicht zu kurz sein, denn sonst würde es vielleicht einen lebhaften, aber keinen dauerhaften Eindruck hinterlassen. Ein Gedicht soll nicht länger als eine Stunde dauern [vgl. »Philosophy of Composition«, 4.4.]. Poe setzt das gleiche Kriterium für die Erzählung fest und bestimmt die Lektüredauer auf eine halbe bis ein oder zwei Stunden. Mit Hilfe dieser Lese-Psychologie wiederholt Poe nochmals seine Romankritik. Ein Roman kann nicht in einer Sitzung als Ganzes erfaßt werden und leidet daher im Effekt von einer doppelten Ablenkung: die von der Haupthandlung [vgl. seine Bemerkungen zum ›plot‹] und die von der Lektüre selbst, welche durch tägliche Pflichten unterbrochen werden muß.

Der Künstler, der die Erzählung ›konstruiert‹ [vgl. Hawthorne-Kritik, 1842], hat sich zunächst für den Effekt entschieden und muß diesen bereits vom ersten Satz an im Auge behalten. Er erfindet Begebenheiten, kombiniert Ereignisse und wählt den Ton auf dieses Ziel hin. Alles muß sich zu einem geschlossenen Bild vereinen, nichts darf von der ursprünglichen Idee abweichen. So steht für Poe die Idee über der Behandlung von Ereignissen. Die Begebenheiten selbst sind nur dazu angelegt, die Gefühle oder die Argumentation der Protagonisten zu unterstützen, und diese entwickeln sich dann schrittweise. Nicht nur die einzelne Erzählung, auch eine Erzählsammlung muß sich als Ganzes verstehen.

In seiner Kritik aus dem Jahre 1847 steht Poe Hawthorne kritischer gegenüber. Sein Werk zeigt nun für Poe keinen »originellen Geist«. Poe unterscheidet zwischen ›peculiar‹ [eigenartig] und originell, und Hawthornes Eigenartigkeit kann nicht originell sein. Die Monotonie seines Werkes zeigt keine dauernd präsente Vorstellungskraft. Originalität versagt, wenn Neuheit [*novelty*] aufhört, Neues darzustellen.

Die Neuheit des Effekts, die angestrebt werden soll, darf nicht radikal sein. Ein Text muß andeuten, er muß als Neuheit erscheinen und dem »egoistischen Vergnügen« des Lesers dienen, der das scheinbar Neue als neu versteht, wenn er dabei seine eigenen Gedanken wiedererkennt. Neuheit und Wiederholung des Bekanntem scheinen miteinander verbunden und vereinen wiederum Autor und Leser. Die Anerkennung des Autors geschieht durch die erste Anerkennung des Lesers seiner selbst. Der Leser wählt nie den Autor alleine, sondern immer ebenso sich selbst. Hawthorne versagt in seinen Erzählungen nicht, weil er zu Außergewöhnliches zeigt, sondern weil er das Natürliche zu monoton zeigt.

Indem er einen natürlichen Stil mit einem unnatürlichen Objekt vereint, vertritt er eine ›Eigenartigkeit‹, die am weitesten von der Natur entfernt ist: nämlich die Neigung zur Allegorie.

Bereits in seiner Kritik zu »Undine« [Sept. 1839] äußerte sich Poe negativ zur Allegorie [4.2.] Für Poe widerspricht sie dem Gedanken von Einheit und Effekt. Die Allegorie mischt nach Poe fälschlicherweise zwei getrennte Bereiche – Reales und Irreales, Eigentliches und Uneigentliches -, und die Metapher tut dies ebenso. Die Allegorie verstößt gegen Poes Forderung nach einem ›undercurrent of meaning‹ [4.1.], den sie nicht suggeriert, sondern offensichtlich macht. Damit ›kehrt‹ die Allegorie die Fiktion ›um‹.

Literaturhinweise:

G. *Ahrends* »Die amerikanische Kurzgeschichte: Theorie und Entwicklung« (Stuttgart, 1980); E. *Baldeshwiler* ›The Lyric Short Story: The Sketch of a History‹ SSF VI (1969): 443–53; C. S. *Baldwin* »American Short Stories« (N.Y., 1904); H. *Bungert* (Hrsg.) »Die amerikanische Short Story« (ser.) Wege der Forschung CCLVI (Darmstadt, 1972); R. L. *Caserio* »Plot, Story and the Novel: From Dickens and Poe to the Modern Period« (Princeton, 1980), S. 57–90; H. *Galinsky* ›Beharrende Strukturzüge im Wandel eines Jahrhunderts amerikanischer Kurzgeschichte (dargelegt an E. A. Poes ›The Masque of the Red Death‹ und Ernest Hemingways ›The Killers‹)‹ NS 3 (1958): 5–45; H. J. *Lang* ›Die Prosaerzählungen des »Atlantic Souvenir«: Zur Situation der Kurzgeschichte zwischen Irving und Poe‹ JA X (1965): 78–105; W. *Lang* ›Themen und Motive und ihre formale Durchführung in der literarischen Kurzprosa früher amerikanischer Zeitschriften. Ein Beitrag zur Theorie der amerikanischen Short Story zur Zeit Hawthornes und Poes‹ Diss. Univ. Tübingen, 1969; F. H. *Link* »›Tale‹, ›Sketch‹, ›Essay‹ und ›Short Story‹« NS, N. F. 6 (1957): 345–52; K. *Lubbers* »Typologie der Short Story« (Darmstadt, 1977); R.F. *Marler* ›From Tale to Short Story: The Emergence of a New Genre in the 1850's‹ AL XLVI (1974): 153–69; J. B. *Matthews* »The Short-Story: Specimen Illustrating Its Development« (N.Y., 1907); F. *O'Connor* »The Lonely Voice: A Study of the Short Story« (London, 1965); S. *O'Faolain* »The Short Story« (Old Greenwich, 1948); C. E. *May* ›The Unique Effect of the Short Story: A Reconsideration and an Example‹ SSF 13 (1976): 298–97; F. L. *Pattee* »The Development of the American Short Story« (N.Y., 1923), S. 115–45; J. P. *Pritchard* »Return to the Fountains: Some Classical Sources of American Criticism« (Durham, 1942), S. 26–43; M. C. *Saxena* ›Edgar Allan Poe and His Theory of the Short Story‹ Triveni 45 (1976): 61–9; K. *Schuhmann* »Die erzählende Prosa Edgar Allan Poes: Ein Beitrag zu einer Gattungsgeschichte der ›Short Story‹« (Heidelberg, 1958); H. E. *Smith* ›Poe's Extension of his Theory of the Tale‹ MP XVI (1918):

195–203; G. *Sommer* ›Die Ich-Perspektive in der amerikanischen Kurzprosa des 19. Jahrhunderts‹ Diss. Univ. Erlangen, 1969; A. *Staats* »E. A. Poes symbolistische Erzählkunst« (ser.) JA Beiheft 20 (Heidelberg, 1967); A. *Weber* u. W. F. *Greiner* (Hrsg.) »Short Story Theorien 1573–1973: Eine Sammlung und Bibliografie englischer und amerikanischer Quellen« (Kronberg, 1977); K.-H. *Wirzberger* ›Die Entwicklung der amerikanischen Short Story: Aufstieg und Formauflösung einer Literaturgattung‹ Diss. Freie Univ. Berlin, 1951.

4.4. Gedicht und Drama

Bereits 1825 betonte Bryant in seinen Vorlesungen über Dichtung die Rolle von Imagination, Intuition und Gefühl. Dichtung, ›Moral‹ und Patriotismus waren für ihn untrennbar miteinander verbunden [s. Current-Garcia, »Criticism«, S. 35–38: 4.1.; Charvat, »Origins«, S. 45–47: 4.1.]. In seiner frühen Rezension der Gedichte Bryants [1837] betont Poe ebenfalls die Bedeutung der Imagination, allerdings nicht im Kontext einer moralischen Fürsprache für Institutionen, wie die Kritik selbst eine darstellte [4.1.], sondern hinsichtlich einer individuellen Exzellenz, die nach ästhetischen Kriterien gemessen werden soll.

Poes Rezension behandelt vor allem die Metrik der Bryantschen Gedichte und stellt hier implizit bereits zwei Konzepte englischer Versifikation gegenüber: das der Silbenzählung und das des Klangbildes.

Poes Kritiken und Essays zur Dichtung nehmen im folgenden eine zweifache Perspektive ein. Zum einen beschreibt Poe das Gedicht als höchste Form der Dichtung [4.1.], zum anderen widmet er sich gerade der Verslehre in seiner Definition des Gedichts als »rhythmische Schöpfung von Schönheit« [4.2.]. Poe kritisiert Homers »Ilias« und Miltons »Paradise Lost« als Beispiele der Epik, die durch Länge und Verstöße gegen eine einfache Fabel-Struktur den Leser nicht fesseln können [vgl. 4.3.]. Poe lobt allerdings zwei längere Gedichte: Hornes »Orion« [2.6.] und Moores »Alciphron« [4.2.]. Mit seiner Kritik wendet sich Poe gerade auch gegen die populären neo-klassizistischen ›Epen‹ der Zeit [Charvat, »Origins«, S. 106f.: 4.1.; Clark in Stovall, »Poe«, S. 16: 3.4.]. Poes »Philosophy of Composition« [1846] und sein eklektischer Aufsatz »The Poetic Principle« [posthum, 1850] fassen Poes Konzept des Gedichts zusammen, wie er es in den Longfellow-Rezensionen [1840, 1842; 2.7.] und den Griswold- und Hawthorne-Kritiken [1843; 1842; 1847; 4.3.] sowie in anderen Beiträgen entwickelte [4.2.].

›Einheit‹ ist, wie in der Rezension zu Bryant, auch eines der Poeschen Kriterien der Longfellow-Rezension von 1840; Poe überprüft aber auch die Grammatik, Wortwahl und die Konsistenz der sprachlichen Bilder. In der folgenden Rezension zu Longfellows Gedichten [1842] verurteilt er den didaktischen Ton. Ein Thema, das gleichermaßen oder besser für die Prosa geeignet ist, soll keines für die Dichtung darstellen. In seiner Rezension zu Hornes »Orion: An Epic Poem« [März 1844] versteht Poe ›Imagination‹ als Eigenschaft; sie ist ›erhebend‹ wie ›streng‹. Hornes Stärke liegt nach Poe im Suggestiven und in seiner charakteristischen lebhaften Bildwelt. Dies sind Kriterien, die Poe zuvor für die Prosa entwickelt hatte [4.3.].

In der »Philosophy of Composition« wendet sich Poe wieder allgemein gegen das Epos und bestimmt die genaue Länge des Gedichts mit etwa einer halben Stunde Lektürezeit [vgl. »Poetic Principle«; 4.3.]. Ziel seines Aufsatzes ist es, die Entstehung eines Gedichts, speziell die des »Raven«, zu zeigen. Der Aufsatz ist allerdings weniger ein autobiographisches Dokument als ein Manifest für Poes These des bewußt konstruierten Gedichts.

Ein Gedicht soll nach Poe den Kritiker und das allgemeine Publikum befriedigen [4.1.]. Im folgenden beschreibt er den Schreibprozeß. Am Anfang steht die Intention des Autors, dann die Festlegung der Länge des Gedichts (etwa 100 Zeilen), die Wahl des Effekts und schließlich die des Tons [4.3.]. Für eine durch Schönheit hervorgerufene Wirkung – die Erhebung der Seele – ist der melancholisch/traurige Ton angebracht. Ein Refrain verstärkt durch Wiederholungen das Gefühl von Monotonie und Einheit. Ein kurzer Refrain bietet die beste Möglichkeit einer Variation innerhalb eines Konzeptes der Einheit. Poe sucht das Reimwort nach dem Klang der Vokale. ›O‹ erscheint als tiefer Vokal und ›nevermore‹ als das ideale Reimwort [vgl. 3.4.].

Die in der »Philosophy of Composition« versuchte Verbindung von Laut und Bedeutung wird dann im »Rationale of Verse« fast nur vom Klang ausgehen. Der Klangkörper selbst erzeugt einen bedeutenden Ton.

Poe wählt angeblich erst spät die Begebenheit und das Thema, das dem Schönen als Erlebnis und Wirkung am meisten entspricht [4.2.]. Im Zusammenhang mit seinen Überlegungen zum Reimwort findet Poe so konkrete Formulierungen; die vielfältige Anwendung soll mit der Erwartung des Reimwortes kontrastieren. Ort und Gegenstände bieten sich dem gewählten Ereignis an. Dem Gedicht muß wie der Erzählung eine Fabel mit Dénouement zugrundeliegen. In der Ausarbeitung dieser Fabel kommt Poe dann auf ein theatralisches Mittel, den Dialog, zurück [3.2.; 4.3.] und bewahrt die komplexe Oberflächenbedeutung und suggestive ›Unterströmung‹ [4.3.].

Da sich die Kritik zu Beginn des 19. Jahrhunderts im Zuge der Ideen der Aufklärung um die ›Reinheit‹ der poetischen Diktion bemühte [Charvat, »Origins«, S. 87: 4.1.], wurden metaphorische Äußerungen problematisch. Poes Skepsis dem metaphorischen Ausdruck gegenüber muß in diesem Kontext gesehen werden [4.3.]. Poe betont in der »Philosophy of Composition«, daß erst in der letzten Strophe des »Raven« ein metaphorischer Ausdruck erscheint, der rückwirkend das ganze Gedicht mit neuer Bedeutung erfüllt und den Raben emblematisch erscheinen läßt. Dieses Modell erinnert an sein Konzept der kurzen Erzählung [4.3.]. Poe schränkt seine Ablehnung der Metapher damit auch auf den ›allegorischen Ausdruck‹ ein. Durch die Stellung der Metapher am Ende des Gedichts ist es möglich, das Gedicht selbst als Bild zu sehen; das Gedicht wird erst rückwirkend, und dann als Ganzes, zur Metapher [s. Link, »Poe«, S. 71: 3.]. Poes Konzept bleibt konsistent in der Hinarbeitung auf Wirkung und Lesereindruck.

Poes Theorie des Gedichts ist eigentlich die des lyrischen Gedichts. Der Dichter muß über die Musik eine Verbindung zum idealen Schönen schaffen: Die Harfe kann einen Ton hervorbringen, der Engeln nicht unbekannt ist [s. »Ballads«, 1842 u.a.a.O.]. 1939, kurz nach den Rezensionen zu »Tortesa« und »Undine« [4.3.], erschien Poes Tribut an George P. Morris mit Ausführungen über das Lied. Morris, erster Herausgeber des NYWM und anderer Zeitschriften [Mott, »American Magazines«: 2.4.], war auch der Herausgeber von mehreren Anthologien und Liedersammlungen und ein bekannter Liedautor.

Nach Poe war es beim Lied möglich, die Popularität als Ausdruck der Qualität zu sehen [vgl. 4.1.]. Es verlangt nach einer Freiheit und Unbestimmtheit, die Gefühle zu erregen, welche nicht weiter analysiert werden können. Dennoch können diese zu der »rein mathematischen Erkenntnis der Gleichheit [*equality*]« zurückgeführt werden, die die Wurzel der Schönheit darstellt. Die Begriffe ›Gleichheit‹ und ›Gleichgewicht‹ verbinden Poes Überlegungen zum Lied mit seinen frühen Versanalysen [z.B. der Rezension zu Bryant, s.o.]. Die Verbindung zur Musik ermöglicht dem Lied-Gedicht einen von der Natur getrennten Bereich; Musik selbst ist unbestimmt, ideal und traumhaft. Sie darf deshalb nicht imitieren, da Imitation immer eine Rückkehr zum irdisch Bestimmten bedeutet [vgl. 4.2.]. Musik ist keine Form abstrakter Kunst, in die literarische und darstellende Kunst in ihrer Entwicklung münden, sondern Gegenstand der Schönheit und zugleich das Mittel, sie als Ziel zu erreichen.

Poes Verstheorie ist von seinen Gedanken zur Musik, besonders der Melodie geprägt [vgl. Stovall, »Poe«, S. 192: 3.4.]. Wie die musikalische Notation, so soll auch die Verslehre nach Poe Universalität behaupten. Poe liegt es darüberhinaus daran, daß Gedichte laut vorgetragen werden und dieVerstheorie sich an der mündlichen Vortragsweise ausrichtet.

Die frühe amerikanische Literaturkritik zeigte Mißtrauen jeglichem metrischen Wohlklang gegenüber, der einem didaktischen Ziel entgegenstehen konnte [Charvat, »Origins«, S. 98: 4.1.]. Der Schwerpunkt einer Rezension lag auf der Diskussion der Bedeutung eines Gedichts oder der Angemessenheit etwa des Pentameters für heitere und des Blankverses für erhabene Themen [vgl. 3.4.]. Rhythmus war kaum anders definiert als ein System von Betonungen und Pausen. Bryants »On the Use of Trisyllabic Feet in Jambic Verse« [*North American Review*, 1819] ist ein erster Versuch, den strikten jambischen Vers durch gelegentliche Einführung weiterer Silben zu liberalisieren. Die romantische Dichtung konnte nur ungenügend mit den gegebenen Regeln beschrieben werden. Allgemein mußte sie daher als eine Revolte gegen Popes Metrik und als nachlässig kritisiert werden [Charvat, »Origins«, S. 104: 4.1.; s. dagegen aber auch Poes Bewunderung für Popes Metrik, 3.4.].

1842 wie 1843 veröffentlichte Poe Rezensionen zu zwei Auflagen von Griswolds »The Poets and Poetry of America« [vgl. zu Poes Autorenschaft der zweiten Kritik Campbell, »Mind«, S. 226f.: 3.; Stovall, »Poe«, S. 192, Anm. 11: 3.4.]. In der letzteren, scharf gegen Griswold gerichteten Rezension führt Poe erste Gedanken zur Versbildung aus. Verskunst ist hier für Poe der entscheidende Teil der Arbeit an einem Gedicht. Er weist Versarten zurück, die wie der Tribach oder Pyrrhichius der englischen Sprache eigentlich fremd seien, und definiert Jambus, Trochäus, Spondeus, Daktylus und Anapäst. ›Versification‹ wird von Poe als die Kunst definiert, bei der verschiedene Versfüße gleicher Quantität, die in der Anzahl der Silben differieren, in eine harmonische Ordnung und in Versform gebracht werden. Die Zäsur erhält als Pause und Versfuß Bedeutung. Poes Theorie des Skandierens ist damit eher vom Akzent als von der Silbenzählung hergeleitet [Richard, »Poe, journaliste«: 4.1.].

1843 veröffentlichte Poe seine »Notes upon English Verse«, die er fünf Jahre später als »The Rationale of Verse« revidierte [s. auch »Marginalia« VII, GM, Nov. 1846].

Poe kritisiert, daß Homers »Ilias« und nicht die Natur bislang als Vorbild zur Versbildung galt. Dagegen bestimmt Poe das Gehör als entscheidenden Faktor für eine Theorie der ›Quantität‹ und versteht seine Sprachlehre als universal. Er entwickelt ein System der Betonungszeichen [*accentuation*]. Der Vers hat nach Poe seinen Ursprung in der menschlichen Freude an Gleichheit und Anpassung und Reim, Versmaß, Refrain, etc. wirken in diese Richtung. Diese ›Gleichheit‹ selbst verlangt nach Identität, Porportion, Ähnlichkeit, Wiederholung und Anpassung. Poe setzt in seiner »Philosophy of Composition« [1846] den Begriff der ›Gleichheit‹ beinahe mit dem der ›Wiederholung‹ gleich. Mit Hilfe dieser Beschreibung verbindet Poe seine Verslehre mit seinem allgemeinen Ästhetik-Konzept [4.2.]. Das Konzept der ›Vielfalt in der Einheit‹ [*variety in uniformity*], das Poe, zwar kritisch, vom Theoretiker Leigh Hunt übernimmt, steht parallel zu seinem ästhetischen Konzept [4.2.]. In »The Rationale of Verse« gibt Poe darüberhinaus eine allgemeine Entstehungsgeschichte des Verses, die interessanterweise dem bei Platon beschriebenen Verdopplungsmodell der menschlichen Fortpflanzung im »Symposium« ähnelt.

Roth [»Divine Spondee«, S. 15: 3.4.] setzt das Konzept der Gleichheit, wie es im »Rationale« formuliert ist, neben die ›reine Idee‹ der Gleichheit, wie sie in Zeit und Bewegung in »Monos und Una« erscheint [1841; 3.9.; vgl. Poulet, »Studies«: 3. u. Weber, »Domaines«]; er weist auch auf die Parallelen in der Konzeption der Entwicklung des Verses im »Rationale« mit dem Konzept des Universums in »Eureka« [3.9.] hin, das zur etwa gleichen Zeit entstanden ist. Statt als ein System von Ursache, Wirkung und göttlicher Harmonie zeigt sich die Verslehre als ein System von Gleichheit und Monotonie, die durchbrochen wird, um auf ›höherer‹ Stufe wieder einzutreten. Die ursprüngliche Schönheit einfacher Gleichheit wird durch das Verlangen des Dichters nach Komplexität gestört. Aber Poe erscheint auch in seiner Verslehre als Autor seiner eigenen Ordnung: Er ist es, der den ursprünglichen, ersten, einfachen Spondeus hören kann und versucht, ihn in seiner Dichtung zu rekonstruieren.

Poes Kenntnisse über Prosodie leiten sich über die Textbücher von Lowth und Murray von der Verslehre des 18. Jahrhunderts ab, vor allem von Sheridans »General Dictionary« [1780], und der Schriften Leigh Hunts. Trotz mißverständlichen Formulierungen und Wiedersprüchen ist Poes Verslehre ein wichtiges historisches Dokument. Sie weist, wie Eaton [»Prosody«, S. 61] bemerkt, auf eine neue Lektüreweise von Gedichten hin, und Poes Betonung des ›Klanges‹ als wichtiges ästhetisches Kriterium wurde besonders einflußreich.

Poes Dichtungskonzept entwickelte sich von einem des intuitiven Verses zu einem studierten Konzept und diese Entwicklung zeigt sich auch in den Beispielen der von ihm bewunderten Dichter, besonders seine konstante Auseinandersetzung mit der Dichtung von Wordsworth, Coleridge, Tennyson, Shelley und Keats.

Poes Auseinandersetzung mit Wordsworth spiegelt die allgemeine Diskussion um sein Werk in Amerika [4.1.], aber Poe fuhr zeit seines Lebens fort, Wordsworths Werk als Musikalisches zu schätzen. Tennyson, mit dessen Versform Poes Gedichte eine gewisse Affinität zeigen, gehört zu den Dichtern, bei denen Poes positives Urteil wohl überwog. Shelleys Dichtung wurde trotz der beginnenden Popularität der Romantiker von zeitgenössischen amerikanischen Kritikern weitgehend ignoriert; Poe bewunderte ihn, bedauerte aber seinen Kontaktverlust mit dem Leser. Keats war für Poe ein Dichter, der sich nie in seinen Themen irrte. Poe verurteilte die Nachahmungen der Schule Shelleys und sah erst in Tennyson den Umschwung zu einer bewußten künstlerischen Gestaltung, die sich nicht allein auf den ›Instinkt des Genies‹ verließ [vgl. Link, »Poe«, S. 73: 3.].

Poes Drama-Kritiken sind von geringem Umfang, doch hatte er besonders als Journalist in New York Gelegenheit, Aufführungen zu besuchen [s. Jacobs, »Poe«, S. 376f.: 4.1.]. Seinen Kritiken zu »Tortesa« [1839] und Bemerkungen in der Rezension zu »Night and Morning« [1841] folgten 1845/46 ausführliche Rezensionen. Poe bezeichnete das Drama als eine ›Konzentration der Kunst‹ [»Prospects of the Drama« BJ (5.4.1845)] und von wesentlich längerer Lebensdauer als Dichtung, Musik und Malerei. Poe fand eine bloße Lektüre eines Dramas ungenügend und revidierte bisweilen seine Ansicht über ein Stück, nachdem er eine Aufführung gesehen hatte [»The New Comedy by Mrs. Mowatt« BJ (29.3.1845) u. »Prospects« BJ (5.4.1845)].

Auch für das Drama fordert Poe ›verisimilitude‹ [»The Drama« BJ (26. 7. 1845)], die aber bei einer Farce aufgegeben werden darf. Poe überträgt sein Modell der Proportionen [4.2.] auch auf die Beschreibung der dramatischen Kunst; hier soll die Fabel einfach sein. Die Natur soll als objektiver, überzeitlicher Richter dienen, und dies läßt für Poe auch eine Kritik am älteren, z. B. am elisabethanischen Drama, zu. Wie in den Beispielen zur Dichtung, so geht Poe auch in seiner Betrachtung des Dramas zumeist von zeitgenössischen oder zeitlich unmittelbar zurückliegenden Beispielen aus; selbst seine Betrachtungen zum klassischen Drama sind offensichtlich ahistorisch.

Wie viele seiner Zeitgenossen erhoffte sich Poe ein neues amerikanisches Drama und setzte sich sehr dafür ein. Poe orientierte sich bei seiner Bestimmung des amerikanischen Dramas weniger am Thematischen als an allgemeinen ästhetischen Kriterien, so der Forderung nach Originalität [4.2.; 4.3.]. Er antizipierte ein neues Drama, das über die Gattungen von Tragödie, Oper, Farce, etc. hinausführen sollte und dennoch die Vorzüge dieser Gattungen aufwies. Dieses Schauspiel sollte auf einer neuen

Bühne aufgeführt werden und damit erst seine Bedeutung als allumfassende Kunstform erfahren. Hinsichtlich Poes Forderung nach der Aufführung des Dramas ist es fraglich, ob Poe das Drama als ›Literatur‹ verstand [vgl. aber sein »Politian«; 3.4.].

Poes Kritik an der »Antigone«-Aufführung [1845] vergleicht das ›Natur‹-Konzept der griechischen Skulptur mit dem des griechischen Dramas. Während die griechische Skulptur beinahe perfekt erscheint, trägt das griechische Drama Züge naturfremder Einfachheit. In »The Drama« [19.7.1845] verteidigt Poe das Ansehen des Schauspielers und macht auch auf seine eigene Herkunft aufmerksam [1.4.]. In »The Characters of Shakespeare« [16. 8. 1845] weist Poe auf die Unterscheidung zwischen dramatischer und realer Person hin. 1845 veröffentlicht Poe seinen längsten Aufsatz zum Drama, »The American Drama«, und faßt darin seine Kritiken zu Willis' »Tortesa« und Longfellows »Spanish Student« [2.7.] zusammen. Gleichzeitig bietet Poe in diesem Aufsatz ein Manifest für ein neues amerikanisches Drama, das mit vom Verstand geleiteten Gefühl und Geschmack natürliche Kunst darstellen sollte.

Literaturhinweise:

S.A. *Allibone* ›George P. Morris‹ in »A Critical Dictionary of English Literature and British and American Authors« II (Philadelphia, 1902); D. *Fried* ›Repetition, Refrain, and Epitaph‹ ELJ 53 (1986): 615–632; H. *Friedl* ›Poe und Lanier. Ein Vergleich ihrer Versdichtung‹ JA 15 (1970): 123–140; J. A. *Greenwood* (Hrsg.) »The Rationale of Verse: A Preliminary Edition, Incorporating Cognate Documents by Gould Brown, William Cullen Bryant, James Davenport Whelpley« (Princeton, 1968); D. *Grimsted* »Melodrama Unveiled: American Theatre and Culture, 1800–1850« (Chicago, 1968); K. A. *Hovey* ›Critical Provincialism: Poe's Poetic Principle in Antebellum Context‹ AQ 39 (1987): 341–354; F. *Kermode* »Romantic Theory« (London, 1957); A. *Kopcewicz* ›Poe's Philosophy of Composition‹ Studia Anglica Psnaneinsia 1 (1968): 101–8; C. *Lenhart* »Music Influence on American Poetry« (Athens, 1956): 125–61; F. *Lentricchia* ›Four Types of Nineteenth-Century Poetics‹ Journal of Aesthetics and Art Criticism XXVI (1968): 351–66; T. S. *Osmond* »English Metrists in the Eighteenth and Nineteenth Centuries« (London, 1907), S. 138–44; R. C. *Pettigrew* ›Poe's Rime‹ AL IV (1933): 151–9; P. F. *Quinn* ›Poe and Nineteenth-Century Poetry‹ in J. A. *Robbins* (Hrsg.) »American Literary Scholarship: An Annual« (Durham, 1970), S. 158–76; G. *Saintsbury* »History of English Prosody« III (N.Y., 1910), S. 483–7; C.A. *Smith* »Repetition and Parallelism in English Verse« (N.Y. 1894); J.-P. *Weber* »Domaines thematiques« (Paris, 1963).

4.5. Perzeption und Schrift

4.5.1. Erzähltechnik, Stil, Schreibbild

Bei der Beschreibung eines psychologischen Modells wählt Poe vor allem zwei Metaphern. Die eine markiert in scheinbar nach außen deutender Richtung die besondere Blickweise, mit der die Welt zu entziffern bzw. Schönheit zu sehen sei. Eine andere Analogie beschreibt umgekehrt den Eindruck, den das Gedicht zu machen habe, um einen Effekt – unter Berücksichtigung des ›poetic sentiment‹ – zu erzielen: »Das Wasser muß stetig auf den Felsen tropfen« [»Hawthorne«, 1842] und »der Stempel muß ständig auf das Wachs aufdrücken« [»Poetic Principle«, 1850]. Ein besonderes Bild der Lektüre wie des Schreibens scheint beide Vorstellungen geprägt zu haben.

Poe definiert in den »Marginalia« [SLM, Juni 1849] die Kunst als »Reproduktion dessen, was die Sinne in der Natur durch den Schleier der Seele wahrnehmen«, und ein besonderer Blick des ›sleep-waking‹ charakterisiert den Protagonisten vieler Erzählungen [3.8.]. Der Erzähler sieht oder liest – wie z.B. Dupin – durch ein halb geöffnetes Auge und sondert zwei Weisen, die Welt zu erfahren: die ›klare‹ Sichtweise des Verstandes und die ›wahre‹ Sichtweise der Imagination, bei der die Erfahrung der Schönheit möglich wird [4.2.]. Das Problem richtiger Wahrnehmung und Sicht wird in mehreren Erzählungen Poes thematisch [s. Ketterer, »Deception«: 3.]. Welche Wahrnehmungsweise kann jedoch vom Leser als ›wahr‹ erkannt werden? Poe läßt zumeist einen Ich-Erzähler sprechen und gibt die geschilderten Ereignisse bewußt subjektiv wieder [3.3.]; sie spielen mit einer Identifikation des Lesers mit dem Erzähler sowie mit der ironischen Distanz, die Thompson [»Poe«: 3.] gerade als das Verbindende aller Poeschen Werke sieht. Eine reiche Sekundärliteratur beschäftigt sich mit diesen Erzählern und mit ihrem Verhältnis zu Autor, Leser und Handlung [z.B. Gargano, »Question«; Peithman, »Pervasive«]. Poe zeigt sich in all diesen formalen Analysen nicht nur als Romantiker, sondern oft als Autor psychologischer Fallstudien, wie in »The Tell-Tale Heart« oder »William Wilson«. Skaggs [»Points of View«] diskutiert den Erzählfokus in Poes Prosa im Kontext des Poeschen Konzepts von ›Originalität‹ und seiner Forderung nach ›verisimilitude‹ [4.2.; 4.3.].

Eine zweite Reihe formaler Untersuchungen beschäftigt sich mit dem Stil, indem die Poeschen Erzähler ihre Beobachtungen vermitteln. Stauffer [»Prose Style«] untersucht sprachliche Eigenheiten wie archaische Wendungen, Dialektausdrücke, Lautmalerei, und unterscheidet zwischen fünf Stilebenen in Poes Werk; an anderer Stelle [»Poe's Views«] weist er auf die Beziehung zwischen Poes stilistischer Praxis und der von Schlegel übernommenen Theorie von Handlungseinheit und Effekt [4.2.; 4.3.]. Cox [»Style as Pose«], Fletcher [»Development«] und Forrest [»Biblical Allusions«: 3.] bieten weitere Analysen auch hinsichtlich Poes Zitierkunst und dessen allgemeiner stilistischer Entwicklung; Pollin [»Creator of Words«: 4.1.] beschäftigt sich mit Poes Wortschöpfungen.

Eine besondere Sichtweise ruft eine besondere Schreibweise hervor. In seiner Kritik zu Longfellows »Ballads« [1842] entwirft Poe das Bild einer narzißtischen Spiegelung: »Genau wie die Augen der Amaryllis im Spiegel wiederholt werden oder die lebendige Lilie sich im See zeigt, so ist die reine ›Wiedergabe‹ dieser Formen und Farben und Klänge und Gefühle – so ist ihre bloße mündliche oder schriftliche Wiederholung eine doppelte Quelle des Wohlbefindens.« Dieses Wohlbefinden ist aber noch nicht Poesie, da diese erst durch das Streben nach dem Schönen definiert wird [4.2.; 4.4.]. Es bleibt zu fragen, ob Schreiben und Blick letztendlich, etwa wiederholend, diesen Prozeß teilen, der das Bild vom Schönen trennt. Tatsächlich findet sich das Problem der Perzeption in Poes Burlesken wie z.B. »The Spectacles« [1844] ebenso gegeben wie in »The Spinx« [1846], wo nicht die mangelnde Brille, sondern die Anatomie und Führung des Auges als Ursache für eine falsche Sichtweise angeführt werden, durch die ein Insekt als Monster erscheint [vgl. Halliburton, »Poe«, S. 349: 3]. Die Frage nach der Wahrheit scheint als solche psychischer wie physischer Unversehrtheit von einer bestimmten Wahrnehmungsweise untrennbar; der Erzähler ist in seinem ›verschobenen‹ Blick verfangen.

Der Name ›Sphinx‹ verweist auf andere Erzählungen wie »Some Words with a Mummy« [1845], in denen Poe sich auf Ägypten bezieht. Häufig jedoch ist es nicht so sehr die Sphinx als das Hieroglyphenbild, das in Poes Werk erscheint, so in »Pym« [1837; 3.6.] oder »Rodman« [1840; 3.6.]. Die Entzifferung der Hieroglyphen zeigt sich als entscheidende historische Anregung für amerikanische Schriftsteller des 19. Jahrhunderts, sich Gedanken über die Natur der Sprache zu machen und die zu entdeckende Natur als entzifferbares Bild/Schriftzeichen zu sehen. Das Benennen selbst erscheint danach möglich, da die Natur bereits eine linguistische Struktur besitzt [vgl. Irwin,

»American Hieroglyphics«: 3.6.]. Für Poe wird nicht nur die Natur zu einem lesbaren Bild [3.5.]; sein Werk und seine journalistische Praxis machen deutlich, wie sehr er nicht nur am Ohr [4.4.], sondern gerade auch am Auge orientiert war [4.1.].

4.5.2. Texttheoretische Lektüren

»Die Seele ist eine Ziffer im Sinne eines Kryptogramms« schreibt Poe in seiner Serie zur »Autography«. Und es ist vielleicht daher nicht zufällig, daß sich Poes Texte gerade auch texttheoretisch orientierten psychoanalytischen Leseweisen anbieten [vgl. Mehlman, »Poe Pourri«; Felman, »Poetry«]. Diese Rezeption ist mehr als Teil der Wirkungsgeschichte Poes; sie ist in vielem eine Erläuterung zur Poeschen Theorie der Perzeption, der Schrift und des Effekts.

Bonapartes ausführliche Poe-Studie [»Poe«; vgl. die frühe Skizze »Deuil«] teilt Poes Erzählungen in die ›Cycles de la mère‹ und ›Cycles du père‹, nach der Dominanz der sie »unbewußt beherrschenden Themen«. Bonaparte bietet den ausführlichsten und interessantesten Versuch einer Freudschen Analyse des Poeschen Werkes. Interpretationen nach Bonaparte tragen nicht nur weiterhin zur Auseinandersetzung um die Bedeutung einer psychoanalytischen Interpretation des Poeschen Werkes bei, sondern ebenso zur Diskussion um die Nähe und Treue der Bonaparteschen Interpretation zu Freuds Theorie und seinem Konzept der Psychoanalyse [Felman, »Poetry«; Derrida, »Facteur«; vgl. Bolle, »Cauchemar«: 3.].

Es ist der Unterschied zwischen psychoanalytischer und literarischer Interpretation und nicht deren von Bonaparte erklärte Ähnlichkeit zwischen beiden, die Lacan in seiner Interpretation des Poeschen Werkes betont. Sein Seminar zum »Purloined Letter« [Vortrag, 1955; 1957 u. nachfolgende Bemerkungen dazu: »Lituraterre«] bildet, an den Anfang seiner »Ecrits« [1966] gestellt, gleichsam den Wende- und Einführungspunkt für seine Theorie der Psychoanalyse. So vollzog sich schließlich die Auseinandersetzung mit Lacan vor allem in einer Serie von Analysen, die als Dialog um einen Beispieltext Poes betrachtet werden können.

Lacan argumentiert gegen Bonapartes Trennung von bewußtem Ich und Unbewußtem [»Seminaire«]. Beeinflußt von Saussures Linguistik und seiner Unterscheidung von Signifikant und Signifikat sowie von der anthropologischen Forschung in der Unterscheidung von Signifikant und Symbol ist für sein Konzept der Psychoanalyse die Beziehung des Unbewußten als Sprache und symbolisches Verhalten wesentlich. Linguistisch formuliert und vereinfacht ausgedrückt, versteht Lacan die Verdrängung als Ersatzbildung von Signifikanten, die eine Kette formen, ohne daß es jedoch möglich ist, in der Folge zu etwas ›Ursprünglichem‹ – Realem – zurückzukehren; ein Verlust bleibt daher immer inhärent. Lacan beschreibt die ›Wiederholung‹ als Insistenz des Signifikanten. Die erste ›Verdrängung‹ kann bei Lacan auch als die ödipale Situation verstanden werden und ersetzt das imaginäre System (die Beziehung zur Mutter) durch das symbolische (die dreifache Relation, Vater und Mutter).

Lacans Analyse des »Purloined Letter« versteht sich als eine ›Wiederholung‹ im Sinne von Freuds »Jenseits des Lustprinzips« [1920], und sie wird innerhalb einer »Logik [wie der Verdrängung] des Signifikanten« bestimmt. ›Analog‹ zum Brief der Erzählung Poes beherrscht der Signifikant das Subjekt und nicht umgekehrt; weder der Text noch der Brief im »Purloined Letter« haben einen Autor oder Besitzer. Es kann lediglich nach der Konstellation, der Zirkulation des Briefes gefragt werden. ›Bedeutung‹ wird durch die Konstellationen generiert, die sich bei der Zirkulation des Briefes bilden. Poes Brief erhält damit die Stellung eines typographischen Zeichens ohne weitere Bedeutung (wie auch der Inhalt des Briefes in der Poeschen Geschichte niemals bekannt wird), aber er prägt ebenso die Beziehungsstruktur der Protagonisten zueinander. Die Positionen der intersubjektiven Struktur sind durch drei Blickweisen gezeichnet: der Blick der nicht(s) sieht (in der Geschichte der König und die Polizei), der Blick der sieht, daß der erste nichts sieht (Königin, Minister) und schließlich der dritte Blick, für den sich durch die beiden (anderen) Blicke das Verborgene offenbart und der sich seiner bemächtigen will (Minister, Dupin). Die drei Blickweisen werden von Felman [»Poetry«, S. 136f.] mit der Freudschen Struktur von Überich, Ich und Es sowie der Lacanschen des Realen, Imaginären und Symbolischen verglichen. Ein solches statisches Schema wird aber gleichzeitig hinsichtlich Lacans Konzept der Substitution und Metaphernbildung problematisch, wiewohl es doch auch auf den Augenblick der Blindheit hinweist, mit dem das nie zu erfahrene ›Reale‹ nach Lacan vergleichbar wäre [s. Francioni, »Psicanalisi«]. Für Lacan ist die Diskussion dieser ›Blindheit‹ gleichzeitig ein politischer Angriff gegen die amerikanische Schule der Ich-Psychologie [vgl. Mehlman, »Poe Pourri«, S. 52, u. »Introductory Note«, S. 38].

In seiner Lesart der Erzählung Poes als »Allegorie der Psychoanalyse« [Felman, »Poetry«, S. 138] beschreibt Lacan die Erzählung Poes als eine Suche nach Wahrheit, bei der Dupin und der Analytiker sich scheinbar verbinden, während Bonaparte diese Identifikation nicht unternehmen will und den Streit zwischen Dupin und dem Minister hervorhebt. Gerade diese Suche nach

›Wahrheit‹, die Lacan hier vollzieht, weicht nach Derrida [›Facteur‹] einem Verständnis der Erzählung als Fiktion und Text aus, obwohl sich Lacan des Problems bewußt ist, einen literarischen Text vor sich zu haben. Derrida sieht seine eigene Lektüre als einen Schritt von der formalen, strukturellen Lesart zur dekonstruktiven Textkritik.

Derrida stellt die Frage, worin sich der scheinbar wissenschaftliche Text der Analyse von dem Text, der eine Szene der Analyse beschreibt, unterscheidet, wenn der Text der Erzählung selbst sich zu einer Bewegung der *alethea* [Wahrheit] gestaltet. Derrida formuliert damit den Verdacht um [vgl. Mehlman, »Poe Pourri«; Krumme, »Augenblicke«], daß die Poesche Erzählung des »Purloined Letter« eine bestimmte Deutung nicht nur nahelegt, sondern gewisserweise sogar vorwegnimmt und mehr ist als bloße ›Illustration‹. Indem Derrida auf den Rahmen der Erzählung und auf weitere Dupin-Geschichten Bezug nimmt, stellt er gleichzeitig die von Lacan entwickelten Dreiecks-Beziehungsstrukturen in Frage und stellt ihm die Struktur des Vierecks entgegen: So gibt es vier Dupins, vier Minister, etc. Nach Derrida nehmen alle Personen alle Plätze ein. Wo Lacan den Mangel (an Bedeutung, an Präsenz) als entscheidend ansieht, weist Derrida auf den Überfluß hin. Entgegen einer idealistischen, ›phallozentrischen‹ Logik ist die Bahn des Briefes nach Derrida gerade nicht eindeutig bestimmt. Der Brief, dessen Ganzheit (als Signifikant) bereits in Zweifel steht, kommt nicht immer an. Rivalisierende Identifikationen und Verdopplungen, Faksimile ohne Originale, etc. führen den Brief in eine unbestimmte und unbestimmbare Richtung. Der Text des »Purloined Letter« ist in den Effekt dieser Richtung(slosigkeit) als Folge von Verdopplungen, Rahmen, Anführungszeichen eingeschrieben. Bonaparte wie Lacan zeigen sich nach Derrida letztendlich unter dem Bann des »Purloined Letter«: Bonaparte, indem sie die Autorität eines Freudschen Briefes als Vorwort ihrer Poe-Studie vorausschickt, Lacan, indem er den Poeschen ›Brief‹ seinen »Ecrits« vorausschickt und damit die chronologische Druckfolge seiner Aufsätze durchbricht.

Viele Kritiker antworteten auf Lacans und Derridas Lektüren des »Purloined Letter«. Mehlmans Arbeit zu Lacan [»Poe Pourri«] erschien im gleichen Jahr wie Derridas; er liest Freud mit Lacan (und E.T.A. Hoffmanns Erzählung »Der Sandmann« mit Poe) und interessiert sich gerade für die dritte von Lacan beschriebene Position, die er als eine des Austausches liest und als Instanz bezeichnet, in welcher sich die Struktur eines Austauschprozesses selbst perpetuiert. Johnson [»Frame«] analysiert die Interaktion der drei Texte von Poe, Lacan und Derrida und folgert, daß sich Derridas Kritik an Lacan nicht gegen Lacans Lektüre selbst richtet, sondern nur gegen das Konzept der Psychoanalyse, das aus Lacans Formulierung gewonnen werden könnte. In der Abwesenheit einer Metasprache ist es nach Johnson unentscheidbar, ob Lacan, der in seinem Text eine ›Dissemination‹ selbst ›vollzieht‹, und Derrida, der für sie gegenüber einem Konzept der Einheit und Bestimmtheit argumentiert, dasselbe sagen. Krumme [»Augenblicke«] geht auf die Deutung der Kastration zurück, auf die Lacans Interpretation beruht, und folgt weitgehend Lacans Lektüre. Er betont jedoch den allerersten, bei Lacan nur angedeuteten Diebstahl, der in der Erzählung den folgenden vorausgeht. Irwin [»Mysteries«] kommentiert die Lektüren von Lacan, Derrida und Johnson innerhalb einer Spieltheorie des ›even and odd‹, wie Poe sie selbst zu Beginn seiner Detektivgeschichte ausführt. Für ihn ist die Reihe der Verdopplungen jedoch nicht ohne einen weiteren Autor vollständig, nämlich Jorge Luis Borges, dessen Fiktionen Poes Erzählungen bis zu den Publikationsdaten zu verdoppeln suchen.

Deutlicher als Irwin bestimmt Holland [»Recovering«] seine Lektüre der Poeschen Erzählung als persönliche, ›assoziative‹ Lesereaktion [vgl. auch Hoffman, »Poe Poe«, bes. S. 117]. Holland richtet sich gegen jede intellektualisierende Interpretation. Lévy [»Le Lettre«] untersucht den Poeschen Brief hinsichtlich seiner materiellen Einheit und schließt, daß er sich als ein Brief ohne Inhalt zeigt. Felman [»Poetry«] führt die Diskussion um den »Purloined Letter« selbst als Modell an, um die Aufgaben und Möglichkeiten psychoanalytischer Lektüre zu bestimmen.

Während dem »Purloined Letter« die wohl ausführlichste texttheoretische Diskussion gewidmet wurde, so findet sie auch anhand einiger anderer Erzählungen statt. Barthes veröffentlichte 1973 eine Analyse von »M. Valdemar« [»Analyse textuelle«: 3.8.], Cixous 1974 eine Studie zu »Morella« [»Personne«: 3.5.]. Ricardou legte zwei textheoretische Lektüren vor, zum »Gold Bug« [»L'or du scarabée«: 3.6.] und zu »Pym« [»Le caractère singulier de cette eau«: 3.6.]. Besonders zu »Pym« folgten eine Reihe von Studien, die die Hieroglyphenmetapher und Beschaffenheit Tsalals diskutieren, so etwa Wells [»Engraved«: 3.6.] Krumme [»Augenblicke«, 1978], Huet [»Itinéraire«: 3.6.] und Irwin [»American Hieroglyphics«: 3.6.].

1. Psychoanalytisch orientierte Literatur [s. auch 2. u. 3.]

R. *Asselineau* ›A Propos de quelques observations sur Poe‹ EA XVIII (1965): 405; C. *Bloom* »Reading Poe Reading Freud: The Romantic Imagination in Crisis« (N.Y., 1988); M. *Bonaparte* »Deuil, necrophilie et sadisme: A Propos d'Edgar Poe« (Paris, 1932); M. *Bonaparte* »Edgar Poe, sa vie – son oeuvre« (Paris, 1933), dt. »Edgar Poe: eine psychoanalytische Studie« (Wien, 1934); N. H. *Bruss* ›The Psychoanalytic Function in the Language of Literature: Freudian Theory, Modern Linguistics, and the Tales of Edgar Allan Poe‹ Diss. Univ. of Michigan, 1974; R. *Forclaz* ›Edgar Poe et la psychanalyse‹ RLV 36 (1970): 272–88, 375–89; S.B. *Girgus* ›Poe and R.D. Laing: The Transcendent‹ SSF 13 (1976): 299–309; G.S. *Jay* ›Poe: Writing and the Unconscious‹ Bucknell Review 28 (1983): 144–189; P. *Krumme* »Augenblicke -Erzählungen E.A. Poes« (Stuttgart, 1978); E. *Lauvrière* ›Edgar Poe [sic] et le freudisme‹ Grande Revue CXLII (1933): 565–87; A. *Lerner* ›Psychoanalytically Oriented Criticism of Three American Poets: Poe, Whitman, and Aiken‹ Diss. Univ. of Southern California, 1968; C. *Morrison* »Freud and the Critic: The Early Use of Depth Psychology in Literary Criticism« (Chapel Hill, 1968), S. 192-202; M. *Pagnini* ›Il demoniaco poesco: saggio di psicoanalisi letteraria‹ in M. *Curreli* u. A. *Martino* (Hrsg.) »Critical Dimensions: English, German, and Comparative Literature Essays in Honor of Aurelio Zanco« (Cuneo, 1978), S. 333-48; M. *Praz* »Studie e Svaghi Inglese« (Firenze, 1937); O. *Rank* »Der Doppelgänger« (Imago, 1914) wiederabgedruckt in »Psychoanalytische Beiträge zur Mythenforschung: Gesammelte Studien aus den Jahren 1912 bis 1914 von Otto Rank« (Leipzig, 1919), S. 267–354; F. *Ravetto* ›Poe et la psicoanalisi Kleiniana: il ›Manoscritto trovato in una bottiglia‹, viaggo nel mondo interno infantile di uno scrittore‹ in R. *Bianchi* (Hrsg.) »E.A. Poe dal gotico alla fantascienza: saggi di letteratura comparata« (Milano, 1978), S. 219–33; J. M. S. *Robertson* ›The Genius of Poe‹ MQ 3 (1926): 274–84 u. MQ 4 (1927): 60–72; H. *Sachs* [Rezension v. *Bonaparte*, »Poe«] Imago XX (1934): 485–492; N. *Schor* ›Female Paranoia: The Case for Psychoanalytic Criticism‹ YFS 62 (1981): 204–219; S. *Wuletich-Brinberg* »Poe: The Rationale of the Uncanny« (ser.) Studies in Romantic and Modern Literature 2 (Berne, 1988); P. *Young* ›Earlier Psychologists and Poe‹ AL 22 (1951): 442–54.

2. Stil/Erzähltheorie:

J.M. *Cox* ›Edgar Poe: Style as Pose‹ VQR 44 (1968): 67–89; R. M. *Fletcher* »The Stylistic Development of Edgar Allan Poe« (The Hague, 1973); J.W. *Gargano* ›The Question of Poe's Narrators‹ College English 25 (1963): 177–8; J.W. *Gargano* ›The Distorted Perception of Poe's Comic Narrators‹ Topic 16, xxx (1976): 23–34; A.C. *Golding* ›Reductive and Expansive Language: Semantic Strategies in »Eureka«‹ PSt II (1978): 1–5;

R. H. *Gooder* ›Edgar Allan Poe: The Meaning of Style‹ The Cambridge Quarterly 16 (1987): 110–123; A. *Jefferson* ›Mise en abîme and the Prophetic in Narrative‹ Style 17 (1983): 196–208; T. O. *Mabbott* ›Palindromes and Edgar Poe‹ N&Q CXCI (1946): 238–9; C. *Martindale* ›A Quantitative Analysis of Diachronic Patterns in Some Narratives of Poe‹ Semiotica 2 (1978): 287–308; S. *Peithman* »The pervasive ›I‹: Narrative Point of View in Poe's Tales« (Ann Arbor, 1974); E.W. *Pitcher* ›A Note on Anagrams in Poe's Stories‹ AN & Q 12 (1974): 167–69; R. *Poirer* »A World Elsewhere: The Place of Style in American Literature« (London, 1966); B.L. *St. Armand* ›Poe's Philosophy of Punctuation‹ PSt 12 (1979): 20; C. L. *Skaggs* ›Narrative Point of View in E. A. Poe's Criticism and Fiction‹ Diss. Duke Univ. 1966; D. B. *Stauffer* ›Poe's Views in the Nature and Function of Style‹ ESQ 60 (1970): 23–30; D. B. *Stauffer* ›Prose Style in the Fiction of Edgar A. Poe‹ Diss. Indiana Univ. 1963.

3. Diskussion über Poes »Purloined Letter« [vgl. 3.7.]:

S. L. P. *Bellei* ››The Purloined Letter‹: A Theory of Perception‹ PSt 9 (1976): 40–4; H. *Charney* ›Lacan, Don Juan, and the French Detective‹ L'Esprit Créateur 26 (1986): 15-25; R. C. *Davis* ›Lacan, Poe, and Narrative Repression‹ MLN 98 (1983): 983–1005; J. *Derrida* ›Le Facteur de la vérité‹ Poétique 21 (1975) 96–147, auch in »La Carte Postale« (Paris, 1980), dt. »Die Postkarte. Von Sokrates bis an Freud und Jenseits« (Berlin, 1982); S. *Felman* ›On Reading Poetry: Reflections on the Limits and Possibilities of Psychoanalytical Approaches‹ in J. H. *Smith* (Hrsg.) »The Literary Freud: Mechanisms of Defense and the Poetic Will« (ser.) Psychiatry and the Humanities 4 (New Haven, 1980), S. 119-49; M. *Francioni* ›Poe et la psicanalisi linguistica Lacaniana: il seminario su ›La lettra rubata‹‹ in R. *Bianchi* (Hrsg.) »E. A. Poe dal gotico alla fantascienza: saggi di letteratura comparata« (Milano, 1978), S. 77–91; N. N. *Holland* ›Re-Covering‹ ›The Purloined Letter‹: Reading as a Personal Transaction‹ in S.R. *Suleiman* u. I. *Crosman* (Hrsg.) »The Reader in the Text: Essays on Audience and Interpretation« (Princeton, 1980), S. 350–70; J.T. *Irwin*, ›Mysteries We Reread, Mysteries of Rereading: Poe, Borges, and the Analytic Detective Story: Also Lacan, Derrida and Johnson‹ MLN 101 (1986): 1168–1215; B. *Johnson* ›The Frame of Reference: Poe, Lacan, Derrida‹ YFS 55–6 (1977): 457–505; J. *Lacan* »Le Seminaire, Livre XI« (Paris, 1973); J. *Lacan* ›Le seminaire sur ›La Lettre volée‹‹, »Ecrits« (Paris, 1966), dt. ›Das Seminar über E.A. Poe's ›Der entwendete Brief‹‹ »Schriften« I (Olden, 1973); J. *Lacan* ›Lituraterre‹, Littérature 3 (1971): 3–10; F.P. *Lévy* ›La lettre ...‹ Tel Quel 87 (1981): 64–73; J.J. *Moldenhauer* ›Murder as a Fine Art: Basic Connections Between Poe's Aesthetics, Psychology, and Moral Vision‹ PMLA 83 (1968): 284–97; J. *Mehlman* ›Introductory Note‹ zum ›Seminar of the Purloined Letter‹ YFS 48 (1973): 38–9; J. *Mehlman* ›Poe Pourri: Lacan's Purloined Letter‹ Semiotext(e) 1 (1975): 51-68; J. P. *Muller* u. W. J. *Richardson* (Hrsg.) »The Purloined Poe: Lacan, Derrida, and Psychoanalytic Reading« (Baltimore, 1988); C. *Richard* ›Destin, Design, Dasein:

Lacan, Derrida and the Purloined Letter‹ The Iowa Review 12 (1981): 1–11; S. *Woodward* ›Lacan and Derrida on ›The Purloined Letter‹‹ CLS 26 (1989): 39–49.

5. Wirkungsgeschichte

5.1. Eine Literatur mit mehrfacher Heimat

In der Einführung zu seiner Untersuchung zum Einfluß Poes auf die englische Literatur bemerkt Kühnelt [»Bedeutung«: 5.3.] 1949, daß sich die amerikanische Literaturwissenschaft in Hinsicht auf Poes Werk vor allem an ein Quellenstudium halte und daß es an Arbeiten über den Einfluß Poes auch auf die europäische Literatur fehle [s. auch Schuhmann,»Prosa«, S. 13: 4.3.]. Frühe wissenschaftliche Arbeiten beschäftigten sich jedoch auch mit komparatistischen Fragen, etwa mit der Beziehung zwischen Poes und Baudelaires Werk oder dem Einfluß Poes auf die spanische Literatur. Die Studien von Quinn [»French Face«: 5.4.] über Poes französische, Grossman [»Poe in Russia«: 5.5.] über Poes russische, Kühnelt [»Aufnahme«: 5.7.] selbst über Poes deutsche und Anderson [»Northlight«] über Poes skandinavische Rezeption haben diese Aufgabe darüberhinaus inzwischen weitgehend erfüllt, und viele andere Arbeiten beschäftigen sich mit dem Einfluß Poes auf andere Literaturen.

Eine weitgespannte Sekundärliteratur diskutiert darüberhinaus die Dramatisierungen des Poeschen Werkes, die Werkillustrationen und Musikfassungen. Reichhaltig sind ebenfalls die Verfilmungen von Poes Leben und Werk, die zeitlich bis zu Griffiths Szenen aus Poes Leben [1909] zurückgehen.

Tatsächlich gibt es eine Frage, die Quellenstudium und Rezeptionsstudium vereint; nämlich die, ob Poe überhaupt als amerikanischer Autor verstanden werden kann. Poes Werk wurde lange Zeit so sehr von der amerikanischen Literaturkritik vernachlässigt, während es in anderen Ländern enthusiastisch gelesen wurde, daß sich bei der Neuentdeckung Poes in seinem eigenen Land die Rezeptionsgeschichten nicht mehr zu gleichen schienen; zu unterschiedliche Aspekte seines Werkes oder seiner Biographie erlangten diesseits und jenseits des Ozeans Bedeutung. In vielen Ländern gab Poes Werk den Anstoß zu einer einheimischen Literaturbewegung. Das Poesche Werk stellte damit auch ein in der neueren Literaturgeschichte einzigartiges Phänomen dar: Die Popularität des übersetzten Werkes übertraf die des Originals.

Literaturhinweise:

Allgemeine Rezeption:

W. T. *Bandy* »The Influence and Reputation of Edgar Allan Poe in Europe« (Baltimore, 1962); W. T. *Bandy* »A Tentative Checklist of Translations of Poe's Works« (Madison, 1959); W. T. *Bandy* ›First Translations of ›The Raven‹‹ PSt 13 (Dez 1980): 36; F. B. *Dedmond* ›Poe in Drama, Fiction, and Poetry‹ BB XXI (1954): 107–14; J. C. *French* »Poe in Foreign Lands and Tongues« (Baltimore, 1973); D. B. *Kesterson* (Hrsg.) »Critics on Poe« (Coral Gables, FL., 1973); B. R. *Pollin* ›Poe ›Viewed and Reviewed‹: An Annotated Checklist of Contemporaneous Notices‹ PSt 13 (Dez. 1980): 17–28; J. E. *Reilly* ›Poe in Imaginative Literature: A Study of American Drama, Fiction and Poetry Devoted to Edgar Allan Poe and His Works‹ Diss. Univ. of Virginia, 1965; E. *Wilson* ›Poe at Home and Abroad‹, »The Shores of Light« (N. Y., 1952), S. 179–191.

Rezeption in anderen Sprachen [vgl. auch 5.4.–5.7.]:

M. *Abdul-Hai* ›A Bibliography of Arabic Translations of English and American Poetry (1830–1970)‹ Journal of Arabic Literature 7 (1976): 120–150; R. *Aderman* ›Poe in Rumania: A Bibliography‹ PN III (Juni 1970): 19–20; C. L. *Anderson* »Poe in Northlight« (Durham, 1973); O. F. *Babler* ›Czech Translations of Poe's ›The Raven'‹ N&Q CXCII (31.5.1947): 235; S. *Basic* ›Edgar Allan Poe in Croatian and Serbian Literature‹ Studia Romanica et Anglica Zagrebiensia 21–22 (Juli-Dez. 1966): 305–309; T. C. *Carlson* ›Romanian Translations of ›The Raven‹‹ PSt 18 (1985): 22-24; T. C. *Carlson* ›Edgar Allan Poe in Romania, 1963–83: An Annotated Bibliography‹ Bulletin of Bibliography 44 (1987): 75–81; A. *Ceccaroni* ›Poe in edizione italiana (nota critica – bibliografica)‹ Lettore di Provinzia 33 (1978): 34–43; Y. *Eguchi* »Edgar Poe Ronko – Akutagawa Tyunosuke to Edgar Poe« (Tokio, 1968); N. *Fukuda* »Miji Talsho Showa hoyaku Amerika bungaka shomoku« (o.O., 1968); S. L. *Hagel* ›Guntrekk i Edgar Allan Poes litterarurteori og estetikk‹ Edda 71 (1971): 25–36; A. *Karatson* »Edgar Allan Poe et la groupe des ecrivains du ›Nyugat‹ en Hongrie« (Paris, 1971); B. *Korpony* ›Edgar Allan Poe in Hungary‹ Hungarian Studies in English I (1963): 43–62; F. *Kujawinski* ›Lesmian and Edgar Allan Poe‹ The Polish Review 33 (1988): 55–69; F. *Lyra* ›Polskie przekłady poezij Poea‹ Przegląd Humanisticzny 5 (1972): 107–132; G.F. *Olivero* »Edgar Allan Poe« (Turin, 1932); G. *Papini* »Edgardo Poe« (Florenz, 1908); S. R. *Pavnaskar* ›Poe in India: A Bibliography, 1955–1969‹ PN V (1972): 49–50; G. *Rado* ›The Works of Edgar Allan Poe in Hungary‹ Babel XII (1966): 21–2; R. *Sorescu* ›Eminescu and Poe‹ Romanian Review 41 (1987): 62–68.

Illustrationen/bildende Kunst [vgl. auch 3.5.]:

A. V. *Beardsley* »Four Illustrations for the Tales of Edgar Allan Poe« (Chicago, 1901); A. V. *Beardsley* »Illustrations to Edgar Allan Poe, from drawings by Aubrey Beardsley« (Indianapolis, 1926); F. S. *Coburn* »Illustrations for the Works of Edgar Allan Poe« (N.Y. 1902); M. J. *Deas* »The Portraits and Daguerreotypes of Edgar Allan Poe« (Charlottesville, Va., 1989); W. *Goldhurst* ›Literary Images Adapted by the Artists: The Case of Edgar Allan Poe and René Magritte‹ Comparatist 3 (1979): 3–15; A. I. *Grieve* ›Rossetti's Illustrations to Poe‹ Apollo 97 (1973): 142–145; A. W. *Heintzelman* ›Legros' Illustrations for Poe's Tales‹ BPLQ VIII (Jan 1956): 43–8; R.R. *Hubert* ›The Other Worldly Landscapes of E. A. Poe and René Magritte‹ Sub-Stance (1978): 69–78; H. H. *Kühnelt* ›E. A. Poe und Alfred Kubin – zwei künstlerische Gestalter des Grauens‹ Wiener Beiträge zur englischen Philologie LXV (1957): 121–142; H. *Monroe* ›Poe and Whistler‹ Poet Lore XXI (Sept. 1910): 391–6; E. A. *Poe* »Der Rabe. Mit einem Essay v. E. A. Poe u. mit Ill. v. E. *Manet*« (Frankfurt/M); E.A. *Poe* »Siope« [u. G. *Trakl* »Verlassenheit«] mit Ill. v. P. *Ackermann* u. P. *Collien* (Berlin, 1977); B. R. *Pollin* ›Edgar Allan Poe and His Illustrators‹ ABC 2 (1981): 3–17; F. M. *Robinson* ›The Wizard Proprieties of Poe and Magritte‹ Word & Image 3 (1987): 156–161; G. F. Scheer et al. (Hrsg.) »The James Carling Illustrations of Edgar Allan Poe's ›The Raven‹« (Statesville, N. C., 1982); L. *Schubert* ›James William Carling: Expressionist Illustrator of ›The Raven‹‹ SLM IV (April 1942): 173–81; L. *Tannenbaum* ›The Raven Abroad‹ Magazine of Art XXXVII (1944): 123–127; M. *Wilson* »Nature and Imagination: The Work of Odilon Redon« (N. Y., 1978).

Musik:

M. G. *Evans* »Music and Edgar Allan Poe« (Baltimore, 1936); J. L. *Idol* u. S. K. *Lisiminger* ›Performances of Operas Based on Poe's Fiction: A Supplementary Listing‹ PSt 15 (1982): 42; E. *Lockspeiser* ›Debussy and Edgar Allan Poe‹ Listener LXVIII (18.10.1962): 609–19; E. *Lockspeiser* ›Debussy's Dream House‹, Opera News XXXIV (21.3.1970): 8–12; E. *Lockspeiser* »Debussy et Edgar Poe, manuscripts et documents inédits recueillis et presentes par Edward Lockspeiser« (Monaco, 1962); B. R. *Pollin* ›Music and Edgar Allan Poe: A Second Annotated Checklist‹ PSt 15 (1982): 7–13; B.R. *Pollin* ›Music and Edgar Allan Poe: Addendum to Part I‹ PSt 15 (1982): 42; H. *Schmidt-Gosse* ›Edgar Allan Poes Musikästhetik‹ Neue Zeitschrift für Musik 132 (1971): 414–417.

Film:

M. D. *Bayton* ›Poe, the Critics and Film-Makers‹ Diss. Northwestern Univ., 1977; F. *Prono* ›Poe e il cinema: irrazionalismo, realizmo e ›techniche del brivido‹‹ in R. Bianchi (Hrsg.) »Edgar Allan Poe« [3.]; R. C. *Roman* ›Poe on the Screen‹ Films in Review XII (1961): 462–74; D.

Singer ›Poe, Hitchcock, and the Well-Wrought Effect‹ LFQ 3 (1975): 226–31; R. L. *Smith* »Poe in the Media: Screen, Songs, and Spoken Word Recordings« (N.Y., 1990); S. *Stern* ›Griffith and Poe‹ Films in Review II, 9 (1951): 23–28.

5.2. Ein amerikanischer Dichter und Amerika

In den 30er und 40er Jahren des 19. Jahrhunderts war Poe als Dichter, Erzählautor und Journalist bekannt. Seine Erzählungen wurden selbst in Zeitschriften des entlegenen Westens wieder abgedruckt [Moss, »St. Louis Daily Reveille«]. Die ›Dichter-philosophen‹ von Cambridge, Massachussetts, interessierten sich allerdings kaum für den Mann aus dem Süden, den Emerson als ›jingle-man‹ beschrieb [s. Howells, »Hundred Years«]. Bereits kurz nach seinem Tod wurden Poes gesammelte Werke herausgegeben [2.9.]. Hyneman [»Bibliography«] listet weit mehr als 150 Rezensionen und Artikel zu Poes Werk, die zwischen 1827 und 1850 in den Staaten erschienen. Dennoch hielt sich besonders in den Jahren zwischen 1920 und 1940 in der Poe-Kritik die Meinung, daß Poe zu seinen Lebzeiten kaum bekannt gewesen sei [z.B. Campbell, »Contemporary«].

Zu den frühesten Kritiken gehören Arbeiten von John Neal [1929], Lowells »Edgar Allan Poe« [1845] und seine spätere, kritischere Erwähnung in »A Fable for Critics« [1848]. Für Lowell ist Poe der »anspruchsvollste, philosophischste und furchtloseste Kritiker« literarischer Werke, der jemals in Amerika schrieb; allerdings verwechsle er häufig ein mit Blausäure gefülltes Reagenzglas mit seinem Tintenfaß. Philip Pendleton Cooke veröffentlichte 1848 ein ›postscript‹ zu Lowells Artikel über Poes »Raven«. Margaret Fuller schrieb 1845 eine Notiz über Poes Erzählungen in der New Yorker *Daily Tribune*.

Zwar kursierten bereits zu Poes Lebzeiten Gerüchte über dessen Unzuverlässigkeit und Trunksucht; sie wurden aber erst durch den Nachruf des von Poe selbst ernannten Nachlaßverwalters Rufus Wilmot Griswold sanktioniert. Sein Artikel, mit ›Ludwig‹ gezeichnet, erschien am 20. Oktober 1849 in der *Weekly Tribune* und prägte für lange Zeit das Urteil über Poe und dessen Werk. In diesem Nachruf erscheint Poe als genialer Träumer und vulgärer Mensch [3.9.].

Im Januar 1850 veröffentlichte Griswold eine zweibändige Werkausgabe Poes und im September einen dritten Band, der

»The Literati«, die »Marginalia« und kritische Arbeiten erhielt. In dieser Ausgabe sind ebenfalls der Nachruf von Willis und eine von Griswold gekürzte und negativere Fassung des Aufsatzes von Lowell abgedruckt. Trotz einzelner Proteste gegen Griswolds Beschreibung Poes und seiner Repräsentation des Poeschen Werkes erhielt Poe fortan den Ruf eines unzuverlässigen Schuldners, labilen Trinkers und unmoralischen Dichters. Poe wurde durch Griswold geradezu zu einem Paradebeispiel für die Reformbewegungen der Zeit, deren Notwendigkeit Poes tragisches Schicksal bewies [1.3.]. Poes eigener Beitrag der »Philosophy of Composition« schien das Bild eines mechanistischen Dichter-›Tricksters‹ für viele zu bestätigen [vgl. Carlson, »Recognition«]. Ein solcher ›Trickster‹ ist schwer in die Literaturgeschichte einzufügen, und so schloß ihn auch Emerson 1874 aus seinem »American Parnassus« aus.

Einige ehemalige Freunde Poes sprachen sich gegen das von Griswold einseitig geprägte Poe-Bild aus. 1860 erschien ein ausführlicher Versuch Sarah Helen Whitmans [2.8.], der Poes Verteidigung galt: »Edgar Allan Poe and His Critics«. Whitman sah sich als eine Art Witwe des Dichters und ließ sich im Kostüm der Pallas Athene fotografieren.

Während der Jahre des Bürgerkrieges gab es verständlicherweise kaum neue Beiträge zur Poe-Kritik. Zwischen 1870 und 1880 erschienen besonders viele biographische Artikel, aber ein wesentlicher Anstoß für die neue Forschung von Woodberry und anderen kam aus England. Mit John H. Ingrams Einleitung zur vierbändigen englischen Werkausgabe Poes [1874–75] und Ingrams späterer Biographie [1880] änderte sich die Einstellung vieler amerikanischer Schriftsteller und Kritiker [5.3.]. Am 17. November 1875 wurde auch über Poes neues Grab in Baltimore ein Denkmal errichtet, da das Grab, nachdem der erste Stein kurz nach der Setzung zerbrach, nie richtig gekennzeichnet worden war. Sara Sigourney Rice bat zu diesem Anlaß viele Dichter um Beiträge, und Whittier, Holmes, Tennyson, Swinburne, Mallarmé und viele andere antworteten ihrem Gesuch. Während Poe in England mit Ingram einen Anwalt gewann, in Frankreich mit Baudelaire einen seiner größten Bewunderer [5.4.], so war Walt Whitman der einzige amerikanische Dichter, der zur Denkmalsetzung erschien.

Bryant weigerte sich, Poe zu ehren, und George P. Lathrop beschrieb Poe als bedeutenden Schriftsteller, der allerdings einen schlechten Geschmack besitze. Henry James' Anmerkungen zu Poe in seinen Arbeiten zu Baudelaire und Hawthorne wiesen auf

Poes ›ursprüngliches Genie‹, aber er fuhr fort: »Ein Enthusiasmus für Poe ist das Zeichen eines eindeutig primitiven Stadiums der Reflektion« [1876]. Drei Jahre später nannte James Poes Werk das wahrscheinlich vollkommenste und exquisiteste Beispiel von ›Provinzialismus‹.

Ende der 70er Jahre erschien neben dem enthusiastischen Beitrag von E.L. Didier [»Poe Cult«] die erste buchlange Biographie von W.F. Gill, der auch noch unveröffentlichtes Briefmaterial benutzte. Thomas W. Higginson, der Entdecker von Emily Dickinson, widmete Poe 1879 einen kritischen Artikel in der »*Literary World*«. Walt Whitman betonte Poes Bedeutung in einem 1875 erschienen Artikel über »Edgar Poe's Significance«, in dem er jedoch wie Higginson seine Bedenken gegenüber der in Poes Werken repräsentierten Moral äußerte. Später [1880] betonte Whitman die technische und abstrakte Schönheit der Poeschen Reimkunst: »Poes Verse ... gehören wahrscheinlich zu den leuchtendsten der Literatur, brillant und mitreißend, aber ohne jede Wärme [s. Carlson, »Recognition«, S. 73–76]. In »A Backward Glance o'er Travell'd Roads« IV [»Complete Writings« (N.Y., 1902), S. 56] zeigte er sich von Poe überzeugt, daß es kein langes Gedicht geben könne. 1885 wurde Poe in New York ein Denkmal gewidmet, das von Edwin Booth geförderte ›Actor's Monument‹. Woodberry wollte zur gleichen Zeit mit seiner Biographie Poes Ruf rehabilitieren.

In den 90er Jahren war die kritische Aufnahme Poes in Amerika, trotz der großen Popularität des Dichters in Europa, immer noch reserviert. Er wurde aber gelesen. 1894/95 erschien die zehnbändige Werkausgabe von Stedman und Woodberry, 1895 eine weitere sechsbändige von Stoddard, 1896 eine dritte achtbändige Ausgabe; dazu erschienen Anthologien. 1899 wurde an der University of Virginia Zolnays Büste Poes enthüllt.

Wie Higginson vor ihm, so nennt auch Edwin Arlington Robinson Poe in seiner 1894 erschienenen Arbeit einen ›wizard‹; er war vom Bild des Außenseiters Poe fasziniert, der sich aus einem Land der Zauberer nach Amerika verirrte. N. Vachel Lindsay publizierte 1910 sein Gedicht »The Wizard in the Street (Concerning Edgar Allan Poe)« und nahm ebenfalls die Bilder des Zauberers wie ›jingle-man‹ wieder auf. Poe war für ihn ein Spaßmacher, der aus früheren Zeiten zu stammen schien und doch für das materialistische Amerika schreiben mußte.

1902 erschien unter der Herausgeberschaft von James A. Harrison die 17bändige ›Virginia Edition‹ der Werke Poes, die erst in den letzten Jahren durch die Bände der kritischen Werkausgabe von T.O. Mabbott, die von Burton Pollin weitergeführt wurde, ersetzt werden konnte [6.4.]. Anläßlich der Feierlichkeiten zu Poes hundertjährigem Geburtstag 1909 erschienen wiederum eine Fülle von Artikeln. Amy Lowell bemerkte 1916, daß es die Vorherrschaft der Kulturszene Neuenglands gewesen sei, die die Anerkennung Poes (wie auch Whitmans) lange Zeit verhinderte. Vor dem Hintergrund der realistischen und experimentellen Literatur des frühen 20. Jahrhunderts schien Poe allerdings nun nicht mehr interessant, und er wurde von Kritikern weitgehend als Autor des 19. Jahrhunderts historisiert.

In den 20er Jahren erschienen mehrere Biographien, wie Allens »Israfel« [2.], aber auch eine große Anzahl psychologisch oder psychoanalytisch orientierter Arbeiten [s. Young, »Psychologists«: 4.5.], wie etwa die Studie von Krutch [vgl. 2.]. Mabbott und Campbell dominierten in der Kritik dieser Jahre mit ihren Neudrucken der Poeschen Werke und ihren Quellenstudien.

Williams Carlos Williams beschreibt Poe in »In the American Grain« [1925] als einen wahren amerikanischen Autor, der eine ernsthafte amerikanische Literatur schrieb, die an diesen neuen Ort gebunden war. Poe ist in Hart Cranes Gedicht »The Bridge« [im Abschnitt »The Tunnel«, 1925] das Symbol des Künstlers in einem materialistischen Amerika, dem er zum Opfer fiel. 1926 veröffentlichte Edmund Wilson seinen Beitrag »Poe at Home and Abroad«, in dem Poe zu einem der typischsten Repräsentanten des 19. Jahrhunderts wird, da er romantisch war und sich an europäische Vorbilder anlehnte. In amerikanischen Literaturgeschichten erhielt Poe in diesen Jahren jedoch selten mehr als einen kurzen Absatz; viele Literaturhistoriker hatten offensichtlich Schwierigkeiten, Poes Werke in ein Gesamtbild einzuordnen [z.B. Foerster, »American Criticism«; Parrington, »Revolution«]. Mathiessen widmete Poe zwar einen Beitrag [»Poe«, 1946], schloß ihn aber aus seinem grundlegenden literaturhistorischen Werk »American Renaissance« [London, 1941] aus. Auch Brooks schrieb erst in einem seiner späteren Werke, »The World of Washington Irving« [1944], ausführlicher über Poe. 1936 erschien Quinns »American Fiction« [3.1.], in dem er auf Poes Werk eingeht, und 1941 dann seine große Biographie »Edgar Allan Poe: A Critical Biography« [2.], die heute noch als Standardwerk gelten kann [vgl. auch 4.2.]. 1948 erschienen die von Ostrom herausgegebenen Briefe Poes [6.4.5.].

Winters war einer der Vertreter des New Criticism, die sich in den 40er und 50er Jahren für Poes Werk Jahren interessierten.

Er konzentrierte sich in seinen Arbeiten vor allem auf Fragen der kommunikativen Funktion der Poeschen Werke und übte an Poe Sprachkritik [»Crisis«, 1937]. Hemingway bestätigte Poes Ruf als Stilist in seinen »Green Hills of Africa« [1935], doch die Schriften des ›Technikers‹ Poe waren für den Autor, der den Stil der amerikanischen Literatur in den folgenden Jahren bestimmen sollte, ›tot‹.

Bereits 1927 äußerte sich T. S. Eliot in seiner Rezension der Biographie Allens zu Poe. Für ihn war Poe ein erstrangiger, doch unverständlicher Kritiker. Er biete dem Leser einen nachlässigen Stil, ein kindliches Denken sowie willkürliche Schreibexperimente. Nur als Ganzes gesehen wäre Poes Werk eindrucksvoll. Poes ›Provinzialität‹ wies ihn nicht als Amerikaner aus, sondern als ›deplazierten Europäer‹. Dort, vor allem in Frankreich, konnten Poes Gedichte den Kern einer neuen Bewegung bilden.

Tate versuchte mit seinen Arbeiten [»Our Cousin, Mr. Poe«; »The Angelic Imagination«] vor allem auf die philosophische Interpretationsmöglichkeit der Poeschen Werke hinzuweisen. Andere Kritiker der 50er Jahre verfuhren zumeist thematisch. Die wohl bekannteste literarische Rezeption Poes dieser Zeit ist Wladimir Nabokovs »Lolita« [1955], das »Annabel Lee« [3.4.] ironisch verarbeitete. In den kritischen Studien, die seit den 50er Jahren entstanden sind, ist Poe in die Reihen der bedeutenden amerikanischen Autoren unbestritten aufgenommen worden.

Literaturhinweise:

A. J. *Angyal* u. K. *Ljungquist* ›Some Early Frost Imitations of Poe‹, PSt 9 (Juni 1976): 14–16; A. *Appel*, Jr. (Hrsg.) »Vladimir Nabokov: The Annotated Lolita« (N.Y., 1970); M. D. *Bell* »The Development of American Romance« (Chicago, 1980); C. *Berryman* ›Hawkes and Poe: Travesty‹ MFS 20 (1983): 643–654; V. W. *Brooks* ›Poe in the North‹, »The World of Washington Irving« (N. Y., 1944), S. 443–56; V. W. *Brooks* »America's Coming of Age« (N. Y., 1915); W. C. *Brownell* »American Prose Masters: Cooper – Hawthorne – Emerson – Poe – Lowell – Henry James« (N.Y. 1909), S. 172–223; C. F. *Briggs* ›The Personality of Poe‹ Ind XXIX (13. 12. 1877): 1–2; C. C. *Burr* ›The Character of Edgar Allan Poe‹ Nineteenth Century V (Feb. 1852): 19–33; J. *Burroughs* ›Mr. Gosse's Puzzle over Poe‹ Dial XV (16. 10. 1893): 214–20; K. W. *Cameron* (Hrsg.) »Contemporary Dimensions: An American Renaissance Literary Notebook of Newspaper Clippings ...« (Hartford, 1970); K. *Campbell* ›Contemporary Opinions of Poe‹ PMLA XXXVI (1921): 142–66; E. W. *Carlson* (Hrsg.) »The Recognition of Edgar Allan Poe« (Ann Arbor, 1966); E. *Carter* »The American Idea: The Literary Response to American Optimism« (Chapel Hill, 1977); L. G. *Clark* ›Poe‹ Kn XXXV (Feb.

1850) 163–4 [wiederabgedruckt Oktober 1850]; A. L. *Cooke* ›The Popular Conception of Poe from 1850 to 1890‹ UTSE XXII (1942): 145–170; P. P. *Cooke* ›Edgar Allan Poe, His Literary Merits Considered‹ SLM XIV (Jan. 1848): 34–38; H. *Crane* »Letters 1916–1932« hrsg. v. B. *Weber* (N. Y., 1952); J. L. *Dameron* ›Poe at Mid-Century: Anglo-American Criticism 1928–1960‹ Ball State University Forum VII (1967): 36–44; J. M. *Daniel* ›Eulogium‹ SLM XVI (März 1850): 172–87; E. L. *Didier* »The Poe-Cult and Other Papers« (N. Y., 1909); E. A. *Duyckinck* u. S. E. *Duyckinck* (Hrsg.) »Cyclopedia of American Literature« II (Philadelphia, 1856); T. S. *Eliot* ›The Influence of Landscape Upon the Poet‹ Daedalus LXXXIX (1960): 420–8; T. S. *Eliot* ›American Literature and the American Language‹, »To Critize the Critic« (N.Y., 1953), S. 43–60; T. S. *Eliot* ›From Poe to Valéry‹ Hudson Review II (1949): 327–42 [auch in »To Critize the Critic«, S. 27–42]; N. *Foerster* »American Criticism: Studies in Literary Theory from Poe to the Present« (Boston, 1928), S. 1–52; G. R. *Graham* ›The Late Edgar Allan Poe‹ GM XXXVI (März 1850): 224–6; G. R. *Graham* ›The Genius and Characteristics of the Late Edgar Allan Poe‹ GM XLIV (Feb. 1854): 216–256; R. W. *Griswold* [= ›Ludwig‹] [›Poe‹] NYTr IX (9. 10. 1849): 2; H. *Hayford* ›Poe in the »Confidence Man«‹ NCF XIV (1959): 207–19; W. D. *Howells* ›American Letters: The Nature of American Literary Criticism‹ Literature III (22.10. u. 5.11.1898): 378–9, 424–5; W. D. *Howells* ›Edgar Allan Poe‹ Harper's Weekly LIII (16. 1. 1909): 12–13; W. D. *Howells* ›One Hundred Years of American Verse‹ NAR CLXXII (Jan. 1901): 148–60; W. D. *Howells* »Literary Friends and Acquaintances« (N. Y., 1901), S. 63; J. B. *Hubbell* »Who Are the Major American Writers« (Durham, 1972), S. 51–57; D. R. *Hutcherson* ›Poe's Reputation in England and America, 1850–1909‹ AL XIV (1942): 211–313; H. *James* »Hawthorne« (N. Y., 1879); H. *James* ›Review of »Les Fleurs du Mal«‹ Nation (27. 4. 1876) [wiederabgedruckt als ›Baudelaire‹ »French Poets and Novelists« (N. Y., 1878), S. 72–83]; J. W. *Krutch* ›The Strange Case of Poe‹ American Mercury VI (1925): 349–56; H.-J. *Lang* ›Poe in Melville's ›Benito Cereno‹‹ in S. *Tonguc* (Hrsg.) »English Studies Today« (Istanbul, 1973), S. 105–429; G. P. *Lathrop* ›Poe, Hawthorne, and Irving‹ Scrib XI (April 1876): 799–808; H. W. *Longfellow* ›The Late Edgar Allan Poe‹ SLM XV (Nov. 1849): 696; J. R. *Lowell* ›Edgar Allan Poe‹ GM XXVI (Feb. 1845): 49–53; F. O. *Mathiessen* ›Poe‹ SR LVI (1946): 175–205; R. C. *McLean* ›Poe in the Marketplace‹ PSt 5 (1972): 21–23; H. L. *Mencken* ›The Mystery of Poe‹ Nation CXXII (17. 3. 1926): 289–90; L. *Mumford* »The Golden Day – A Study in American Experience and Culture« (N. Y., 1926); J. *Neal* ›Edgar Allan Poe‹ Portland Daily Advertiser (23. 4. 1850); V.L. *Parrington* »The Romantic Revolution in America 1800–1860: Main Currents in American Thought« II (N. Y., 1927); F.L. *Pattee* »The First Century of American Literature, 1770–1870« (N. Y., 1935); B. R. *Pollin* ›Poe and Henry James: A Changing Relationship‹ Yearbook of English Studies 3 (1973): 232–42; W. *Pounds* ›Paul Bowles and Edgar Allan Poe: The Disintegration of the Personality‹ Twentieth Century

Literature 32 (1986): 424–439; S. *Rice* »Edgar Allan Poe, A Memorial Volume« (Baltimore, 1877; Reprint Folcroft, Pa., 1973); C. *Richardson* ›Edgar Allan Poe‹, »American Literature: 1607–1885« (N. Y., 1889); J. *Scherting* Poe's ›The Cask of Amontillado‹: A Source for Twain's ›The Man That Corrupted Hadleyburg‹‹ Mark Twain Journal XVI (1972): 18–20; G. D. *Snell* ›First of the New Critics‹ Quarterly Review of Literature II (1945): 333–40; R. H. *Stoddard* »Recollections« (N.Y., 1903); A. *Tate* ›Our Cousin Mr. Poe‹ Partisan Review XV (1949): 1207–1217 [wiederabgedruckt in »The Man of Letters in the Modern World« (N.Y., 1955), S. 132–146]; A. *Tate* ›Three Commentaries: Poe, James, and Joyce‹ SR LVIII (1950): 1–15; A. *Tate* ›The Angelic Imagination: Poe and the Power of Words‹ Kenyon Review XIV (1952): 455–75 [wiederveröffentlicht als ›The Angelic Imagination: Poe as God‹, »The Man of Letters in the Modern World«, [s.a.], S. 113–131]; J. *Taylor* ›Poe, Lovecraft, and the Monologue‹ Topic 31 (1977): 52–62; J. R. *Thompson* ›The Late Edgar Allan Poe‹ SLM XV (Nov. 1849): 694–6; W. P. *Trent* »Edgar Allan Poe, A Centenary Tribute« (o.O. [Edgar Allan Poe Memorial Association], 1910; Reprint N. Y., 1972); J. W. *Tuttleton* ›The Presence of Poe in »This Side of Paradise«‹ English Language Notes III (1966): 284–9; S. H. *Whitman* »Edgar Poe and His Critics« (N. Y., 1860 u. 1869); W. *Whitman* ›Edgar Poe's Significance‹ Critic II (3. 6. 1882): 147 [s. auch »Specimen Days: Complete Prose Works« I (N. Y. 1892), S. 230–2; R. *Wilbur* »The House of Poe« (ser.) Library of Congress Anniversary Lectures (Washington, 1959); R. *Wilbur* ›Poe and the Art of Suggestion‹ UMSE 3 (1982): 1–13; W. C. *Williams* »In the American Grain« (N. Y., 1925), S. 216–33, dt. »Die Neuentdeckung Amerikas« (München, 1969); L. A. *Wilmer* »Our Press Gang: A Complete Exposition of the Corruptions and Crimes of the Americna Newspapers« (Philadelphia, 1859); L. A. *Wilmer* ›Recollections of Edgar Allan Poe‹ Baltimore Daily Commercial (23.5.1866); N. P. *Willis* ›Editor's Table‹ AmMoM I (Nov. 1829): 587; N. P. *Willis* [›Poe‹] HJ (20.10.1849); E. *Wilson* (Hrsg.) »The Shock of Recognition: The Development of Literature in the United States Recorded by the Men Who Made It« I (N. Y., 1943); I. *Winters* ›Edgar Allan Poe, A Crisis in the History of American Obscurantism‹ AL VII (1937): 379–401 [auch in »Maule's Curse« (N. Y., 1938) u. »In Defense of Reason« (N. Y., 1947)]; L. *Ziff* ›Whitman and the Crowd‹ CI 10 (1984): 579–591.

5.3. Poe in Großbritannien und Irland

Die Beziehungen zu dem englischen Buchmarkt und der englischen Leserschaft waren für amerikanische Autoren in der ersten Hälfte des 19. Jahrhunderts sicherlich die wichtigsten und problematischsten [3.1.; 4.1.]. Trotz eines wachsenden Selbstbewußtseins folgten amerikanische Autoren meist noch dem Beispiel der englischen Schriftsteller, die sich in Amerika großer Popularität erfreuten, und eine Anerkennung in England galt für einen amerikanischen Autor als ein Beweis seines Erfolgs.

Nur wenigen, wie etwa Longfellow, gelang es, diesen Erfolg zu Lebzeiten zu erreichen. Poe bemühte sich bereits früh, doch erfolglos um Kontakte mit englischen Verlegern [2.7.; 2.8.]. Seine frühesten Publikationen in England waren Raubdrucke [»In Articulo Mortis«; 3.8.] und »Pym« [1838] und Poes »Tales« [1846] wurden nachgedruckt [s. 6.3.]. Poe wurde in England vor allem durch Griswolds Anthologien und dessen Werkausgabe bekannt, auf die letztere bezog sich auch ein erster Abdruck von Poes »The Gold Beetle [sic]«, der 1853 in *Hogg's Instructor* erschien, einer Zeitschrift, die schon früh rechtlich ungeschützte Beiträge amerikanischer Autoren nachdruckte. Das Interesse an amerikanischer Literatur verstärkte sich während der Zeit des Bürgerkriegs.

Etwa 1879 nahmen Chattus und Windus Poes »Tales« in deren »Golden Library« auf, und die Jahre zwischen 1880 und 1900 bilden einen Höhepunkt hinsichtlich der Popularität amerikanischer Literatur. Das Interesse galt auch Poes Werken, die in dieser Zeit in zumindest 35 Ausgaben und Auflagen ein- oder mehrbändiger Schriften erschienen [s. Gohdes, »American«, S. 46]. Poe wurde weniger gelesen als Cooper, Irving oder Hawthorne, aber mehr noch als Melville oder Thoreau. Vor allem seine Serien waren beliebt und wurden häufig abgedruckt [Gohdes, »American«, S. 32].

Bis 1880 wurde Poes Bild in England wie in Amerika durch Griswold geprägt [5.2.]. Ingrams Biographie [2.] versprach allerdings, Griswolds Studie durch eine positivere Arbeit zu ersetzen. Ingram machte es sich zur Lebensaufgabe, in diesem Buch und vielen anderen Beiträgen die Verläßlichkeit Griswolds nicht nur in Frage zu stellen, sondern sich auch selbst als neue Poe-Autorität zu behaupten. Er besuchte nie Amerika, nahm aber Ende der 60er und in den 70er Jahren schriftlich Kontakt mit Verwandten und Bekannten Poes auf; ein Einsatz, der, wie Miller [»Building«, »Helen«: 6.4.5.] zu beweisen versucht, nicht immer ganz uneigennützig war. 1874–75 publizierte Ingram in Edinburgh eine neue Werkausgabe Poes [6.2.; 6.4.], die bis zur Publikation der ›Virginia Edition‹ [5.2.] als Standard-Ausgabe galt. Ingrams Briefwechsel und Buchsammlung wird seit 1921 in der Bibliothek der University of Virginia aufbewahrt.

Einige englische Dichter und Schriftsteller äußerten sich bereits früh positiv über Poes Werk. Barretts Brief an Poe ist erhalten [2.8.], sie beschreibt den »Raven« als »eine Sensation«, die »Schrecken [*fit of horror*] in England hervorgerufen« hatte. Tennyson nannte 1883 Poe »das originellste amerikanische Genie« [Tennyson, »Alfred Tennyson«, S. 292–3]. Sehr enthusiastisch äußerte sich Algernon Swinburne, der in »Under the Microscope« [1872] schreibt: »Einmal nur, und nur einmal, kam von dort [Amerika] eine reine Note eines ursprünglichen Liedes – die kurze exquisite Musik, fein und einfach und dunkel und süß von Edgar Poe.« Swinburne unterhielt einen Briefwechsel mit Ingram, in dem er ihn um Informationen über Poe bat. Vorsichtiger als Swinburne reagierte Robert Louis Stevenson auf Ingrams Werkausgabe; er fand im Vergleich von Poes Leben und Werk »einen gewissen Mißklang« [»The Works«, S. 322]. Dennoch wollte er Mitleid mit Poe empfinden, das er für den »kaltblütigen« Baudelaire nicht fühlen konnte [5.4.]. Stevenson betonte Poes Schöpfung einer »fantastischen wissenschaftlichen Reiseabenteuer-Geschichte«, und »Treasure Island« oder »Dr. Jekyll und Mr. Hyde« schlossen sich der Poeschen Tradition an [3.6.; 3.3.]. George Saintsbury wandte sich 1878 wie Ingram gegen die amerikanische Kritik, die Poe geringschätzte. Schrieb Stevenson, daß Gelehrsamkeit [*erudition*] bei Poe oft die Kunst ersetze, so betont Saintsbury Poes unzureichende Bildung [»Edgar Allan Poe«].

Das in den 70er Jahren wachsende Interesse an Poe wurde in England im weiteren durch die französische Rezeption und vor allem durch Baudelaires Arbeiten gefördert [Engelberg, »Symbolist«; Temple, »Alchemy«; 5.4.]. Poes Dichtung wurde besonders von der präraphaelitischen Gruppe hoch geschätzt, die um 1848 entstand und der Swinburne zeitweilig angehörte. So prägten auch Dante Gabriel Rossetti und William Morris eine Dichtung und Dichtungstheorie, die nicht nur von Poes Werk, sondern vor allem auch von seinem Künstlerbild beeinflußt war.

Rossetti schrieb an seinen Bruder über seine Vorliebe für den »Raven« [Caine, »Recollections«, S. 284]. Ein direkter Einfluß Poes auf seine Dichtung könnte für »The Blessed Damozel« [1947, veröffentlicht 1850] behauptet werden; auch andere Gedichte zeigen eine intensive Beschäftigung mit Poe [vgl. aber Kühnelt, »Bedeutung«]. Cruse [»Victorian«, S. 243] berichtet von Poe-Lesungen der Gruppe, und Edward (Burne-) Jones schreibt 1854 seinem Vater von dem Zauber, den die Poeschen Erzählungen auf ihn ausüben. Morris' frühes »Lindborg Pool« [1856]

wurde oft mit Poeschen Erzählungen verglichen [Kühnelt, »Bedeutung«, S. 146].

Für Rossetti und die Präraphaeliten bildete Poes Werk eine Antwort auf das viktorianische Kunstideal, und die Beschäftigung mit Baudelaires Kritiken und der französischen Rezeption beeinflußte zusätzlich das dichterische Werk wie die Kunsttheorie Swinburnes. Deutlicher noch als in England hatte sich bereits in Frankreich die *l'art pour l'art* Bewegung gebildet, tauchten Begriffe wie ›Dekadenz‹ und die Figur des Dandys als Künstler auf. Poes Leben und Werk stellten dafür ein vages Vorbild dar [5.4.]. Swinburne rezipierte in »William Blake« [zw. 1862–68] z.B. Poe in Baudelaires Übersetzung.

Burne-Jones stellte eine klare Verbindung her zwischen den Präraphaeliten und dem Ästhetizismus, mit dem sich zur Jahrhundertwende Namen wie Oscar Wilde, James McNeill Whistler und Aubrey Beardsley verbanden. Wie Swinburne vertraten sie eine Trennung von ›Moral‹ und Kunst und sprach sich für eine Autonomie der Kunst aus.

Bei Wilde zeigt sich Poes Einfluß indirekt; er erwähnt ihn allerdings in »De Profundis« [1905]. Interessant wäre jedoch ein Vergleich von »The Picture of Dorian Gray« [1890] mit Hoffmanns »Die Jesuiterkirche in G.«, Huysmans »A Rebours« [5.4.] und Poes »The Oval Portrait«. Whistler, der seit 1863 in England lebte, verweist in »The Gentle Art of Making Enemies« [1890] auf Poe und Baudelaire als überlegene Künstler. Beardsley schließlich illustrierte 1901 Poes Erzählungen [5.1.]. Arthur Symons war als Übersetzer ein weiterer Vermittler zwischen der französischen und der englischen Rezeption.

1906 beschreibt Symons Poe als einen Dichter, der selbst die Inspiration zur Methode reduziert habe [»Edgar Allan Poe«]. Er erscheint für ihn »fantastisch unmenschlich«. Der Ire W. B. Yeats, in vielem den englischen Symbolisten wie Symons verbunden, sah Poe als eine »Persönlichkeit«, der er aber später ambivalent gegenüberstand [Brief an John Quin, 15.2.1905 und an W. T. Horton, 3. 9. 1899; »Letters«, S. 447, S. 325]. »The Pit and the Pendulum« und der »Raven« sind für ihn vulgär, und Poes Popularität in Frankreich ist für ihn unverständlich. In einem Brief zur Jahrhundertfeier an der University of Virginia [1909] lobt Yeats Poe allerdings als den »größten amerikanischen Dichter«. Sein Beharren auf Onomatopoetik machte Poes Dichtung schließlich auch für Edward Lear interessant, der Poes Experimente [»Ulalume«, »The Bells«] weiterzuführen suchte.

George Bernard Shaw wandte sich 1909 in seinem Beitrag zur Poe-Feier gegen ein Amerika, das sich zu Unrecht als Poes

Vaterland bezeichnete. Shaw sah Poe als einen Heimatlosen, doch wurde er gerade dadurch zum größten journalistischen Kritiker, der den amerikanischen Provinzialismus überwinden konnte. Im gleichen Jahr drückte auch Joseph Conrad seine Bewunderung für Poes Beschreibung von Seeabenteuern aus [vgl. Braddy, »Incense«, S. 139: 3.]. 1919 veröffentlichte D. H. Lawrence die erste Fassung seines Artikels zu Poe [in *The English Review*; später in »Studies in Classic American Literature, 1923], der vor allem auf »Ligeia« und Poes Erzählungen eingeht.

Lawrence sieht »Ligeia« als eine exemplarische Poe-Erzählung und lobt dessen wahre Liebesgeschichten. Er beschreibt die amerikanische Literatur als einen doppelten Prozeß der Zerstörung eines alten und Formung eines neuen Bewußtseins. Poe besitzt nach Lawrence nur die »disintegrative vibration« und ist daher eher Wissenschaftler als Künstler. In seinem Bemühen, die »Krankheit Liebe« schön und attraktiv zu machen, beschreibe Poe eine Duplizität der Kunst, die die amerikanische Literatur im besonderen kennzeichnet [vgl. Carlson, »Recognition, S. 11, 126: 5.2.].

Zwei Fragen schienen vor allem die Poe-Rezeption in England im frühen 20. Jahrhundert zu beherrschen. Zum einen wurde untersucht, inwiefern Poe als typisch amerikanischer Schriftsteller und Dichter bezeichnet werden könnte, und zum anderen, ob Poes Themen ›akzeptabel‹ wären. Wandte sich Shaw gegen das Bild des billigen Massenjournalisten, so bestätigte Aldous L. Huxley gerade dessen Vulgarität, die Shaw leugnete.

In Huxleys Aufsatz »Vulgarity in Literature« [1930] dient Poe als Beispiel des zugrundegegangenen Dichters. Dem Englisch sprechenden Leser zeigt sich bei der Lektüre des Poeschen Werkes nach Huxley ein unverbesserlich schlechter Geschmack, der dem französischen Leser verborgen bleiben muß: »Die Substanz Poes ist kultiviert; es ist seine Form, die vulgär ist« [vgl. Carlson, »Recognition«, S. 161: 5.2.]. Walter de la Mare faßt 1935 die verschiedenen Reaktionen auf Poes Werk zusammen, indem er auf die Ratlosigkeit selbst der zeitgenössischen Kritiker verweist [»Early One Morning«, vgl. Braddy, »Incense«, S. 141: 3.].

Im frühen 20. Jahrhundert waren in England besonders drei Erzählgattungen populär, die ihren ›Ursprung‹ auf Poe zurückführten. Poes Genre der Abenteuergeschichten fand in Stevenson einen Meister. H.G. Wells führte Poes wissenschaftliche Fiktionen als ›science fiction‹ weiter [3.9.]. Dupin fand einen Nachfahren in den Detektivromanen Arthur Conan Doyles [3.7.]. Bereits 1909 würdigte Doyle Poe anläßlich der Poeschen Geburtstagsfeier [vgl. Hutcherson, »Reputation«, S. 232], und die Gestalt Sherlock Holmes verdankt den ›tales of ratiocination‹ viel.

In seiner Einleitung zur Werkauswahl »Edgar Allan Poe: Selected Prose and Poetry« [1950: 6.4.1.] beschäftigte sich W. H. Auden mit dem Problem, welche der Poeschen Werke für einen zeitgenössischen Leser interessant sein könnten.

Poes bessere Erzählungen scheinen nach Auden keine realen oder historischen Menschen zu beinhalten, sondern willensstarke Wesen, und dies vereint die Schauergeschichten mit den ›tales of ratiocination‹. Eine zweite Gruppe bilden die Abenteuererzählungen, die umgekehrt passive Helden zeigen. Poes Beschreibungen des Individuums sind allerdings bezeichnend für eine Entwicklung eines Gesellschaftslebens, das bereits von Industrialisierung und Verstädterung gekennzeichnet ist. Poes Werk kann, so Auden, als das erste der Moderne gelten; Poe war sich der Zerstörung der traditionellen Gesellschaft bewußt und litt darunter. Die Bedeutung des Poeschen Werkes liegt nach Auden in dieser historischen Beispielhaftigkeit.

Literaturhinweise:

U. *Boker* ›Hunting with My Brains: Neues zur frühen englischen Poe-Rezeption und zu den Anfängen der Detektivgeschichte‹ Anglia 100 (1982): 48–87; E. B. *Browning* »Edgar Allan Poe, A Criticism with Remarks on the Morals and Religion of Shelley and Leigh Hunt« (London, 1919 [Privatdruck]); H. *Caine* »Recollections of Rossetti« (N.Y., 1928); A. *Cruse* »The Victorians and Their Books« (London, 1935); J. L. *Dameron* ›Poe at Mid-Century‹ [5.2.]; F. B. *Dedmond* »A Checklist of Poe's Works in Book Form Published in the British Isles« BB XXI (1953): 16–20; N. *Douglas* ›Edgar Allan Poe from an English Point of View‹ [1909], »Experiments« (N. Y. 1925), S. 106–119; E. *Engelberg* (Hrsg.) »The Symbolist Poem: The Development of the English Tradition« (N. Y., 1967); C. *Gohdes* »American Literature in Nineteenth-Century England« (N. Y., 1944); D. *Hughes* ›The Influence of Poe‹ Fortnightly Review 964 (Nov. 1949): 342–3; D. R. *Hutcherson* ›Poe's Reputation‹ [5.2.]; A. *Huxley* ›Vulgarity in Literature‹, »Music at Night and Other Essays« (London, 1930), S. 267–78; J. B. *Jacoby* ›The Victorian Response to Edgar Allan Poe‹ Diss. Univ. of Pittsburgh, 1977; M. E. *Kronegger* ›Joyce's Debt to Poe and the French Symbolists‹ RLC XXXIX (1965): 243–54; M. E. *Kronegger* ›The Theory and Unity of Effect in the Works of Edgar Allan Poe and James Joyce‹ RLC XL (1966): 226–34; H. H. *Kühnelt* »Die Bedeutung von E. A. Poe für die englische Literatur« (Innsbruck, 1949); H.H. *Kühnelt* ›T. S. Eliot als Poe-Kritiker‹ NS [N. F.] (1956): 105–112; D. H. *Lawrence* »Studies in Classic American Literature« (N.Y., 1924); W. M. *Rossetti* (Hrsg.) »Dante Gabriel Rossetti: his family letters« (London, 1895); G. *Saintsbury* [›Poe‹] Academy XII (20.4.1878): 337; G. *Saintsbury* ›Edgar Allan

Poe‹, Dial LXXXIII (1927): 453–463 [auch in »Prefaces and Essays«, London 1933, 314–323; vgl. auch 3.4.]; G. B. *Shaw* ›Edgar Allan Poe‹ Nation (16. 1. 1909) [wiederabgedruckt in »Pens, Portraits, and Reviews«, »Works« XXVII (London, 1932), S. 220–36]; E. *Starkie* »From Gautier to Eliot: The Influence of France on English Literature, 1851–1939« (London, 1960); R. L. *Stevenson* ›The Works of Edgar Allan Poe‹ »The Works of Robert Louis Stevenson« XXIV [Vailima Edition] (N. Y., 1923), S. 107–18; C. A. *Swinburne* »Letters Chiefly Concerning Edgar Allan Poe from Algernon Charles Swinburne to John H. Ingram« (London, 1910 [Privatdruck]); R. Z. *Temple* »The Critics Alchemy: A Study of the Introduction of French Symbolism Into England« (N. Y., 1953); C. *Tennyson* »Alfred Lord Tennyson« II (London, 1897); W. M. *Thomas* [›Poe‹] Train III (April 1857): 193–198; J.H. *Whitty* ›Edgar Allan Poe in England and Scottland‹ Bkm 44 (1916–7): 14–21; W. B. *Yeats* »Letters of W. B. *Yeats*«, hrsg. v. Alan Wade (N.Y., 1955).

5.4. Der französische Poe

Die Rezeption Poes in Frankreich begann bereits früh. 1844 erschien eine Nachahmung der Erzählung »William Wilson« in einer französischen Tageszeitung [Bandy, »New Light/Baudelaire«] und im August 1845, kurz nach der Publikation der »Tales«, eine anonyme Übersetzung des »Purloined Letter« [Quinn, »French Face«, S. 14]. Im November 1845 erschien in der *Revue britannique* eine bereits mit Poes Namen gezeichnete Übersetzung des »Gold Bug«, der im September 1846 eine Übersetzung des »Descent Into the Maelstrom« von Emile Forgues folgte. Aufmerksamkeit erregte aber vor allem ein Rechtsstreit, der 1846 stattfand.

Gustave Brunet veröffentlichte in *La Quotidienne* [11.–13. 6. 1846] eine freie Fassung der »Murders«, »Un Meurtre sans example dans les fastes de la justice«. Poes Dupin-Geschichte erschien wenig später, von Forgues übersetzt, in *La Commerce* [12. 10. 1846]. Forgues wurde von einem dritten Blatt, *La Presse*, nun des Plagiats angeklagt, obwohl Forgues Poe als Autor der Erzählung angab. Er gewann den Rechtsstreit, auf den Poe selbst aufmerksam wurde.

Forgues war jedoch nicht nur Poes Übersetzer. Sein Aufsatz »Etudes sur le roman anglais et americain. Les contes d'Edgar A. Poe« [1846] ist die erste kritische französische Arbeit zu Poes Werk und die einzige fremdsprachige Kritik, die zu Poes Lebzeiten erschien.

Forgues sieht Poes Werk hier positiver als in seinen späteren Notizen; er ist vor allem an dessen wissenschaftlicher Präzision und Logik interessiert. Forgues stellt Poe in die französische philosophische Tradition.

Dem Prozeß um Poes Geschichte folgten weitere Übersetzungen. Interessant erscheinen hierbei die Arbeiten von Isabelle Meunier, der englischen Ehefrau des Sozialisten und Fourier-Schülers Victor Meunier. Sie erschienen ab dem 27. Januar 1847 [»The Black Cat«] in dessen *La Démocratie pacifique*. Im Jahre 1853 wurden »The Gold Bug« und »Hans Pfaal« in einer Übertragung von Alphonse Borghers in Buchform herausgegeben. Léon de Wailly und William Hughes publizierten ebenfalls Übersetzungen.

Es sind aber wahrscheinlich die Übersetzungen von Meunier, die Charles Baudelaire, den bedeutendsten Übersetzer der Poeschen Prosawerke, auf den amerikanischen Schriftsteller aufmerksam machten. Der Einfluß des Poeschen Oeuvres war allerdings gerade in dem Augenblick für ihn bestimmend, als er sich vom Sozialismus abwandte. Baudelaire, der gerade einen Teil der »Fleurs du mal« geschrieben hatte, identifizierte sich fortan mit Poe und schrieb in seinen Briefen und Tagebüchern über sein Gefühl, mit Poe verwandt zu sein. Arthur Ransome [»Poe«: 3.] bemerkt in seiner Poe-Studie ironisch: »Man sagt, daß Charles Baudelaire Poes bestes Werk sei.« Für Baudelaire war Poe ein Künstler, der seiner Zeit voraus war, und Baudelaires eigene Gedanken vorwegnahm [Brief an Armand Fraisse, 18. 2. 1860, »Correspondence« I, S. 676–677]. Baudelaires Übersetzungen der Poeschen Erzählungen machen mit fünf Bänden den größten Teils der Baudelaireschen Veröffentlichungen aus. Sie zeichnen sich nicht nur durch Werktreue aus, sondern besitzen eine hohe literarische Qualität, die z. B. Eliot sogar dem Original vorzog [5.2.].

Baudelaires Übersetzungen erschienen seit dem 15. Juli 1854 [»Le Pays«] in Zeitschriften und wurden dann in drei Anthologien gesammelt: die »Histoires Extraordinaires« [Paris, 1856; Clemm gewidmet], die »Nouvelles Histoires Extraordinaires« [Paris, 1857] und die »Histoires Grotesques et Sérieuses« [Paris, 1865]. Daneben erschienen die Einzelausgaben »Aventures d'Arthur Gordon Pym« [Paris, 1858] und »Eurêka« [Paris, 1863]. Baudelaire schrieb drei Arbeiten über Poe, »Edgar Allan Poe, sa vie et ses ouvrages« [*Revue de Paris*, 1852], die revidierte Fassung »Edgar Poe, sa vie et ses œuvres« [Einleitung zu seiner Erzählsammlung, 1856] und schließlich »Notes Nouvelles sur Edgar Poe« [Einleitung, 1857]. Ein vierter Aufsatz war geplant, wurde aber von Baudelaire nicht vollendet. Vier seiner Übersetzungen [von »Mesmeric

Revelation«, »Berenice«, »Philosophy of Furniture« und eine Prosafassung des »Raven«] erhielten ein Vorwort, »Hans Pfaal« ein Nachwort. Eine Übersetzernotiz für einen für 1860 geplanten Band ist erhalten.

Baudelaires erster Aufsatz beruht weitgehend auf einer Übersetzung des Aufsatzes von John Moncure Daniel über Poe [SLM, März 1850] und geht auf Thompsons Nachruf [SLM, Nov. 1849] sowie andere amerikanische Quellen wie die Griswold-»Memoir« [5.2.] zurück.

Poe löst für Baudelaire die Figur des Dandys ab, die Baudelaire bereits zuvor als eine Gestalt geschaffen hat, die schön, elegant, intelligent und jenseits gesellschaftlicher Normen ein Leben vor dem Spiegel führt. Wenden sich amerikanische Kritiker in diesen Jahren aus ›moralischen Gründen‹ gegen Poe, so wendet sich Baudelaire gegen die moralisierende Literaturkritik. Er begrüßt Griswolds negatives Poe-Bild als das eines Mannes, der nicht nur Opfer der Gesellschaft wird, sondern sein Außenseitertum auch bewußt akzeptiert. Frankreich soll die ehrenvolle Aufgabe übernehmen, Poe zu rehabilitieren.

Baudelaires Einschätzung Poes blieb nicht unwidersprochen. Sainte-Beuve hielt sich, trotz Baudelaires Aufforderung, mit einer Stellungnahme zurück. Armand de Pontmarin mochte keinen Widerspruch zwischen Künstler und Gesellschaft sehen und berief sich auf die Verantwortlichkeit des Individuums Werk und Gesellschaft gegenüber. Barbey d'Aurevilly, in dessen Zeitschrift Baudelaires Übersetzungen erschienen, sah Poe als ebenso dekadent an wie die amerikanische Gesellschaft selbst. Er war für ihn der ›König der Bohémiens‹ [s. Quinn, »French Face«]. Die Frage, inwieweit Poe ein typischer Vertreter der amerikanischen Gesellschaft oder ein typisch amerikanischer Schriftsteller war, strukturierte ebenfalls die zeitgenössische französische Kritik [vgl. 5.3.]. Diejenigen Kritiker, die wie Louis Etienne oder Arnould literarische Werke nach Kriterien von ›Rasse, Milieu und Augenblick‹ beurteilten und Poe in der Nachfolge Baudelaires als Autor sahen, der gegen das amerikanische Gesellschaftssystem protestierte, untersuchten vor allem auch den Einfluß Hoffmanns und der deutschen Romantik auf Poe. D'Aurevilly oder Charles de Mouy andererseits beschrieben Poes ›ratiocination‹ als typisches Kennzeichen eines materialistischen Amerikas. Dieser Materialismus jedoch konnte ihrer Einschätzung nach auch positiv sein, falls es ihm gelänge, einen überschwenglichen französischen Stil durch konkrete Beobachtungs- und Schreibweise zu reformieren.

So begrüßten die Gebrüder Goncourt in einer Tagebucheintragung von 1856 Poes Einführung der ›Wissenschaft‹ in die Literatur und Louis Etienne und Rémy de Gourmont stellten Poe in die Tradition von Laplace und Pascal. Für Etienne waren gerade Poes fiktive Reisebeschreibungen besonders ›amerikanisch‹, und er schätzte die Verbindung von konkreter Erfahrungsweise und fantastischer Beschreibung als außergewöhnlich ein. Selbst d'Aurevilly lobte Poes ›Methode‹, während für Emile Zola Poes Wissenschaftlichkeit als betrügerische Technik erschien [Quinn, »French Face«]. Hyppolite Taine stellte sich Baudelaires Poe-Arbeiten kritischer als Poes Werk selbst gegenüber, und sein Schüler Emile Hennequin entdeckte Poe für die positivistische Literaturkritik. Der ästhetischen, psychologischen und soziologischen Analyse des Poeschen Werkes stand Mitte und Ende der 80er Jahre die Figur Poes als ›ur-symbolistischer‹ Dichter gegenüber; ein Bild, das durch Baudelaire geprägt wurde.

Nach Baudelaires Tod 1867 nahm das Interesse an Poe zunächst ab; andere amerikanische Autoren, wie Walt Whitman, sowie Autoren, die sich stärker gegen das Bürgertum richteten, wurden entdeckt. In dieser Zeit begann jedoch auch Stephane Mallarmé, Poes Gedichte zu übersetzen.

Baudelaire hatte nur vier Gedichte in Prosafassung übersetzt (neben dem »Raven« »To my Mother«, »The Conqueror Worm« und »The Haunted Palace«; die letzteren waren in Erzählungen eingefügt [vgl. 3.4.]). Obwohl sich Baudelaire hauptsächlich für Poes Prosa interessierte, sah er ihn als »poetischen Geist«. 1864 erschien ein Aufsatz Armand Renauds, »Edgar Poe, d'après ses poésies«, in der *Nouvelle Revue de Paris*, der sich zum erstenmal mit Poes Dichtung beschäftigte. Renaud, ein Freund Verlaines, gehörte zu den ›Parnassiens‹, bei denen Poes Werk günstig aufgenommen wurde. De Mouy folgte 1865 mit einer Beschreibung der Poeschen Gedichte [vgl. Alexander, »Affidavits«].

Mallarmé lernte, angeblich um Poe besser lesen zu können, Englisch und begann 1862 mit seinen Übersetzungen, die ab 1873 erschienen. 1875 veröffentlichte er den »Raven« mit Illustrationen von Eduard Manet [»Le Corbeau«: 5.1.], und ein Band Poescher Gedichte, »Les Poèmes de Poe«, erschien 1888 mit dessen Illustrationen [5.1.]. In einer Übersetzernotiz zitierte Mallarmé Poes poetisches Konzept als eines, das Frankreich vom entfernten Amerika unvermittelt erreichte und eine Krise der französischen Ästhetik auslöste.

In dieser Zeit erschienen auch andere Übersetzungen der Poeschen Gedichte. Der Fotograf Nadar versuchte sich zum

Beispiel daran. Für Mallarmé waren seine eigenen Übersetzungen allerdings mehr als Versuche, Gedichte aus einer Sprache in eine andere zu übertragen. Wie Baudelaire, so versuchte auch er, mit Poes Verwandten und Bekannten in den Staaten Kontakt aufzunehmen. Mallarmés Gedicht »Le Tombeau d'Edgar Poe« war für die Denkmalsetzung 1875 in Baltimore bestimmt und erschien in Rices Gedenkband »Edgar Allan Poe: A Memorial Volume« [1877: 5.2.]. Es wurde erst 1883, auf Paul Verlaines Veranlassung, in Frankreich veröffentlicht.

Das erste symbolistische Manifest von Jean Moréas (1885) verwies auf die Technik der Suggestion und auf die metrische Freiheit des Gedichts. Es drückte den Gedanken einer Dichtung um ihrer selbst willen aus und forderte schließlich die Autonomie der Kunst. Hatte Poes Prosa bisher manchmal noch der Vorwurf eines ›Materialismus‹ getroffen, so lobten die Symbolisten gerade das Irrationale und Suggestive seiner Dichtung. Poe erschien im Manifest neben Baudelaire als meisterhafter Vertreter des reinen poetischen Konzepts. Mallarmé selbst schätzte die rhythmische und die musikalische Qualität der Poeschen Dichtung hoch ein. Er schrieb bewundernd über die revolutionäre Metrik und das freie Versmaß des Poeschen Werks.

Verlaine, der besonders von Poes Musikalität eingenommen war, verehrte Poe. Zwei Gedichte der »Poèmes Saturniens« tragen den Titel »Nevermore«. Arthur Rimbauds Gedicht »Le Bateau ivre« zeigt ebenfalls eine gewisse Nähe zum Poeschen Gedicht. Poe wurde jedoch nicht von allen Symbolisten gleichermaßen geschätzt; oft verlief seine Rezeption auch nur in Anspielungen, Zitaten und der Annahme einer nach ihm geprägten Definition des Künstlers. »The Raven« scheint das populärste Gedicht Poes dieser Zeit zu sein.

Viele ästhetische Kriterien wurden gerade aus den Prosaschriften Poes bezogen. Joris Huysmans prägte den Begriff der sich selbst genügsamen Kunst in »A Rebours« [1884] am Beispiel des Poeschen Werkes. Maurice Maeterlincks Dramen, z.B. »Pelléas et Mélisande«, griffen auf diesen Begriff zurück. André Gide entwarf die Definition des ›mise en abîme‹ anhand der ›Mad Trist‹ Geschichte im »Fall of the House of Usher« [1893], und diese Erzählung wurde von vielen Kritikern wie Schriftstellern in den kommenden Jahren zitiert. Gide skizzierte eine Entwicklung vom ›transzendent‹ erscheinenden Kunstideal zur ›Kunsttechnik‹ der narrativen Struktur [Quinn, »French Face«]. Teodor Wyzewa feierte Poe 1894 als den Erfinder des Science-Fiction-Genres, der Detektivnovelle und der metaphysischen Erzählung [»correspondence«; Quinn, »French Face«].

Neben Baudelaire und Mallarmé ist Paul Valéry der dritte bekannte französische Dichter, der sich eingehend mit Poe beschäftigte und dessen Werk glorifizierte. Valéry konzentrierte sich in seinen Arbeiten vor allem auf Poes Dichtungstheorie und auf »Eureka«. Schon früh erschien Poe als Referenz in Valérys Korrespondenz mit Mallarmé und Gide.

Valéry schrieb 1889, im Alter von 18 Jahren, seinen Aufsatz »Sur la Technique littéraire« unter dem Einfluß von Poes »Philosophy of Composition« [v. Baudelaire übersetzt als »Genèse d'un poème«]. Bereits in dieser frühen Arbeit, wie in seinem späteren »Eurêka, poème en prose, ou essai sur l'Univers matériel et spirituel« [1924], betont Valéry sein Interesse an dem Schöpfungsmythos. Sein Aufsatz zu »Eureka« ist autobiographisch gehalten und skizziert Valérys Suche nach einer religiösen Offenbarung. Valéry beschreibt die schöpferische Offenbarung, die er bei Poe fand und die ihm half weiterzuschreiben. Poe steht für Valéry in der Tradition Dantes und ist ein ›poète de la connaissance‹. Als Dichter kann Poe die Wahrheit ahnen, die ein Wissenschaftler beweisen kann. Valéry ist einer der ersten Kritiker, die Poes Konzept des Universums in »Eureka« mit Einsteins Konzept vergleicht.

Bei Valéry wurde der bisher ›kriminalisierte‹ Poe zu einem respektablen Katholiken, der vom Akademie-Mitglied Valéry anerkannt und mit dem 20. Jahrhundert verbunden war. Andere Kritiker dieser Jahre sahen Poe als Perfektionisten einer bestimmten Gattung. Villiers de l'Isle-Adam etwa setzte seinen »Contes Cruels« [1883] ein Motto aus »Berenice« voraus und arbeitete mit Poeschen Motiven; Emile Gaboriau führte die ›tales of ratiocination‹ mit seinem Detektiv Monsieur Lecoq als Helden weiter. Eine reichhaltige Literatur möchte weitere Parallelen und Einflüsse zum Werk Guy de Maupassants, den düsteren Novellen Marcel Schwobs oder den Arbeiten von Edmond Jaloux feststellen. Wenn André Breton in seinem »Manifeste« Poe als ›surréaliste dans l'aventure‹ [1924] bezeichnete, so wird deutlich, daß Poe nicht nur zu einer Symbolfigur geworden war, sondern daß seine Person und sein Werk auch einen Zitatkorpus für die französische Literatur zu liefern begann.

Die literaturwissenschaftliche Sekundärliteratur insistierte hingegen weiter auf der Reputation des verrufenen und unmoralischen Poe. Barines Studie [»Névroses«] behandelte Poes krankhafte Imagination, und die psychologischen Arbeiten von Lauvrière [z.B. »Poe«] versuchten Poe als ›morbides Genie‹ darzustellen. Poe wurde hier zur idealen Fallstudie. Mauclair

[»Génie«: 3.] war eher von den symbolistischen Konzepten beeinflußt und bewertete Poe positiver. Bonapartes [»Poe«: 4.5.] oder Bolles Arbeiten [»Cauchemar«: 3.] stehen in dieser Tradition psychologisch orientierter Bücher [4.5.].

Bachelard [»L'Eau«; 3.6.]. ordnete in seiner ›philosophischen Analyse‹ des Poeschen Werkes Poes Vorstellungswelt das Urelement des Wassers zu. Poulets Studien [»Poe«, »Cercle«: 3.] bieten phänomenologisch orientierte Analysen und konzentrieren sich vor allem auf das Problem von Zeit und Raum. Das jüngste Interesse französische Literaturkritiker ist vor allem texttheoretisch orientiert [4.5.]. Das Poesche Werk hat sich dabei nahezu fern von biographischen Interessen zu einem Prüffeld für die Literaturtheorie verselbstständigt. Das Werk des exemplarischen Außenseiters wurde demnach zum exemplarischen literarischen Werk an sich.

Literaturhinweise:

[Ein Verzeichnis der Werkausgaben, Gesamtausgaben und Übersetzungen der Poeschen Werke findet man bei *Quinn* [»French Face«]. J. *Alexander* »Affidavits of Genius: Edgar Allan Poe and the French Critics, 1847–1924« (Port Washington, 1971); A. *Arnould* ›Edgar Poe, l'homme, l'artiste, et l'œuvre‹ Revue Moderne XXXIII (April 1865): 65–83 u. (Juni 1865): 476–492; B. *d'Aurevilly* ›Le Roi des bohèmes ou Edgar Poe‹ Le Reveil (Mai 1858): 231–33; *Auriant* ›Emile Hennequin, traducteur d'Edgar Poe‹ Mercure de France 261 (1. 8. 1935): 626–631; W. T. *Bandy* ›New Light on Baudelaire and Poe‹ YFS 10 (1952): 65–69; W. T. *Bandy* ›Baudelaire and Poe‹ TQ Supplement I (1958): 25–35; W. T. *Bandy* ›Poe's Secret Translator: Amedée Pichot‹ MLN LXXXIX (1964): 277–80; W. T. *Bandy* ›Taine on Poe: Additions and Corrections‹ PSt 7 (1974): 48; W. T. *Bandy* ›Huysmans and Poe‹ RomN 17 (1977): 270–1; A. *Barine* [= C. *Vincens*] »Névroses« (Paris, 1898), S. 157–265; C. *Baudelaire* ›Edgar Allan Poe, sa vie et ses ouvrages‹ Revue de Paris VII (April 1952): 90–110; C. *Baudelaire* »Edgar Poe, sa vie et ses ouvrages« hrsg. v. W. T. *Bandy* (Toronto, 1973); C. *Baudelaire* »Baudelaire on Poe« hrsg. v. F. W. *Hyslop* (Philadelphia, 1952); E.A. *Poe* »Histoires Extraordinaires« übersetzt v. C. *Baudelaire* u. hrsg. v. G. *Le Dantec* (Paris, 1951) [Daten der Erstveröffentlichungen im Text]; [vgl. dt. Übersetzung: C. *Baudelaire* »Sämtliche Werke/Briefe« 8 Bde., hrsg. v. F. *Kemp*, C. *Pichois* et al. (München, 1975–1983)]; C. *Baudelaire* »Correspondence«I–II, hrsg. v. C. *Pichois* (Paris, 1973); A. *Breton* »Anthologie de l'humour noir« (Paris, 1966); H. *Brie* ›Die Theorie des poetischen Effekts bei Poe und Mallarmé‹ NS LXXI (1972): 473–483; F. F. *Burch* ›Poe's French Centenary‹ Month XVI (Dez. 1956): 330–3; M. *Butor* »Histoire extraordinaire: Essai sur un rêve de Baudelaire« (Paris, 1961); L.J. *Cain* ›Edgar Poe et Valéry‹, »Trois Essais sur Paul Valéry« (Paris,

1958), S. 129–150; F. *Calin* ›Le ›Maelstrom‹ d'Edgar Poe dans ›Un Beau ténébreux‹ de Julian Gracq: Essai d'analyse intertextuelle‹ French Forum 12 (1987): 215–228; C. P. *Cambiare* ›The Influence of Edgar Allan Poe in France‹ Romantic Review (Okt.–Dez. 1926): 319–37 u. (N.Y., 1927); M. A. *Caws* ›Insertion in an Oval Frame: Poe Circumscribed by Baudelaire‹ The French Review 56 (1983): 679–687, 885–895; G. A. *Cevasco* ›»A rebours« and Poe's Reputation in France‹ Revue Nouvelle 13 (1971): 255–261; J. *Chiari* »Symbolism from Poe to Mallarmé: The Growth of a Myth« (N.Y., 1957); R. *De Gourmont* ›Marginalia sur Poe et Baudelaire‹ »Promenades littéraires« (Paris, 1904), S. 348–382; E. *Delacroix* ›Note sur Poe‹, »Journal« III (Paris, 1895), S. 137–139; T.S. *Eliot* ›Edgar Poe et la France‹ La Table Ronde (Dez. 1948): 1973–92; C.-E. *Engel* ›L'Etat des Travaux sur Edgar Allan Poe en France‹ MP XXIX (1932): 482–88; L. *Etienne* ›Les Conteurs américains – Edgar Allan Poe‹ Revue contemporaine XXXII (15. 7. 1857): 492–524; R. *Forclaz* ›Edgar Poe et la France: Vers la fin d'un mythe?‹ RLV 43 (1977): 348–356; E.-D. *Forgues* ›Etudes sur le roman anglais et américain, les contes d'Edgar A. Poe‹ Revue de Deux Mondes (15. 10. 1846): 360–3; A. *Fortier* ›Poe in France‹ ABUC II, 3.Serie (1909): 161–70; S. *Ghali* ›La Portée d'Edgar Poe sur la pensée et l'œuvre de Paul Valéry‹ Proceedings of the American Philological Association 2, II (1976): 33-40; M. *Gilman* »Baudelaire the Critic« (N.Y., 1943); P. *Girodet* »Poe-Oedipe« (Paris, 1980); T.H. *Goetz* ›Addenda: Fugitive References, Poe and France‹ PSt 9 (1976): 51–52; T. H. *Goetz* ›Taine on Poe: a Neglected French Critic‹ PSt 6 (1973): 35–6; E.u. J. *de Goncourt* »Journal« I (Paris, 1891), S. 137–138; A. *Grava* »L'Aspect métaphysique du mal dans l'œuvre littéraire de Charles Baudelaire et Edgar Allan Poe« (Lincoln, 1956); E. *Hennequin* ›Préface‹ in E. *Poe* »Contes Cruels«, übersetzt v. E. *Hennequin* (Paris, 1882); E. *Hennequin* ›Edgar Poe‹ La Revue contemporaine I (25. 1. 1885): 24–56; E. *Hennequin* »Ecrivains Français« (Paris, 1889); W. *Hughes*, ›Preface‹, in E. *Poe*, »Oeuvres choisies«, übersetzt v. W. *Hughes* (Paris, 1885); R. S. *Jones* ›The Influence of Poe on Paul Valéry Prior to 1900‹ CLS XXI-XXII (1946): 10–15; H. *Justin* ›The Told is the Thing: Poe Criticism in France in the Last Five Years‹ PSt 10 (1983): 25–31; G. *Kahn* ›Response des Symbolistes‹ L'Evénement (28. 9. 1885); G. *Kahn* ›Chronique de la littérature de l'art‹ Revue indépendante VIII (Sept. 1888): 435–443; J. *Lawler* ›Daemons of the Intellect: The Symbolists and Poe‹ CI 14 (1987): 95–110; E. *Lauvrière* »Edgar Poe, sa vie et son œuvre« (Paris, 1904); L. *Lemmonier* »Edgar Poe et les conteurs français« (Paris, 1947); L. *Lemmonier* »Edgar Poe et la critique française de 1845 à 1875« (Paris, 1928); L. *Lemmonier* »Les Traducteurs d'Edgar Poe en France« (Paris, 1928); L. *Lemmonier* »Edgar Poe et les poètes français« (Paris, 1932); L. *Lemmonier* ›Edgar Poe et le Théâtre de Mystère et de Terreur‹ Grande Revue CXXX (1929): 379–96; C. *Lombard* ›Poe and French Romanticism‹ PN III (1970): 30–35; G. D. *Morris* ›French Criticism of Poe‹ SAQ XIV (1951) 354–9; C. *de Mouy* ›Etudes contemporaines XX‹ Revue française VI (1. 10. 1853); C. *de Mouy* »Le Jeunes ombres. Récits de la vie littéraire. Edgar A. Poe« (Paris, 1865); H. *Peyre* ›Edgar Allan Poe and Twentieth-Century French Poetry: Paul Valéry‹ Laurels 51 (1980): 73-87; C. *Pichois* ›De Poe à DADA‹ Revue d' Histoire littéraire de la France LXVII (1967): 450–60; E. A. *Poe* »Trois Manifestes«, übersetzt v. R. *Lalou* (Paris, 1926); A. *de Pontmarin* ›Causeries Littéraires‹ L'Assemblée nationale (12.4.1856); G. *Poulet* ›L'Univers circonscrit d'Edgar Poe‹ Temps Modernes (1955): 2179–2204 [vgl. 3.]; P. F. *Quinn* ›Poe in Europe: Recent French Criticism‹ PSt II (1978): 17–20; P. F. *Quinn* »The French Face of Edgar Poe« (Carbondale, Ill., 1950); C. *Richard* ›Poe Studies in Europe: France‹ PNII (1969): 20–23; C. *Richard* ›André Bréton et Edgar Poe‹ Nouvelle Revue Française CLXXII (1967): 926–936; C. *Richard* ›Panorama Critique: Edgar Allan Poe‹ Les Langues Modernes LXII (1968): 115–119; C. *Richard*, J. M. *Bonnet*, u. P. F. *Quinn* ›Raising the Wind: Or, the French Editions of the Works of Edgar Allan Poe‹ PN I (1968): 11–13; C. *Richard* ›Edgar Allan Poe: Séléction Bibliographique‹ Revue des Lettres Modernes I (1969): 215–225; G. *Rohmann* ›Der Dichter als Dandy: Vergleichende Betrachtungen zum Ästhetischen und zum Kunstideal bei Edgar Allan Poe und Charles Baudelaire‹ Germanisch-Romanische Monatsschrift 25 (1975): 199–213; M. G. *Rose* ››Emanuelle‹ – ›Morella‹: Gide's Poe Affinities‹ TSLL V (1963): 127–37; L. *Seylaz* »Edgar Poe et les premiers symbolistes français« (Lausanne, 1923); M. *Sprout* ›The Influence of Poe on Jules Verne‹ RLC XLI (1967): 37–53; T. *Todorov* ›preface‹ in E. *Poe*, »Novelle histoires extraordinaires«, übersetzt v. C. *Baudelaire* (Paris, 1974); P. *Valéry* ›La Situation de Baudelaire‹, »Variété« II (Paris, 1930), S. 129–53; P. *Valéry* »Leonardo, Poe, Mallarmé«, »Collected Works« XLV, hrsg. v. J. *Matthews* (Princeton, 1972), S. 161–176; P. *Valéry* ›Sur la technique littéraire‹, »Premier article de Paul Valéry«, hrsg. v. J. *Hytier* (Paris, 1960), S. 1809–1811; P. *Valéry* ›Au Sujet d'Eurêka‹, »Variété« (Paris, 1924), S. 113–137; J. *Verne* ›Edgard Poe et ses œuvres‹ Musée des Familles XXXI (April 1864): 193–208; L. *Vines* ›Dupin-Teste: Poe's Direct Influence on Valéry‹ PrF2 (1977): 147–59; R. *Virtanen* ›Allusions to Poe's Poetic Theory in Valéry's ›Cahiers‹« in R. *Scholes* (Hrsg.) »Poetic Theory/ Poetic Practice« (Iowa City, 1969), S. 113–120; R. *Virtanen* ›Irridiations of ›Eureka‹: Valéry's Reflections on Poe's Cosmology‹ TSL 7 (1962): 17–25; G. B. *von der Lippe* ›La vie de l'artiste fantastique: The Metamorphosis of the Hoffmann-Poe Figure in France‹ Canadian Review of Comparative Literature 6 (1979): 46–63; P. M. *Wetherill* »Charles Baudelaire et la poésie d'Edgar Poe« (Paris, 1962); T. *de Wyzewa* ›Edgar Poe, d'après la correspondence‹ Revue des deux Mondes (Okt. 1894): 82–104; G. *Zayad* »Le Genie d'Edgar Poe et le goût français (à propos du bicentenaire de l'indépendence des Etats-Unis)« Aquila III (1976): 201–247; G. *Zayad* »La Formation littéraire de Verlaine« (Paris, 1962), S. 282–91; E. M. *Zimmerman* ›Mallarmé et Poe: précisions et aperçus‹ CL VI (1954): 304–15.

5.5. Poe und die russische Literatur

Poes Publikationen in russischer Sprache sind von zwei Mythen bestimmt. Der erste bestrifft Poe als Person und ist in seiner kurzen autobiographischen Skizze begründet [vgl. 2.2.], die von einer Reise nach St. Petersburg berichtet. Diese fiktive Reise wurde thematisch auch in Werken neuerer Literatur aufgenommen, so etwa in Valentin Katajevs »Vremja, vpered!« [1932] und Leonid Brisovs »Dragocennyj gruz« [1966]. Der zweite Mythos betrifft das Erscheinen seiner Werke in russischer Übersetzung. S. A. Andreewskij zählt in einem 1878 erschienen Artikel Übersetzungen von Poes Erzählungen aus den Jahren 1838–39 auf, und diese angeblichen Übersetzungen werden bei Yarmolinskij und anderen Kritikern erneut zitiert. 1898 erscheinen sie in der Ausgabe des »Enzyklopädischen Wörterbuches« bereits als etablierte Tatsache. Diese frühen Übersetzungen würden Poes Rezeption im russischen Sprachraum der französischen zeitlich voranstellen – eine Tatsache, die nicht nur von Kritikern, sondern auch von den späteren symbolistischen Dichtern, wie Alexandr Blok, begrüßt wurde. Nachforschungen [vgl. z.B. Heartman/Canny, »Bibliography«: 6.5.1.] zeigen jedoch, daß diese Übersetzungen nicht existieren. Die Rezeption Poes in Rußland ist darüberhinaus mit der französischen untrennbar verbunden. Die meisten der frühen Übersetzungen sind Übersetzungen und Versionen der französischen Fassungen.

Der bislang früheste bekannte russische Text Poes ist »Zolotoy Zuk [Poes »The Gold Bug«]. Es ist eine anonyme Übersetzung, die Poe jedoch im Impressum der Zeitschrift [*Novaja Biblioteka dlja Vospitanija. Zurnal dlja Detej i Vospitatelej* I: 154–200] als Autor identifiziert. Sie erschien 1847 und ist wahrscheinlich eine Übersetzung der Fassung von Alphonse Borghers [Grossman, »Poe's Gold Bug«; 5.4.]. Obwohl eine erste Kritik von Vissarion Belinskij die erzieherische Qualität der Geschichte in Frage stellte – sie war schließlich in einem pädagogischem Blatt erschienen –, wurde diese Erzählung mehrfach als Kinderliteratur abgedruckt und erschien auch in didaktischen Blättern mit größerer Auflage [Grossman, »Poe in Russia«, S. 26]. In den folgenden Jahren wurden weitere Geschichten Poes, im allgemeinen auf der Grundlage der Baudelaire-Übertragungen, ins Russische übersetzt. »The Oblong Box« und »The Man of the Crowd« bilden dabei zwei der Ausnahmen; die Übersetzer dieser Erzählungen zeigen jedoch mangelhafte englische Sprachkenntnisse. Die Auswahl der Übersetzungen in den 50er

Jahren umfaßte auch die ›grotesken‹ Erzählungen, und die Übersetzer interessierten sich weniger für die »sensationshungrigen« [Grossman, »Poe in Russia«, S. 27]. Die Texte erschienen anonym und zielten auf eine weite journalistische Verbreitung.

Trotz dieser russischen Fassungen, oder gerade wegen der Art ihrer Verbreitung, gab es noch keine ernsthafte Auseinandersetzung mit dem Poeschen Leben und Werk zu dieser Zeit. Baudelaires Essays wurden früh übersetzt - sein erster Aufsatz erschien September 1857 im *Panteon* [›Edgar Ellen Poe. Severoamerikanskij poet‹ 9, III: 1–34]. Baudelaires zweiter Aufsatz erschien am 8. Juli 1856 in *Syn Otecestva* [No. 1421, 33–36]. Der Aufsatz wurde gekürzt, und statt der Vorschriften von St. Petersburg sind österreichische Gesetze angeführt, mit denen Poe angeblich in Konflikt gekommen war [vgl. Grossman, »Poe in Russia«, S. 30]. Diese Arbeiten blieben aber ohne großes Echo. Zwei spätere russische Artikel der 50er Jahre bezogen sich direkt auf Griswolds Werkausgabe [*Moskovskie Vedomosti* 132: 556–7 u. *Russkij Invalid* 238; vgl. Grossman, »Poe in Russia«]. Ein Pamphlet aus dem Jahre 1859 zeigt, daß russische wie englische Leser »The Facts in the Case of M. Valdemar« als wahre Fallstudie sahen, und läßt auf ein frühes Interesse an Psychologie, Wissenschaft und auch Okkultismus schließen.

1861 erschien eine erste eigenständige kritische Arbeit zu Poe, Dostoewskijs Vorwort zu drei Poe-Erzählungen in seiner Zeitschrift *Vremja* [I: 230–1].

Die drei Erzählungen, die Dostoewskij einleitet, sind »The Black Cat«, »The Tell-Tale Heart« und »The Devil in the Belfry«. Dostoewskij beschreibt Poe als einen Menschen mit außergewöhnlicher Vorstellungs- und Einbildungskraft, der zunächst den Protagonisten seiner Geschichte in eine ungewöhnliche Situation versetze, um dann mit äußerster Genauigkeit sein Innerstes zu beschreiben. So nimmt Poe zwar »die äußere Möglichkeit eines unnatürlichen Ereignisses« an, geht aber sonst ganz realistisch vor. Diese Schreibweise sei nicht eigentlich fantastisch, da Poe nicht die reale Existenz einer anderen Welt annimmt. Dostoewskij möchte Poes Stil daher als ›kapriziös‹ definieren. In seiner besonderen Version der realistischen Fantastik repräsentiert er eine wahrhaft amerikanische Vorstellungskraft. Poes Erzählungen unterscheiden sich damit auch von denen E.T.A. Hoffmanns, der Poe als Schriftsteller überlegen ist. Indem Dostoewskij den deutschen Autor des Westens mit dem amerikanischen Autor des neuen Westens vergleicht, zeigt er nicht nur erneut den unbestrittenen Einfluß der deutschen Romantik auf die russische Literatur und Literaturkritik, sondern skizziert auch einen Vergleich, der in den nachfolgenden russischen Kritiken immer wieder übernommen wird.

Dostoewskij kannte wahrscheinlich Baudelaires Essays zu Poe, er urteilte über Poe aber weitaus distanzierter. Dennoch scheinen Poes Stil und Themen auf die Entstehung von »Prestuplenie i nakazanie« [»Schuld und Sühne«, 1866, vgl. die Erzählweise von »The Tell-Tale Heart« mit der ersten Fassung des Romans] und die »Zapiski iz Podpol'ja« [»Aufzeichnungen aus einem Kellerloch«, 1864] Einfluß genommen zu haben.

Der zweite russische Autor, dessen Werke der 50er und 60er Jahre oft von der späteren Kritik mit Poe in Zusammenhang gebracht wurden, ist Ivan Sergejev Turgenev.

Turgenevs Erzählungen »Faust« [1856], »Phantome« [1864] und Klara Milic [1882] zeigen eine Vorliebe für das Okkulte, die in der russischen Literatur bereits vor der Poe-Rezeption bestand, und ein Interesse an Frauengestalten, das sich etwa auf Poes »Berenice« und »Morella« [3.5.] zurückführen ließe. Turgenevs Werk verdeutlicht gleichzeitig auch die Schwierigkeit, einen direkten ›Einfluß‹ meßbar zu machen. Turgenev zitiert Poe in seiner Korrespondenz [vgl. Grossman, »Poe in Russia«, S. 59], aber die Poeschen Gestalten sind bereits durch Versionen Gautiers oder Villiers de l'Isle-Adams vermittelt worden.

Im Jahre 1861 wurde Felicjan Falenskis enthusiastischer Artikel über Poe aus dem Polnischen übersetzt und unter dem Namen ›E. Lupusinskij‹ im *Russkoje Slovo* [Nov. Serie 3, 1–30] veröffentlicht. Wahrscheinlich durch die Publikation der Werke Baudelaires, die die Poe-Übersetzungen enthielten, angeregt, erschienen in den 70er und 80er Jahren auch neue Übersetzungen des Poeschen Werkes, die sich vor allem jedoch an ein breites Publikum wandten. Die herrschende Kunstauffassung richtete sich nach dem sozialen Nutzen des Kunstwerkes, und Poes Werk erschien kaum interessant.

Mit Nikolai Šelgunovs Arbeit über Poe und mit seinen Übersetzungen [April u. Mai 1874; s. Grossman, »Poe in Russia«, S. 36–38] bahnte sich eine Wende an. Poes Werk wurde nun besonders von den an der Psychologie orientierten Kritikern rezipiert. Šelgunov orientierte das allgemeine Interesse allerdings nicht nur auf Poes psychologisches Konzept, sondern auch auf Poe als Person. Es ist nicht nur schwierig, die Übersetzungen Poescher Geschichten vor Šelgunov zu lokalisieren, sondern auch, ihre Übersetzer zu identifizieren. Dem journalistischen Brauch der populären Presse entsprechend, waren die Übersetzungen anonym erschienen und meist nicht sehr sorgfältig ausgearbeitet. Seit den 80er Jahren erschienen Übertragungen, für die der Übersetzer zeichnete, und 1885 erschienen zwei Sammlungen Poescher Werke, die betonten, daß das Werk aus dem Englischen übersetzt wurde [Edgar Po, »Ocerki, rasskazy, kriticeskie etjudy i mysli«, Moskau, u. Edgar Po, »Neobyknvennje rasskazy«, St. Petersburg, Bde I–II].

Die Rezensionen der Arbeiten des positivistischen Kritikers Emile Hennequin Ende der 80er Jahre und des symbolistischen Kritikers Téodor de Wyzewa Anfang der 90er Jahre weckten ein neues ›wissenschaftliches‹ Interesse an Poe [5.4.]. K. Arsenev besprach Hennequins Bücher, die er in die russische Tradition einer soziologisch orientierten Kritik stellte. P.D. Boborykins »Evropejskij roman, V–XIX–m stoletii« [1900], das Poe behandelt, sah sich ebenfalls noch in der Tradition von Taine und Hennequin. Das zeitgenössische Interesse an medizinischen Fragen und an der Geisteskrankheit (auch im Verhältnis zur dichterischen Schöpfungskraft) brachte literarische Kritik und medizinische Analyse zusammen. Werk und Autor bildeten ein identifizierbares Ganze. Poes Rolle als Außenseiter der Gesellschaft wurde die Voraussetzung für Vergleiche mit Nerval, Hoffmann, Baudelaire und de Quincy [5.3.]. Wichtig für diese Kritiken war der Einfluß von Cesare Lambroso [»Genio e follia« erschien 1885 in St. Petersburg in russischer Sprache] und die seiner Schüler Max Nordau [»Entartung«, 1892] und der Französin ›Arvède Barine‹ [5.4., vgl. 4.5.]. Die Folge dieser Rezeption war einerseits ein Überdenken der Aufgabe des Kritikers, der nicht einfach Moralist sein durfte [Vengerova, »Novejsaja«], aber auch die Diskussion des ›Falles‹ Poe auf dem psychiatrischen Kongreß in Moskau 1900 als Warnung vor »ungesunder Kunst« [Rossolimo, »Isskustvo«].

F. Bulgatov faßte in »Novoe Vremja« Wyzewas Artikel als »Novoe ob E. Po« [1894] zusammen. Sein Artikel weist auf eine zweite Richtung der Poe-Rezeption hin, die Poe als großen Erfinder literarischer Gattungen sah und ebenfalls, nun positiv, Poe und sein Werk in der Interpretation gleichsetzte. 1895/96 erschienen gleich mehrere Werkausgaben Poes in den Übersetzungen von Konstantin Balmont, G. Klepacky und Michail Engelgardt. Balmonts Bände [»Ballady i fantazji«, Moskau u. »Tainstvennje rasskazy«, Moskau] stellten ein literarisches Ereignis dar. Von Prinz Urosov finanziert, boten Balmonts Übersetzungen eine breite Auswahl Poescher Erzählungen, die noch dazu in luxuriöser Ausstattung erschien. Der Titel »Balladen und Fantasien« deutete eher auf den Trend der neuen russischen Dichtung hin, als auf eine werkgetreue Übertragung eines Poeschen Buchtitels. 1901 wurde der erste Band der gesammelten Werke Poes in der Balmont-Übersetzung mit Balmonts Vorwort gedruckt, das Poe als Erfinder literarischer Genres pries. Es stellte gleichzeitig ein Manifest des russischen Symbolismus dar, dessen Beginn mit Balmonts erster Poe-Übersetzung bestimmt werden kann.

Balmont setzt Poe in die Tradition von Dante und Goethe, die er als symbolistischer Künstler allerdings vervollkommnen kann. Poe gilt für Balmont vor allem als Erfinder der philosophischen Erzählung (›skazka‹). Im allgemeinen prägt aber eher Poes Gestalt als Poes Dichtung den symbolistischen Zirkel. Andrej Belyjs Beschreibung Balmonts nimmt eine eine Beschreibung Poes zum Modell [»Lugzelenyi« (NY, 1964), S. 214; vgl. Grossman, »Poe in Russia«, S. 162]. Poe erscheint als Gestalt in mehreren Versdichtungen Balmonts.

1904 erschien Balmonts Aufsatzsammlung »Gornye versiny« und darin seine Einleitung zur Poe-Ausgabe von 1901 mit dem neuen Titel »Genij Otkrytja« sowie seine Oxford-Vorlesung über russische Dichter aus dem Jahre 1897, in der er sich auf Poe, Dickens und Dostoewskij berief. Obwohl die russische symbolistische Bewegung 1904 mit *Vesy* eine eigene kritische Zeitschrift erhielt, blieb eine neue, spezifische Kritik am ›Helden‹ Poe aus. Der Kult um Poe hatte in der Gruppe um Balmont um 1890 einen Höhepunkt erreicht, und der späte Symbolist Alexandr Blok, der nicht dazu gehörte, kritisierte Balmont zunächst durch seine Geringschätzung Dostoewskijs im Vergleich zu Dickens und Poe [Grossman, »Poe in Russia, S. 88]. In seiner Kritik aus dem Jahre 1906 änderte Blok jedoch diese Ansicht [vgl. Gogol, »Symbolists«]

Bemerkte Baudelaire, daß Poe seine eigenen Gedanken vorweggenommen hatte, so wunderte sich Blok über das Zeitgemäße des Poeschen Werkes. Er schreibt, wie Goya malt, für das 20. Jahrhundert. Blok, Autor eines Gedichts über den »wahnsinnigen Edgar« [»Sobranie Sicninenij«, II, S. 42] plante 1911 eine Arbeit über Poes Einfluß in Rußland, die vor allem durch V. Pjast [=V.A. Pestovskij] und Jevgenij Anickov angeregt wurde. Sie gedieh allerdings nie über den Titel hinaus. In den Werken des Balmont-Schülers W. Golikov ist ebenfalls ein Poescher Einfluß unverkennbar.

Es ist dabei bezeichnend, daß Poe in Rußland wie zuvor in Frankreich vor allem durch seine Erzählungen eingeführt wurde. Wenige Gedichte – wie z.B. »To Helen« – wurden populär. Poes »The Raven« wurde allerdings zu einem Musterbeispiel symbolistischer Dichtkunst. Bereits 1878 übersetzte S. A. Andreewskij das Gedicht [»Voron«, Vestnik Evropy 3: 121–127], und 1911 gab es neun Versionen des »Raven«. Valerij Brjusov übersetzte das Gedicht, wie er 1924 bemerkte, gleich dreimal. »The Raven« wurde außerdem von Balmont und von Merežkowskij übersetzt, der weniger an der Symbolfigur Poes interessiert war.

Dieses Interesse herrschte wiederum bei Brjusov vor. Einige seiner Erzählungen erinnern auch an Poes Werke, z.B. »Respublika juznogo kresta« [»Die Republik des Südkreuzes«] an »Arthur Gordon Pym«. Eine dritte Auflage seiner Erzählsammlung wurde vom Poe-Illustrator Alberto Martini ausgestattet. Brjusov tat sich auch als Übersetzer Poes hervor und beschäftigte sich mit Poes Theorie der Dichtung [›Edgar Po‹, »Istorija zapadnoj literatury«, hrsg. v. F.D. Batjuskov, III, Buch 9, S. 328–44 und »Polnoje sobranie poem i stichotvorenij« (Moskau, 1924)].

Leonid Andreev, dessen Drama »Cernye maski« [»Die schwarzen Masken«] 1908 erschien, wurde von vielen Kritikern mit Poe in Zusammenhang gebracht. Er teilt mit Brjusov das Interesse an ›Realität und Traum‹. Fedor Sologrubs Erzählungen scheinen von der Gestalt Roderick Ushers und von den Poeschen Frauengestalten geprägt. Jurij Baltrusajtis Erzählung »Sputniki – skaska« [1906, in *Vesy* 12: 21–33] führt das Doppelgängermotiv von »William Wilson« weiter und kündigt eine weitere Erzählung in Poescher Manier an, sowie einen Aufsatz über Poe – die beide jedoch nie erschienen. In all diesen Arbeiten wurde »Poe« zu einem Zitat, das auf eine bestimmte Thematik oder ein bestimmtes Genre hindeutete, und Poes Einfluß war von dem der deutschen Romantiker oder der französischen Schriftsteller des 19. Jahrhunderts kaum noch zu trennen.

1909 gehörte das Thema Poe und der russische Symbolismus bereits zur Literaturgeschichte. Jevgenij Anickov, der Poe bereits früh in eine Literaturliste zur Romantik einführte, veröffentlichte seine erste Arbeit zu Poe und Baudelaire [»Bodler«], in der Poe, wie für Dostoewskij, die Rolle des typischen Amerikaners spielt. Er betonte die Rolle des Perversen in Poes Werken und stellte fest, daß dieses Konzept nicht nur für die Symbolisten, sondern für alle Schriftsteller des fin-de-siècle von Interesse war. Er setzte Poe, Baudelaire und die Symbolisten als Zeitgenossen gleich. Ellis' [=L. L. Kobylinsky] letztes Manifest und sein Rechenschaftsbericht über den Symbolismus [»Russkie simvolisty« (Moskau, 1910)] konzentrierte sich auf Poes ›metaphysische Geschichten‹ und auf die bildhafte Qualität seines Werkes.

Balmonts Übersetzungen erschienen auch in den Jahren, in denen Balmonts Anspruch auf Poe als Symbolist vergessen wurde. Er tauchte als Leitfigur anderer Bewegungen auf, etwa in Michael Kuzmins »Clarism«-Manifest. Poe erschien als Zitat in einem Gedicht Osip Mandelstams [»47«] aus dem Jahre 1913; Boris Pasternak veröffentlichte ein Gedicht zu Poe in »Stichi i poemy« [1912/13]. Der Einfluß von Poes Erzählungen kann vielleicht noch am besten am Werk von Aleksandr Grin [= Grinevskij] abgelesen werden.

Das Bild eines »dekadenten Dichters« hatte innerhalb der realistischen Literatur der Sowjetunion wenig Raum. Zu den ersten überwiegend kritischen Stimmen von Brazolenko und Frice traten in den 30er Jahren die Schriften von S. Dinamov, der Poe als Vertreter einer fantastischen Literatur verurteilte. Dennoch berichtet Malcolm Cowley von einem Gespräch George Souls mit georgischen Dichtern in Tiflis, bei dem ihm die Frage gestellt worden sei, »warum die Amerikaner ihren eigenen großen Dichter Aidgarpo nicht anerkennen« [vgl. Grossman, »Poe in Russia«]. Aleksandr Essenin Volpin benutzte Poes »Raven« 1948 als Muster, um ironisch vor nächtlichen Gesprächen zu warnen. Neuere Versuche fantastischer Literatur, wie das Werk Wenjamin Kawerins, stehen durchaus in der Poeschen Tradition, ohne daß man eigentlich von einer direkten Rezeption sprechen könnte.

Literaturhinweise:

[Ein Verzeichnis der Werkausgaben einzelner Autoren sowie der Poe-Gesamtausgaben u. Übersetzungen findet man bei Grossman, »Poe in Russia«] E. *Anickov* ›Bodler i Edgar Po‹ Sovremennyi Mir II (1909): 75–99; V. *Astrov* ›Dostoevsky on Edgar Allan Poe‹ AL XIV (1942): 70–74; K. D. *Balmont* ›Predisloview‹ in E. *Po*, »Ballady i fantazii« (Petersburg, 1895), S. III–XIV; K. D. *Balmont* »Iz mirovoj Poezii« (Berlin, 1921); J. *Baltrusaitis* ›Sputniki-skazka‹ Vezy 12 (1906): 21–33; W. T. *Bandy* ›Where the Russians the first to translate Poe?‹ AL 31 (1960): 479; A. *Blok* [Rezension der Balmont-Übersetzung] Slovo [Ergänzungsband 2] (12. 2. 1906); B. *Brazolenko*, ›Edgar Po (1809 – 1849 – 1909)‹ Vestnik Znanija 3 (1909): 348–354; G. W. *Brown* u. D.B. *Brown* »A guide to Soviet Russian Translations of American Literature« (N.Y., 1954); V. *Brjusov* ›Svascennaja zertva‹ Vesy 1(1905): 23–9; V. *Brjusov* »Zemnaja os: rasskazy i dramaticeskie sceny 1901–1906« (Moskau, 1907); F. *Bulgatov* ›Novoe ob E. Po‹ Novoe Vremja 6708 (31. 10. 1897):2; L. *Burnett* ›Dostoevsky, Poe and the Discovery of Fantastic Realism‹, »I. M. Dostoevsky (1821–1881): A Centenary Collection« (Colchester, 1981), S. 58–86; M. *Cowley* ›Aidgarpo‹ New Republic CXII (5. 11. 1945): 607–10; S. *Dinamov* ›Naucno-fantasticeskie novelly Edgara Po‹ Literatura i Marksizm III (1931): 51–54; S. *Dinamov* ›Novelly Edgara Po‹ Tridcat'dnej 11–12 (1933): 60–1; F. M. *Dostoevskij*, ›Three Tales of Edgar Allan Poe‹ in E. *Carlson* (Hrsg.) »Recognition« [5.1.]; *Ellis* [=L. L. *Kobylinskij*] ›Nasi epigony‹ Vesy 2 (1908): 63–4; M. *Engelgardt* ›Edgar Po. Ego sisn i proizvedenija‹, »Sobranie socinenij« I (Petersburg, 1909), S. XXXI; M. *Engelgardt* ›Evropejeskie i amerikanskie jubilei‹ Istoriceskij Vestnik 5 (1909): 74–8; A. *Essenin Volpin* ›Voron‹ in *anon.* (Hrsg.) »Sovetskaja potaennaja muza« (München, 1961), S. 116–8; F. *Falenski* ›Edgar Allan Poe i jego nowelle‹ Bibliotheka Warszawska IV (Okt. 1861): 1–44; V. *Frice* ›Edgar Allan Poe‹ »Encyklopedisceskij slovar« XXXII, 7. Aufl. (1913), S. 378–380; J. M. *Gogol* ›Two Russian Symbolists on Poe‹ PN III (1970): 36–7; C. *Gohdes*, et al. (Hrsg.) »Russian Studies of American Literature: A Bibliography« (Chapel Hill, N. C., 1969); J. [*Delaney*] *Grossman* ›Poe's ›Gold-Bug‹ in Russia: A Note on First Impressions‹ AL XLII (1970): 375–79; J.D. *Grossman* »Edgar Allan Poe in Russia: A Study in Legend and Literary Influence« (Würzburg, 1973); J. D. *Grossman* »Varon‹: Notes on the Purposes and Cross-Purposes of Translation‹ in J. T. *Baer* u. N. W. *Ingham* (Hrsg.) »Mnemozina: Studia Litteraria Russica in Honorem Vsevolod Setchkarev« (München, 1974), S. 153–62; A. *Kaun* ›Poe and Gogol: A Comparison‹ Slavonic and East European Review XV (1937): 389–99; S. *Kirsanov* »Chetyre Tetradi« (Moskau, 1940); G. *Klepackij* ›Predislovie‹ in E. *Po* »Polnoe sobranie socinenij« (Petersburg, 1895), I–III; A. *Krasnoselskij* ›V bor'be s prozoboj zizni‹ Russkoe Bogatstvo XI (Nov. 1900): 27–55; T. B. *Makish* ›Ob odnom metode analiza khudozhestvennogo prozaicheskogo teksta, na materiale rasskazov E.A. Po‹, »Sbornik nauchnykh trudov moskovskogo instituta inostrannykh yazykov« (Moskau, 1973), S. 301–304; V. *Pjast* [Rezension v. »Sobranie Socienenij«, übersetzt v. K. *Balmont*] (Petersburg, 1901); R. *Poggioli* »The Poets of Russia, 1890–1930« (Cambridge, Mass., 1960); S. B. *Purdy* ›Poe and Dosteevskij‹ SSF 4 (1966–67): 169–71; G. I. *Rossolimo* ›Iskusstvo, bolnye nervy i vospitanie‹ Russkaja Mysl 2 (1901): 72–100; M. *Turjan* ›Turgenev, Edgar Po‹ Studia Slavica Academiae Scientarum Hungaricae 19 (1973): 407–415; S. *Vengerova* ›Novejsaja anglijskaja literatura‹ Apollon 4–5 (1917): 13–24; A. *Yarmolinsky* ›The Russian View of American Literature‹ Bkm XLV (Sept. 1916): 4–8.

5.6. Poe, Modernismo und südamerikanische Fantastik

Poe wurde zum erstenmal in Spanien in die spanische Sprache übersetzt. Am 9. Juli 1856 erschien der Name Poe in einem anonymen Artikel der Rubrik »Seccion de variedades – Correspondencia de Paris« im Zusammenhang mit den Baudelaire-Übersetzungen in *La Iberia*, und in *El Museo Universal* erschien wenig später »La semana de los tres domingos« [15. 2. 1857; 3.2.]. Diese Erzählung ist nicht in Baudelaires Sammlung enthalten und wurde wahrscheinlich direkt aus dem Englischen übersetzt [vgl. auch das frühe deutsche Interesse an dieser Geschichte, 5.7.]. Die folgenden Übersetzungen Poescher Erzählungen richteten sich allerdings meist nach der französischen Fassung; nur wenige geben an, sich nach dem ›Original‹ gerichtet zu haben [vgl. Englekirk, »Hispanic«].

Spanische Leser scheinen in dieser Zeit fremdsprachige Literatur vor allem über Frankreich wahrgenommen zu haben, und Baudelaires Poe-Übersetzungen waren beinahe ebenso populär wie die spanischen Übersetzungen der französischen Fassungen. Die ersten spanischen gesammelten Werke Poes [»Obras completas«, 1918/19, 6 Bde.] folgen der Baudelaire-Ausgabe in Auswahl und Anordnung.

Galt das spanische Interesse vor allem Poes Erzählungen - 1858 erschien, mit einer Einleitung von Nicasio Landa, bereits eine erste Sammlung – so galt das südamerikanische Interesse vor allem den Poeschen Gedichten.

Pedro Salinas [»Spain«, S. 27f.] versucht die unterschiedliche Rezeption in Spanien und Südamerika in ihrer Konzentration auf Prosa bzw. Dichtung auf die konservative Einstellung zur Literatur im Spanien des letzten Viertel des 19. Jahrhunderts zurückzuführen. Die spanische Dichtung dieser Zeit kann noch als neoklassizistisch beschrieben werden und isolierte sich gegenüber dem Einfluß französischer ›Parnassiens‹ und der Symbolisten. In Südamerika dagegen schien es bereits Kontakt mit der zeitgenössischen französischen Dichtung gegeben zu haben. Sicher ist jedoch, daß die südamerikanischen Übertragungen nicht auf die französischen Texte zurückgehen, sondern auf das amerikanische Original. Salinas sieht schließlich das Interesse an Poe nicht nur im Kontext einer Erneuerung der Dichtkunst in Südamerika, sondern auch als einen politischen Akt, nämlich den der Loslösung der Literatur vom spanischen Mutterland. Die dichterische Revolution der Jahre 1890–1900 greift jedoch später auch auf Spanien zurück und beeinflußt zum erstenmal in umgekehrter Richtung das Land. Besonders nach 1898 – dem Jahr des Verlusts von Cuba und Puerto Rico bei der Seeniederlage Spaniens und dem Jahr des Verlusts der letzten mittel- und südamerikanischen Kolonien – war es den südamerikanischen Autoren möglich, spanische Autoren und die spanische Literatur zu beeinflussen. Juan Ramon Jiminez, der spätere Bewunderer Poes, mag als ein Beispiel gelten.

In der Aufnahme modernistischer Ideen sahen viele Dichter zwischen 1900 und 1910 Poe als einflußreichen Autor. Die ersten südamerikanischen Übersetzungen Poes widmen sich jedoch zunächst auch seinen Erzählungen. »El sistema del Doctor Alquitran y del Professor Pluma« erschien 1869 in der *Revista Argentina* und ist eine Übersetzung nach Baudelaires Fassung. Weitere Übersetzungen aus dem Französischen und Amerikanischen folgten, und die ersten Sammlung, »Novelas y cuentos« erschien, von Carlos Olivera aus dem Englischen übersetzt, aber mit Baudelaires Vorwort [Paris, 1884]. Oliveras fantastische Geschichten und Prosaballaden, im *El National* unter dem Namen ›Ludwig Klein‹ gedruckt, scheinen selbst von Poe beeinflußt zu sein, ebenso wie die grotesken Erzählungen des Bolivianers Eduardo Wilde [»La primera nocue de cementerio«, vgl. Rocker, »Artistas«]. 1883 und 1902 erschienen sogar zwei gefälschte Poe-Erzählungen [s. Englekirk, »Holland« u. »Nightmare«].

Die Gedichtübersetzungen konzentrierten sich aber bereits im späten 19. Jahrhundert. 1874 übersetzt Eduardo de la Barra Poes »Lenore«, und der Venezuelaner Perez Bonalde folgt 1887 mit einer Übersetzung des »Raven«. Kein Gedicht Poes erfreute sich gleicher Beliebtheit, und Englekirk [»Hispanic«] listet bis 1930 zumindest 17 Übersetzungen, die, wie Salinas [»Spain«, S. 26] bemerkt, wahrhaft alle Grenzen Süd- und Mittelamerikas aufhoben: Die Übersetzer stammen aus Kolumbien, Chile, Argentinien, Ecuador, Mexiko, Costa Rica und Uruguay [vgl. auch die Liste neuerer Übersetzungen in Woodbridge, »Bibliographical« u. »Addenda«; Englekirk, »Hispanic«; Valle, »Fichos«].

Tatsächlich übersetzt Ignacio Mariscal das Gedicht bereits 1867; es folgen José Ballestros [1874], Felipe G. Cazauneuve [1885/1901], Guillermo F. Hall [1892], Leopoldo Diaz [1897], Renato Morales [1901], Rafael M. Arizorga [1902], Isaias Gamboa [1904?], R. Gomez Robelo [1904, 1916], Francis J. Amy [1903], Enrique Gonzales Martinez [1903], Viritato Diaz Perez [1904], Carlos Arturo Torres [1908?], Alvaro Armando Torres [1908?], José Pablo Rivas [1916], Rafael Lozano [1922], M. Moreno-Mora [1924], Gomez Restrepo [1926] und Francisco Soto y Calvo [1927].

Leopoldo Diaz bestätigt für Salinas [»Spain«] die These, daß die lateinamerikanischen Autoren durch ihr Interesse an der französischen Dichtung auf Poe aufmerksam wurden. Diaz las Poe in der Mallarmé-Übersetzung, und seine frühen Gedichte von 1885 wie auch die späteren von 1907 [s. z.B. »Atlantida conquista«] zeigen den Einfluß des amerikanischen Dichters. Diaz widmete ihm eines seiner »Sonetos« [(Buenes Aires, 1888), vgl. auch

»Media noche« und »Baile de mascaras« in dieser Sammlung]. 1897 übersetzte Diaz Poe, und einige seiner eigenen folgenden Gedichte versuchen, Poe nachzuempfinden: »La leyenda de los lirios« [1905, s. »To Helen«], »El Palacio del dolor« [1914, s. »The City in the Sea« u. »The Haunted Palace«] und »El sueño de una noche de invierno« [1905, s. »Ulalume«]. Diaz' 1914 in der *Revista de America* erschienenes »A un poeta« [(Mai 1914): 22–24] beschreibt Poe als einen Dichter, der Mallarmé an Bedeutung gleichkommt.

Der chilenische Dichter Eduardo de la Barra erwähnt Poe in seinen »Rimas chilenas« [Paris, 1890], obwohl kein direkter Einfluß Poes auf sein Werk erkennbar ist. Putnam [»Marvelous Journey«, S. 119; s. a. Braddy, »Incense«, S. 117: 3.] zitiert zwei brasilianische Dichter der ›geração perdida‹, Alvarez de Azevedo und Machado de Assis, als portugiesisch schreibende ›Schüler‹ Poes.

In einem 1893 erschienen Artikel in *La Nacion* widmete sich Ruben Darìo aus Nicaragua der Person und dem Werk Poes. Im gleichen Jahr wurde sein Aufsatz in seinem Buch »Los Raros« wiederveröffentlicht.

Darìo kannte viele der französischen Dichter persönlich, sowohl Symbolisten wie ›Parnassiens‹. Er besuchte New York [1893] und Paris [1900]. Darìo lernte Poes Werke wahrscheinlich aber in Chile kennen und las sie in französischer Übersetzung wie im Original. Darìo bezog seine Kenntnisse über Poes Leben vor allem aus der Ingramschen Biographie [2.]. Sein Aufsatz über Poe sagt kaum mehr aus, als daß er ihn enthusiastisch in die Gruppe jener beispielhaften Dichter aufnahm, die er als ›Erwählte‹ [*los raros*] bezeichnete [Englekirk, »Hispanic«, S. 183 f.]. Darìos Aufsatz ist ein Manifest für die modernistische Bewegung, deren hervorragender Vertreter Darìo war. Es gelang Darìo schließlich, nicht nur Poes Leben und dichterisches Werk, sondern auch seine Dichtungstheorie bekannt zu machen. Er verglich jedoch auch sein eigenes Leben mit dem Poes und zitierte Poes Themen in seinem Werk. Darìos Gedichte folgen Poe im Gebrauch von Alliteration, Wortwiederholung, Binnenreim, etc. »El celeste Edgardo«, wie er in Darìos Gedicht »Stella« erscheint [in »Poemas en prosa«], wurde durch Darìo zum Idol der ›Modernistas‹.

Englekirk [»Hispanic«, S. 147] betont die Bedeutung solcher Zeitschriften wie der *Revista latina* [Buenos Aires], *La Revista Azul* [Mexiko], *Cosmopolis* [Caracas], *Pluma y Lapis* [Chile, vgl. die Gedichttitel Huysmans, 5.4.] für die Verbreitung der Werke

Poes, die ebenfalls durch Casal, Silva, Najera und anderen seit den späten 80er Jahren popularisiert wurden.

Der kolumbianische Dichter José Asuncion Silva war von Poes Metrik, besonders von »The Raven« und »The Bells«, beeinflußt [s. etwa sein »Nocturno« oder »Dias de difuntos« in »Poesias (Edicion definitiva)« (Santiago de Chile, 1923)]. Sein »Un poema« [in »Poesias«] zeigt die Kenntnis der Poeschen Dichtungstheorie und der unvollendete Roman »De Sombemesa« [ca. 1926] das Interesse an Poeschen Bildern der Melancholie und seinen Frauengestalten. Der Kubaner Julian del Casal, ein Freund Darìos, bezog sich ebenfalls auf Poes Frauengestalten [s. »Cuerpo y alma«; »laus noctis« u. »Tardes de Iluvia«].

In Mexiko wurde Poes »Raven« [Jan., *La Patria*] bereits 1880 von Ignacio Mariscal übersetzt. Der Volksdichter Manuel Maria Flores spielt in der ersten Strophe seines Gedichts »A media noche« auf den »Raven« an. Manuel Guiterrez Najeras Arbeiten sind von Poes Themen wie von seiner Dichtungstheorie geprägt. Sein Gedicht »A la corregidora« experimentiert mit musikalischen Lauteffekten. Auch der Mexikaner Amado Nervo wurde in seinen »Rondos Vagos« vom »Raven« und anderen Gedichten Poes beeinflußt. Seine Erzählungen [»Amnesia« oder »Un suena«] zeigen Frauengestalten, die von denen Poes geprägt wurden.

Der argentinische Dichter Leopoldo Lugones [=Gil Paz] nahm Themen Poes in seinen Gedichten wie »Las montanas del oro« [1919] auf; andere Gedichte klingen an »Metzengerstein«, »Silence« oder »The Masque of the Red Death« an [s. seine Sammlung »Los crepusculos del jardin« (Montevideo, 1924)]. Seine in Buenos Aires erschienen Bände »Cuentos fatales« [1924] und »El angel de la sombra« [1924] sind ebenfalls in dieser Hinsicht interessant. Literaturkritiker vergleichen häufig auch die evokative Qualität der Gedichte von Julio Herrera y Reissig aus Uruguay mit dem Werk Poes [vgl. sein »Opalos« (Buenos Aires, 1919), s. Englekirk, »Hispanic«, S. 308–336].

Weitere von Poe inspirierte Autoren sind etwa der Mexikaner Enrique Gonzalez Martinez, der Bolivianer Ricardo Jaimes Freyre, Raphael Arevado Martinez aus Guatemala, José Santso Chocano aus Peru, Fraylan Turcios aus Honduras [s. sein »Florest Sonora« (Tegucigalpa, 1915)], Alvaro Armando Vasseur aus Montevideo, Leon de Greiff und José Maria Eguren aus Peru. Aufsätze sind ebenso der Prosa Horacio Quirogas [Uruguay/Argentinien] gewidmet, die sein Werk mit dem Poes vergleichen [s. besonders dessen »El crimen del otro« (Buenos Aires, 1904) u. »Cuentos de amor, de locura y de muerte«, 3. Aufl.

(Buenos Aires, 1925]. Der chilenische Romanautor René Brickles äußerte sich ebenfalls positiv über Poes Werk. [Englekirk, »Hispanic«, S. 142].

Auch das Interesse der Literaturkritik an Poe zeigte sich schon früh. Enrique Pineyro zitiert Poe, wahrscheinlich durch eine Lektüre von Griswolds »Memoir« [5.2.] informiert, 1877 in seinem Aufsatz zur amerikanischen Literatur. Der Kolumbianer Santiago Perez Triana schrieb eine Einleitung zu einer Übersetzung des »Raven« von Perez Bonalde [1887]. Es ist die erste längere kritische Studie zu Poe, die in Lateinamerika erschien.

Triana hebt besonders Poes Gedichte hervor und macht die Baudelaire-Übersetzungen für die spanische Vorliebe für Poes Erzählungen verantwortlich. Triana betont die Schwierigkeiten, Poes Gedichte zu übersetzen, und verhält sich besonders zur »Philosophy of Composition« – und dem Gedanken eines ›mechanischen Schreibens‹ gegenüber – reserviert.

Im April 1895 erschien ein Artikel des Kubaners Enrique José Varona, der, wahrscheinlich durch de Wyzewas Artikel vom Vorjahr veranlaßt [5.4.], Poe gegen den Vorwurf verteidigte, ›degeneriert‹ zu sein. Verona kritisierte auch Baudelaires Vorwort zu Poes Werken [vgl. Englekirk, »Hispanic]. Der mexikanische Kritiker und Dichter Balbino Dalvalos beschrieb Poe in einer Rede von 1901, »Los grandes poetas norteamericanos«, als einen Dichter, der Whitman überträfe und ›universal‹ und unsterblich wäre. Davalos verwies ebenfalls auf den Einfluß Poes auf die moderne Dichtung Frankreichs, besonders auf Baudelaire und Verlaine.

Bis heute jedoch blieben die Kritiken zumeist auf Artikel und Rezensionen beschränkt, die sich von englischen, amerikanischen oder französischen Monographien ableiten. Carlos Davila betrachtete in seinen 1947 erschienen Artikel Poe als den Schöpfer der Detektivgeschichte. Fünf Jahre zuvor hatte Argentiniens Jorge Luis Borges zusammen mit Adolfo Bioy Casares einen Detektivroman veröffentlicht, der im Konzept Ähnlichkeiten zu Poes Geschichten birgt.

Don Isidro Parodi in den »Seis problemas para Don Isidro Parodi« [1942] ist wie Dupin ein Logiker, der sich auf eine Lektüre von Texten und seine Kombinationsgabe verläßt. In seinen Bemerkungen zur Dichtkunst betont Borges aber die Bedeutung der Inspiration gegenüber einer rationaler Konzeption und wendet sich gegen Poes »Philosophy of Composition«. Poe ist für Borges ein Dichter, der der Intuition folgt, sich aber als Mathematiker ausgibt. Borges eigene exakt konstruierten »Ficciones« geben sich wiederum den Anschein genauer Intuition. Im

Gegensatz zu Poe exemplifiziert Borges seine Theorie nicht am ›puzzle‹ [vgl »Purloined Letter«, 3.7.], sondern am Truco-Spiel [s. auch das Gedicht in »Fervor de Buenos Aires«, 1923]. Für Borges besitzt der Romantiker Poe paradoxerweise eine klassische Theorie. Entsprechend Poes Bemerkungen zu »Caleb Williams« [4.3.] bezieht sich auch Borges in »El jardin de senderos que se bifurcan« [1942; s. »Ficciones« (Buenos Aires, 1944)] auf eine ›Rückwärtskonstruktion‹ [vgl. auch Irwin, »Mysteries«: 4.5.].

Borges widmete Poe zwei Artikel [1935, 1949; s. Watson, »Borges«], sowie ein Gedicht [Lima, »Borges Poem«]. In den 40er Jahren schienen damit auch die Erzählungen Poes wieder ein größeres Interesse in Südamerika gefunden zu haben. Neben Borges sind vor allem die Schriftsteller Adolfo Bioy Casares und Julio Cortazar zu nennen, die in der Poeschen Tradition schrieben. Cortazar publizierte 1956 eine neue Ausgabe der Poeschen Werke, die er übersetzte und für die er eine Einleitung schrieb.

Literaturhinweise:

[Verzeichnisse der Werkausgaben einzelner Autoren, Verzeichnisse von Gesamtausgaben und Übersetzungen der Werke Poes findet man bei Englekirk, »Hispanic«, Valle, »Fichas«, Salinas, »Spain« u. Woodbridge, »Spanish America«] M. J. *Bennett* ›The Detective Fiction of Poe and Borges‹ CL 35 (1983): 266–275; M. G. *Berg* ›Obsesionado con Glenda: Cortazar, Quiroga, Poe‹ in F. *Burgos* (Hrsg.) »Los ochenta mundos de Cortazar: Ensayos« (Madrid, 1987), S. 211–219; J. L. *Borges* ›La genesa de ›El cuervo‹‹ La Prensa (25. 8. 1935), Spalte 4,2; J. L. *Borges* ›El arte narrativo y la Magia‹, »Discusion« (Buenos Aires, 1932), S. 81–93; J. L. *Borges* ›Edgar Allan Poe‹ La Nacion (2. 10. 1942), Spalte 2,1; [s.a. E. A. *Poe*, »Der entwendete Brief« hrsg. v. J.L. *Borges* (Stuttgart, 1984)]; J. *de Casal* »Regrets« (Madrid, 1910); J. *de Casal* »Vida y obra poetica«, hrsg. v. Rosa M. Cabrera (ser.) Coleccion Classicos hispanoamericos 6 (N.Y., 1970); M. *Clantz* ›Poe en Quiroga‹ in A. Flores (Hrsg.) »Aprozimaciones a Horacio Quiroga (Caracas, 1976), S. 93–118; L. *Correa* ›Edgar Poe, Perez Bonalde y José Asuncion Silva‹ Social [Lima] (5. 5. 1935); J. *Cortazar* ›Poe as Poet and Story-Writer‹ Review 17 (1976): 42–46 [s. auch *Cortazars* Übersetzungen »Obras en Prosa« (Madrid 1956) u. »Eureka« (Buenos Aires 1972)]; C. *Davila* ›Poe y el centenario de la novel a policial‹ Diario de la Marina [La Habana] (3. 4. 1947)] u. America XXXIII (1947): 21–23; R. *Dario* ›Edgar Allan Poe‹ La Nacion [Buenos Aires] (1893) wiederveröffentlicht in La Semana 6 (8. 10. 1960): 8–9, 15 u. in »Los Raros« (Buenos Aires, 1893); J.E. *Englekirk* ››The Song of Holland‹, an Inedited Tale ascribed to Poe‹ NMQR I (1931): 247–269; J. E. *Englekirk* ›A Critical Study of Two Tales by Amado Nervo‹ NMQR II (1932): 53–65; J. E. *Englekirk* ››The Raven‹ in Spanish America‹ Spanish Review

I (Nov. 1934): 52–6; J. E. *Englekirk* »Edgar Allan Poe in Hispanic Literature« (N.Y., 1934); J. E. *Englekirk* »›My Nightmare‹, the Last Tale by Poe‹ PMLA LII (1937): 511–527; M.E. *Erickson* ›Three Guatemalan Translators of Poe‹ Hispania XXV XXV (1942): 73–78; J. L. *Ferguson* »American Literature in Spain« (N.Y., 1916), S. 55–87; A. *Hernandez Del Castillo* »Keats, Poe, and the Shaping of Cortazar's Mythopoesis« (Amsterdam, 1981); J. R. *Jimenez* ›Edgar A. Poe y nostros‹ Revista de revistas 2048 (23. 10. 1949):7; T. *Labrador Gutierrez* ›Presencia de Edgar Allan Poe en Antonio Machado‹ Archivo Hispalense 57 (1974): 87–119; S. *Levine* u. S. *Levine* ›Poe and Fuentes: The Reader's Prerogatives‹ CL 36 (1984): 34–53; R. *Lima* ›A Borges Poem on Poe‹ PSt VI (1973): 29–30; P. T. *Manchester* »A Bibliography and Critique of the Spanish Translations from the Poetry of the United States« (Nashville, 1927); A. *Morino* ›Poe e Borges/Bioy Casares: L'investigatore e il veggente‹ in R. *Bianchi* [3], S. 193–205; E. *Nunez* ›Poe en el Peru‹ Instituto Peruano Norte Americano 24 (1954): 25–29; C. *Olivera* »La infancia de Edgar Poe« (Buenos Aires, 1884); E. *Pineyro* »El primer siglo de la literatura norteamericana« La Patria (1. 11. 1877); A. M. *Pollin* ›Edgar Allan Poe in the Works of Llanos y Alcaraz‹ Hispanofila 27 (1983): 21–37; S. *Putnam* »Marvelous Journey: A Survey of Four Centuries of Brazilian Writing« (N.Y., 1948); R. *Rocker* »Artistas y rebeldes« (Buenos Aires, 1922); A. *Rojas* ›Edgar Allan Poe en la America hispana‹ Revista national de Cultura 142–143 (Sept.-Dez. 1960): 152–161; M. *Rosenblat* ›La nostalgia de la unidad en el cuento fantastico: ›The Fall of the House of Usher‹ y ›Casa tomada‹‹ in F. *Burgos* (Hrsg.) »Los ochenta mundos de Cortazar: Ensayos« (Madrid, 1987), S. 199–209; P. *Salinas* ›Poe in Spain and Spanish America‹ in J. C. *French* »Poe in Foreign Lands« [5.1.]; A. *Torres-Rioseco* ›El caso de Edgard Allan Poe, en la literatura hispanoamericana‹ Atena XIII (1930): 398–407; R. H. *Valle* ›Fichas para la bibliografia de Poe en Hispanoamerica‹ Revista Iberoamericana XVI (1950): 199–214; V. *Vargas* ›A Virginia Poe‹ El Cojo Ilustrado XIV (15.3.1905): 202; D. *Watson* ›Borges and Poe‹ Virginia Weekly (16. 3. 1968): 3; H. C. *Woodbridge* ›Poe in Spanish America: A Bibliographical Supplement‹ PN II (1969): 78–79; H. C. *Woodbridge* ›Poe in Spanish America: Addenda and Corrigenda‹ PN IV (1971): 46.

5.7. Poe in Deutschland

Poe selbst wehrte sich gegen den Vorwurf, daß seine Darstellung des Schreckens aus Deutschland komme [Vorwort, TGA, 1840]. Wie sehr er allerdings der deutschen Romantik verbunden war, zeigt Poe selbst durch Untertitel wie etwa »A Tale in Imitation of the German« [»Metzengerstein«: 3.3.]. Zahlreiche wissenschaftliche Arbeiten beschäftigen sich mit dem Einfluß der deutschen Romantik auf Poes Werk [vgl. 4.3. u.a.a.O.].

Die Rezeption Poes in Deutschland setzte nicht so früh ein wie in Frankreich, und seine Aufnahme war weniger enthusiastisch. Erste deutsche Übersetzungen der Geschichten »Pit and Pendulum« [3.3.] und »Three Sundays« [3.2.] von du Roi erschienen 1853 im *Bremer Sonntagsblatt*. Übersetzungen von Friedrich Spielhagen, Adolf Strodtmann, Hedwig Lachmann, Elise von Hohenhausen, W. E. Drugulin, Alexander Neidthardt, Carl Theodor Eben und Theodor Etzel folgten in den 50er und 60er Jahren. Diese Übersetzungen gingen im allgemeinen auf das englische Original zurück.

Das Interesse am neuen Amerika und vor allem an der amerikanischen Prosa wurde in Deutschland erst durch das Erscheinen von Harriet Beecher Stowes »Uncle Tom's Cabin« gefördert. In den 50er Jahren gab es dann zwei Buchreihen, die sich der amerikanischen Literatur widmeten: die »Amerikanische Bibliothek« [gegr. 1852] und »Durr's Collection of Standard American Authors« [gegr. 1853], die vor allem heute weniger bekannte Romane, die das Leben im amerikanischen Westen beschreiben, im Original und in der Übersetzung publizierten. Poes erste Übersetzter waren oft politisch aktiv. Strodtmann wurde 1850 des Landes verwiesen und lebte mehrere Jahre in den Staaten. Der konservative Friedrich Spielhagen wählte meist Liberale der 48er Jahre als Romanhelden. Der amerikanische Bürgerkrieg schließlich verstärkt das deutsche Interesse an amerikanischer Literatur verstärkt. Obwohl weniger Titel in den Serien veröffentlicht wurden, fanden diese eine weite Verbreitung als Schulliteratur. In den 60er Jahren erschienen neun weitere Buchreihen [Timpe, »American«, S. 6]. Poe gehörte zu den beliebtesten Dichtern, und sein Werk wurde bereits 1853 in eine Serie aufgenommen [Drugulin (Hrsg.) »Ausgewählte Werke« (ser.) Durr's]. Zwischen 1853 und 1861 erschienen zumindest sechs Bücher, die eine Auswahl aus Poes Werken enthalten [Timpe, »American«]. Ein weiteres Medium für die Verbreitung amerikanischer Literatur war der Zeitschriftenmarkt, der sich zwischen 1860 und 1870 auf über 700 Titel verdoppelte. Elise von Hohenhausen veröffentlichte einen ersten kurzen Artikel zu Poe 1849 im *Magazin*, und Beiträge anderer Autoren folgten vor allem in den 70er Jahren.

Spielhagen übersetzte bereits 1859 Poes »Annabel Lee« und nahm es neben Poes »Raven« 1865 in seine Anthologie »Amerikanische Gedichte« auf. Er widmete Poe auch mehrere Artikel, z.B. »E. Poe gegen H. Longfellow« [in »Vermischte Schriften«], und beschäftigte sich in seinen »Beiträgen zur Theorie und Technik des Romans« [1883] mit Poes Dichtungstheorie.

Spielhagen lernte Poe vor allem durch Griswolds »Poets and Poetry of America« kennen [1842; 2.6.]. Spielhagens Popularität als Romanautor half seiner Vermittlerrolle. In seinem »Finder oder Erfinder« [1871; später in die »Beiträge« aufgenommen] bezieht sich Spielhagen auf Poes »Raven« und auf die »Philosophy of Composition«. Er äußerte sich eher negativ über Poes Erzählungen [»Aus meiner Studienmappe«, S. 189f.], aber Poe galt für Spielhagen als Meister der lyrischen Dichtkunst [Cobb, »Spielhagen«; Mitchell, »Novelle«]. Spielhagen verweist auch in seinen eigenen Erzählungen, etwa in »In der zwölften Stunde« [1860], auf Poe.

Bis zum frühen 20. Jahrhundert findet das Poesche Erzählwerk vor allem bei populären Autoren Aufnahme; seine Detektiverzählungen und fantastischen Geschichten wurden jedoch bereits von den Erzählungen Hoffmanns und Tiecks vorbereitet. Kühnelt [»Erzähler«, S. 458f.] erwähnt die Kriminalromane Heinrich Levitschniggs, etwa »Die Leiche im Koffer« [1863], als Beispiele für Poes Einfluß. Bereits 1908 stellte Lichtenstein in seinem Buch »Der Kriminalroman« fest: »Der moderne Kriminalroman ist der Analytische und E. A. Poe hat ihn geschaffen« [S. 9]. Hanns Heinz Ewers lehnte sich deutlich in seinem Werk an Poe an, vor allem in den Kurzgeschichten der Sammlung »Das Grauen« [1907], »Die Besessenen« [1908] und »Nachtmahr. Seltsame Geschichten« [1922]. Poes Werk erschien für ihn bereits im Kontext mit dem Baudelaires und Villiers de l'Isle Adams. 1906 veröffentlichte Ewers, der auch Poesche Erzählungen herausgab und übersetzte, eine Studie »E.A. Poe«; es ist die erste deutsche Arbeit zu Poe, die auch in den Staaten veröffentlicht wurde [übersetzt 1916]. Sie richtet sich an ein breites Publikum. Karl Hans Strobl schloß mit seiner Sammlung »Lemuria. Seltsame Geschichten« [1917] mit Poeschen Themen an die Tradition der fantastischen Literatur an. Er veröffentlichte 1907 eine Werkauswahl mit dem Titel »Worte Poes«. Alfred Kubin trat nicht nur als Poe-Illustrator hervor; sein Roman »Die andere Seite« [1909] lehnt sich an Poes »Monos and Una« [3.9.] und »Berenice« [3.3.] an. Kühnelt [»Erzähler«] sieht auch einen Einfluß Poes auf Gustav Meyrinks »Golem« [1915].

1909 sahen sich mehrere Journalisten zu Würdigungen des Poeschen Werkes veranlaßt, und das Interesse an Poe verstärkte sich in den folgenden Jahren. Dabei traten vor allem die Literaturwissenschaftler hervor. Smith [»Poe«, S. 7] bemerkt, daß die Zahl der Dissertationen und wissenschaftlichen Arbeiten in diesen Jahren in Deutschland die kritische Literatur zu Poe in anderen Ländern bei weitem übertraf. Zu den Kritikern gehörte neben Spielhagen auch Betz, der eine frühe Arbeit zu Poe und Baudelaire schrieb [1900; s.a. »Poe«]; Hippe widmete Poe die erste deutsche Dissertation [›E. A. Poes Lyrik in Deutschland‹ Univ. Münster 1913]. Bibliographische Arbeiten und erste deutsche mehrbändige Werkausgaben dokumentieren Poes Popularität [Moeller-Bruck, 1901; Etzel, 1909; Müller, »Novellen«, 1909: s. Kühnelt, »Aufnahme«].

Friedrich Nietzsche erwähnte Poe in »Jenseits von Gut und Böse« [1885, »Was ist vornehm?«] und in »Der Psycholog nimmt das Wort« [»Nietzsche contra Wagner«] und zählte ihn neben Byron, Musset, Leopardi, Kleist und Gogol in die Reihe der großen Dichter. So wurde Poe von der Psychologie-Kritik rezeptiert, noch bevor sich die psychologisch orientierte Kritik ihm widmete. Dies geschah erst 1903. Karl Ferdinand van Vleuten veröffentlichte in diesem Jahr »E. A. Poe« in *Die Zukunft*; es ist die erste medizinische Arbeit über Poe, und viele nachfolgende amerikanische, französische und skandinavische Studien bezogen sich auf van Vleutens und Cesare Lombrosos Studie über die »Grenzfragen der Literatur und Medizin«. Van Vleuten sah Poe nicht als Autor der deutschen romantischen Tradition und beschrieb ihn als medizinischen Sonderfall. Sigmund Freud schrieb ein kurzes Vorwort zu Bonapartes Studie zu Poe [»Poe«: 4.5.], und ihr Werk wurde vom Freud-Schüler Hanns Sachs in *Imago* [1934: 4.5.] rezensiert. Poes Erzählungen wurden ebenfalls in Otto Ranks Studie zum Doppelgängermotiv [1914] behandelt.

Erst zu Beginn des 20. Jahrhunderts übertraf die Popularität des Prosaautors Poes die Irvings und Coopers, Hawthornes und Emersons. Für viele Literaturwissenschaftler war er in dieser Zeit nur zufälligerweise Amerikaner, und sein Werk interessierte weniger durch seine Darstellung der ›Moderne‹ als durch seine Verwandtschaft mit der deutschen Romantik [s. Wächtler, »Romantik«: 3.3.; Caspari, »Okkultismus«: 3.3.]. Diejenigen deutschen Dichter, die sich zu Beginn des 20. Jahrhunderts dem ›Symbolismus‹ zuwandten, beriefen sich vor allem, wie z.B. Stefan George, auf die französische Tradition, ohne weiter auf Poe einzugehen; dabei schien sich gerade George mit Poes Dichtungstheorie beschäftigt zu haben [Durzak, »Ausgangsposition«]. Rainer Maria Rilke, der Poes Gedichte bewunderte, bildete in dieser Zeit fast eine Ausnahme. Er sah aber, und damit stand er am Beginn einer Wende in der Poe-Rezeption, gerade die Aktualität des Werkes Poes für den modernen Menschen, als dessen Antwort auf seine ›Einsamkeit‹ [»Briefe an einen jungen Dichter,« 1904]. »The Pit and the Pendulum« wurde für Rilke zur Parabel für den »modernen Menschen und sein Existenzproblem« [Kühnelt, »Aufnahme«, S. 203]. Auch für Ernst Jünger war Poe ein Autor der Moderne, der gerade die Ängste der heutigen Zeit ausdrückte, für die das Bild des Maelstroms zum Sinnbild wurde [»Strahlungen«; »Gärten und Straßen«; »Der Waldgang«; Brief an H. F. Peters, 9. 1. 1957, s. Peters, »Concern«, S. 145]. »Poe zeigte nur den Untergang«, schreibt Jünger in den »Strahlungen« [S. 82], und Rudolf Pannwitz nahm eine Übersetzung von »Ulalume« in seine Arbeit »Der Nihilismus und die werdende Welt« [1951] auf.

Bereits in der Einführung zu ihrer Gesamtausgabe der Werke Poes beschrieben Hedda und Arthur Moeller-Bruck Poe als einen Vorläufer der Moderne, der ›neuen Wirklichkeit‹ [1901; vgl. Kühnelt »Aufnahme«]. Sie verwiesen dabei auf die Schilderung des Großstadtlebens in »The Man of the Crowd« [3.7.]. Walter Benjamin erwähnte Poe kurz in seiner Arbeit über Charles Baudelaire und bezog sich auf »The Man of the Crowd« im Vergleich zu Hoffmanns »Des Vetters Eckfenster«. Nach Benjamin unterscheidet sich diese Erzählung hinsichtlich der Darstellung der Masse von Arbeiten Hoffmanns wie auch Baudelaires.

Benjamin versucht Baudelaires Interesse an Poe durch dessen Beschreibung der »Erfahrung einer in die Totenstarre eintretenden Welt« [»Schriften« I, S. 487] zu deuten. Poes Beschreibung des ›Massenmenschen‹ zeigt ihn als manisch und die Masse als barbarisch. Poes ›Massenmensch‹ geht Baudelaires ›Flaneur‹ voraus und unterscheidet sich von dem passiven Protagonisten in Hoffmanns Erzählung. Poe entdeckt die Masse als literarisches Motiv und als Darstellungsmittel der unheimlichen Welt.

Die literaturwissenschaftlichen Arbeiten von Kayser [»Groteske«] und Mayer [»Unheimliche Geschichten«] banden Poe in die Literaturgeschichte ein und verglichen sein Werk mit dem Kafkas und Hoffmanns. Benses »Literaturmetaphysik« interpretierte »Maelzel« [3.7.] hinsichtlich seines für den Semiotiker interessanten technologischen Aspektes [vgl. auch Horstmann, »Ansätze«]. Der ›wissenschaftliche Anspruch‹ und ›technologische Charakter‹ des Poeschen Werkes wurde auch von anderen Kritikern der 50er Jahre, wie etwa Blöcker [»Die neuen Wirklichkeiten«], hervorgehoben. Hans Magnus Enzensberger wies auf den Beitrag Poes zur modernen Poetik durch die Betonung des ›technischen Aspektes‹ hin [»Einzelheiten«, S. 273–289]; Walter Höllerer, Herausgeber der Zeitschrift *Sprache im techni-*

schen Zeitalter [Berliner Colloquium, 1961–] beschäftigte sich mit dem Problem der Sprache als technischem Phänomen. 1961 trug Günter Grass zu einer von Höllerer organisierten Arbeitstagung sein Gedicht »Hommage à E. A. Poe« bei [»Lyrik heute«, *Akzente* 1]. In Höllerers »Theorie der modernen Dichtung« [1965] wie in vielen anderen Anthologien zur Dichtung und Dichtungstheorie des 20. Jahrhunderts ist Poe vertreten.

Arno Schmidts »Zettels Traum« [1976] nimmt eine besondere Stellung zwischen Roman und Quelleninformation über Poe ein. Schmidt zeichnete sich auch als einer der neueren Übersetzer Poes aus [vgl. 6.4.]. Peter Roseis 1977 erschienener Roman weist nochmals auf den Zitatcharakter von Poes Person und Werk selbst: »Wer war Edgar Allan?«

Literaturhinweise:

[Ein Verzeichnis von Poe-Gesamtausgaben und Übersetzungen findet man bei Kühnelt [»Aufnahme und Verbreitung«]. O. F. *Babler* ›Die deutschen ›Raben‹-Übersetzungen: Versuch einer Bibliographie‹ Zeitschrift für Bücherfreunde 38 (1934): 80–2; C. R. *Barker* ›Edgar Allan Poe and Fritz Usinger: Two Cosmologies‹ New German Studies (Hull) 3 (1975): 165–71; W. *Benjamin* »Schriften« (Frankfurt/M, 1955) [vgl. 3.7.]; M. *Bense* »Literaturmetaphysik: Der Schriftsteller in der technischen Welt« (Stuttgart, 1950); L. P. *Betz* ›Edgar Poe in Deutschland‹ Die Zeit [Wien] XXXV 444 u. 445 (1903): 58–9, 21–3; G. *Blöcker* »Die neuen Wirklichkeiten: Linien und Profile der modernen Literatur« (Berlin, 1957), S. 124–132; P. *Cobb* ›Edgar Allan Poe and Friedrich Spielhagen: Their Theory of the Short Story‹ MLN XXV (1910): 67–72; M. *Durzak* ›Die kunsttheoretische Ausgangsposition Stefan Georges: Zur Wirkung Edgar Allan Poes‹ Arcadia 4 (1969): 164–178; G. *Edward* ›Poe in Germany‹ Alumni Bulletin of the Univ. of Virginia II, 3. Serie (1909): 170–83; H. J. *Edmunds* ›German Translations of Poe's ›The Raven‹‹ N&Q CLXXIV (5.2.1938): 106; H. M. *Enzensberger* ›Weltsprache der modernen Poesie‹, »Einzelheiten« II (Frankfurt/M, 1963), S. 7–28; H. M. *Enzensberger* ›Die Entstehung eines Gedichts‹, »Gedichte« (Frankfurt/M, 1962), S. 57–82; H. H. *Ewers* ›E. A. Poe‹ Die Dichtung XL XLII (1905); H. H. *Ewers* »Edgar Allan Poe« (München, 1916); H. *Frenz* u. H.-J. *Lang* (Hrsg.) »Nordamerikanische Literatur im deutschen Sprachraum seit 1945« (München, 1973); R. *Forclaz* ›Poe in Europe: Recent German Criticism‹ PSt II (1978): 49–55; H. *Galinsky* »Amerikanisch-deutsche Sprach- und Literaturbeziehungen: Systematische Übersicht und Forschungsbericht 1945–1970« (Frankfurt/M, 1972); T. S. *Hansen* ›Arno Schmidt's Reception of Edgar Allan Poe: Or, The Domain of Arn(o)heim‹ The Review of Contemporary Fiction 8 (1988): 166–181; H. W. *Hewett-Thayer* »American Literature as Viewed in Germany, 1818–1861« (Chapel Hill, 1958); W. *Höllerer* »Theorie der modernen

Dichtung« (Reinbek bei Hamburg, 1965); G. *Hoffmann* ›Edgar Allan Poe and German Literature‹ in C. *Wacker* (Hrsg.) »American-German Literary Interrelations in the Nineteenth Century« (München, 1983), S. 52–104; L. *Hofrichter* ›From Poe to Kafka‹ University of Toronto Quarterly XXIX (1960): 405–19; E. *Hulpke* ›On First Translations of ›The Raven‹ Into German‹ PSt 15 (1982): 41; E. *Jünger* »Garten und Straßen: Aus den Tagebüchern von 1939 und 1940« (Berlin, 1942); E. *Jünger* »Strahlungen« (Tübingen, 1949); E. *Jünger* »Der Waldgang« (Frankfurt/M, 1950); E. *Jünger* »Jahre der Okkupation« (Stuttgart, 1958); A. *Kubin* »Die andere Seite« (München, 1909); H. H. *Kühnelt* ›Die Aufnahme und Verbreitung von E. A. Poes Werken im Deutschen‹ in *anon.* (Hrsg.) »Festschrift für Walther Fischer« (Heidelberg, 1959), S. 195–224; H. H. *Kühnelt* ›Deutsche Erzähler im Gefolge von E. A. Poe‹ Rivista di letterature Moderne e Comparate (Florenz) 6 (1951): 457–65; H. H. *Kühnelt* ›E. A. Poe und die phantastische Erzählung im österreichischen Schrifttum von 1900–1920‹ Schlern-Schriften IV (1953): 131–43; R. W. *Lart* ›Eliot, Poe, and Usinger‹, »Affinities: Essays in German and English Literature« (London, 1971), S. 346–53; A. Lichtenstein »Der Kriminalroman« (München, 1908); K. T. *Lochner* »A Chronological Account and Critical Description of All German Historical Accounts of American Literature which Appeared between 1800 and 1950« (Chicago, 1955); N. *Lyons* ›Kafka and Poe – and Hope‹ MinnR V (1965): 158–68; H. *Mayer* ›Edgar Allan Poes ›Unheimliche Geschichten‹‹, »Literatur der Übergangszeit« (Berlin, 1949), S. 66–70; T. O. *Mabbott* ›German Translations of Poe's ›The Raven‹‹ N&Q CLXXIV (29.1.1938): 88; R. M. *Mitchell* ›Poe and Spielhagen: Novelle and Short Story‹ MLN XXIX (1914): 36–41; H.-B. *Moeller* ›Perception, Word-Play, and the Printed Page: Arno Schmidt and His Poe Novel‹ Books Abroad 45 (1971): 25–30; R. *Mummendey* »Die schöne Literatur der Vereinigten Staaten von Amerika in deutschen Übersetzungen: Eine Bibliographie« (Bonn, 1961); H. F. *Peters* ›Ernst Jünger's Concern with Edgar Allan Poe‹ CL X (1958): 144–9; L. M. *Price* »The Reception of United States Literature in Germany« (Chapel Hill, 1966), S. 124-127; F. *Spielhagen* »Aus meiner Studienmappe. Beiträge zur literarischen Ästhetik und Kritik« (Berlin, 1891); F. *Spielhagen* »Erinnerungen aus meinem Leben. Durchgesehene Auswahl aus ›Finder und Erfinder‹«, hrsg. H. *Hennig* (Leipzig, 1911); F. *Spielhagen* ›E. Poe gegen Longfellow‹ Westermann's Monatshefte (1882–3): 119–137, 538–545, 677–689 [vgl. »Aus meiner Studienmappe«, S. 91–181]; F. *Spielhagen* ›Amerikanische Lyriker: W. C. Bryant, Edgar A. Poe‹, »Vermischte Schriften« I (Berlin, 1868), S. 259–320; F. *Spielhagen* »Novelle oder Roman? Beiträge zur Theorie und Technik des Romans« (Leipzig, 1876); K. H. *Strobl* »Worte Poes: Mit einer Bibliographie von Moriz Grolig« (ser.) Breviere ausländischer Denker und Dichter VII (Minden, 1907); E. *Timpe* »American Literature in Germany: 1861–1872« (Chapel Hill, 1964); K. F. *v. Vleuten* ›E. A. Poe‹ Die Zukunft XLIV (1903): 181–190.

6. Materialien

6.1. Publikationsdaten

Poes Gedichte, Erzählungen, Kritiken und Essays erschienen in etwa 100 verschiedenen amerikanischen Zeitschriften, Zeitungen und Jahr- und Geschenkbüchern (wie »The Casket«, »The Gift«, »The Opal«, GLB). Die Erstdrucke seiner Arbeiten befinden sich in etwa 50 verschiedenen Publikationen. Poe diente bei fünf dieser Publikationen - SLM, BGM, GM, NYWM und BJ – als ständiger Mitarbeiter, ob als »mechanical paragraphist« (NYWM) oder schließlich als Eigentümer (BJ) [s. Heartman/Canny, »Bibliography«: 6.5.1.]. Das folgende Verzeichnis gibt lediglich den ersten Publikationsort der ersten bekannten Fassung der Poe-Gedichte, Erzählungen, und einer Auswahl wichtiger Kritiken und journalistischen Arbeiten wieder [vgl. die Werkausgaben von Harrison, Mabbott und Pollin [6.1.4.] sowie Richard, »Poe, journaliste«, S. 751–813: 4.1.].

6.1.1. Gedichtauswahl

›Tamerlane‹ TOP, S. 5-21, Kommentar S. 37–40; ›Song‹[»I saw Thee on Thy Bridal Day«] TOP, S. 27; ›Dreams‹ TOP, S. 26-27; ›Spirits of the Death‹ (›Visit of the Dead‹) TOP, S. 27–28; ›Evening Star‹ TOP, S. 28-29; ›Imitation‹ TOP, S. 29–30; (›Stanzas‹)[»In Youth...«] TOP, S. 30–32; ›A Dream‹ TOP, S. 32–33; ›The Happiest Day‹ TOP, S. 33–34; ›The Lake‹ TOP, S. 34; ›Sonnet – To Science‹ ATMP, S. 11; ›Al Aaraaf‹ Baltimore Gazette (18.5.1829; Auszüge); YBLG (Dez. 1829) [Auszüge] u. ATMP, S. 13–38; ›Romance‹ [s. ›Introduction‹ zu »Poems«] ATMP, S. 57; ›To – ‹ [»Should my early life seem«] YBLG (Dez. 1829) [Auszug], S. 298 u. ATMP, S. 59–60; ›To [Elmira]‹ (›The Bowers‹) ATMP, S. 62; ›To the River‹ [Po] ATMP, S. 63; ›To M – ‹ [»I Head Not«] ATMP, S. 68–69; ›Fairyland‹ YBLG (Sept. 1829) [Auszüge]; AmMoM (Nov. 1829) [Auszüge]; u. ATMP, S. 69–77; s.a. ›Fairyland‹ (II) »Poems«; ›Alone‹ [Mskpt. v. 1829] Scrib X (Sept. 1875): 608; ›Lines on Joe Locke‹ [geschrieben in West Point] PSM (4.3.1843); ›To Helen‹ »Poems«, S. 39; ›Israfel‹ »Poems«, S. 43–45; ›Irene‹ [s. »The Sleeper«] »Poems«, S. 61–64 u. PSCHr II (22.5.1841): 387–388; ›The Valley of Unrest‹ »Poems«, S. 73–75; ›The City in the Sea‹ (›The Doomed City‹) »Poems«, S. 49–51; ›A Paen‹ »Poems«, S. 67–70; ›To One in Paradise‹ GLB VIII (für Jan. 1834)

u. in der Erzählung ›The Visionary‹; ›Hymn‹, SLM I (Apr. 1835): 449 u. in der Erzählung ›Morella‹; ›Latin Hymn‹ SLM II (März 1836): 237, in der Erzählung ›Epimanes‹; ›Serenade‹ BSV (20.4.1833); ›To –‹ [»Sleep on«] BSV (11.5.1833); ›Fanny‹ BSV (18.5.1833); ›The Coliseum‹ BSV (26.10.1833); ›To Frances Osgood‹ SLM I (Sept. 1835): 748; ›To Frances‹ SLM I (Juli 1835): 636; ›Parody on Drake‹ SLM II (Apr. 1836): 331; ›Bridal Ballad‹ SLM III (Jan. 1837): 5; ›To Zante‹ SLM III (Jan. 1837): 32; ›The Haunted Palace‹ BAM II (Apr. 1839): 320 [später in ›The Fall of the House of Usher‹]; ›Sonnet – Silence‹ PSC (4.1.1840); ›The Conqueror Worm‹ GM XXII (Jan. 1843): 32; ›Lenore‹ [Pindar] P I (Feb.1843): 60 [wahrscheinl. eine weitere Zeitschrift v. Okt. 1844] u. NYEM (28.11.1844); ›Dream-Land‹ GM XXV (Juni 1844): 256; ›Eulalie‹ AWR II (Juli 1845): 79; ›The Raven‹ AWR (Feb. 1845) u. NYEM (29.1.1845) [Druckfolge unklar, wahrscheinl. AWR bereits vor NYEM]; ›To [Violet Vance]‹ BJ I (24.5.1845): 325; ›The Divine Rights of Kings‹ GM XXVII (Okt. 1845): 189; ›Stanzas‹ (To F - S O.) GM XXVII (Dez. 1845): 251; ›A Valentine‹ NYEM (21.2.1846); ›Model Verses‹ SLM XIV (Okt., Nov. 1848): 577–585, 673–682; ›To Miss Louise Olivia Hunter‹ NYT (21.2.1932; Mskpt. 14.2.1847); ›To Marie Louise Shew‹ HJ (13.3.1847); ›The Beloved Physician‹ Bkm XXVIII (Jan. 1909): 452–454; ›To Mary Louise‹ CLGM IX (März 1848): 138; ›Ulalume‹ AWR VI (Dez. 1847): 599; ›An Enigma‹ [Sarah Anne Lewis] SUM II (März 1848): 130; ›The Bells‹ SUM V (Nov. 1849): 304 u. HJ (27.10.1849); ›To Helen‹ [Whitman] SUM III (Nov. 1848): 200; ›A Dream Within a Dream‹ BF (31.3.1849); ›For Annie‹ BF (28.4.1849); ›Eldorado‹ BF (21.4.1849); ›To My Mother‹ BF (7.4.1849); ›Annabel Lee‹ NYTr (9.10.1849) [Morgenausgabe].

6.1.2. »Eureka«

Erste Fassung: Vortrag, Feb. 1848 [s. 6.3.].

6.1.3. »Politian«

SLM II (Dez. 1835, Jan. 1836): Szenen IV, VI, VII, III, IX], S. 13–16, 106–107 [6.3.].

6.1.4. Erzählungen/Prosa (Auswahl)

›Metzengerstein‹ PSC II (14.1.1832): 9–24; ›The Duc de l'Omelette‹ PSC II (3.3.1832): 1; ›A Tale of Jerusalem‹ PSCII (9.Juni 1832): 1 ; ›A Decided Loss‹ (›Loss of Breath‹) PSC II (10.11.1832): 1 u. SLM I (Sept. 1835): 735–740; ›The Bargain Lost‹ (›Bon-Bon‹) PSC I (1.12.1832): 1 u. SLM I (Aug. 1835): 683–698; ›Epimanes‹ (›Four Beasts in One‹) SLM II (März 1836): 235–238; ›MS. Found in a Bottle‹ BSV III (19.10.1833): 1; ›The

Visionary‹ (›The Assignation‹) GLB VIII (für Jan. 1834), S. 40–43; ›Lionizing‹ SLM I (Mai 1835): 515–516; ›Shadow – A Parable‹ SLM I (Sept. 1835): 762–763; ›Siope‹ (›Silence‹) »The Baltimore Book« 1838 (1837), S. 79–85; ›Berenice‹ SLM I (März 1835): 333–336; ›Morella‹ SLM I (Apr. 1835): 448–450; ›Hans Phaall, a Tale‹ SLM I (Juni 1835): 565–580 [6.1.5.]; ›King Pest‹ SLM I (Sept.1835): 757–761; ›Von Jung‹ (›Mystification‹) AmMoM III Neue Serie (Juni 1837): 562–571; ›Ligeia‹ BAM I (Sept. 1838): 25–37; ›The Psyche Zenobia‹ (›How to Write a Blackwood Article‹) BAM I (Nov. 1838): 301–317; ›The Devil in the Belfry‹ PSChr (18.5.1839); ›The Man That Was Used Up‹ BGM V (Aug. 1839): 66–7; ›The Fall of the House of Usher‹ BGM V (Sept. 1839): 145–152; ›William Wilson‹ »The Gift« (für 1840; 1839), S. 229–253; ›The Conversation of Eiros and Charmion‹ BGM V (Dez. 1839): 321-323; ›Why the little Frenchman wears his Hand in a Sling‹ TGA II (1840; wahrscheinl. frühere Zeitschriftenveröffentlichung), S. 183–191; ›Instinct vs. Reason‹ AWM (29.1.1840) [6.1.5.]; ›Peter Pendulum‹ (›The Business Man‹) BGM VI (Feb. 1840): 87–89; ›Cabs‹ AWM (1.4.1840) [6.1.5.]; ›Philosophy of Furniture› BGM VI (Mai 1840): 243–245 [6.1.7.]; ›The Man of the Crowd‹ »The Casket« XVII (für Dez. 1840), S. 267–270; ›The Murders in the Rue Morgue‹ GM XVIII (Apr. 1841): 166–179; ›A Descent Into the Maelstrom‹ GM XVIII (Mai 1841): 235–241; ›The Island of the Fay‹ GM XVIII (Juni 1841): 253–255; ›The Colloquy of Monos and Una‹ GM XIX (Aug. 1841): 52–55; ›Never Bet your Head‹ (›Never Bet the Devil your Head‹) GM XIX (Sept. 1841): 124–127; ›Eleonora‹ »The Gift« (für 1842), S. 154–162; ›A Succession of Sundays‹ (›Three Sundays in a Week‹) SEP (27.11.1841): 1; ›Life in Death‹ (›The Oval Portrait‹) GM XX (Apr. 1842): 200–201; ›The Mask of the Red Death‹ GM XX (Mai 1842): 256–259; ›The Pit and the Pendulum‹ »The Gift« (für 1843): 133–151; ›The Landscape Garden‹ SLC XVII (Okt. 1842): 324–327; ›The Mystery of Marie Roget‹ SLC XVIII (Nov., Dez. 1842, Feb. 1843): 15–20, 93–99, 162-167; ›The Tell-Tale Heart‹ P I (Jan. 1843): 29–31; ›The Gold-Bug‹ PDN I (21.6.1843; 1. Hälfte, 28.6.1848 vollständig); ›The Black Cat‹ United States Saturday Post XXIII (19.8.1843): 1; ›Morning on the Wissahiccon‹ (›The Elk‹) »The Opal« (1844), S. 249–259; ›Raising the Wind‹ (»Diddling«) PSC XIII (14.10.1843); ›The Spectacles‹ PDN X (27.3.1844): 1–2; ›The Oblong Box‹ GLB XXIX (für Sept. 1844), S. 132–136; ›A Tale of the Ragged Mountains‹ GLB XXVIII (für Apr. 1844), S. 177–181; ›The Premature Burial‹ PDN II (31.7.1844): 1; ›The Purloined Letter‹ »The Gift« (Sept. 1844), S. 41–61; ›The System of Doctor Tarr and Professor Fether‹ GM XXVII (Nov. 1845): 193–200; ›Mesmeric Revelation‹ CLGM II (Aug. 1844): 67–70; ›Thou Art the Man‹ GLB XXIX (für Nov. 1844), S. 219–224; ›The Balloon Hoax‹ »The Extra Sun« (13.4.1844); ›The Angel of the Odd‹ CLGM II (Okt. 1844): 158–161; ›The Swiss Bell-Ringers‹ NYEM (10.10.1844); ›The Literary Life of Thingum Bob, Esq.‹ SLM X (Dez. 1844): 719–727; ›The Thousand and Second Tale of Scheherezade‹ GLB XXX (für Feb. 1845), S. 61–67; ›Some Words With a Mummy‹ AWR I (Apr. 1845): 363–370;

›Some Secrets of the Magazine Prison-House‹ BJ I (15.2.1845): 103–104; ›The Power of Words‹ DR XVI (Juni 1845): 602–604; ›The Imp of the Perverse‹ GM XXVII (Juli 1845): 1–3; ›The Facts in the Case of M. Valdemar‹ AWR II (Dez. 1845): 561–565; ›The Sphinx‹ Arthur's Ladies' Magazine V (Jan. 1846): 15–16; ›The Cask of Amontillado‹ GLB XXXIII (Nov. 1846), S. 216–218; ›The Domain of Arnheim‹ CLGM VII (März 1847): 123–129; ›Mellonta Tauta/A Remarkable Letter‹ GLB XXXVIII (Feb. 1849), S. 133–138; ›A Prediction‹ in Stedman u. Woodberry [»Works« IX: 6.4.1](1895; Mskpt. 1848), S. 293–295; ›Landor's Cottage‹ BF VI (9.6.1849): 2; ›Hop-Frog‹ BF VI (17.3.1849): 2; ›Von Kempelen and His Discovery‹ BF VI (14.4.1849): 2; ›X-ing a Paragraph‹ BF VI (12.3.1849): 2; ›The Light-House‹ in Woodberry [»The Life of Edgar Allan Poe« II: 2. (1909)], S. 397–399 (Auszug; Fragment, wahrscheinl. 1849) u. Mabbott London N&Q 182 (25.4.1942): 226–7.

6.1.5. Längere literarische Serien

›The Narrative of Arthur Gordon Pym‹ SLM III (Jan. 1837: ›Arthur Gordon Pym, A Sea Story‹: 13–14; Feb. 1838: ›Arthur Gordon Pym‹; Auszug, 109–116) [6.3.]; ›The Journal of Julius Rodman, being an Account of the First Passage Across the Rocky Mountains of North America ever achieved by Civilized Man‹ BGM VI (Jan.–Juni 1840): 44–47, 58–80, 109–113, 179–183, 206–210, 225–259; ›The Unparalleled Adventure of One Hans Pfaal‹ [6.1.4.].

6.1.6. Rahmenerzählungen

»The Folio Club« in Harrison [»Virginia Edition«, S. XXXVI–XXXIX: 6.4.1. (von der Sammlung sind lediglich vier Manuskriptblätter, darunter zwei der Rahmenhandlung, erhalten).

6.1.7. Journalistische Serien

Kommentierte Autogrammsammlungen:
›Autography‹ SLM II (Feb., Aug. 1836): 205–212, 601-604; ›A Chapter on Autography‹, ›An Appendix of Autographs‹ GM XIX-XX (Nov. 1841–Jan. 1842): 224–234, 209–246, 246–261.

Beiträge im AWM über Kryptographie:
18.12.1839 (Tag der Herausforderung) bis 6.5.1840; s. auch ›A Few Words on Secret Writing‹ GM XIX (Juli, Aug., Okt. 1841); u. ›Secret Writing‹ GM XIX (Dez. 1841). Poe löste während dieser Zeit für AWM 36 Kryptogramme. Zwischen 15.1. u. 29.4. finden sich fast in jeder Nummer Kryptogramme.

Beiträge für reguläre Zeitungsrubriken für AWM:
›Swimming‹ AWM (12.2.1840): 2, Spalte 4; ›Tennyson vs. Longfellow‹ AWM (12.2.1840): 2; ›Instinct vs. Reason‹ (29.1.1849): 2, Spalte 6–7; ›The Daguerreotype‹ (15.1.1840): 2, Spalte 1–2.

Unsignierte Beiträge für den PPL:
Poe arbeitete als Kolumnist für den PPL, Beiträge z.B. ›A Moving Chapter‹, ›A.M.C. continued‹, ›Desultory Notes on Cats‹ (17., 18., 19.7.1844).

Beiträge für den CS:
Serie von 7 Briefen zwischen 14.5. u. 25.5.1844 [wiederabgedruckt als »Doings of Gotham«: 6.3.].

»Marginalia«:
17 Folgen in vier Zeitschriften: DR XV, XVII (Nov., Dez. 1844): 484–494, 580–594; (Apr., Juli 1846): 268–272, 30–32; GLB XXXI (›Marginal Notes‹ Aug., Sept. 1845): 49–51, 120–121; GM XXIV (März, Nov., Dez. 1846): 116–118, 245–248, 311–313; GM XXVI (Jan., Feb., März 1848): 23–24, 130–131, 178–179; SLM XV (Apr., Mai, Juni, Juli, Sept. 1849): 217–222, 292–296, 336–338, 414–416, 600–601.

»Pinakidia«:
SLM II (Aug. 1836): 573–582.

»The Literati«:
›The Literati of New York City, Some honest Opinions at Random Respecting Their Authorial Merits, with occasional Words of Personality‹. 6 Folgen, GLB XXXII-XXXIII (Mai – Okt. 1846): 194–201, 266–270, 13–19, 72–78, 126–133, 157–162. 38 Dichter, Schriftsteller, Kritiker wurden besprochen (Mai: Einführung des Autors, George Bush, George H. Colton, N.P. Willis, William M. Gillespie, Charles F. Briggs, William Kirkland, John W. Francis. Juni: Anna Cora Mowatt, George B. Cheever, Charles Anthony, Ralph Hoyt, Guilian C, Verplanck, Freeman Hunt, Piero Maroncelli, Laughton Osborn. Juli: Fitz-Greene Halleck, Ann S. Stephens, Evert A. Duyckinck, Mary Gove, James Aldrich, Thomas Dunn English, Henry Carey, Christopher Pearse Cranch. Aug.: Sarah Margaret Fuller, James Lawson, Caroline M. Kirkland, Prosper M. Wetmore, Emma C. Embury, Epes Sargent. Sept.: Frances S. Osgood, Lydia M. Child, Elizabeth Bogart, Catherine M. Sedgewick, Lewis Gaylord Clark, Anne C. Lynch. Okt.: Charles Fenno Hoffman, Mary E. Hewitt, Richard Adams Locke).

»Fifty Suggestions«:
›Fifty Suggestions‹ GM XXXIV (Mai, Juni 1849): 448–460, 170–179; ›A Chapter of Suggestions‹ »The Opal« (1845); ›Literary Small Talk‹ BAM II (Jan., Feb. 1839): 60–61, 92–94.

6.1.8. Journalistische Arbeiten (Auswahl)

›Palestine‹ SLM II (Feb. 1836): 152–3; ›Maelzel's Chess-Player‹ SLM II (Apr. 1836): 318–326; ›Peter Snook‹ SLM II (Okt. 1836): 727–730 u. BJ I (1845): 23; ›The Philosophy of Furniture‹ BGM VI (Mai 1840): 243–245 u. BJ I (1845): 18; ›Some Account of Stonehenge, the Giant's Dance, a Drudical Ruin in England‹ BGM VI (Juni 1840): 251; ›Byron and Miss Chatworth‹ CLGM II (Dez. 1844): 275; ›Anastatic Printing‹ BJ I (12.4.1845): 229-231; ›Pay of American Authors‹ NYEM (24., 25., 27.,31.1.1845); ›Some Secrets of the Magazine Prison-House‹ BJ I (15.2.1845): 103–4; ›Street Paving‹ BJ I (19.4.1845): 241-241; Vorwort u. Einleitung zu »The Conchologist's First Book« [s.6.3.].

6.1.9. Literarische Essays (Auswahl, siehe auch Rezensionen)

›Letter to B – ‹ SLM II (Juli 1836): 501–503 (erste Fassung in der 1831 Ausgabe der Gedichte); ›The Philosophy of Composition‹ GM XXVIII (Apr. 1846): 163–167; ›Notes Upon English Verse‹ P I (März 1843): 102–112; ›The Rationale of Verse‹ SLM XIV (Okt., Nov. 1848): 209–236, 236–265 (s. dazu ›The Poetic Principle‹); ›The Poetic Principle‹ SUM VII (Okt. 1850): 231–239 (revidiert in HJ, Aug. 1850). Siehe auch die »Marginalia« insbesondere ›Genius‹ GM XXVIII (Mai 1845) u. GLB (Aug.1845); ›Genius and Art‹ GM XXIX (Dez. 1846); [›Emerson‹] GM XXIX (Dez. 1846): 313; [›Rhyme‹], GM, XXIX (Nov. 1846); [›Prosody‹] GM XXIX (Nov. 1846), ›The Artist and His Work‹ DR XVI (Apr. 1846), [›American Magazine‹] GM XXIX (Dez. 1846): 312.

6.1.10. Rezensionen (Auswahl)

Die folgende Auswahl umfaßt vor allem Arbeiten, die Hinweise zu Poes Biographie, zur journalistischen Situation der Zeit und zur journalistischen Strategie Poes geben und hinsichtlich seiner literarischen Arbeiten und seiner Literaturkritik interessant erscheinen. Zu seinen weiteren Arbeiten gehören Rezensionen von naturwissenschaftlichen Büchern, Philosophie- und Geschichtswerken, Wörterbüchern und Klassikerausgaben [4.1.].

›Horse-Shoe Robinson; a Tale of the Tory Ascendency‹ [Kennedy] SLM I (Mai 1835): 522–524; ›Norman Leslie. A Tale of the Present Times‹ [Fay] SLM II (Dez.1835): 57–59; ›Mrs. Sigourney – Miss Gould – Mrs. Ellet. Zinzerdorff, and Other Poems‹ SLM II (Jan. 1836): 112–117; ›The South-West‹ [Ingraham] SLM II (Jan 1836): 122–123; ›The Life and Adventures of Robinson Crusoe‹ [Defoe] SLM II (Jan. 1836): 127–128; ›Paul Ulric: Or the Adventures of an Enthusiast‹ [Mattson] SML II (Feb. 1836): 173–180; ›Phrenology ...‹ [Miles] SLM II (März 1836): 286–7;

›Georgia Scenes ...‹ [Longstreet] SLM II (März 1836): 287–292; ›The Culprit Fay, and other Poems‹ [Drake]/›Alnwick Castle, with other Poems‹ [Halleck] SLM II (Apr. 1836): 326–336; [›Poe's Reply to His Critics‹] SLM II (Juli 1836, Ergänzungsband): 517; ›Ups and Downs in the Life of a Distressed Gentleman‹ [Stone] SLM II (Juni 1836): 455–457; ›Watkins Tottle, and Other Sketches‹ [Dickens] SLM II (Juni 1836): 457–460; ›England in 1835 ...‹ [Von Raumer] SLM II (Juli 1836): 507–511; ›The Book of Gems. The Poet and Artists of Great Britain‹ [Hall] SLM II (Aug. 1836): 584–587; ›South Sea Expeditions. Report of the Committee on Naval Affairs, to whom were referred Memorials from sundry Citizens of Connecticut interested in the Whale Fishing, praying that an Exploing Expedition be Fitted out to the Pacific Ocean and South Seas‹ [21.3.1836] SLM II (Aug. 1836): 587–589; ›The Posthumous Papers of the Pickwick Club ...‹ [Dickens] SLM II (Nov. 1836): 41–49; ›Poems‹ [Bryant] SLM III (Jan. 1837): 41–49; ›Astoria; or Anecdotes of an Enterprise beyond the Rocky Mountains‹ [Irving] SLM III (Jan. 1837): 59–68; ›South Sea Expedition. Address on the Subject of a Surveying and Exploring Expedition to the Pacific Ocean and South Seas. Delivered in the Hall of Representatives on the Evening of Apr. 3, 1836‹ [Reynolds] SLM III (Jan. 1837): 68–72; ›Review of Stephens' »Arabia Petraea«‹ NYR (Okt. 1837); ›Tortesa, the Usurer‹ [Willis] Pittsburgh Literary Examiner I (Juli 1839): 209–213; BGM V (Aug. 1839): 27–30, 117; ›Undine: a Miniature Romance‹ [Motte Fouqué] BGM V (Sept. 1839): 170–173; ›An Address, Delivered before the Goethean and Diagnothian Societies of Marshall College, at their Annual Celebration, Sept. 24, 1839‹ [Chandler] BGM V (Dez. 1839): 330–331; ›George P. Morris‹ BGM V [Dez. 1839]: 332–334 (vgl. Apr. 1849-Fassung, SLM XV, S. 218–19); ›Alciphron: a Poem‹ [Moore] BGM VI (Jan. 1840): 52–56; ›Voices of the Night‹ [Longfellow] BGM VI (Feb. 1840): 100–103; ›Night and Morning: a Novel‹ [Bulwer-Lytton] GM X (Apr. 1841): 114–133; ›Original Review. By Edgar Allan Poe. »Barnaby Rudge«‹ [Dickens] SEP 103 (1. 5. 1841): 4; ›The Old Curiosity Shop, and Other Tales‹ [Dickens] GM XVIII (Mai 1841): 248–251; ›Critical and Miscellaneous Essays‹ [Macauley] GM XVIII (Juni 1841): 294–295; ›The Quacks of Helicon: a Satire‹ [Wilmer] GM XIX (Aug. 1841): 90–93; ›Review of New Books‹ [›Exordium‹] GM XX (Jan. 1842): 68–9; ›A Few Words about Brainard‹ GM XX (Feb. 1842): 119–121; ›Wakondah, the Master of Life: a Poem‹ [Mathews] GM XX (Feb. 1842): 129–132; ›Barnaby Rudge‹ [Dickens] GM XX (Feb. 1842): 124–128; ›Ballads and Other Poems‹ [Longfellow)] GM XX (März, Apr. 1842): 248–251; ›Twice-Told Tales‹ [Hawthorne] GM XX (Apr., Mai 1842): 102–104, 104–113; ›The Poets and Poetry of America‹ [Griswold] GM XX (1842): 356; ›Mr. Griswold and the Poets‹ Boston Miscellany II (Nov. 1842): 115–123; ›Our Amateur Poets, No I – Flaccus‹ GM XXII (März 1843): 195–198; ›Our Amateur Poets, No III – William Ellery Channing‹ GM XXIII (Aug. 1843): 113–117; ›The Poets and Poetry of America. With an Historical Introduction‹ [Griswold] PSM (1843) [s. Richard, »Poe, journaliste«, S. 816: 4.1.; 4.4.]; ›Longfellow's ›Waif‹‹ NYEM (13., 14.1.1845); ›Orion: An Epic Poem in Three Books‹ [Horne] GM XXII (Jan., März 1845): 46, 136–141; ›The Drama of Exile, and Other Poems‹ [Barrett] BJ (4., 11. 1. 1845): 4–8, 15–35; ›American Prose Writers. No 2. N.P. Willis. New Views – Imagination – Fancy – Fantasy – Humor – Wit – Sarcasm – The Prose Style of Mr. Willis‹ BJ I (18.1. 1845): 37–38; ›Imitation-Plagiarism - Mr. Poe's Reply to the Letter of Outis – A Large Account of a small matter – a voluminous History of the Little Longfellow War‹ NYEM (15. 2. 1845): 306, NYEM (17., 22. 2. 1845), BJ I (8. 3. 1845): 10–14, BGM XI (Feb. 1845), GM XXIV (März 1845), NYEM (14.1.1845), GM XXIV (Mai 1845); ›A Reply to Outis‹ BJ I (8. 3. 1845): 147–150 u. BJ I (15. 3. 1845): 161–163 mit ›A Continuation of the Voluminous History of the Little Longfellow War – Mr. Poe's further reply to the letter of Outis‹ BJ I (22. 3. 1845): 178–182; Fortsetzung v. ›A Reply to Outis‹ BJ I (29. 3. 1945): 194–98 u. Fortsetzung BJ I (5. 4. 1845): 104–106, 211, 212 (Ende des ›A Reply to Outis‹ als ›Postscript‹); ›Longfellow's Poems‹ Aristidean I (Apr. 1845): 130–142; ›Prospects of the Drama – Mrs. Mowatt's Comedy‹ BJ I (5. 4. 1845): 219–220; ›Alfred Tennyson‹ BJ II (Juli 1845): 26; ›Young America‹ BJ II (Juli 1845): 26; ›The Drama‹ BJ II (Juli 1845): 29–30; (Aug. 1845): 60; ›The Antigone at Palermo's‹ BJ II (1845): 236–7; ›Wiley & Putnam's Library of Choice Reading No XVII: The Characters of Shakespeare‹ [Hazlitt] BJ II (16. 8. 1845): 89; ›Prose and Verse‹ [Hood] BJ II (30. 8. 1845): 119–120; ›The American Drama‹ AWR II (Aug. 1845): 117–131 (cf. BGM, Aug. 1839); ›The Wigwam and the Cabin‹ [Simms] GLB (Jan. 1846), cf. BJ II (4. 10. 1845): 190–191; ›Boston and the Bostonians. Editorial Miscellany‹ BJII (22. 11. 1845): 309–311; ›A Wreath of Wild Flowers From New England‹ [Osgood]/›Poems‹ [Osgood] GLB XXXII (März 1846): 134–139; ›William Cullen Bryant‹ GLB XXX II (Apr. 1846): 182–186;‹ Tale – Writing – Nathaniel Hawthorne – »Twice-Told Tales« [Hawthorne]/ »Mosses From an Old Manse« [Hawthorne] GLB XXXV (Nov. 1847): 252–256; ›The Child of the Sea and Other Poems‹ [Lewis] SLM XIV (Sept. 1848): 569–571; ›The Female Poets of America‹ [Griswold] SLM XV (Feb. 1849): 126–127; ›A Fable for Critics‹ [Lowell] SLM XV (März 1849): 189–191 [vgl. GM (März 1844)]; ›About Critics and Criticism. By the late Edgar A. Poe‹ GM XXXVI (Jan. 1850): 49–51.

In der Harrison-Werkausgabe [»Virginia Edition«: 6.4.1.] wurden einige Arbeiten fälschlich Poe zugeschrieben, z.B. eine Kritik von Bryants Gedichten [SLM I (Jan. 1835), S. 250–51) und ›Slavery in the United States‹, ein Beitrag zur Sklavenfrage, der vermutlich von Paulding verfaßt wurde [SLM II (Apr. 1836): 336–339]. Wie für diese Zeit üblich, wurden viele der Beiträge Poes namentlich nicht gezeichnet und Poes Name wurde oft nicht einmal auf dem Titelblatt oder im Register der Zeitschriften vermerkt. Im Gegensatz zu Harrisons Feststellung [»Virginia Edition« I, XIII: 6.4.1.] sind allerdings auch Poes späte Beiträge nicht immer namentlich gezeichnet [vgl. dagegen 4.1.; s. etwa die Kritik zu Lowells »Fable« oder Griswolds »Female Poets«]. Die Zahl Poescher Kritiken ist deshalb nicht völlig bekannt; viele der Rezensionen wurden erst vor relativ kurzer Zeit Poe zugeschrieben. Die hier genannte Auswahl bezieht sich vor allem auf Harrison [»Virginia Edition«] Mabbott [»Works«], Pollin [»Collected Works: 6.4.1.] sowie auf Seitenreferenzen in Richard [»Poe, journaliste«: 4.1.]. Eine vollständige kritische Ausgabe der journalistischen Arbeiten Poes liegt noch nicht vor.

6.2. Manuskripte

Poes Manuskripte befinden sich in zahlreichen amerikanischen Sammlungen. Eine Beschreibung der Manuskripte mit Aufbewahrungsort findet man bei Mabbott [»Works«] und Pollin [»Collected Works«: 6.4.1.], bei Ostrom [»Letters«: 6.4.5] sowie Stovall »The Poems« [6.4.2].

Die folgenden Kataloge informieren über die einzelnen Sammlungen:

anon. »Catalogue of an Exceedingly Interesting and Valuable Private Library, Comprising the Largest and Most Complete Collection of the Original Editions of the Works of Edgar Allan Poe and of ›Poeana‹« (New York, 1895); Boston Public Library, Katalog der Griswold Dokumente in More Books u. The Boston Public Library Quarterly (März 1941-April 1951); J.D. *Gordan* »Edgar Allan Poe ... A Catalogue of First Editions, Manuscripts, Autograph Letters from the Berg Collection« (New York, 1949); C.W. *Bragg* »Material by and about Edgar Allan Poe to be found in the Library of Columbia University« (New York, 1909); J. *Jones* et al. »American Literary Manuscripts. A Checklist of Holdings in Academic, Historical and Public Libraries in the United States« (Austin, Tx, 1960); »Quote the Raven«: ›An Exhibition of the Work of Edgar Allan Poe from the Collections of H. Bradley Martin and Colonel Richard Gimbel‹ The Yale University Library Gazette 33 (April 1959): 138–189 [Die H. Bradley Martin Sammlung wurde am 30.1.1990 versteigert und einzelne Ausgaben befinden sich jetzt in privater Hand]; B. R. *Mc Elderry*, Jr. ›The Edgar Allan Poe Collection‹ USCLB 4 (Jan. 1948): 4–62; J. C. *Miller* »Building Poe Biography« u. »Poe's Helen Remembers« [s. 6.4.5.]; J.C. *Miller* »John Henry Ingram's Poe Collection at the University of Virginia: A Calendar...« (Charlottesville, 1960); J.J. *Moldenhauer* ›A Descriptive Catalogue of Edgar Allan Poe Manuscripts in the Humanities Research Center Library, The University of Texas at Austin‹ Texas Quarterly (Ergänzungsband 1973); J. W. *Ostrom* »Check List of Letters to and from Poe« [s. Briefsammlungen 6.4.5.; A.H. *Quinn*,

R. H. *Hart*, »Edgar Allan Poe: Letters and Documents in the Enoch Pratt Free Library« (N.Y., 1941); D.A. *Randall* ›The J.K. Lilly Collection of Edgar Allan Poe‹ Indiana Univ. Bookman (März 1960) [›Indiana List‹]; D. A. *Randall* »The J. K. Lilly Collection of Edgar Allan Poe: An Account of Its Formation« (Bloomington, 1964).
Eine Reprintausgabe des Manuskripts von ›The Murders in the Rue Morgue‹ erschien 1895 in Philadelphia.

6.3. Buchausgaben und Reprints

Im folgenden sind diejenigen Bücher oder Pamphlete Poes verzeichnet, deren Autorenschaft gesichert ist und die Poe in eigener Verantwortung herausgab, sowie zeitgenössische Nachdrucke in englischen Verlagshäusern. Ein Anhang [6.3.2.] bringt die posthum zuerst in Buchform erschienenen Einzelausgaben sowie Anthologien, für die Poe Beitrage schrieb. Weitere Informationen finden sich in den Einleitungen zu den Reprint-Ausgaben der Werke und bei Blanck [»Bibliography«: 6.5.3.].

6.3.1. Buchausgaben [s. a. 6.1.; 6.4.]

TAMERLANE AND OTHER POEMS. By a Bostonian. Boston: Calvin F.S. Thomas, 1827.

Erscheinungsdatum: Juni/Juli 1827. Aufl.: wahrscheinl. 200. Etwa 12 Kopien sind erhalten. Reprints: N.Y.: Facsimile Society, 1941, Einführung v. T. O. Mabbott [1. London 1884, 100 Kopien, hrsg. u. Vorwort v. R. H. Shepherd; 2. Greenwich, Conn 1905; ›type-facsimile‹, 37 Kopien, Privatdruck; 3. San Francisco, 1923, photographische Reproduktion, Notiz v. W. A. Clark, Jr. und Würdigung v. J. G. Wilson; 4. London, 1931, photographische Reproduktion, Ulysses Bookshop, 288 Kopien; 5. Baltimore 1939, ›type-facsimile‹, 100 Kopien].

AL AARAAF, TAMERLANE, AND MINOR POEMS. By Edgar A. Poe. Baltimore: Hatch & Dunning, 1829.

Erscheinungsdatum: Dez. 1829 (wahrscheinl. v. dem 29. Dez.). Aufl.: unbekannt [250 Aufl.(?): s. Heartman/Canny, »Bibliography«, 6.5.1. u. Brief Poes an Allan, 18.11.1829]. Etwa 14 Kopien sind erhalten. Wahrscheinl. wurden die Kopien ungebunden verkauft. Reprints: N.Y.: Facsimilie Text Society, 1933, mit einer bibliographischen Notiz von T.O. Mabbott.

POEMS. By Edgar A. Poe. Second Edition. New York: Elam Bliss, 1831.

Erscheinungsdatum: April 1831 Aufl.: wahrscheinl. nicht höher als 500. Etwa 12 Kopien sind erhalten. Reprints: N.Y.: Facsimile Text Society, 1936, mit einer bibliographischen Notiz von Killis Campbell.

THE NARRATIVE OF ARTHUR GORDON PYM, OF NANTUCKET. Comprising The Details of a Mutiny and Atrocious Butchery on Board the American Brig Grampus, on her way to the South Seas, in the month June, 1827. With an Account of the Recapture of the Vessel by the survivers [sic]; Their Shipwreck and Subsequent Horrible Sufferings from Famine; Their Deliverance by Means of the British Schooner Jane Guy; The Brief Cruise of This Latter Vessel in the Antarctic Ocean; her Capture, and the Massacre of her Crew among a group of Islands in the Eighty-Fourth Parallel of Southern Latitude; Together with the Incredible Adventures and discoveries still Farther South to which that Distressing Calamity Gave Rise. New-York: Harper & Brother, 1838.

Erscheinungsdatum: Juli 1838 Aufl.: unbekannt. Etwa 40 Kopien sind bekannt. Erschien bei Wiley and Putnam, London, im Okt. 1838 [mit verkürztem Titel und ohne Tagebucheintragung vom 22. März u. mit Notiz des Verlegers vom Okt. 1838 nach dem Vorwort]; ein gekürzter Raubdruck erschien in London 1841.

THE CONCHOLOGIST'S FIRST BOOK: or, A System of Testaceous Malacology, Arranged expressly for the use of schools, in which the animals, according to Cuvier, are given with the shells, A great number of new species added, and the whole brought up, as accurately as possible, to the present condition of the science. By Edgar A. Poe. With illustrations of two hundred and fifteen shells, presenting a correct type of each genus. Philadelphia: Haswell, Barrington, and Haswell, 1839.

Erscheinungsdatum: April 1839; sowie zwei weitere Auflagen [s.u.]. Aufl.: unbekannt. Etwa 30 Kopien der Erstaufl. sind erhalten. Es existieren drei Varianten in 2 Größen; eine der kleineren Ausgaben hat kolorierte Illustrationen. 3 Ausgaben: 1839, 1840 [mit zusätzl. Vorwort v. Poe], 1945 [Poes Name vom Titelblatt entfernt, nur seine Initialen in der Vorbemerkung sind beibehalten].

TALES OF THE GROTESQUE AND ARABESQUE. By Edgar A. Poe. In Two Volumes. Philadelphia: Lea and Blanchard, 1840.

Erscheinungsdatum: Ende Okt./Anfang Nov. 1839. Aufl.: 750 Kopien, davon 20 für den Autor. Etwa 45 Kopien sind erhalten. Das Exemplar mit Poes handschriftlichen Anmerkungen, ehemals in der H. Bradley Martin Collection [vgl. 6.2.]. Reprints: Faksimile N.Y.: New York Public Library, 1928; eine einbändige Ausgabe erschien in Gloucester, Mass.: Peter Smith, 1965.

PROSPECTUS OF THE PENN MAGAZINE, A MONTHLY (sic) LITERARY JOURNAL, TO BE EDITED AND PUBLISHED IN THE CITY OF PHILADELPHIA, BY EDGAR A. POE. TO THE PUBLIC. [Datum]

Erscheinungstermin: Juni 1840, Aug. 1840, wahrscheinl. September 1840, Jan. 1841. Reprint: *American Bookcollector* I, 2 (Feb. 1932/ Juni 1840 Ausgabe). Kopien: William H. Koester, Baltimore, Md; Historical Society of Pennsylvania, Philadelphia (Aug. 1840-Kopie); Henry E. Huntington Library, San Marino, Cal; Pierpont Morgan Library, N.Y. (Jan. 1841–Kopie); New York Public Library (Jan. 1841, ›Owen-D.-Young-Kopie‹).

PROSPECTUS OF THE STYLUS A MONTHLY JOURNAL OF GENERAL LITERATURE, TO BE EDITED BY EDGAR A. POE, AND PUBLISHED IN THE CITY OF PHILADELPHIA BY CLARKE AND POE.

Erscheinungsdatum: Feb. oder März 1843; Druck auch in *The Saturday Museum* ExtraNo 1 (11. 3. 1843[?]). Keine Kopien sind erhalten.

THE PROSE ROMANCES OF EDGAR A. POE, Author of »THE GOLDBUG« »ARTHUR GORDON PYM«»TALES OF THE GROTESQUE AND ARABESQUE« Etc. Etc. Etc. Uniform Serial Edition. Each Number Complete in Itself. No.I. Containing the Murders in the rue Morgue, and the Man That Was Used Up. Philadelphia: William H. Graham, 1843.

Erscheinungsdatum: wahrscheinl. 20. Juli 1843 [vier Varianten der Ausgabe bekannt]. Aufl. unbekannt, wahrscheinl. nicht sehr groß. Etwa 10 Kopien sind erhalten. Reprints: G. Hatvary u.T.O. Mabbott (Hrsg.), Jamaica: St. Johns Univ. Press, 1968, mit einer Einführung von George Hatvary [›Library-of-Congress-Kopie‹].

THE EXTRA SUN. SATURDAY, APRIL 13, 1844. [Text: Balloon Hoax].

Erscheinungsdatum: 13. 4. 1844. Aufl.: unbekannt. Reprint: *The American Book Collector* (Feb. 1932). Erhaltene Kopie: American Antiquarian Society, Worcester, Mass.

TALES. By Edgar A. Poe. New York: Wiley and Putnam, 1845.

Erscheinungsdatum: Juni 1845 [drei Varianten der Buchbindung]. Aufl.: mindestens 1500; ca. 25 Exemplare sind bekannt. Die ›Lorimer Graham

Kopie‹ mit Poes letzten Korrekturen befindet sich in der √renn Library, Univ. of Texas at Austin. Das Buch erschien Juli/Aug 1845 in London bei Wiley and Putnam. Reprints: Jay B. Hubbell (Hrsg.), Columbus, Ohio: Charles E. Merrill Co, 1969 [›Univ.-of-Virginia-Kopie‹].

THE RAVEN AND OTHER POEMS by Edgar A. Poe. New York: Wiley and Putnam, 1845.

Erscheinungsdatum: Nov. 1845 [Ankündigung am 19. Nov.]; drei Varianten in der Buchbindung bekannt. Aufl.: über 750. Etwa 25 Kopien sind erhalten. Das Buch erschien ebenfalls bei Wiley und Putnam in London, Jan./Feb. 1846. Reprints: J. B. Hubbell (Hrsg.): Columbus, Ohio: Charles E. Merrill, 1969 [›Univ.-of-Virginia-Kopie‹]; T.O. Mabbott (Hrsg. u. Einleitung) N.Y.: Facsimile Text Society, 1942 [›Lorimer-Graham-Kopie‹ mit Poes Korrekturen].

Eine Ankündigung des *Broadway Journal* vom Nov. 1845 befindet sich in der Pierpont Morgan Library, N.Y., und der Library of Congress, Washington.

PROSPECTUS OF THE STYLUS, A Monthly Journal of Literature Proper, the Fine Arts and the Drama. To be edited by Edgar A. Poe. (Jan. 1848)

Eine Kopie [Owen-D.-Young-Kopie] befindet sich in der New York Public Library.

THE STYLUS A Monthly Journal of Literature Proper, the Fine Arts and the Drama. To Be Edited By Edgar A. Poe (April 1848).

Drei Kopien sind bekannt; davon jeweils eine in der Alderman Library, Univ. of Virginia und der Univ. of Indiana [Lilly Collection].

EUREKA: A PROSE POEM. By Edgar A. Poe. New-York: Geo. P. Putnam, 1848.

Erscheinungstermin: Juli 1848. Aufl.: etwa 500. Etwa 30 Kopien sind erhalten, darunter die H. Bradley-Martin-Kopie mit Poes Anmerkungen (vgl. 6.2.). Erschien in London bei J. Chapman, Aug. 1848. Reprints: Paris 1928, Faksimile-Kopie, New York Public Library und in R.P. Benton (Hrsg.) »Eureka: A Prose Poem, by Edgar Allan Poe. New Edition with Line Numbers, Exploratory Essay, and Bibliographical Guide« ATQ 22 (1971): 1–77 u. (Hartford, Conn.: Transcendental Books, 1973).

6.3.2. Weitere Einzelausgaben

MESMERISM »IN ARTICULO MORTIS« An Astounding & Horrifying Narrative, Shewing [sic] the Extraordinary Power of Mesmerism in Arresting the Progress of Death. By Edgar A. Poe, Esq. of New York. London: Short, 1846.

THE LAST CONVERSATION OF A SOMNAMBULE held just before Death with his Magnetiser, Edgar A. Poe. London: V. Torras, wahrscheinl. Jan./Feb. 1846.

[Die ›Yale-Liste‹ führt 25 erhaltene Kopien an; es ist jedoch unklar, ob diese Ausgabe existiert].

THE GOLD BUG. By Edgar A. Poe. London: A. Dyson (Sommer 1846–1847).

Eine Kopie ist erhalten: William H. Koester Collection, Univ. of Texas at Austin; s. T.O. Mabbott, T.O. u. H. Allen »The Gold Bug« (Garden City, N.Y.: 1929).

THE LITERATI OF NEW YORK CITY. Some Honest Opinions at Random Respecting Their Autorial Merits, with Occasional Words of Personality.

in R. W. Griswold (Hrsg.) »The Works of the Late Edgar Allan Poe« III (N.Y., 1850) [s.u.]. Griswold ersetzt Zeitschriftenversionen der Serie durch Manuskriptkorrekturen und druckt ebenfalls erhaltene Beiträge des Projekts »Literary America« [3.9.].

POLITIAN. An Unfinished Tragedy. By Edgar A. Poe. Including the Hitherto Unpublished Scenes from the Original Manuscript in the Pierpont Morgan Library, Now First Edited with Notes and a Commentary, by Thomas Ollive Mabbott. Richmond: The Edgar Allan Poe Shrine, 1923.

Aufl.: 250; Korrekturen in: ›The Text of Poe's Play ›Politian‹‹ N&Q, CLXXXIX (14. 7. 1945): 14.

DOINGS OF GOTHAM in a Series of Letters by Edgar Allan Poe as described to the Editors of the *Columbia Spy*; Together with Various Editorial Comments and Criticisms by Poe, now first collected by Jacob E. Spannuth; with a Preface, Introduction and Comments by Thomas O. Mabbott«. Pottsville, Pa.: J.E. Spannuth, 1929.

Poes Beiträge vom 20.6.1840 bis 30.11.1844 für den CS. Reprintausgaben: Folcroft, Pa.: Folcroft Library Editions, 1974 u. Norwood, Pa., Norwood Editions, 1978. Aufl.: 749.

THE JOURNAL OF JULIUS RODMAN. Being an Account of the First Passage Across the Rocky Mountains of North America ever achieved by Civilized Man.

Reprint: San Francisco: Colt Press, 1947. Aufl. 500.

A CHAPTER ON AUTOGRAPHY. Hrsg. v. D. Seitz. N.Y.: Dial Press, 1926.

Aufl. 750 Kopien.

MARGINALIA. Hrsg. v. J. C. Miller. Charlottesville, Va.: Univ. of Virginia Press, 1980.

Erster Buchabdruck der 17 Folgen von 1844–1849 [6.1.]

THE WORKS OF THE LATE EDGAR ALLAN POE: with notices of his life and genius. By N.P. Willis, J.R. Lowell, and R. Griswold. 4 Bde. New York: J.S. Redfield, 1850-1856.

Zwischen 1850-64 erschienen 15 Aufl. Enthält die »Literati of New York City« Serie und andere Beiträge zuerst in Buchform [s. 2.9.; 5.2.; 6.1.; 6.4.].

Siehe auch:

J.G. *Varner* (Hrsg.) »Edgar Allan Poe and the Philadelphia »Saturday Courier«. Facsimile Reproductions of the First Texts of Poe's Earliest Tales and ›Raising the Wind‹« (Charlottesville: Univ. of Virginia Press, 1933) und dazu K. *Campbell* ›New Notes on Poe's Early Years‹ Dial LX (17.2. 1916): 143–6; C.S. *Brigham* ›Edgar Allan Poe's Contributions to »Alexander's Weekly Messenger«‹ Preceedings of the American Antiquarian Society LII (1942): 45–125, Reprints: Folcroft, Pa.: Folcroft Library Editions, 1973 und Norwood, Pa.: Norwood Editions, 1975.

6.3.3. Entwürfe

»Phantasy Pieces«

Entwurf datiert 1841. Sammlung von 36 Erzählungen als erweiterte Ausgabe der TGA geplant. Nur der erste Band des von Poe handschriftlich revidierten Exemplars ist erhalten [Henry Bradley Martin Collection: 6.2.]. Eine Faksimile-Ausgabe, hrsg. von George Blumenthal, befindet sich in der Bibliothek der Univ. of Pennsylvania in Philadelphia. Titelblatt und Inhaltsverzeichnis sind u.a. reproduziert bei Quinn [»Poe«: 2.], S. 337–340.

»The Living Writers of America. Some Honest Opinions about their Literary Merits, with Occasional Words of Personality. By

Edgar A. Poe. With Notices of the Author by James Russell Lowell and P.P. Cooke«.

Datiert etwa vom Herbst 1846; das Manuskript befindet sich in der Pierpont Morgan Library, New York.

»Literary America. Some Honest Opinions about Our Autorial Merits and Demerits with Occasional Words of Personality by Edgar A. Poe. Prefaced with a Critical and Biographical Sketch of the Author by James Russell Lowell and P.P. Cooke«. 1848.

Drei Artikel [›Richard Adams Locke‹, ›Thomas Dunn Brown‹, ›Christopher Pearse Cranch‹] sind erhalten [s.o.: »Literati«]. Das Manuskript befindet sich in der Huntington Library, San Marino, Cal.

6.4. Werkausgaben (Auswahl)

6.4.1. Gesammelte Werke [vgl. 5.2. u. 5.3.]

R.W. *Griswold* (Hrsg.) »The Works of the Late Edgar Allan Poe« 4 Bde. (N.Y., 1850–56) [2.9.; 6.3.2.]; R.H. *Stoddard* (Hrsg.) »The Works of Edgar Allan Poe« 6 Bde. (N.Y., 1884) [enthält vor allem die Griswold-Varianten der Texte Poes]; J.H. *Ingram* (Hrsg.) »The Works of Edgar Allan Poe« 4 Bde. (Edinburgh, 1874-75, 1880: 2.); G.E. *Woodberry* u. E.C. *Stedman* (Hrsg.) »The Works of Edgar Allan Poe« 10 Bde. (Chicago, 1894–5, 1908 u.N.Y., 1914: Neuausgabe); C.F. *Richardson* (Hrsg.) »The Complete Works of Edgar Allan Poe« 10 Bde. (N.Y., 1902) [vor allem die Griswold-Varianten der Texte Poes]; J.A. *Harrison* (Hrsg.) »The Complete Works of Edgar Allan Poe« 17 Bde. (N.Y., 1902; Reprint: N.Y., 1965) [›Virginia Edition‹. Enthält die zweibändige Biographie »Life and Letters«. Bd. VII [Gedichte] hrsg. v. C.W. *Kent*. Zwei Folgen der »Marginalia« und Varianten fehlen; die Rezensionen v. Paulding, Manzoni ›Crayon Miscellany No 2‹ u. frühe Bryant-Kritik sind falsch zugeordnet; 5.2.; 6.1.10]; H. *Allen* (Hrsg.) »The Complete Tales and Poems of Edgar Allan Poe« (N.Y., 1938); P.V.D. *Stern* (Hrsg.) »Edgar Allan Poe« (N.Y., 1945; Neuausgabe N.Y., 1968 u. Harmondsworth, 1977); A.H. *Quinn* u. E.H. *O'Neill* (Hrsg.) »The Complete Poems and Stories of Edgar Allan Poe, with Selections from His Critical Writings« 2 Bde. (N.Y., 1946) [›Borzoi Poe‹; kleine Auswahl der Kritiken und Essays]; M. *Slater* (Hrsg.) »The Centenary Poe: Tales, Poems, Criticism, Marginalia, and Eureka« (N.Y., 1950); W.H. *Auden* (Hrsg.) »Selected Prose, Poetry, and ›Eureka‹« (N.Y., 1950, 1969) [die erste Ausgabe enthält »Eureka« die zweite »Pym«; spätere Auflagen enthalten wieder »Eureka«]; T.O. *Mabbott* (Hrsg.) »The Selected Poetry and Prose of Edgar Allan Poe« (N.Y., 1951) [enthält zum erstenmal in einer Werkausgabe »The Lighthouse«; 3.5]; E.H. *Davidson* (Hrsg.) »Selected Writings of Edgar Allan Poe« (Boston, 1956); P.S. *Burtness*, W. *Ober* u. W. R. *Swat*

(Hrsg.) »The Enigma of Poe« (Boston, 1960); E.W. *Carlson* (Hrsg.) »Introduction to Poe: A Thematic Reader« (Glenview, Ill., 1967) [Werkauswahl mit Auszügen längerer Werke]; D. *Galloway* (Hrsg.) »Selected Writings of Edgar Allan Poe: Poems, Tales, Essays, and Reviews« (Harmondsworth, 1967); J.W. *Krutch* (Hrsg.) »Selected Stories and Poems« (N.Y., 1969); T.O. *Mabbott* (Hrsg.) »The Collected Works of Edgar Allan Poe« I–III (Cambridge, Mass., 1969) [Bd I: Poems, 1978; Bde. II u. III: Tales and Sketches]; B.R. *Pollin* (Hrsg.) »The Imaginary Voyages« »Collected Writings of Edgar Allan Poe« I (Boston, 1981); B.R. *Pollin* (Hrsg.) »The Brevities: Pinakidia, Marginalia, Fifty Suggestions, and Other Works«, »Collected Writings of Edgar Allan Poe« II (N.Y., 1985); B.R. *Pollin* (Hrsg.) »Writings in the Broadway Journal: Nonfictional Prose« »Collected Writings of Edgar Allan Poe« III u. IV (N.Y., 1986).

Siehe auch:

B.R. *Pollin* »Dictionary of Names and Titles in Poe's Collected Works« (N.Y., 1968) [Index zur ›Virginia Edition‹]; B.R. *Pollin* ›Place Names in Poe's Creative Writings‹ PSt VI (1973): S. 43–48; B.R. *Pollin* »All the Words in Poe's Fiction: A Comprehensive Index« (N.Y., 1982) [Konkordanz zur Werkausgabe von Mabbott (1969, 1978) und Pollin (1981)]; B.P. *Pollin* »Word Index to Poe's Fiction« (N.Y., 1982).

6.4.2. Gedichte

R.B. *Johnson* (Hrsg.) »The Complete Poetical Works of Edgar Allan Poe« (London, 1909); J.H. *Whitty* (Hrsg.) »The Complete Poems of Edgar Allan Poe« (Boston, 1911; rev. Ausgabe); K. *Campbell* (Hrsg.) »The Poems of Edgar Allan Poe« (Boston, 1917); T.O. *Mabbott* (Hrsg.) »Selected Poems of Edgar Allan Poe« (N.Y., 1928); D.R. *Hutcherson* (Hrsg.) ›The Philadelphia »Saturday Museum« Text of Poe's Poems‹ AL V (1933): 36–48; F. *Stovall* (Hrsg.) »The Poems of Edgar Allan Poe« (Charlottesville, Va, 1965); A. *Tate* (Hrsg.) »Complete Poetry and Selected Criticism« (N.Y., 1968); P.F. *Quinn* (Hrsg.) »Poetry and Tales« (ser.) Library of America (N.Y., 1984).

Siehe auch:

B.A. *Booth* u. C.E. *Jones* »A Concordance of the Poetical Works of Edgar Allan Poe« (Baltimore, 1941).

6.4.3. Erzählungen

K. *Campbell* (Hrsg.) »Poe's Stories« (N.Y., 1927); J.S. *Wilson* (Hrsg.) »Tales of Edgar Allan Poe« (N.Y., 1927); C. *Van Doren* (Hrsg.) »Tales« (N.Y., 1932); K. *Graham* (Hrsg.) »Selected Tales of Edgar Allan Poe« (London, 1967); G.R. *Thompson* (Hrsg.) »Great Short Works of Edgar

Allan Poe« (N.Y., 1970); W.T. *Bandy* (Hrsg.) »Edgar Allan Poe, Seven Tales. With a French Translation and Prefatory Essay By Charles Baudelaire« (N.Y., 1971); S. u. S. *Levine* (Hrsg.) »The Short Fiction of Edgar Allan Poe: An Annotated Edition« (Indianapolis, 1976); H. *Beaver* (Hrsg.) »The Science Fiction of Edgar Allan Poe« (Harmondsworth, 1976).

Siehe auch:

J.C. *Wyllie* ›A List of the Texts of Poe's Tales‹ in *anon.* (Hrsg.) »Humanistic Studies in Honor of John Calvin Metcalf« (ser.) Univ. of Virginia Studies I (Charlottesville, Va., 1941).

6.4.4. Rezensionen und Essays

F.L. *Prescott* (Hrsg.) »Selections from the Critical Writings of Edgar Allan Poe« (N.Y., 1909) [Neuaufl. mit Einleitungen v. J. L. *Dameron* u. E.W. *Carlson* (N.Y., 1981)]; J.B. *Moore* (Hrsg.) »Selections from Poe's Literary Criticism« (N.Y., 1926); T.O. *Mabbott* ›Newly Identified Reviews by Edgar Allan Poe‹ N&C CLXIII (17. 12. 1932): 441; M. *Alterton* u. H. *Craig* »Selections«, 4.2.; J. *Jackson* ›Four of Poe's Critiques in the Baltimore Newspapers‹ MLN L (April 1935): 251–6 [*SLM*-Kritiken aus dem Jahr 1835]; R.L. *Hough* (Hrsg.) »The Literary Criticism of Edgar Allan Poe« (Lincoln, 1965); J.A. *Greenwood* (Hrsg.) »The Rationale of Verse« (Princeton, N. J., 1968) [eine annotierte Ausgabe des Essays]; G.R. *Thompson* »Essays and Reviews« (ser.) Library of America (N. Y. 1984).

Siehe auch:

J.L. *Dameron* u. L.C. *Stagg* »An Index to Poe's Critical Vocabulary« (Hartford, Conn., 1966). W.D. *Hull* II ›A Canon of the Critical Works of Edgar Allan Poe with a Study of Poe as Editor and Reviewer‹ Diss. Univ. of Virginia, 1941.

Es existiert eine Neuausgabe des SLM, hrsg. v. F. M. Dietz, die Poes Artikel wiederveröffentlicht. Die Kritiken im NYEM, dem BSV und PSM sind nur unvollständig gesammelt und selbst die Beiträge zu GM und BGM sind nicht vollständig bekannt [6.1.]; es gibt daher keine vollständige Ausgabe der Poeschen Kritiken [vgl. 6.4.1.].

6.4.5. Briefe

Woodberry begann bereits 1894 mit Publikationen von Poes Briefen, da Griswold das Publikationsrecht der Briefe an das *Century Magazine* verkauft hatte. Die kleine Auswahl der Briefe in den folgenden Werkeditionen und selbst in der ›Virginia Edition‹ [6.4.1.] hatte eine Fülle von Einzelpublikationen zur Folge. Neben Ostroms Ausgabe v. 1848 [»Letters«] sind nur diejenigen Titel hier abgedruckt, die seine Bände ergänzen.

J.W. *Ostrom* »Checklist of Letters to and from Poe« (Charlottesville, Va., 1941); J.W. *Ostrom* (Hrsg.) »The Letters of Edgar Allan Poe« 2 Bde. (Cambridge, 1948; Reprint N.Y., 1966) [Reprintausgabe enthält auch neue Briefe u. einen neuen Index]; W. *Thorp* ›Two Poe Letters at Princeton‹ Princeton University Library Chronicle X (1949): 91–4 [Briefe an Cary and Hart 1835 u. 1842 an das Treasury Department 1842]; J.W. *Ostrom* ›Supplement to »The Letters of Poe«‹ AL XXIV (1952): 358–366; J.C. *Miller* ›An Unpublished Poe Letter‹ AL XXVI (1955): 468–77; C.W. *Watts* ›Poe, Irving and the »Southern Literary Messenger«‹ AL XXVII (1955): 249–51; C.W. *Watts* ›Washington Irving and Edgar Allan Poe‹ Books at Brown XVIII (1956): 11–13 [Abdruck eines Briefes v. Poe an Irving]; E.R. *Hagemann* ›Two Lost Letters by Poe with Notes and Commentary‹ AL XXVIII (1957): 508–10 [Briefe aus dem Jahr 1836]; A.J. *Robbins* ›An Addition to Poe's ›Steamboat Letter‹‹ N&Q 208 (1963): 20–2; E.N. *Harbert* ›A New Poe Letter‹ AL XXXV (1963): 80–1 [Brief an M. St Leon Loud]; J.C. *Miller* ›A Poe Letter Re-Presented‹ AL XXXV (1963): 359–61; T.O. *Mabbott* ›Poe's Letter about »The Raven«‹ AN&Q III (1965): 67; F. *Stovall* ›An Unpublished Poe Letter‹ AL XXXVI (1965): 514–15; *anon.* ›New Letter of Edgar Allan Poe‹ ESQ LI (1968): 51–3; J.W. *Ostrom* ›Poe's Manuscript Letter to Stella Lewis – Recently Located‹ PN II (1969): 36–7 [der Brief wurde im British Museum in London gefunden]; J. *Moldenhauer* ›Beyond the Tamarind Tree: A New Poe Letter‹ AL XLII (1971): 468–77; *anon.* ›Three New Poe Letters‹ ATQ XIV (1972): 89–92; J. W. *Ostrom* ›Fourth Supplement to »The Letters of Poe«‹ AL XLV (1974): 513–536; J.W. *Ostrom* ›Revised Checklist of Poe's Correspondence‹ in J. *Myerson* (Hrsg.) »Studies in the American Renaissance« (Boston, 1981).

Siehe auch:

J. W. *Ostrom* »The Letters of Poe: Quest and Answer« (Baltimore, 1967); J. C. *Miller* »Building Poe Biography« (Baton Rouge, 1977) [Briefe v. u. an J. H. Ingram in der Sammlung der Univ. of Virginia; 5.3.]; J. C. *Miller* »Poe's Helen Remembers« (Charlottesville, Va., 1980) [Briefe v. u. an H. Whitman und J. H. Ingram in der Sammlung der Univ. of Virginia].

6.4.6. Deutsche Werkausgaben (Auswahl)

K. *Schuhmann* u. H.-D. *Müller* »Werke« 4 Bde., übersetzt v. F.v. *Polakovics*, A. *Schmidt* u. H. *Wollschläger* (Freiburg i. Br., 1966; Reprint München, 1974–77 u. Freiburg i. Br., 1976 in 10 Bänden); P. *Krumme* (Hrsg.) »Leben und Treiben in Gotham: Skizzen aus New York«, übersetzt v. P. *Krumme* (Frankfurt/M, 1980); L. *Weissberg* (Hrsg.) »Ligeia und andere Erzählungen«, übersetzt v. L. *Weissberg* et al. (Frankfurt/M, 1985); K. *Martens* (Hrsg.) »Erzählungen«, übersetzt v. A. *v. Bosse*, M. *Bretschneider*, et al., erweiterte Aufl. (München, 1989); G. *Gentsch* (Hrsg.) »Ausgewählte Werke. Dichtung und Prosa« 3 Bde. (Frankfurt/M, 1990).

6.5. Bibliographien

6.5.1. Poes Werke

J. W. *Robertson* »A Bibliography of the Writings of Edgar A. Poe« 2 Bde. (San Francisco, 1934; Reprintausgabe N. Y., 1964) [Robertson-Sammlung, Abbildungen v. Titelseiten]; C. F. *Heartman* »Edgar Allan Poe's Contributions to Annuals and Periodicals« (Metuchen, N.J., 1932); C. F. *Heartman* u. K. *Rede* »A Census of First Editions and Source Materials by Edgar Allan Poe in American Collections« 2 Bde. (Metuchen, N.J., 1932) [s. dazu: »A Remarkable Addition to the Poe Census« ABC III (April 1933)]; C. F. *Heartman* u. J. R. *Canny* »A Bibliography of First Printings of the Writings of Edgar Allan Poe Together With a Record of First and Contemporary Later Printings of His Contributions to Annuals, Anthologies, Periodicals and Newspapers Issued During His Lifetime. Also Some Spurious Poeana and Fakes« (Hattiesburg, Miss., 1940, rev. Ausgabe 1943; Reprint: N.Y., 1972) [Listet nur teilweise die Orte, an denen Erstdrucke aufbewahrt werden; vgl. 6.2.; 6.3.]; W.B. *Todd* ›The Early Issues of Poe's »Tales« (1845)‹ Library Chronicle of the University of Texas VII (1961): 13–17.

Siehe auch:

G.T. *Tanselle* ›The State of Poe Bibliography‹ PN II (1969): 1–3.

6.5.2. Sekundärliteratur zu Poe

J. L. *Dameron* ›Edgar Allan Poe: a Checklist of Criticism 1942–1962‹ (Charlottesville, Va.: 1966); R.D. *Jacobs* ›Recent Poe Studies‹ MissQ XXXV (1981): 285–89; J. A. *Robbins* (Hrsg.) ›The Merrill Checklist of Edgar Allan Poe‹ (Columbus, Ohio, 1969); J. L. *Dameron* u. I. *Cauthen* Jr. »Edgar Allan Poe: A Bibliography of Criticism 1827–1967« (Charlottesville, Va., 1974) [alphabetisch geordnet]; E. *Hyneman* »Edgar Allan Poe: An Annotated Bibliography of Books and Articles in English 1827–1973 (Boston, 1974) [thematisch geordnet]; B.R. *Pollin* »Images of Poe's Works: An Analysis and Descriptive Catalogue« (ser.) Bibliographies and Indexes in American Literature (Westport,

Conn., 1989); J. B. *Stronks* »Addenda to the Bibliography of Emily Dickensen and Edgar Allan Poe« Papers of the Bibliographical Society of America LXXI (1977): 360–62; J.-M. *Bonnet* ›Edgar Allan Poe: dossier critique (1955–1975)‹ Romantisme XXVII (1980): 129–38.

Siehe auch Bibliographien in den Werkausgaben, Biographien und Gesamtdarstellungen, z.B.:

K. *Campbell* ›The Poe-Canon‹ in »The Mind of Poe« [3.]; O.S. *Coad* (Hrsg.) »Poe and His Critics« [5.]; H. Braddy »Three-Dimensional Poe« [3.]; L. *Broussard* »The Measure of Poe« (Norman, 1969) [ausführliche Bibliographie der Poe-Kritik 1925–69]; R. *Forclaz* »Le Monde d'Edgar Poe« (Bern, 1974); C. *Richard* »Poe, journaliste et critique« [4.1.].

6.5.3. Bibliographien in Übersichtswerken

K. *Campbell* [›Poe‹] in W.P. *Trent*, J. *Erskine* et al. (Hrsg.) »Cambridge History of American Literature« II (N.Y. 1931), S. 452–468 [gute Bibliographie der Sekundärliteratur zu Poe vor 1900]; P.K. *Foley* ›Edgar Allan Poe‹ in P.K. *Foley* (Hrsg.) »American Authors, Literature« II (Boston, 1918), S. 452–468 [Erstausgaben und wichtige Ausgaben von Poes Werken]; D.K. *Jackson* »The Contributions and Contributors to the »Southern Literary Messenger«« (Charlottesville, Va., 1936); R. *Thompson* »American Literary Annuals and Gift Books, 1825–1865« (N.Y., 1936); *anon.* »N.Y. Univ. Libraries Index to Early American Periodical Literature, 1728–1870« II (N.Y., 1941); T. H. *Johnson* ›Bibliography‹ in R. *Spiller* et al. (Hrsg.) »Literary History of the United States« III (N.Y., 1948), S. 686–96 [Poe-Bibliographie erscheint in der 1963-Neuaufl. in Bd. II]; C.A. *Wilson* »Thirteen Author Collections of the Nineteenth Century« (N.Y., 1950); F. *Stovall* (Hrsg.) »Eight American Authors« (N.Y., 1956), S. 1–47, 421–424 [Aufl. v. 1971 hat ein rev. Poe-Kapitel, bei dem die bibliographische ›checklist‹ fehlt]; J. *Blanck* (Hrsg.) »Merle Johnson's American First Editions« 4. Aufl. (Waltham, Mass, 1965); L.H. *Wright* »American Fiction 1774–1850. A Contribution Toward a Bibliography« 2. Aufl. (N.Y., 1969), S. 268–9 [Angaben v. allem nach *Robertson*: 6.5.1. u. *Heartman/Canny*: 6.5.1.]; Blanck, Jacob (Hrsg.) »Bibliography of American Literature« VII [Bd. VII hrsg. v. V.L. *Smyers* u. M. *Winship*] (New Haven, Conn., 1983) [beschreibende Bibliographie der Buchausgaben].

6.5.5. Laufende Poe-Bibliographien

a. Poe-Bibliographien

»More Books« [Bulletin der Boston Public Library, seit März 1941 Liste der Briefe in der Griswold-Sammlung der BPL]; R.P. *Benton* ›Current Bibliography on Edgar Allan Poe‹ ESQ, XXXVIII (1965): 144–47 (I:

Eintragungen 1962–64), XLVII (1967): 84–7 (II: Eintragungen 1963–66. Die Bibliographie wird weitergeführt in PN II (Jan. 1969): 4–18, PN III (Juni 1970): 11–16, PN IV (Dez. 1971): 38–44, danach in PSt v. J.L. *Dameron*, T.C. *Carlson*, J.E. *Reilly*, J. *Osowsky*, B. F. *Fisher* IV als ›Current Poe Bibliography‹); R. *Marrs*, J. *Osowsky*, u. B. F. *Fisher* IV ›Fugitive Poe References: a Bibliography‹ PN später PSt (seit 1969; die Bibliographie listet Gesamtdarstellungen, in denen Poe erwähnt wird); C. *Richard* ›Review of European Scholarship on Poe‹ seit Herbst 1978 in PSt [s.a. die laufenden Spezialbibliographien zu Poe in *Poe Newsletter* u. PSt).

b. Gesamtbibliographien zur amerikanischen Sekundärliteratur

Listen zusammengestellt von der ›American Literature Group‹ der Modern Language Association mit Indices: T.F. *Marshall* ›Index‹ (Durham, N.C.) [erste 20 Bde. der AL, später jährlicher Index]; L. *Leary* »Articles on American Literature, 1920–1945« (Durham, N.C., 1947); L. *Leary* »Articles on American Literature, 1900–1950« (Durham, NC., 1954); L.D. *Rubin*, Jr. (Hrsg.) »Bibliographical Guide to the Study of Southern Literature« (Baton Rouge, 1969); L. *Leary* (Hrsg.) »Articles on American Literature 1950–1967« (Durham, N.C., 1970); C. *Gohdes* »Bibliographical Guide to the Study of the Literature of the U.S.A.« (Durham, N.C., 1976).

Siehe auch:

Bibliographien in »American Literary Scholarship/ An Annual« (Durham, NC., 1965); R. *Jacobs* et al. ›MissQ Bibliography‹; »Annual Bibliography of English Language and Literature (MHRA)«; »Essay and General Literature Index«; »MLA Bibliography« I; »International Bibliography of Periodical Literature Concerning All Fields of Knowledge« »Library of Congress Catalog – Books: Subjects«; »Social Sciences & Humanities Index«; »Studies in Short Fiction«; »The Year's Work in English Studies«.

c. Amerikanische Dissertationen

E.E. *Leisy* u. J.B. *Hubbell* ›Doctoral Dissertations in American Literature‹ AL IV (1933): 419-465; L. *Leary* ›Docoral Dissertations in American Literature, 1933–1948‹ AL XX (1948): 169–230; C.H. *Cantrell* u. W. R. *Patrick* »Southern Literary Culture: ›A Bibliography of Masters' and Doctors' Theses« (Ann Arbor, 1955) [Eintragungen zu Poe bis zum Sommer 1948]; laufende Dissertationen seit 1948 werden jährlich in ›Research in Progress‹ in AL aufgeführt; G.R. *Thompson* ›Descriptive Bibliography of Poe Theses and Dissertations‹ in AL; »Comprehensive Dissertation Index, 1861–1972« XXX (Ann Arbor, Mich., 1973); »Comprehensive Dissertation Index, Five Year Cumulation 1973–77« XV (Ann Arbor, Mich., 1979; »Dissertation Abstracts« [laufend; nahezu alle amerikanischen Universitäten, Harvard Univ. seit 1982].

Personenregister

Sammlung Metzler

SM 1 Raabe *Einführung in die Bücherkunde*
SM 5 Moser *Annalen der deutschen Sprache*
SM 6 Schlawe *Literarische Zeitschriften 1885–1910*
SM 7 Hoffmann *Nibelungenlied*
SM 9 Rosenfeld *Legende*
SM 10 Singer *Der galante Roman*
SM 12 Nagel *Meistersang*
SM 13 Bangen *Die schriftliche Form germanist. Arbeiten*
SM 14 Eis *Mittelalterliche Fachliteratur*
SM 15 Weber/Hoffmann *Gottfried von Straßburg*
SM 16 Lüthi *Märchen*
SM 18 Meetz *Friedrich Hebbel*
SM 24 Schlawe *Literarische Zeitschriften 1910–1933*
SM 25 Anger *Literarisches Rokoko*
SM 26 Wodtke *Gottfried Benn*
SM 28 Frenzel *Stoff-, Motiv- und Symbolforschung*
SM 32 Wisniewski *Kudrun*
SM 33 Soeteman *Deutsche geistliche Dichtung des 11. u. 12. Jh.s*
SM 36 Bumke *Wolfram von Eschenbach*
SM 40 Halbach *Walther von der Vogelweide*
SM 41 Hermand *Literaturwissenschaft und Kunstwissenschaft*
SM 44 Nagel *Hrotsvit von Gandersheim*
SM 46 Hecht *Christian Reuter*
SM 47 Steinmetz *Die Komödie der Aufklärung*
SM 51 Koopmann *Friedrich Schiller II: 1794–1805*
SM 52 Suppan *Volkslied*
SM 53 Hain *Rätsel*
SM 54 Huet *Traité de l'origine des romans. Faksimiledruck*
SM 57 Siegrist *Albrecht von Haller*
SM 59 Behrmann *Einführung in die Analyse von Prosatexten*
SM 60 Fehr *Jeremias Gotthelf*
SM 63 Boeschenstein-Schäfer *Idylle*
SM 64 Hoffmann *Altdeutsche Metrik*
SM 65 Guthke *Gotthold Ephraim Lessing*
SM 66 Leibfried *Fabel*
SM 67 von See *Germanische Verskunst*
SM 68 Kimpel *Der Roman der Aufklärung (1670–1774)*
SM 71 Helmers *Wilhelm Raabe*
SM 72 Düwel *Einführung in die Runenkunde*
SM 74 Raabe/Ruppelt *Quellenrepertorium*
SM 75 Hoefert *Das Drama des Naturalismus*
SM 76 Mannack *Andreas Gryphius*
SM 77 Straßner *Schwank*
SM 78 Schier *Saga*
SM 79 Weber-Kellermann/Bimmer *Einführung in die Volkskunde/ Europäische Ethnologie*
SM 80 Kully *Johann Peter Hebel*
SM 81 Jost *Literarischer Jugenstil*
SM 82 Reichmann *Germanistische Lexikologie*
SM 84 Boeschenstein *Gottfried Keller*
SM 85 Boerner *Tagebuch*
SM 87 Sandkühler *Schelling*

SM 90 Winkler *Stefan George*
SM 92 Hein *Ferdinand Raimund*
SM 93 Barth *Literarisches Weimar. 16.–20. Jh.*
SM 94 Könneker *Hans Sachs*
SM 96 van Ingen *Philipp von Zesen*
SM 97 Asmuth *Daniel Casper von Lohenstein*
SM 99 Weydt *H. J. Chr. von Grimmelshausen*
SM 101 Grothe *Anekdote*
SM 102 Fehr *Conrad Ferdinand Meyer*
SM 103 Sowinski *Lehrhafte Dichtung des Mittelalters*
SM 104 Heike *Phonologie*
SM 105 Prangel *Alfred Döblin*
SM 107 Hoefert *Gerhart Hauptmann*
SM 109 Otto *Sprachgesellschaften des 17. Jh.*
SM 110 Winkler *George-Kreis*
SM 112 Schlawe *Neudeutsche Metrik*
SM 113 Bender *Bodmer/Breitinger*
SM 114 Jolles *Theodor Fontane*
SM 115 Foltin *Franz Werfel*
SM 116 Guthke *Das deutsche bürgerliche Trauerspiel*
SM 117 Nägele *J. P. Jacobsen*
SM 118 Schiller *Anthologie auf das Jahr 1782 (Faksimileausgabe)*
SM 119 Hoffmeister *Petrarkistische Lyrik*
SM 121 Hocks/Schmidt *Lit. u. polit. Zeitschriften 1789–1805*
SM 123 Buntz *Die deutsche Alexanderdichtung des Mittelalters*
SM 124 Saas *Georg Trakl*
SM 127 Biesterfeld *Die literarische Utopie*
SM 128 Meid *Barockroman*
SM 129 King *Literarische Zeitschriften 1945–1970*
SM 131 Fischer *Karl Kraus*
SM 133 Koch *Das deutsche Singspiel*
SM 134 Christiansen *Fritz Reuter*
SM 135 Kartschoke *Altdeutsche Bibeldichtung*
SM 138 Dietz *Franz Kafka*
SM 140 Groseclose/Murdoch *Ahd. poetische Denkmäler*
SM 141 Franzen *Martin Heidegger*
SM 142 Ketelsen *Völkisch-nationale und NS-Literatur*
SM 143 Jörgensen *Johann Georg Hamann*
SM 144 Schutte *Lyrik des deutschen Naturalismus (1885–1893)*
SM 145 Hein *Dorfgeschichte*
SM 146 Daus *Zola und der französische Naturalismus*
Sm 147 Daus *Das Theater des Absurden*
SM 148 Grimm u. a. *Einführung in die frz. Lit.wissenschaft*
SM 149 Ludwig *Arbeiterliteratur in Deutschland*
SM 150 Stephan *Literarischer Jakobinismus in Deutschland*
SM 151 Haymes *Das mündliche Epos*
SM 153 Schneider*A. v. Droste-Hülshoff*
SM 154 Röhrich/Mieder *Sprichwort*
SM 155 Tismar *Kunstmärchen*
SM 156 Steiner *Georg Forster*
SM 157 Aust *Literatur des Realismus*
SM 158 Fähnders *Proletarisch-revolutionäre Literatur*
SM 159 Knapp *Georg Büchner*
SM 160 Wiegmann *Geschichte der Poetik*
SM 161 Brockmeier *François Villon*

SM 162 Wetzel *Romanische Novelle*
SM 163 Pape *Wilhelm Busch*
SM 164 Siegel *Die Reportage*
SM 165 Dinse/Liptzin *Jiddische Literatur*
SM 166 Köpf *Märchendichtung*
SM 167 Ebert *Historische Syntax d. Deutschen*
SM 168 Bernstein *Literatur d. deutschen Frühhumanismus*
SM 170 Hoffmeister *Deutsche und europäische Romantik*
SM 171 Peter *Friedrich Schlegel*
SM 172 Würffel *Das deutsche Hörspiel*
SM 173 Petersen *Max Frisch*
SM 174 Wilke *Zeitschriften des 18. Jahrhunderts I: Grundlegung*
SM 175 Wilke *Zeitschriften des 18. Jahrhunderts II: Repertorium*
SM 176 Hausmann *François Rabelais*
SM 177 Schlütter/Borgmeier/Wittschier *Sonett*
SM 178 Paul *August Strindberg*
SM 179 Neuhaus *Günter Grass*
SM 180 Barnouw *Elias Canetti*
SM 181 Kröll *Gruppe 47*
SM 182 Helferich *G. W. Fr. Hegel*
SM 183 Schwenger *Literaturproduktion*
SM 184 Naumann *Literaturtheorie u. Geschichtsphilosophie, Teil I*
SM 185 Paulin *Ludwig Tieck*
SM 186 Naumann *Adalbert Stifter*
SM 187 Ollig *Der Neukantianismus*
SM 188 Asmuth *Dramenanalyse*
SM 189 Haupt *Heinrich Mann*
SM 190 Zima *Textsoziologie*
SM 191 Nusser *Der Kriminalroman*
SM 193 Wolf *Martin Luther*
SM 194 Reese *Literarische Rezeption*
SM 195 Schrimpf *Karl Philipp Moritz*
SM 196 Knapp *Friedrich Dürrenmatt*
SM 197 Schulz *Heiner Müller*
SM 198 Pilz *Phraseologie*
SM 199 Siegel *Sowjetische Literaturtheorie*
SM 200 Freund *Die literarische Parodie*
SM 201 Kaempfer *Ernst Jünger*
SM 202 Bayertz *Wissenschaftstheorie u. Paradigma-Begriff*
SM 203 Korte *Georg Heym*
SM 204 Weissberg *Edgar Allan Poe*
SM 205 Wisniewski *Mittelalterliche Dietrich-Dichtung*
SM 206 Apel *Literarische Übersetzung*
SM 207 Wehdeking *Alfred Andersch*
SM 208 Fricke *Aphorismus*
SM 209 Alexander *Das deutsche Barockdrama*
SM 210 Krull *Prosa des Expressionismus*
SM 211 Hansen *Thomas Mann*
SM 212 Grimm *Molière*
SM 213 Riley *Clemens Brentano*
SM 214 Selbmann *Der deutsche Bildungsroman*
SM 215 Wackwitz *Friedrich Hölderlin*
SM 216 Marx *Die deutsche Kurzgeschichte*
SM 217 Schutte *Einführung in die Literaturinterpretation*
SM 218 Renner *Peter Handke*

SM 219 Lutzeier *Linguistische Semantik*
SM 220 Gmünder *Kritische Theorie*
SM 221 Kretschmer *Christian Morgenstern*
SM 222 Schmidt *Ernst Bloch*
SM 223 Dietschreit/Heinze-Dietschreit *Hans Magnus Enzensberger*
SM 224 Hilzinger *Christa Wolf*
SM 225 Obenaus *Literarische und politische Zeitschriften 1830–1848*
SM 226 Schulz *Science fiction*
SM 227 Meid *Barocklyrik*
SM 229 Obenaus *Literarische und politische Zeitschriften 1848–1880*
SM 230 Vinçon *Frank Wedekind*
SM 231 Lowsky *Karl May*
SM 232 Barton *Dokumentar-Theater*
SM 233 Winter *Jakob Michael Reinholz Lenz*
SM 234 Hoffmeister *Deutsche und europäische Barockliteratur*
SM 235 Paech *Literatur und Film*
SM 237 Mayer *Eduard Mörike*
SM 238 Huß-Michel *Literarische und politische Zeitschriften des Exils 1933–1945*
SM 239 Perlmann *Arthur Schnitzler*
SM 240 Wichmann *Heinrich von Kleist*
SM 241 Mahoney *Roman der Goethezeit*
SM 242 Bartsch *Ingeborg Bachmann*
SM 243 Kaiser *E. T. A. Hoffmann*
SM 244 Schweikle *Minnesang*
SM 245 Dietschreit *Lion Feuchtwanger*
SM 246 Eagleton *Einführung in die Literaturtheorie*
SM 247 Cowen *Das deutsche Drama im 19. Jahrhundert*
SM 248 Hess *Epigramm*
SM 249 Gottzmann *Artusdichtung*
SM 250 Korte *Geschichte der deutschen Lyrik seit 1945*
SM 251 Jung *Georg Lukács*
SM 252 Glück/Sauer *Gegenwartsdeutsch*
SM 253 Schweikle *Neidhart*
SM 254 Späth *Rolf Dieter Brinkmann*
SM 255 Bäumer *Bettina von Arnim*
SM 256 Aust *Novelle*
SM 257 Schmitz *Das Volksstück*
SM 258 Hein *Johann Nestroy*
SM 259 Schönau *Einführung in die psychoanalytische Literaturwissenschaft*
SM 260 Nickisch *Brief*
SM 261 Sammons *Heinrich Heine*
SM 262 Nusser *Trivialliteratur*
SM 263 Sowinski *Einführung in die Stilistik*

J. B. Metzler

GPSR Compliance

The European Union's (EU) General Product Safety Regulation (GPSR) is a set of rules that requires consumer products to be safe and our obligations to ensure this.

If you have any concerns about our products, you can contact us on ProductSafety@springernature.com

In case Publisher is established outside the EU, the EU authorized representative is:

Springer Nature Customer Service Center GmbH
Europaplatz 3
69115 Heidelberg, Germany

Batch number: 10578184

Printed by Printforce, the Netherlands